Hans-Joachim Hallier

ZWISCHEN FERNOST UND VATIKAN

Hans-Joachim Hallier

ZWISCHEN FERNOST UND VATIKAN

Lebensbericht aus sechs Jahrzehnten

EOS

Die Deutsche Bibliothek – CIP-Einheitsaufnahme

Hallier, Hans-Joachim:
Zwischen Fernost und Vatikan: Lebensbericht aus sechs Jahrzehnten /
Hans-Joachim Hallier. - St. Ottilien : EOS-Verl. 1999
ISBN 3-88096-135-2

Gesamtherstellung: EOS-Druck, D-86941 St. Ottilien

Unser Leben ist ein Buch,
das sich von allein schreibt.
Green

Meiner Frau und unseren Kindern,
Begleitern auf einem langen Weg,
in Dankbarkeit zugeeignet.

Inhalt

Jugend und Umfeld

Meine früheste Kindheitserinnerung bezieht sich auf den Anblick feierlicher, in Zylinder und Gehrock gekleideter Männer, auf nahezu leeren Strassen, in denen Pferdedroschken die noch wenigen Automobile überwogen. Es muss sich um die letzten Reichstagswahlen der Weimarer Republik vom 6. November 1932 gehandelt haben. Offenbar waren Wahlen seinerzeit eine ernsthafte Bürgerpflicht, was man bei deren Ausübung durch einen entsprechenden seriösen Habitus zum Ausdruck brachte.

Wir wohnten in der Römerstadt, einer neuerrichteten Vorortsiedlung in den trockengelegten Niederungen der Nidda im Norden von Frankfurt. Die Römerstadt galt als Beispiel moderner städtebaulicher Architektur, mit der sich in den zwanziger Jahren der später aus rassischen Gründen in die Sowjetunion verdrängte Ernst May einen über die Grenzen Deutschlands hinaus bekannten Namen gemacht hatte. In den beiden obersten Etagen des im Halbrund geschwungenen Zentralblocks hatten meine Eltern eine ihre Verhältnisse eigentlich übersteigende Wohnung gemietet. Vom Balkon des obersten Geschosses schweifte der Blick über eine weite Ebene bis zur blauen Kette des Taunus, wo im Altertum der Limes die zivilisierte Welt der Römer gegen den barbarischen Norden Germaniens abschirmte. In der Schule wollte man es uns in den folgenden Jahren allerdings andersherum beibringen. Die Römerstadt bezog ihren Namen von einer grossen römischen Siedlung der frühen Kaiserzeit, deren Spuren noch überall, nicht nur in den Strassennamen der Siedlung, zutage traten. Mein Vater pflegte mich darauf aufmerksam zu machen, wenn er, wie häufig, beim Umgraben unserer Schreberecke hinter unserem Block in der Hadrianstrasse auf Tonscherben römischen Ursprungs stiess. Sie wurden der kleinen Sammlung einverleibt, die er, kaum zum Vergnügen meiner Mutter, in seiner Bibliothek angelegt hatte. Hier in der Hadrianstrasse war das Zentrum geselliger Treffen meiner Eltern im Kreis ihrer zahlreichen Freunde aus der Kronacher Jugendbewegung, hier musizierte meine Mutter am Bechsteinflügel, hier wurde viel Kammermusik getrieben, wobei mein Vater am Cello eine nimmermüde Rolle spielte.

Die Leitbilder meiner frühen Jugend waren ungebrochene und unangezweifelte Autoritäten. Dazu zählten die Familie, verkörpert in der Gestalt meines Grossvaters Ludwig Hallier, eines weissbärtigen Patriarchen, dessen Meinung trotz sanfter Güte stets unangefochten respektiert wurde; ferner der wortgewaltige Pfarrer Heinemann in der benachbarten Heddernheimer Kirche, nach einigen Jahren auch die Schule. Meinen damaligen Volksschulrektor habe ich als eine Art furchterregende Zeusfigur in undeutlicher Erinnerung. Der Staat trat mir damals noch nicht als gehorsamheischende Institution entgegen, wenn man von den Sammlern des Winterhilfswerks und dem tschakobewehrten Schutzmann an der Heddernheimer Kreuzung absah.

Es kam jedoch die Zeit, als auch die Autoritäten Anlass zu Zweifeln boten. Mir war schwer verständlich, warum eines Tages der geliebte Grossvater in seiner weitläufigen dunklen Wohnung am Fechenheimer Wald, deren unergründliche Tiefen als Schauplatz nie endenwollender Kinderspiele dienten, vor einer zeternden Männerstimme still das Fenster schloss. Ich vernahm undeutlich etwas wie »Flagge, Feiertag, Parteimeldung«. Mir wurde bedeutet, dass der Mieter im Unterstock, den ich sonst nur als höflichen älteren Herrn erlebt hatte, in seiner Eigenschaft als Blockwart wieder einmal öffentlich die Weigerung meines Grossvaters anprangerte, aus Anlass irgendeiner von der »Partei« angeordneten Gelegenheit die Hakenkreuzfahne aus dem Fenster zu hängen. Schlimmer noch, Grossvater besass nicht einmal eine solche, lediglich eine ehrliche Fahne in den alten Republikfarben schwarz-rot-gold, die zu jener Zeit Mitte der dreissiger Jahre aber schon nicht mehr gefragt war. Grossvater war als Pfarrer emeritus und Anhänger der Bekennenden Kirche ein Gegner der NS-Bewegung, der aus seinem Herzen keine Mördergrube machte.

Lehrer Widera in der ersten Klasse der Volksschule war ein guter Katholik, der noch zum Wochenanfang ein gemeinsames Gebet sprechen liess. Er wurde jedoch bald abgelöst durch den Kollegen Parteigenosse Rüdiger, bei dem wir auch unseren Religionsunterricht genossen. Ich erinnere mich noch der Aufregung in der Familie, als ich aus dieser famosen theologischen Unterweisung die Erläuterung nach Hause mitbrachte, der Herr Jesus sei ein Jude. Es war für Eltern und Grossvater nicht einfach, die aufkeimenden kindlichen Zweifel zu zerstreuen, die sich bereits damals an die Bezeichnung »Jude« hefteten. Lehrer Rüdiger fiel später selbst seinem Regime zum Opfer, als er mit französischen Kriegsgefangenen, die im Schulhof einen Luftschutzbunker errichteten, unerlaubte sprachliche Beziehungen anknüpfte.

Es ist mir aus jenen Jahren ferner die tiefe Bestürzung im Gedächtnis haftengeblieben, als der jüdische Fotograf Baumann in unserer Nachbarschaft unversehens aus seiner Wohnung abgeholt wurde. »Sie haben ihn ins KZ gebracht«, munkelte man hinter vorgehaltener Hand. Wenige Wochen später wurde der hübschen Frau Baumann eine Urne mit Asche zugestellt. – Es war einer meiner tiefsten Schocks, als – noch vor Ausbruch des 2. Weltkriegs – in der Nähe der grossväterlichen Wohnung an der Mainkur ein scheuer, gedrückter Junge meines Alters mit dem gelben Judenstern auftauchte, der urplötzlich von einer johlenden Horde mit Steinwürfen und Hohngeschrei angegriffen wurde.

Als ich sieben Jahre alt war, d.h. 1937, verliessen wir die vertraute Römerstadt. Einige Kilometer weiter westlich hatte mein Vater am Ende einer ziemlich verlassenen, katzenbuckelgepflasterten Chaussee ein Grundstück erworben. Die Stadt hatte es besonders billig abgegeben, weil es jahrelang als Müll- und Schutthalde missbraucht worden war. Zusammen mit einem Arbeitslosen hatte Vater monatelang Feiertage und Wochenenden damit verbracht, in harter Arbeit die »Kieskaut«, wie sie in der Nachbarschaft hiess, von Unkraut, Abfall und Steinen zu säubern, die Erde durch ein Sieb zu filtern und mit dem Spaten eine ordnungsgemässe Baugrube auszuschachten. Hier entstand unser eigentliches Elternhaus, schmucklos, praktisch, bequem, für den nach meinen damaligen Begriffen exorbitanten Preis von 20.000 Reichsmark. Vater hatte sich das Geld von seinem bescheidenen Gehalt als Bibliothekar zusammengespart, den Rest von Eltern, Freunden und Bausparkassen geborgt. Wo sich heute die Betonwüste von Frankfurts Nordweststadt erstreckt, erlebte ich zusammen mit meinen Geschwistern Ulli und Bärbel die Abenteuer von Feld, Bach und Flur. Hier zogen wir in den Sommermonaten Morgen für Morgen aus, um Disteln zu köpfen, Höhlen in den Garbenpyramiden zu bauen, Stoppelschlachten zu veranstalten und gelegentlich auch schon einmal auf einen fremden Kirschbaum zu klettern. Hier überraschte uns, was wir seit langem drohend am Horizont hatten heraufziehen sehen – der Ausbruch des grossen Krieges. Von nun an lebten wir mit der Angst – nicht um uns, sondern um die Onkel und Vettern in Uniform, die draussen an der Front standen.

Schule

Als sich 1940 die vierjährige Grundschulzeit dem Ende zuneigte, bat ich meine Eltern, mich für das humanistische Lessing-Gymnasium in der Nähe des Stadtzentrums anzumelden. Wir waren nur drei Römerstadtschüler, die sich im »Lessing« wiederfanden. Das Gros meiner Klassenkameraden zog es vor, die nähergelegene Ziehen-Oberrealschule in Eschersheim zu beziehen. Ausserdem galt es als Zeichen moderner Einstellung, sich für eine Ausbildung zu entscheiden, bei der lebende Sprachen und Naturwissenschaften im Vordergrund standen.

Mich beschlich ein merkwürdiges Gefühl, als ich eines frühen Aprilmorgens nach schier endlos dünkender Fahrt – ich hatte noch niemals ohne erwachsene Begleitung eine so lange Strassenbahnfahrt mit mehrmaligem Umsteigen quer durch ganz Frankfurt unternommen – vor einem erdrückend grossen, in neubarockem Stil erbauten roten Sandsteingebäude stand, auf dessen Eingangstor die bekannte Spruchweisheit prangte »Non scholae sed vitae«. Wir wurden denn auch gleich in der ersten Stunde in die Bedeutung dieser Maxime eingeführt, ohne dass sie uns in der Aufregung und Befangenheit des ersten Sexta-Tages voll zu Bewusstsein gekommen wäre. Welcher Abstand trennte uns aus der Perspektive des kleinen Sextaners vom Olymp der Primaner, deren Pausenvorrecht es war, in einem eigenen, den Oberklassen vorbehaltenen Nordhof neben der der Sportausübung dienenden Palästra würdig zu lustwandeln. Ein Zeitalter würde vergehen müssen, ehe wir selbst vor dem Tor des Abitur und dem Eintritt in die Welt der Erwachsenen angelangt waren.

Das Lessing-Gymnasium führt sich zurück auf Frankfurts älteste, aus einem Kloster hervorgegangene Bürgerschule. Es war eine der beiden letzten, Frankfurt verbliebenen humanistischen Bildungsanstalten. Ich habe es nicht bereut, auf den bildungsmässigen Fusspuren von Vater und Grossvater Schritt für Schritt in die Welt antiken Geistes eingedrungen zu sein. Die grammatikalischen Strukturen des Lateinischen und bald auch des Griechischen waren eine harte Denkschule, obwohl ich aus den hinterlassenen, aus Gründen der notorischen Papierknappheit während der Kriegsjahre herangezogenen väterlichen Übungsheften erkennen musste, dass frühere Generationen sich hier noch viel höheren Anforderungen gestellt hatten. Dem Alter der Schule entsprach die solide Qualität des Lehrerkollegiums. Besonders der Altphilologen Eduard Bornemann und Erich Schumann möchte ich hier gedenken. Ihre Begeisterung und ihr Eifer bei der Lektüre der antiken Klassiker liessen jene Gedanken, deren Weite und Tiefe uns auf der Schulbank noch nicht aufgehen konnte, nachkeimen in die spätere Studentenzeit, als wir freiwillig und mit Freude auf jenes tradierte Bildungsgut zurückgriffen. Auch war der ungute Zeitgeist im Lessing-Gymnasium noch wenig vorgedrungen. Es kam uns nicht in den Sinn, unsere, wie es damals hiess, nicht rein-arischen Mitschüler als alios anzusehen. Das morgendliche Vaterunser gehörte zum gewohnten Ritual. Der Dienst am klassischen Geist war stärker als das Bekenntnis zum Ideengut des 3. Reichs. Gelegentlich herrschte sogar eine rebellische Stimmung. Ich erinnere mich an eine hochnotpeinliche Untersuchung zum Verhalten unseres ebenso beliebten wie sarkastischen Musiklehrers Professor Burckhard. Er hatte in einer Analyse des Horst-Wessel-Lieds die geheiligte Hymne der »Bewegung« zu einer musikalischen Absurdität erklärt, weil der Liedtext »Die Fahne hoch« nicht in einer aufsteigenden, wie es den Worten entsprochen hätte, sondern in einer abfallenden Tonfolge intoniert war.

Da Strassenbahnen und Busse mit fortschreitender Kriegsdauer ihren Verkehr immer mehr einschränkten, wurde mir bald von meinen Eltern ein gebrauchtes kleines Fahrrad geschenkt, mit dem ich die 14 Kilometer bis zur Hansa-Allee täglich zurücklegte. Ob Regen, Sonne oder Schnee – die 28 Fahrradkilometer machten aus mir einen zähen, trotz allmählich schmaler werdender Kriegskost widerstandsfähigen kleinen Gesellen.

Kriegszeiten

Immer stärker machten sich die beiden grossen Zeitmächte bemerkbar, die auf dem gesellschaftlichen ebenso wie auf dem individuellen Leben lasteten: der totale Staat und der – sich später ebenfalls total deklarierende – Krieg. Schon der Schüler wurde zu allerlei »kriegswichtigen« Diensten herangezogen. Wir mussten in den Sommerferien Heilkräuter sammeln und bei Schulbeginn ein bestimmtes Quantum abliefern. Wer die Quote nicht erfüllen konnte, weil er die Ferien zu intensitiv genossen hatte, konnte diese allerdings durch einen Zukauf von Kamillentee oder Pfefferminz in der Apotheke aufbessern. In den Herbstferien waren es die Rosskastanien, ob für den Zoo oder irgendwelche Grossbäckereien, ist mir nicht mehr erinnerlich. Altpapier musste laufend in der Schule abgeliefert werden, auch Lumpen waren stets gefragt. Einmal wurden wir, es muss in der Quarta gewesen sein, zum Einsatz in das durch Wehrmachtseinberufungen stark dezimierte Bahnhofspostamt beordert. Wir hatten dort die mit der Bahn ein- und ausgehenden Pakete neu zu sortieren und auf ihre Postleitwege zu bringen. Ich zweifle, ob es uns gelang, die Beförderungszeit im Sinne einer Verkürzung oder auch nur Einhaltung wesentlich zu beeinflussen.

Mit zehn Jahren wurden wir, ohne dass man uns lange um unsere Meinung gefragt hätte, in die Jugendorganisation der Jüngsten des herrschenden Regimes eingegliedert. Als Pimpfe des Jungvolks erhielten wir eine Uniform – kurze schwarze Hose, braunes Hemd, ein Halstuch, das von einem geflochtenen Lederknoten zusammengehalten wurde, vor allem aber das Fahrtenmesser, mit grossem Stolz an der Schwertseite getragen. Mittwochs- und samstagsnachmittags erschienen wir so zum »Dienst«. Es vermittelte, gegenüber Familie und Eltern, durchaus ein Gefühl eigener Wichtigkeit, mit dem Dienst eine unumstössliche und allem vorrangige Aufgabe zugeteilt bekommen zu haben, die sich gegen andere ungeliebte Pflichten wie Schulaufgaben und häusliche Obliegenheiten ins Feld führen liess. Wir zogen singend in Dreierreihen und Marschformation durch die Strassen, planten Geländespiele und hockten abends in unserem Horst, wo man uns mit dem zur Nachahmung empfohlenen Leben und Werdegang des grossen »Führers« vertraut machte. Meine Eltern runzelten die Stirn, wenn sie von der Aufforderung der HJ-Führer vernahmen: »Kümmert Euch nicht um die Alten, denn die Zukunft gehört Euch, der jungen Generation!« Auch wenn es noch etwas früh schien, fehlte es nicht an mehr oder weniger subtilen Versuchen, uns für einen Wehrdienst bei der SS zu begeistern.

Der Luftkrieg nahm ab 1942 immer unerträglichere Formen an. Nie werde ich das Auf-und-Ab-Heulen der Sirenen beim Fliegeralarm aus den Ohren verlieren. Waren es zunächst nur Einzelflieger in nächtlichen Einsätzen, so steigerten sie sich im Laufe der Zeit zu nächtlichen Geschwader-Angriffen. Bald beherrschten die Alliierten sogar am Tage den westdeutschen Luftraum. Unser Häuschen durfte bereits 1937 nur mit der Auflage eines Luftschutzkellers gebaut werden. Eine luftdichte Panzertür schloss den Keller ab, eine Panzerplatte mit schwerem Hebelgriff schützte das Kellerfenster nach aussen. Da die unfreiwilligen nächtlichen Aufenthalte im Keller zunahmen, mussten die Marmelade- und Einmachgläser zur Seite rücken und zwei übereinandergestellten pritschenartigen »Luftschutzbetten« Platz machen. Wir trauten unserem Schutzkeller jedoch nur mässig. Als die Intensität der nächtlichen Luftangriffe auf westdeutsche Grosstädte zunahm, erhielt meine Mutter auf Antrag ein Vierbettenabteil in einem der Schlafsäle des riesigen Bunkers, den Kriegsgefangene im Hof meiner alten Römerstadtschule errichtet hatten. Wenn nächtens die Sirenen »Vorwarnung« ertönen liessen, schwangen sich Mutter und die beiden Söhne eilends auf die Fahrräder, meine kleine Schwester auf den Gepäckständer des mütterlichen Velozipeds. Zwei Kilometer waren strampelnd zu überwinden. Die Dunkelheit wurde nur durch die Arme der Suchscheinwerfer am Himmel zerschnitten. Wir mussten versuchen, noch vor dem Hauptalarm und den Bombenwürfen den rettenden Bunker zu erreichen. Das gelang uns nicht immer. Einmal stürzten wir im Krachen der ersten Bomben fluchtartig in den nächstbesten Hauseingang, wo wildfremde Kellerbewohner murrend zur Seite rückten. Als diese Zwischenfälle sich häuften, zumal mit dem Näherrücken der Front im Westen die Vorwarnzeiten bedenklich schrumpften (manchmal begann die Flak hinter unserem Haus noch vor dem Sirenengeheul auf einfliegende Angreifer zu feuern), gaben wir den nächtlichen Spurt zum Bunker auf. Wir versammelten uns stattdessen im stützbalkenbewehrten Keller des Nachbarhauses, wo wir gemeinsam zitterten und im stillen beteten. Wenn das schrille Heulen und Pfeifen der niedersausenden Bomben das donnernde Flakabwehrfeuer durchbrach, zog sich das Herz zusammen. Wenn die Erde unter den Einschlägen zu schwanken begann und wir zählten, ob die näherrückende Bombenserie uns noch erreichen würde, beherrschte nur ein Wunsch die Gemüter: Ruhe und Frieden und ein Ende der Bombardierungen.

Im Herbst 1942 verlegten wir unseren Wohnsitz vorübergehend von Frankfurt weg. Mein Vater hatte den Auftrag angenommen, im lothringischen Metz ein Institut für Landes- und Volksforschung aufzubauen. Der Auftrag kam unter heiklen politischen Umständen. Lothringen war ebenso wie das Elsass unter Vorwegnahme einer friedensvertraglichen Regelung mitten im Kriege aus Frankreich ausgegliedert und zusammen mit dem Saarland in einer neuen »Westmark« deutscher Zivilverwaltung unterstellt worden. Es wäre für abwegig gehalten worden, auf die Idee zu kommen, die lothringische Bevölkerung um ihre Meinung hierzu zu befragen. Es konnte deshalb nicht ausbleiben, dass das Murren in Lothringen lauter wurde und die Renitenz zunahm. Dies hatte wiederum ein schärferes Anziehen der Zügel durch die örtlichen SS- und Parteidienststellen zur Folge.

Mein Vater war von dieser Entwicklung tief betroffen. Er war selbst gebürtiger Lothringer. Mein Grossvater hatte im benachbarten Diedenhofen bis zum Ende des Ersten Weltkriegs als Pfarrer gewirkt. Der junge Vikar hatte auf seiner ersten elsässischen Pfarrstelle die blutjunge Lehrerin des Dorfs, meine spätere Grossmutter geheiratet. Für meinen Vater, der übrigens niemals der NS-Partei angehörte, war die Verständigung mit dem Volk der alten »Reichslande« Elsass-Lothringen in das Zentrum seines beruflichen und persönlichen Lebens gerückt. Machtlos musste er mitansehen, wie alle Elemente einer Verständigung unter dem Unverständnis und dem Bracchialwillen einer subalternen sturen Gauleitung zerbrachen. Er tat für »seine« Lothringer, was ihm im Institutsumkreis möglich war. Er war der anständigste und lauterste Charakter, der mir je im Leben begegnet ist. Sein Institut hielt er rein von politischen Einflüssen, mit dem Ethos des Wissenschaftlers, als der er diese Aufgabe übernommen hatte.

Auch für uns Kinder trat der Zwiespalt der äusseren Verhältnisse immer fühlbarer zutage. In der Schule fanden wir uns als »Reichsdeutsche« in einer mehr oder weniger isolierten Position. Man liess es uns fühlen, dass wir nicht dazugehörten. Der Gebrauch der französischen Sprache – eine der drakonischen »Integrationsmassnahmen« – war streng untersagt. Gleichwohl parlierten meine Klassenkameraden über meinen Kopf hinweg französisch. Selbst Lehrer demonstrierten ihren Widerstandswillen, indem sie dies nicht nur tolerierten, sondern sich daran beteiligten. Meine Schulkameraden versicherten immer wieder, dass sie sich, wenn der Zeitpunkt gekommen sei, der drohenden Zwangsrekrutierung zur Wehrmacht oder gar der SS durch Flucht ins »freie« Frankreich entziehen würden.

Im »Jungvolk« war ich als »Reichsdeutscher«, bei dem man politische Zuverlässigkeit unterstellte, sogleich zum untersten Rang eines »Jungenschaftsführers« aufgerückt. Vergeblich bemühte ich mich, mein Dutzend »Junggenossen« zum Dienst zusammenzutrommeln. Wenn wir singend durch die Strassen marschierten, in deutlich weniger geordneter Verfassung als im »Gau Hessen-Nassau« in Frankfurt, wurde so manches Fenster mit lauten Verwünschungen vor uns zugeschlagen. Ich begann bald selbst vor der Uniform zu zittern, als wir einem sadistischen Oberführer in die Hände gefallen waren, der seine Unterführer bis in die späten Nachtstunden hinein »schliff«.

Es war für die Familie, ausgenommen allein meinen enttäuschten Vater, eine Erleichterung, als wir unter dem Eindruck einer näherrückenden Westfront 1944 die uns zugewiesene Metzer Wohnung wieder verlassen konnten. Sie gehörte Flüchtlingen im »freien« Frankreich. Wir hatten deren Einrichtung peinlichst gepflegt. Endlich konnten wir wieder ins heimatliche Frankfurt und in unser altes Haus zurückkehren.

Für uns Kinder brach in jenem letzten Kriegsjahr eine teils heitere, teils düster-drohende Zeit an. Regulären Schulunterricht gab es nicht mehr. Das Lessing-Gymnasium hatte unter der Einwirkung des zunehmenden Luftkriegs, der uns auch tagsüber immer häufiger in die Keller trieb und geregelten Unterricht unmöglich machte, seine Klassen samt Lehrern in den Westerwald evakuiert. Meine Eltern entschieden, dass ich der Schule nicht dorthin folgen sollte. Das Kriegsende rückte sichtbar näher. Die Familie sollte zusammenbleiben. Mir war das nur recht. Ich versuchte, an Hand von Schulbüchern ein wenig vor mich hin zu lernen. Viel kam dabei nicht heraus, auch als ich dann einmal in der Woche zu einem befreundeten alten Privatgelehrten, Prof. Finsterwalder, nach Bad Homburg hinauszufahren hatte, um dort mein Latein und Griechisch etwas auf dem laufenden zu halten. Es blieb viel Zeit für Spiele in Feld und Garten, auch für die neue Leidenschaft des Sammelns von Bomben- und Flakgranatensplittern, wozu sich gelegentlich ganze ausgebrannte Stabbrandbomben gesellten. Ausserdem verbrachten wir immer mehr Zeit im Luftschutzkeller.

Die Sorge um das tägliche Brot trat hinzu. Wir »stoppelten« auf den abgeernteten Kartoffeläckern und lasen Ähren von den gemähten Feldern. Ich schob der Milchfrau jeden Nachmittag ein paar Stunden den grossen zweirädrigen Milchkarren und erhielt dafür eine kleine Kanne Magermilch. Aus den Körnern der Stoppelähren und der Magermilch gab es anstelle von Brot täglich eine grobe Grütze, dank der umfunktionierten Kaffeemühle, die sich jetzt noch schwerer drehen liess. Ausserdem sorgten Kaninchen für eine gelegentliche Fleischzulage. Doch die Grünzeugmengen, die die gefrässigen Nager täglich beanspruchten, waren beträchtlich. Mit dem »Feldschütz« kamen wir deshalb öfter ins Gehege, wenn wir beim Grasschneiden an den Wegrändern zu nahe an den Kleeacker herangekommen waren. Als uns eines Nachts von Dieben die Ställe im Garten leergeräumt wurden, verlegten wir die Kaninchenzucht kurzerhand auf den Balkon im 1. Stock. Alle 14 Tage musste ich mich aufs Fahrrad schwingen und zum »Hamstern« ins dörfliche Dietzenbach südlich von Offenbach radeln. Die

25 Kilometer waren eine lange Fahrt. Oft musste ich im endlosen Frankfurter Stadtwald die schadhaften Fahrradreifen flicken. Die Ausbeute bestand gewöhnlich in einer Tüte Knochen aus der Dietzenbacher Metzgerei, mit der wir mütterlicherseits weitläufig verwandt waren. Mit viel Glück kam auch noch etwas Milch hinzu. Das Betteln ist mich jedesmal hart angekommen. Die Knochen wurden so oft ausgekocht, bis sie kein Gramm Fett mehr hergaben. Den Rest erbte Scholli, unser Hund.

Das Ende des Krieges rückte näher. Ein Symptom waren die Tiefflieger, die tagsüber oft so überraschend schnell auftauchten, dass wir uns draussen nur noch schnell in den nächsten Strassengraben werfen konnten. Sie schossen blindlings auf alles, was sich in der Landschaft bewegte. Einmal konnten wir mittags einen Luftkampf direkt über uns beobachten. Eine Lancaster bewegte sich mit dicker Rauchfahne nach unten. Ein Motor der auseinanderbrechenden Maschine schlug mit lautem Krachen 100 Meter vor unserem Haus ins Feld. Im Zeitlupentempo schwebten zwei Fallschirme herab. Zwei junge Kanadier schlichen müde und mit gesenkten Köpfen, von einem Flaksoldaten bewacht, die Strasse hinunter in Richtung Stadt. In Ginnheim wurde einer der beiden von einem wildgewordenen Ortsgruppenleiter mit dem Revolver niedergeschossen

Fliegeralarm gab es jetzt permanent. Stand der Wind hart aus dem Westen, so liess sich im Frühjahr 1945 fernes Grollen und Rummeln vernehmen. Die Front schob sich heran. Vater war wieder bei der Familie. Metz war längst von den Alliierten eingenommen. Er selbst war wegen schweren Diabetes absolut kriegsverwendungsuntauglich. Es war in diesen Wochen, dass nachts erstmals Flugblätter abgeworfen wurden, die von unglaublichen

Greueltaten in deutschen Konzentrationslagern berichteten. Wir hatten zwar von der Existenz der KZ gehört, auch darüber, dass dort harte Bedingungen herrschten: es musste viel gearbeitet werden und es gab wenig zu essen. Aber die jetzt geschilderten Bestialitäten überstiegen unsere Vorstellungskraft und zunächst auch unser Glaubensvermögen. Wir hatten einmal einen Mann getroffen, der aus Dachau zurückgekehrt war, mit verkniffenem Gesicht. Er lehnte es ab, auf die Lagerverhältnisse angesprochen zu werden. Wenn Menschen dort systematisch umgebracht wurden, hätte dies doch in die Welt hinausgeschrieen werden müssen. Es blieb zunächst bei einem ungläubigen Schock. Nach und nach aber wurde uns das monströse Ausmass der KZ-Verbrechen bewusst. Wie war das möglich gewesen. Wie hatte man ein ganzes Volk dergestalt in die Irre führen können. Wie sollte Deutschland jemals wieder in den Kreis gesitteter Nationen aufgenommen werden können.

Im April 1945 nahte der Zeitpunkt meiner Konfirmation. Die letzte Dietzenbacher Hamsterfahrt erbrachte zu diesem Anlass eine Rinderzunge – das einzige Gericht, das mir stets widerstanden hat. Ich konnte Speisen nichts abgewinnen, die andere bereits im Munde geführt hatten. Eine Woche vor dem Konfirmationstermin erhielt unser schönes altes Praunheimer Dorfkirchlein einen Bombenvolltreffer. Die im Nassauischen oft anzutreffende schiefergedeckte Hallenkirche, auf deren First ein zierliches barockes Glockentürmchen ritt, war eine Ruine. Die Feier musste in die benachbarte Ginnheimer Kirche verlegt werde. Allerdings war jene zu klein, um zwei Gemeinden zu einem gemeinsamen Gottesdienst zu fassen. Überdies musste ab acht Uhr mit Luftangriffen gerechnet werden. Deshalb wurde unser Konfirmationsgottesdienst auf 5.30 Uhr angesetzt. So verliessen wir morgens um vier Uhr in der Dunkelheit unser Haus und pilgerten die sechs Kilometer durch die morgenbetauten Niddawiesen. Die anschliessende Feier zu Hause mit Rinderzunge und Rumpffamilie wurde eine unruhige, durch Flakfeuer und heulende Tiefflieger unterbrochene Angelegenheit.

Als Anfang Mai die ersten Truppenreste zurückzufluten begannen, wurde die Sache kritisch. Ende April hatte ich, einen Tag nach meinem 15. Geburtstag, einen Gestellungsbefehl erhalten. Er wies mich an, am nächsten Morgen, ausgerüstet mit Decke, Spaten und Marschverpflegung auf dem nächsten Volkssturm-Sammelplatz zu erscheinen. Wir sollten nach Westen marschieren, in Richtung Front, um Panzerabwehrgräben auszuheben. Zu Hause gab es eine kurze Auseinandersetzung. Während ich bereit war, dem Befehl zu folgen, sprach mein Vater ein – bei ihm sonst eher ungewohntes – Machtwort. Es hiess nein. Ich musste ihm später dafür dankbar sein, denn eine Reihe meiner Altersgenossen kehrten von diesem letzten Einsatz nicht zurück. Sie waren Opfer des Artilleriefeuers und der Tiefflieger geworden. Ich konnte mich nun allerdings auch nicht mehr auf der Strasse sehen lassen. Einmal bereits war ich von einer Parteifunktionärin der Nachbarschaft angehalten und in barschem Ton gefragt worden, wieso ich noch nicht auf dem Weg zur Front sei. In solcher Weise aufzufallen, konnte in jenen Tagen des Untergangs böse Folgen nach sich ziehen.

Es wurde also zu Hause brenzlich. Da wir ausserdem damit rechnen mussten, dass es zu Kämpfen um drei hinter unserem Haus in Stellung gegangene 10,5 cm-Flakbatterien kommen würde – die Bedienungsmannschaft bestand ausschliesslich aus Magenkranken, die man aus

Diätgründen zu einer Einheit zusammengefasst hatte –, beschlossen meine Eltern, mit uns in den Taunus auszuweichen. Letztendlich war es dann nur die Mutter, die mit den Kindern auf den Treck ging. Vater blieb zurück, um das Haus zu bewachen. Im Morgengrauen zogen wir los, das Notwendigste auf einem holprigen kleinen Leiterwagen hinter uns herziehend. Wir marschierten über das alte Pflaster der antiken, im Laufe der Jahrhunderte zu einem Feldweg verkümmerten Römerstrasse, nach Westen in Richtung des Kanonendonners. Neben uns marschierten einige Landser, abgerissen, unrasiert und in einer Gemütsverfassung, die der allgemeinen Untergangsstimmung entsprach. Über uns flogen heulend Granaten. Ich wollte mich anfangs jedesmal in die Ackerfurchen werfen, aber der Landser neben uns lachte mich aus. Nur gelegentlich, wenn er einen Einschlag in der Nähe vorausahnte, zog er uns blitzschnell nach unten. Den grössten Schrecken jagten mir drei Feldpolizeigendarmen ein, die an einer Waldecke plötzlich aus dem Schatten der Bäume heraustraten und unsere Papiere kontrollierten. Dies hätte für unseren Vater als Volkssturmmann lebensgefährlich werden können. Die Feldpolizei, erkenntlich am blanken Metallschild über der Brust, pflegte kurzen Prozess zu machen. In jenen letzten Tagen allgemeiner Auflösung dauerte eine Standgerichtsverhandlung bis zum Vollzug des Urteils am nächsten Baum keine zehn Minuten.

Am Nachmittag waren wir endlich in Bad Soden angelangt, wo wir einige Tage in qualvoller Enge bei uns eigentlich Fremden hausten. Als nach drei Tagen die Amerikaner immer noch nicht eingerückt waren, packte uns die Ungeduld. Wir marschierten auf dem gleichen Wege, diesmal im Sog der allgemeinen Rückzugsbewegung, als nächtlicher Bollerwagenzug wieder zurück nach Hause.

Wenige Tage später war es soweit. »Unsere« Flakstellungen hinter dem Haus waren ruhig geworden. Die magenkranke Mannschaft, unser letztes Aufgebot, hatte sie in aller Stille fluchtartig verlassen. Nachts waren noch wenige müde Soldaten in der vertrauten, aber abgerissenen grauen Uniform unsere Strasse entlanggezogen, zu Fuss und in kleinen Gruppen. Vormittags rollten dann General Pattons erste Panzerspähwagen stadteinwärts, gefolgt von endlosen, nicht abreissen wollenden Fahrzeugkolonnen – Panzer, Jeeps mit schussbereit aufmontiertem Maschinengewehr, LKW's, Mannschaftswagen jeder Grösse. Kein amerikanischer Soldat ging zu Fuss. Misstrauisch hockten die GI's hinter ihren MG's, als lauere in jedem Haus an der Strasse ein Werwolf. Sie waren gut gekleidet, sauber, bestens ernährt. Sie rauchten und viele vollführten kauende Bewegungen. Wir begegneten erstmals dem Phänomen des Kaugummis. Sie erteilten uns missgeleiteten Deutschen auch gleich Lektionen in praktischer Demokratie. Als ein Nachbar einige Häuser weiter seinen kleinen Sohn einer frechen Antwort wegen nach gewohnter Art übers Knie legte, hielt ein gerade vorüberfahrender Jeep an. Ein Ami sprang herunter und versetzte dem verblüfften Vater einen gewaltigen Fusstritt ins Hinterteil. Das war demokratische Erziehung, womit der kleine Sohn mehr als einverstanden war.

Für uns Kinder brach eine aufregende Zeit an. Wir stürzten in die verlassene Flakstellung hinter dem Haus, um zu sehen, was dort zu erbeuten war. Viel war nicht mehr da. Beim Pferdefutter fanden wir noch einen Sack Hafer. Er reichte aus, uns für das nächste halbe Jahr morgens mit einer dünnen bitteren Haferflockensuppe zu versehen, wobei wir über die ständigen Spelzen fluchten. Auch zwei Paar Schaftstiefel und einen langen feldgrauen Mantel trieb mein Bruder Ulrich auf. Sie waren weggeworfen worden, als unsere wackeren Flaksoldaten sich eilends in Zivilisten zurückverwandelt hatten. Ich bekam daraus einen uniformartigen Anzug geschneidert, der mich noch lange in die Schule begleitete.

Sogar ein leichtes Maschinengewehr schleppte mein eifriger Bruder stolz heran. Als unser Vater ihn damit aus dem Haus warf, versteckte er es hinter dem Garten in einer Grabenröhre. Auf Waffenbesitz hatten die Besatzungsmächte Todesstrafe gesetzt! Es bereitete uns Buben grosses Vergnügen, die unversehrten Flakgeschütze zu besteigen und die Rohre auf die überfliegenden Flugzeuge zu richten. Wir hätten die Geschütze auch laden können, denn die Unterstände waren noch voller Munition. Stattdessen steckten wir die grossen Granaten – Durchmesser 10 cm – verkehrt herum in die Geschützmündung und fuhren das Rohr mit schneller Drehung voll gegen die Verschanzung. Durch den Aufprall lösten sich Granate und Kartusche voneinander. Wir holten dann aus der Granathülse die langen Zündstäbe, die sich hervorragend für Feuerwerk eigneten. Es war ein Wunder, dass uns nichts passierte, denn auch Handgranaten und Rohrsprengladungen – sie sahen aus wie ein langer runder Besen – lagen in reichlichen Mengen herum. Es dauerte Wochen, bis unserem Treiben in der Flakstellung Einhalt geboten und die gefährliche Munition beseitigt wurde.

Nachkriegsjahre

Unsere engere Familie – Eltern, die jüngeren Geschwister Ulrich und Bärbel, hatte das Ende des Grossen Krieges unversehrt überstanden. Nicht viele im damaligen Deutschland konnten das von sich sagen. Unser Haus stand noch, wenn auch ohne Fensterscheiben und von Granatsplittereinschlägen gezeichnet. Das Dritte Reich lag endlich hinter uns. Es war wie das Erwachen aus einem bösen Traum, dessen fürchterliche Auswirkungen uns dennoch auf Schritt und Tritt begleiteten. Die Zukunft verhiess nichts Gutes. Ein deutscher Staat existierte nicht mehr. Nach dem Morgenthau-Plan sollten wir für Generationen auf eine landwirtschaftliche Produktionsgesellschaft zurückgestuft werden. Auch dies schreckte uns zunächst kaum, denn es eröffnete die Aussicht, etwas zur Füllung unserer Mägen tun zu können. Wie alle anderen lebten wir am Rande des Existenzminimums. Aber wir lebten. »Wir sind noch einmal davongekommen« – so würde Thornton Wilder bald in seinem berühmten Theaterstück die Nachkriegsstimmung der Deutschen beschreiben. Aber dieses Gefühl sollte uns nur wenige Wochen begleiten.

Es war an einem frühen Sommertag des Jahres 1945, als ein Jeep der Besatzungsmacht um die Mittagszeit bei uns vorfuhr. Vier Uniformierte sprangen ab und besetzten das Haus. Zwei nahmen meinen Vater zum Verhör in ein oberes Zimmer, die beiden anderen machten sich daran, in Wohn- und Bibliothekszimmer das Unterste zu oberst zu kehren. Gegen Abend schien die Aktion beendet. Man erklärte Mutter, den Vater zur Fortsetzung des Verhörs über Nacht mitnehmen zu müssen. Er brauche deshalb nicht viel – Waschzeug, Pyjama, ein bisschen Unterwäsche. Kurzer Abschied. Uns fiel auf, dass die höflich auftretenden Offiziere nicht den bereits vertrauten amerikanischen, sondern mit französischem Akzent sprachen. Wie wir später erfuhren, war einer von ihnen der Eigentümer des von uns in Metz bewohnten Appartements gewesen. Er mochte bei dieser Gelegenheit kontrolliert haben, ob wir uns an seinem Besitz bereichert hätten.

Es verging Tag um Tag, Woche um Woche. Keine Nachricht von Vater. Niemand wusste etwas über seinen Verbleib. Mutter schwebte in höchster Sorge, denn als Diabetiker war Vater auf regelmässige Insulinspritzen angewiesen. Wir liefen von Pontius zu Pilatus – manchmal Mutter zusammen mit mir, immer öfter ich allein. Zunächst zu kirchlichen Stellen – Jesuitenpater Ivo Zeiger, der Sonderdelegierte des Papstes; Pastor Martin Niemöller, der Exponent der evangelischen Bekennenden Kirche; Professor Beutler, Direktor des Goethe-Hochstifts und Verfolgter; eine Reihe anderer Verfolgter des NS-Regimes, denen man Einfluss bei der Besatzungsmacht nachsagte. Wir bekamen nach und nach heraus, dass unser Vater verhaftet und nach Frankreich geschafft worden war, eine Aktion des französischen Liaisonkommandos bei der Alliierten Militärregierung in Frankfurt. Auch sein früherer Chef am Elsass-Lothringen-Institut der Frankfurter Universität, Prof. Paul Wentzcke, war inhaftiert worden. Es ging also um Vaters Tätigkeit in Metz und seine zahlreichen Publikationen zum Thema Elsass-Lothringen. Es dauerte Monate, bis über das Rote Kreuz Vaters erstes Lebenszeichen eintraf. Er sass in den Kasematten der alten Festung Metz und sah vor dem Militärgericht einer Anklage wegen »Atteinte à la sûreté de l'Etat« entgegen. Das Strafmass für dieses Delikt schloss eine hohe Zuchthausstrafe ein.

Währenddessen schlugen wir uns durch den ersten deutschen Nachkriegssommer. Von Wiederaufbau konnte noch keine Rede sein. Jeder reparierte an seiner mehr oder weniger beschädigten Behausung. Um der Obdachlosigkeit infolge des Bombenkriegs und des Flüchtlingsstroms aus den östlichen Gebieten Herr zu werden, wurde Wohnraum beschlagnahmt und neu zugeteilt. Uns wurde eine Familie mit zwei Kindern ins Haus einquartiert. Wir zogen in den Oberstock und versuchten, den gemeinsamen Gebrauch von Küche, Keller und Bad gütlich zu regeln. Die amerikanische Besatzungsmacht requirierte Häuser und ganze Stadtviertel. In unserer Häuserzeile am Praunheimer Weg musste eines der neun Einfamilienhäuser geräumt werden. Es diente fortan als Offiziersmesse. Im Schutze der Dunkelheit schlichen wir uns manchmal an die Hinterfront, um aus der Abfalltonne eines der vielen weggeworfenen Brote zu stehlen. Es herrschte strenges Fraternisierungsverbot. Dies hinderte manche weiblichen Wesen nicht, sich für ausgelassene Feste in der Messe zur Verfügung zu stellen. Draussen zogen abgerissene Gestalten entlassener deutscher Kriegsgefangener müde vorbei, auf der Suche nach dem, was von Haus und Familie übriggeblieben war.

Die amerikanische Besatzungsmacht konnte nicht verhindern, dass in den ersten Wochen anarchische Zustände einrissen. Ausländische Zwangsarbeiter zogen plündernd durch die Lande. Meine wöchentlichen Hamsterfahrten nach Dietzenbach mussten zunächst eingestellt werden, worüber ich, offen gestanden, nicht traurig war. Zwar gab es keine Tiefflieger mehr, aber den Notsteg beim Eisernen Steg, nach Sprengung aller Brücken die einzige Möglichkeit zur Überquerung des Mains, hielten ehemalige Zwangsrekrutierte besetzt. Sie nahmen jedem

Deutschen das Fahrrad und gelegentlich auch noch mehr ab. Überlebende ehemalige KZ–Häftlinge, die gestreiften Lagerklamotten als Ehrenkleid übergezogen, gingen durch die Strassen. In viele Westendvillen wurden Opfer des NS-Regimes eingewiesen. Ihr erbärmlicher körperlicher Zustand sprach für die Leiden der Vergangenheit. Es kam auch vor, dass betrunkene GI´s nachts Frauen aus den Häusern holten und vergewaltigten. Ich erinnere mich, wie eines Morgens eine hübsche junge Frau zu uns hereinstürzte und weinend berichtete, was farbige Soldaten ihr in der Nacht stundenlang angetan hatten. Sie wohnte zwei Häuser weiter. Ihr Mann war noch in russischer Kriegsgefangenschaft.

Es war der totale Umschwung nach einem diabolischen Unrechtssystem, der das Pendel gelegentlich zu sehr in die falsche Richtung schwingen liess. Aus Unrecht erwuchs teilweise neues Unrecht, auch wenn jeder vernünftige Deutsche verstand, dass die Ursachen auf das Konto unseres eigenen alten Terrorregimes gingen.

Für die offenen Stellen in der neu aufzubauenden lokalen Verwaltung suchte die amerikanische Militärregierung vorzugsweise ehemalige Verfolgte aus. Nicht immer erwies sich dies als glücklicher Griff. Denn die Konzentrationslager hatten nicht nur politische Häftlinge beherbergt. Eines Tages fand ich zu meinem Erstaunen den weitläufigen Vetter meiner Mutter, Howard Philips, als Präsidenten der Industrie- und Handelskammer Frankfurts vor. Anstelle eines Verfolgungstatbestandes hatte ihm, wie er selbst ironisch meinte, wohl sein englischer Name zu dieser Ehre verholfen.

Bis über den Winter 1945/46 hinaus bestand das Leben im Trachten nach materiellem Überleben. Wir gingen hamstern bei den Bauern, den heimlichen Königen der

Mangelgesellschaft, in deren Häusern sich Teppiche und Silberzeug häuften. Im Herbst zogen wir familienweise zum »Stoppeln« aus Die abgeernteten Felder wurden nach Ähren abgesucht, der Boden nach vergessenen Kartoffelresten durchwühlt. Der Schwarzmarkt blühte auf. Als Währungseinheit galt nicht mehr die Reichsmark, sondern die Lucky-Strike-Zigarette: zwei Reichsmark das Stück. Wer es konnte, verschaffte sich Anschluss an die amerikanischen Besatzungssoldaten, um durch persönliche und andere Dienste in den Besitz der begehrten Tauschgüter zu gelangen. Als erfolgreich galt, wer sich einen Kaugummi, früher ein unbekanntes Objekt, leisten konnte – zum Kauen, nicht zum Eintauschen.

Krater in den Strassen wurden zugeschaufelt, Trümmer von den Gehwegen geräumt. Die ersten Strassenbahnen verkehrten wieder und schüchterne Druckerzeugnisse fanden reissend Absatz. Papiermangel schrieb einen minimalen Umfang vor. Die »Neue Zeitung« als erstes Presseprodukt in der Amerikanischen Zone informierte über die Greuel der Vergangenheit und die Notwendigkeit der Demokratie, aber wenig über das Geschehen in der Welt. Wir waren gewohnt, nach allem Schlange zu stehen, nach rationierten Lebensmitteln ebenso wie nach den ersten, mit Lizenz der Militärregierung auf schlechtem Papier gedruckten Büchern.

Schulausklang

Die Schulen blieben das ganze Jahr 1945 über geschlossen. In die Schulgebäude waren Flüchtlinge und Behörden einquartiert. Auch mussten die Lehrer, wie der Rest der Bevölkerung, von Spruchkammern in Nichtbetroffene, Mitläufer, Minder- und Schwerbelastete, was ihre politische Vergangenheit anging, eingeteilt und entsprechend ausgesiebt werden. Ich litt, ebensowenig wie meine Geschwister, unter dem mangelnden Angebot schulischer Bildung. Aber meine Mutter nahm auch hier die Zügel in die Hand. Im Sommer 1945 wurde ich dem Oberstudiendirektor i.R. Kredel vorgeführt, der für strenge Griechisch- und Latein-Nachhilfelektionen bekannt war. Er war ein Schwager Martin Niemöllers, dem ich in diesem Hause gelegentlich begegnete. Der alte Kredel demonstrierte durch einige grammatikalische Fragen, dass bei mir tabula rasa herrschte. Er schwankte, ob er mich annehmen sollte, denn er war bereits sehr überlaufen. Unser persönliches Schicksal – die Suche nach unserem Vater war ihm bekannt – bewog ihn schliesslich, mich aufzunehmen. Ich strengte mich dann bei ihm an, wie ich dies in der Schule seit Jahren nicht mehr getan hatte. Es gelang mir bald, Tabellen griechischer Verbformationen so schnell auswendig herunterzurasseln, dass ich zu Kredels Vorführobjekt avancierte. Für Mathematik-Nachhilfe wurde ich dem Ordinarius für Statistik, Prof. Flaskämper, angedient, der auf das Wiederanlaufen des akademischen Lehrbetriebs wartete.

Als deshalb die Schulen im März 1946 ihre Pforten wieder öffneten, kam ich mir in den Grundfächern gut gerüstet vor. Ich hatte das Gymnasium in Metz im Sommer 1944 nach einigen Wochen Untertertia verlassen und meldete mich jetzt für die Obertertia an. Unser altes Lessing-Gymnasium in der Hansa-Allee war ausgebombt und zudem in der mit einem hohen Stacheldrahtzaun umgebenen Sperrzone um das IG-Hauptverwaltungsgebäude, das neue US-Hauptquartier, belegen. Deshalb wurden wir vom anderen humanistischen Gymnasium

Frankfurts, dem Kaiser-Friedrich-Gymnasium am Zoo, aufgenommen. Zwei Schulen unter einem Dach, das war durchaus zeitgemäss. Wir waren ein buntgewürfelter Haufen, der sich dort am Zoo zusammenfand – äusserlich, alters-, erfahrungs- und wissensmässig. Ausser uns eigentlichen Schülern waren da die zahlreichen Kriegsteilnehmer, junge Ex-Soldaten, denen der alte Staat mit 17 Jahren den Reifevermerk erteilt hatte, um sie anschliessend möglichst rasch als Flakhelfer, Arbeitsdienstler und Soldaten in die Kriegsmaschine eingliedern zu können. Dieser Reifevermerk wurde als Schulabschluss nicht mehr anerkannt. Zum Teil traten die Jungens, aus denen zu früh Männer gemacht worden waren, noch in ihren grauen Militärklamotten auf. Sie machten keinen Hehl aus ihrer Verachtung für Schulbücher. Die Lehrer behandelten sie übrigens nicht wie Schuljungen, sondern verständnisvoll wie Erwachsene, die ihre Knochen zu Markt getragen hatten und davongekommen waren. Unter den Lehrern gab es nur noch wenige vertraute Gesichter. Waren schon während des Kriegs nur die Älteren, nicht mehr Kriegsverwendungsfähigen übriggeblieben, so hatte man aus diesen jetzt noch die »Parteigenossen« herausgesiebt. Dafür wurden einige uralte Pauker aus dem Ruhestand reaktiviert. Es waren nicht die schlechtesten, – wie Ohly für Deutsch und Ernst für Mathematik. Glücklicherweise gehörten auch die beiden vorzüglichen Altphilologen Bornemann und Schumann wieder dazu, letzterer jetzt als Rektor unseres Lessing-Gymnasiums.

Nach einigen Wochen Obertertia wurde wieder selektiert; wer in den Grundfächern stabile Kenntnisse vorweisen konnte, d.h. während der Schulvakanz nachgearbeitet hatte, wurde sogleich in die Untersekunda versetzt.

Es wurden eine U2A und eine U2B gebildet, die eine mit regulären Schülern, wozu ich zählte, die andere mit den älteren Kriegsteilnehmern. In der grossen Pause war das Gros der Schüler mit der Milchsuppe aus der Schülerspeisung beschäftigt. Dann zogen die uniformierten Älteren in die Nähe der Hoftoiletten, aus deren schadhaftem Dach bald bläulicher Dunst kringelte. Es herrschte strenges Rauchverbot. Aber bei den Ex-Soldaten drückte die Lehrerschaft nachsichtig ein Auge zu. Man raunte, dass dort auch manche Schwarzmarktgeschäfte getätigt wurden – Handkäse gegen gebrauchte Reifen und so weiter. Genaueres wusste man nicht, nur dass die sich in Rauch auflösenden Glimmstengel natürlich irgendwo ertauscht sein mussten.

Der Weg zum KFG war weit und nicht ganz ungefährlich. Unsere alte Strassenbahn Nr.18 fuhr oft nur mit einem Wagen, war also hoffnungslos überfüllt. Wir sprangen an der Praunheimer Brücke immer als letzte auf, mussten uns dann an Trittbretter und Puffer klammern, manchmal sogar an die Trittbretter der linken Seite. Die Bahn war gezwungen, grosse Umwege zu fahren, weil der Sperrbezirk um das US-Hauptquartier einen grossen Teil des einst vornehmen Westendviertels einbezog. In der Bockenheimer Landstrasse verlief der Sperrzaun genau zwischen den Gleisen. Die Bahn konnte hier also nur einspurig fahren. Wer links auf den Trittbrettern stand, musste sich eng an die Wagentür drücken, um nicht am Drahtzaun hängenzubleiben. Kam auf der zweigleisigen Strecke die Gegenbahn in Sicht, mussten wir abspringen und eine Weile hinter unserem Wagen herlaufen. Zum Glück konnte der Fahrer aus der guten alten Nr.18 mit dem halbrunden Vordeck keine grossen Geschwindigkeiten mehr herausholen.

Inzwischen war das Jahr 1947 heraufgezogen. Eines Nachmittags im April öffnete Mutter die Haustüre und Vater fiel ihr buchstäblich in die Arme. Er hatte sich mit letzter Kraft nach Hause geschleppt. Das Militärgericht Metz hatte ihn, was dort selten vorkam, von der Anklage freigesprochen, die Sicherheit des französischen Staats gefährdet zu haben. Es war vor allem das Verdienst des Doyens der lothringischen Anwaltskammer, der ihm als Offizialverteidiger zugeteilt worden war. Vater fand bald eine Anstellung als Bibliothekar an der Stadt- und Universitätsbibliothek. Gelegentlich fuhren wir jetzt morgens zu dritt in die Stadt – Vater, Bruder Ulrich und ich. Nicht immer kamen wir allerdings gemeinsam bei der Praunheimer Brücke an, wo an der Endstation die Nr. 18 schon auf uns wartete. Vorweg traf Vater ein, durchaus beschleunigten Schritts; dann kam ich, in leichtem Trab die 1000 Meter von unserem Haus im Praunheimer Weg nehmend, an der Ruine der Dorfkirche vorbei, wo ich beinahe konfirmiert worden wäre und den Altarm der Nidda entlang, als letzter schliesslich Ulli als der Jüngste in gestrecktem Galopp. Manchmal änderte sich allerdings auch die Reihenfolge .....Wenn die Strassenbahn nicht schon abgefahren war, schoben Ulli und ich im Gewühle den Vater ins Innere der Bahn. Er frug immer über den Rücken, ob für uns auch noch Platz sei; wir dürften unter gar keinen Umständen auf dem Trittbrett fahren, was wir ihm stets bereitwillig versicherten. Natürlich taten wir das dann doch, notgedrungen, weil wir sonst nicht mehr mitgekommen wären. Gewöhnlich stand ich mit einem Bein auf dem Trittbrett, Ulli hingegen aussen auf den Puffern, von wo er nach innen grinste, dem Schaffner frech ins Gesicht, der machtlos drohte, dass er ob dieses vorschriftswidrigen Verhaltens die Bahn anhalten werde. Im Sommer zog ich das alte Fahrrad hervor und radelte in die Stadt. Autoverkehr war praktisch nicht vorhanden. In flottem Tempo fegten wir über den Opernplatz, durch die Fressgasse und quer über die damals noch offene, mangels Autobetrieb praktisch verkehrsfreie Hauptwache. Einziges Hindernis waren die durcheinandergehenden Strassenbahnschienen, die den Platz durchschnitten und bei Regen tückisch glatt waren. Vorbei an den damals noch toten Ruinen der grossen Zeil-Paläste, vom Kaufhof bis zum Kaufhaus Woolworth, ging es dann non-stop Richtung Zoo.

Bis Juni 1948 hatte ich die auf die U2B folgenden drei Klassen durchlaufen und meldete mich zum Abitur. Mitte Juni wurde auch dieses letzte Hindernis vor dem Sprung in das Erwachsenendasein genommen. Wir waren mit einigen Befürchtungen in die Prüfung gegangen, die erstmals in Hessen zentral vom Kultusministerium in Wiesbaden gesteuert wurde, in allen Fächern für sämtliche Schulen des Landes mit gleichen Aufgabenstellungen. Eine diskrete Hinführung auf die Abiturthemen war den Lehrern deshalb nicht möglich. Ich erinnere mich, im Abituraufsatz ein Thema über Oswald Spengler und den Untergang des Abendlandes gewählt zu haben – ein Buch aus den elterlichen Regalen, das mich gerade ungeheuer fasziniert hatte. So ging eigentlich alles recht gut. Unsere Lehrer zensierten verständnisvoll. Ich hatte das Glück, von der mündlichen Prüfung befreit zu werden. Insgesamt zeigte der Notendurchschnitt bei Lessing-KFG, dass an den beiden letzten humanistischen Anstalten Frankfurts solider Unterricht geboten wurde. Selbst in den naturwissenschaftlichen Fächern lagen unsere Noten im Schnitt deutlich über dem hessischen Mittelwert.

Unsere Klasse plante eine zünftige Abiturfeier mit den Lehrern. Ich hatte die interessante, nicht immer dankbare Aufgabe übernommen, zusammen mit einem Klassenkameraden eine Bierzeitung herzustellen. Auf einem vorsintflutlichen Kopiergerät mühten wir uns mit minderwertigen Wachsmatritzen um eine Vervielfältigung. Da schlug am 18. Juni 1948 wie eine Bombe die Verkündung der Währungsreform ein. Die D-Mark war geboren. Aber jeder Bürger erhielt als Erstausstattung nur 40 neue DM. Eine Woche später sollte unsere Abifeier steigen. Wie war das zu finanzieren? Es wurde schliesslich doch ein zünftiges und fröhliches Fest mit viel Lehrerulk im Hinterzimmer eines Fechenheimer Lokals bei Apfelwein und mitgebrachten Buletten. Den Kartoffelsalat stellte der Wirt.

Studienbeginn im Nachkriegs-Frankfurt

Zwischen den Trümmern Frankfurts hatte sich in den ersten Nachkriegsjahren ein reges kulturelles Treiben entfaltet. Eine Offenbarung waren die ersten Ausstellungen jener Künstler, die das Dritte Reich als entartet verfemt hatte. Hätte ich doch, wie ein Klassenkamerad, zugegriffen, als kurz nach der Währungsreform das Becker'sche Kunstkabinett Graphik der »Brücke« ausstellte – für wenige Zehnmarkscheine wären Holzschnitte und Lithos von Kirchner, Nolde, Beckmann, Schmidt-Rottluff und Kokoschka zu haben gewesen. Heftige Diskussionen entfachte Zuckmayers »Des Teufels General«, genial gespielt von Martin Held, mangels anderer Bühnen im Saal der Frankfurter Börse. Dort gab ich auch die Unsumme von 20 neuen DM für ein Konzert aus, das Altmeister

Paul Hindemith persönlich dirigierte. Für kleinere Konzerte gab es sonst nur noch einen Saal im Haus der Ärztekammer, gegenüber dem zerbombten Messegelände. Dort lauschte ich dem Zyklus der Beethovensonaten von Riebesahm. Einmal liess ich mich bei einem Klavierabend überreden, dem Pianisten die Seiten umzublättern, nachdem ich unklugerweise Notenkenntnis zugegeben hatte. Ich verfluchte mich, als ich im Presto-Satz die Übersicht verlor und zweimal zu spät umblätterte, zum heftigen Unwillen des Pianisten. – In der Kirche am Sachsenhäuser Mainufer spielte der blinde Helmut Walcha Bach. Als das Schauspielhaus notdürftig wiederhergerichtet war, begeisterten wir uns an Oskar Werners »Hamlet«. Auch der Jazz kam nicht zu kurz. Albert Mangelsdorfs Dixieland-Keller faszinierte uns immer von neuem.

Für das Wintersemester 1948/49 schrieb ich mich, 18-jährig, an der Universität Frankfurt ein. Ich hatte mich für das Studium der Rechtswissenschaft entschieden, dem Vorbild meines – in Stalingrad vermissten – Patenonkels Achim folgend. Allerdings muss ich ehrlicherweise zugeben, dass ich auf Jura verfallen war, weil kein anderes akademisches Fach mich so anzog, dass ich ein Berufsleben darauf hätte aufbauen mögen. Ich verschob also die eigentliche Berufswahl auf später, wobei mich der Gedanke beruhigte, dass dem Volljuristen ein denkbar breites Verwendungsspektrum offensteht. Niemandem wäre damals die Idee gekommen, es könnte Schwierigkeiten geben, nach Studienabschluss einen, wo auch immer, angemessenen Arbeitsplatz zu finden. Der Wiederaufbau verlangte überall arbeitswillige Menschen, studierte und nicht studierte. Zumal ein Teil der Arbeitsfähigen immer noch im Abseits stand, weil er in früheren Zeiten zu offen sein Parteiabzeichen getragen hatte.

Aber vor das Vergnügen haben die Götter, wie schon der alte Hesiod bemerkte, den Schweiss gesetzt. Die Immatrikulation wurde damals nur wirksam, wenn der Studienbewerber drei Wochen Trümmereinsatz auf dem traurig darniederliegenden Universitätsgelände nachweisen konnte. So fand ich mich eines Morgens, mit einer Schaufel bewaffnet, auf einem Bockenheimer Ruinengrundstück ein. Wir waren zu zweit, ausser mir mein Lessing-Konabiturient Gerd Wenner, ebenfalls angehender Jurastudent. Er hatte der Parallelklasse der Kriegsteilnehmer angehört. Alte und junge Hasen hatten sich an der Schule wenig Beachtung geschenkt. Doch auf den Trümmern des Universitätsgrundstücks wuchs eine enge Freundschaft heran, die die Jahrzehnte des Lebens bis ins kommende Alter hinein überdauert hat. Wir wurden kurz eingewiesen und dann uns selbst überlassen. So konnten wir, auf unsere Schaufeln gestützt, stundenlange Betrachtungen über die Trümmerlandschaft ringsum, die Probleme deutscher Vergangenheit und Gegenwart, aber auch über die vor uns liegende ungewisse Zukunft anstellen. Wir stellten fest, dass in den Trümmern um uns noch Menschen hausten. Eine schicke junge Dame empfing in regelmässigen Abständen Besucher, meist uniformiert, die über eine freischwebende Treppe in einem Loch der Hauswand verschwanden. Nach drei Wochen hatten wir unser Soll erledigt. Eine Erfolgskontrolle fand glücklicherweise nicht statt.

Semesterbeginn November 1948, mit Spannung erwartet. Der Krieg hatte von der Vorderfront der Johann Wolfgang Goethe-Universität nur die imposante rote Sandsteinfassade übriggelassen. Im Hauptgebäude waren einzelne Zimmer und Hörsäle notdürftig wiederhergerichtet. Die wenigen anderen Hörsäle waren über die hinteren Gebäude bis hin zur Senckenberg-Anlage verteilt. Die Belegungszeiten mussten unter den einzelnen Fakultäten aufgeteilt werden. Hinter den Kulissen fanden harte Auseinandersetzungen darüber statt, wer wann wo lesen durfte. Wir gewöhnten uns schnell an die Studentensitten des Scharrens für Missfallens- und des Pultdeckelklopfens für Zustimmungsbekundungen. Einmal wurde sogar der neue Rektor ausgescharrt, als er zur Rektoratsübernahme zehn Minuten zu spät erschien und sich damit entschuldigte, der Dienstwagen der Universität, ein kleiner alter Vorkriegs-Opel, habe ihn zu spät abgeholt. Dienstwagen – wer hatte das je gehört und wer fuhr schon in diesen Tagen mit dem Auto. Es war Franz Böhm, der Wirtschaftsjurist und Mitbegründer der Freiburger Schule, Schwiegersohn von Ricarda Huch, den wir später seiner menschlichen Ausstrahlung wegen wirklich verehrten. Aber die studentischen Freiheiten hatten enge Grenzen. Es herrschte noch die Pflicht, zu Beginn und Ende des Semesters ein »Testat« des Dozenten einzuholen, um die Anwesenheit während der Vorlesungen zu dokumentieren. Der Professor stand oben hinter seinem Pult, die Studenten reichten ihm ihr Testatheft zur obligaten Paraphe. Walter Hallstein war besonders berüchtigt. Er duldete nicht, dass die Studenten seitwärts auf dem Podium an ihn herantraten. Sie mussten, sozusagen in Demutshaltung, von unten das Testatheft nach oben über das Vorlesungspult reichen. Zwanzig Jahre später war es mit diesen und anderen Herrschaftsgebärden des Professoren-Olymps vorbei, als die 68-er Generation die Hörsäle beherrschte.

Ich erinnere mich gern an jene ersten Semester, auch wenn wir winters frierend in ungeheizten Hörsälen hockten, in Mantel und Mütze, während kalter Wind durch tausend Ritzen pfiff. Die philosophische Fakultät zog viele von uns an. Wir hörten Max Horkheimer über die französische Aufklärung des 18. Jahrhunderts, Theodor Adorno über Musiksoziologie und -aesthetik, leider schwer verständlich, Hans Georg Gadamer über die moderne Existenzphilosophie und Harald Keller zur Kunstgeschichte. Bei uns Juristen brillierten, ausser Hallstein und Böhm, für römisches Recht Helmut Coing und der Strafrechtler Class. Die Vorlesungen des letzteren waren regelmässig überlaufen, auch von anderen Fakultäten. Class war berühmt für seinen Sarkasmus und erhielt stets reichlich Beifall. Leider taugte nicht viel, was er uns beibrachte. Er war der wohl letzte Verfechter der sog. objektiven Strafrechtstheorie, die schon das alte Reichsgericht abgelehnt hatte. Auch der junge Bundesgerichtshof hatte sie sich nicht zu eigen gemacht und wurde darob von Class höhnisch zerrissen. Als ich Jahre später, eifriger junger Gerichtsreferendar, beim Amtsgericht Bad Homburg mein erstes Urteil mit Class' objektiver Theorie begründete, schlug der alte Amtsrichter es mir um die Ohren, obgleich ich mir viel Mühe gegeben hatte.

Die Frankfurter Universität zählte zu jener Zeit rd. 5000 Studenten. Mein Vater murrte. Der Lehrbetrieb war seiner Meinung nach zur Massenveranstaltung herabgesunken. In seiner Generation waren nur halb so viele Studenten immatrikuliert. Aber es wurde fleissig gearbeitet. Die Kriegs- und Nachkriegsjahre hatten wertvolle Zeit gekostet. Es galt aufzuholen, gerade auch für die, die aus dem Krieg zurückgekommen waren. Wer sich als Jurist nicht nach dem 7., spätestens 8. Semester zum Referendarexamen meldete, wurde scheel angesehen. Die studentischen Verbindungen spielten im Universitätsleben keine Rolle. Sie waren durch ihr Verhalten während des Dritten Reichs diskreditiert, als viele ihren jüdischen Verbindungsbrüdern die kalte Schulter gezeigt hatten. Ausserdem war nationales Gedankengut in jenen Jahren an den Universitäten alles andere als gefragt. Der Wiederaufbau der Gegenwart unter neuen Vorzeichen nahm alle Kräfte in Anspruch. Unsere Vergangenheit hatte in die Katastrophe geführt. Wir waren noch dabei, aus deren gedanklichem Treibgut herauszusortieren, was als Tradition Bestand haben würde. Wir hielten uns an Theodor Heuss' Ausspruch, dass Studentenverbindungen Geschmackssache seien.

In dieser Stimmung nahmen wir die Ausrufung der Bundesrepublik Deutschland 1949 kaum wahr. Ihre Souveränität war durch das Besatzungsstatut derart einschneidenden Beschränkungen unterworfen, dass wir uns fragten, ob man sie mit Fug als Staatswesen ansehen durfte. Ausserdem hatte Frankfurt als Sitz der Bizonenverwaltung gerade das Rennen um die Rolle als neue Bundeshauptstadt verloren. Wir fühlten uns in Frankfurt als Opfer einer Intrige, die Adenauer mit seinem wendigen Adlatus Wandersleb zugunsten Bonns eingefädelt hatte. Ein anderes Ereignis rüttelte uns schon eher wach. Es war im Wintersemester 1949/50. Ich hatte mich zum zweiten Mal für Walter Hallsteins berühmte Vorlesung über den Allgemeinen Teil des Bürgerlichen Gesetzbuchs eingeschrieben. Wir sassen im Hörsaal und warteten. Es war noch nie vorgekommen, dass der wie ein präzises Uhrwerk funktionierende Hallstein zu spät gekommen wäre. Etwas musste passiert sein. Nach zwanzig Minuten erschien er in Hut und Mantel. Er komme direkt mit dem Zug von Bonn. Bundeskanzler Adenauer habe ihn gebeten, als Staatssekretär im Kanzleramt das neue Auswärtige Amt aufzubauen. Ohrenbetäubender Beifall. Das war das Ende der akademischen Laufbahn eines glänzenden Professors. Andere sollten später aus unserer Fakultät nach Bonn folgen – Franz Böhm handelte das Israel-Abkommen aus, Hermann Mosler übernahm die Rechtsabteilung des Auswärtigen Amts, Ophüls ging als erster Botschafter nach Brüssel.

Zur Umerziehung nach Amerika

Im Frühjahr 1950 bewarb ich mich um ein amerikanisches Stipendium. Es wurde im Rahmen eines »Re-education Program« angeboten. Junge Deutsche sollten in Amerika demokratisches Verhalten, community life und gesellschaftliche Spielregeln aus nächster Nähe miterleben. Es war der Vorläufer jenes Austauschprogramms, das später unter dem Namen des Senators Fulbright weitergeführt werden sollte. Ich hatte mich auf den Auswahlwettbewerb für die begehrten und heiss umstrittenen Stipendien gründlich vorbereitet. Mein Eilmarsch durch die Oberklassen des Gymnasiums hatte gerade noch Zeit für Latein und Griechisch, für die modernen Sprachen Englisch und Französisch aber praktisch nichts übriggelassen. Deshalb hatte ich in einem einjährigen Intensivkurs des englische Dolmetscherdiplom der Berlitz School of Languages erworben. Ausserdem hatte ich, um mein Taschengeld aufzubessern, einige Monate bei der amerikanischen Besatzungsmacht gearbeitet. Unsere Dienststelle sammelte und sortierte die Bücherbestände der inzwischen nach Amerika zurückverlegten Truppenverbände.

Mit Herzklopfen wartete ich auf das Ergebnis. Vater brachte endlich das positive Votum nach Hause. Ich sollte für ein Jahr an die Clark University in Worcester, Massachusetts. Hätte ich damals ahnen können, dass gut 40 Jahre später unser ältester Sohn Christoph ebenfalls stipendienhalber bei Clark landen würde? Jedenfalls ging ein Traum in Erfüllung: die Heimat der Demokratie, die man uns seit fünf Jahren als leuchtendes Vorbild vorhielt, das Eldorado der unbegrenzten Möglichkeiten, die heile Gesellschaft und die Wohlstandskultur der westlichen Welt kennenzulernen. Ich konnte es kaum fassen.

Ich fand mich, zusammen mit einigen anderen glücklichen Gewinnern, im Büro des amerikanischen Konsuls in der Nähe des Opernhauses ein. Wir mussten einen Eid auf die neben dem Schreibtisch des Konsuls hängende amerikanische Flagge leisten – mir ist entfallen, welchen Inhalts. In meinem Taumel kam ich gar nicht auf die Idee, als deutscher Bürger die Rechtmässigkeit dieser Eidesleistung in Frage zu stellen. Nebenan bei American Express, den ich so zum ersten Mal kennenlernte, durfte ich gegen Vorlage eines besonderen Bezugsscheines einige Dollar gegen D-Mark einwechseln – Kurs 4,20 DM für einen greenback. Es herrschte noch strenge Devisenbewirtschaftung und die D-Mark war eine unbekannte, armselige, eigentlich wertlose Währung.

Einige Tage später fuhren wir unter heftigem Abschiedswinken aus dem Frankfurter Hauptbahnhof in Richtung Cannes. In letzter Minute war mir mitgeteilt worden, dass mein neues College nicht mehr Clark, sondern Western Reserve University in Cleveland, Ohio, sein werde. Gründe für den Wechsel gab man nicht. Einen Tag später langte unsere Gruppe an der sonnendurchfluteten Cote d'Azur an. Palmen, Mittelmeer, Riviera-Architektur – wir waren geblendet. Im Hafen von Cannes lag ein amerikanischer Flugzeugträger vor Anker. Überall flanierten flotte Matrosen mit hinreissenden südländischen Schönheiten. Es war September 1950 und der Koreakrieg war soeben mit voller Schärfe entbrannt. Die nordkoreanische Armee hatte Südkoreaner und Amerikaner über den Haufen gerannt und stiess tief nach Süden vor. Welche Auswirkungen das auf uns haben sollte, wurde uns abends bewusst, als wir mit der Barkasse das Schiff erreicht hatten, das uns über den Atlantik befördern würde. Es roch überall so merkwürdig und durchdringend. Auf einmal wurde uns klar: Knoblauch! Es stank nicht aus der Kombüse, sondern aus den Laderäumen. Der Gestank verliess uns nicht mehr, auch nicht auf hoher See, weil man zur Entlüftung der mit Knoblauch gefüllten Laderäume grosse Segeltuchtrichter über die offenen Ladeluken gespannt hatte. Unser Kahn hatte schnell seinen Namen weg: die Knoblauch-Galeere. Schiffsraum war nach Ausbruch der Korea-Krise Mangelware geworden und so hatte unser IEI – International Exchange Institute – das letzte noch verfügbare Transport-Personen-Schiff gechartert, eben unsere Knoblauch-Galeere.

Barcelona, Gibraltar, die Azoren zogen an uns vorüber, bis nach vier Tagen die Küste Neuschottlands aus dem Dunst auftauchte. Am nächsten Morgen standen wir bei Sonnenaufgang an der Reling, um das grosse Ereignis nicht zu verpassen – die Einfahrt nach New York. Allmählich schälte sich die gezackte Silhouette Manhattans aus dem Silberstreifen des Horizonts. Wir waren gebannt. Zum ersten Mal erlebten wir eine Skyline. Wolkenkratzer waren uns nur von Bildern bekannt. Ich habe in späteren Jahren immer wieder versucht, die Manhattan-Skyline von der See aus neu zu erfahren. Wenn die Zeit es zuliess, nahmen wir dann die Fähre von der Bowery nach Staten Island – für einen Nickel »the cheapest bargain in New York«, um auf der Rückfahrt wieder die Türme von Downtown Manhattan auf uns zukommen zu sehen. Nur die Einfahrt nach Hongkong über See gibt ein ähnliches Gefühl wieder. – Die Statue of Liberty erhob sich zu unserer Linken, Ellis Island erzählte Geschichten von Illusionen und Nöten ungezählter Einwanderer. Nach stundenlanger Gepäckkontrolle wurden wir schliesslich in die Häuserschluchten Manhattans entlassen. Ungläubig wanderten wir in den Abgründen, die zwischen den von Menschenhand geformten Häusergebirgen übriggeblieben waren. Wir kamen uns wie auf den Mond verschlagen vor. Im Hotel ein neues Erlebnis: der erste Fernsehapparat. Ein Druck auf den Knopf zauberte ein Freistilringen auf den Bildschirm, dessen Brutalität uns die Haare zu Berge trieb.

Waren wir wirklich im gelobten Land angekommen? Diese Frage habe ich mir in den folgenden Monaten oft gestellt. New York zeigte in den frühen fünfziger Jahren eine glitzernde Fassade. Der Times Square sprühte am Abend Lichterkaskaden. Premierenkinos und elegante Auslagen spiegelten die mondäne Welt wider, deren Publikum sich hier erging. Die berühmte Kreuzung mit der spitzen Front der New York Times inszenierte sich als der Nabel der Welt. Welch ein Kontrast zur Ruinenlandschaft Deutschlands, wo der Wiederaufbau sich noch auf das Beiseiteräumen der Trümmer beschränkte. Es entging uns natürlich nicht, dass es Segmente der Bevölkerung gab, die von den materiellen Segnungen des Wohlstands ausgeschlossen waren.

Es waren vor allem zwei Eindrücke, die mich in diesem College-Jahr bewegten und die sich überall von neuem bestätigten. Zum einen die unvoreingenommene

Herzlichkeit, mit der Amerikaner uns jungen Ausländern begegneten, auch wenn einige von uns noch vor wenigen Jahren im Krieg auf der anderen Seite gestanden hatten. Am College öffneten sich alle Türen. Der alte Dean unseres College, Carl Wittke, war beeindruckt, als ich ihm bei meinem Vorstellungsgespräch sagte, dass das Original des Nachdrucks von Manet's »Frühstück im Freien« über seinem Schreibtisch bei uns im Frankfurter Städel-Museum hänge. Allein war ich eigentlich nie. Für die Feiertage – Thanksgiving, Weihnachten, Neujahr – häuften sich die Einladungen meiner College-Kameraden, die mit mir im gleichen dormitory »Ickes House« in der Glockenblumenstrasse wohnten. Auf dem weiten Campus war Hansi, der in der Cafeteria beim Tellerwaschen half, bald eine bekannte Figur. Western Reserve hatte einen schönen, beinahe klassischen Campus. Den Mittelpunkt bildete ein grosser weidenumsäumter See, an dessen offener Seite in einem griechischen Tempel das berühmte Cleveland Symphony Orchestra konzertierte. Hier sang ich unter George Szell Beethovens Neunte mit. Im Auftrag des Maestro musste ich meinen Mitsängern das lange, für amerikanische Sprachwerkzeuge fast unaussprechliche üüü der »Brüder« in der Ode beibringen. Die Delta-Tau-Delta Fraternity machte mich zum Mitglied ehrenhalber, aber meine wahre Heimat war die Foreign Student Group. Die zehn Monate vergingen wie im Fluge.

Bleibenden Eindruck hinterliess zum anderen die unendliche Weite des nordamerikanischen Kontinents. Wir lernten sie zum Abschluss unseres College-Jahrs kennen, als wir, die vier deutschen re-education-Studenten von Western Reserve, in meinem alten grünen Chevrolet, Baujahr 1941, eine vierwöchige Rundreise durch die

Vereinigten Staaten unternahmen. Ich erinnere mich nicht, wieviel tausend Meilen wir zurücklegten. Jedenfalls wurde uns klar, über welche unerschöpflichen Ressourcen dieses Land verfügt. Wir verstanden jetzt auch, wie sehr der Amerikaner in sich ruht, in die Tiefe des eigenen Landes gebettet, im Gefühl völliger Autarkie, die nicht des Restes der Welt bedarf, eher umgekehrt. Selbstzweifel, wie sie der Vietnamkrieg hervorbringen sollte, hatten noch nicht die Selbstgewissheit der amerikanischen Gesellschaft zu zernagen begonnen. Ich überlegte mir damals ernstlich, ob ich nicht über den Rubikon springen und mein weiteres Leben in den Staaten fortsetzen sollte. Ein Angebot meines Professors lag auf dem Tisch. Ich entschied mich letztlich anders und das war sicher richtig. Gleichwohl hat mich das Amerikajahr entscheidend beeinflusst. Es öffnete mir die Tür zur Welt und weckte das Interesse an fremden Völkern und Kulturen.

Im Dienste der Wissenschaft – Heidelberger Max-Planck-Institut (1955–60)

Die Rückkehr nach Deutschland im Juli 1951 wurde uns per Flugzeug bewilligt. Ich weiss nicht mehr, wieviele Stunden und Zwischenlandungen die viermotorige Propellermaschine für den Transatlantikflug benötigte. Der erste Flug war jedenfalls ein grosses Erlebnis. In Frankfurt hatte sich wieder die ganze Familie versammelt, um den verlorenen Sohn in Empfang zu nehmen. Aus dem kleinen Bruder Helmut war ein richtiger Bub geworden. Der Wiederaufbau Frankfurts hatte enorme Fortschritte gemacht. An der Hauptwache plusterte sich der Kaufhof mit einer hässlichen modernen Glasfassade, wie sie leider für das Wiedererstehen unserer grossen Städte typisch werden sollte. Die Lebensmittelrationierung war aufgehoben. An der Uni musste ich feststellen, dass ich mit den Collegefächern Politische Wissenschaft und amerikanische Geschichte für mein Fachstudium nicht viel anfangen konnte. Dafür wollten die vier juristischen Anfangssemester nicht mehr auf dem geistigen Bildschirm auftauchen. Amerika hatte alles überlagert. Ich hatte das Gefühl, ganz von vorn beginnen zu müssen. Deshalb begab ich mich unter die Fittiche eines Repetitors. Professor Bruns war im 1000-jährigen Reich Ordinarius für Strafrecht gewesen und wartete als alter »PG« (Parteigenosse) immer noch auf das Angebot eines Lehrstuhls. In der Zwischenzeit trimmte er die Frankfurter Jurastudenten auf das Referandarexamen hin. Den Besuch der Vorlesungen hatte ich eingestellt und nahm nur noch an einigen Seminaren im Staats- und Völkerrecht teil. Einmal lud Staatssekretär Hallstein sein altes, nunmehr von Hermann Mosler geleitetes Seminar nach Bonn ein, um uns Konrad Adenauer vorzustellen. Ich sehe noch Hallsteins Zimmer im alten Palais Schaumburg vor mir, als einzigen Schmuck einige schöne Plastiken von Ernst Barlach und Käthe Kollwitz, bis nach kurzem Warten der alte Kanzler zu uns trat, straff, aber weniger hochgebaut als von Bildern erinnerlich und in rheinisch gefärbtem Dialekt einige aufmunternde Worte an uns junge Leute richtete.

Nach weiteren vier Semestern meldete ich mich im Herbst 1953 zum 1. Staatsexamen. Am Rosenmontag 1954 stand ich mit vier weiteren Kandidaten im Mündlichen und kam – es war viel Glück dabei – mit einer »Gut« heraus. Selten habe ich so erleichtert den Rosenmontagabend gefeiert. Am Frankfurter Amtsgericht – Abteilung Konkurswesen – begann die, damals noch auf dreieinhalb Jahre angelegte, Vorbereitungszeit als Gerichtsreferendar. Nach drei Monaten konnte ich bei der Justizbehörde einen Antrag auf Unterhaltszuschuss stellen – Voraussetzung: »würdig und bedürftig« zu sein. Letzters galt als glaubhaft nachgewiesen, da Vater noch immer nur als wissenschaftlicher Hilfsarbeiter angestellt war. Ich widerstand der Anregung eines Studienfreundes, das Attribut »wissenschaftlich« in meinem Antrag fallenzulassen. Sechs Monate nach Aufnahme des Referendardienstes wurde ein Zuschuss, ohne Rückwirkung, bewilligt. Er betrug DM 100,– monatlich. Aus dem Erlös des alten grünen Chevy bei Western Reserve hatte ich mir ein Motorrad zugelegt, eine kleine moderne Maschine von NSU mit einem 100 ccm-Viertaktmotor. So konnte das alte Fahrrad wieder in der Kellerecke verschwinden. Es hatte mich zehn Jahre lang sommers und winters in die Schule und später in den Hörsaal getragen. Die Strassen Frankfurts waren damals ebenso wie Landstrassen und Autobahnen noch ohne grossen motorisierten Verkehr. Es machte Freude, sich auf der knatternden Fox den Wind um die Ohren blasen zu lassen und Freundin oder Familie in eleganten Schwüngen durch den Verkehr zu schleusen.

Im Herbst 1954 machte mir mein Doktorvater, Hermann Mosler, das überraschende Angebot, als wissenschaftlicher Assistent zu ihm an das Max-Planck-Institut für ausländisches öffentliches Recht und Völkerrecht nach Heidelberg zu kommen, dessen Leitung er soeben übernommen hatte. Das Heidelberger Institut war der Nachfolger des renommierten Bruns'chen Instituts der Kaiser Wilhelm Gesellschaft, das im Berliner Schloss alliierten Bomben zum Opfer gefallen war. Ich war mir der Auszeichnung bewusst, mit nur einem weiteren Frankfurter Mitstudenten, Rudolf Bernhardt, der später einmal Moslers Nachfolge antreten sollte, für den Ruf nach Heidelberg ausgewählt worden zu sein. Besonders mein Vater freute sich, dass ich nun die erste Sprosse der akademischen Stufenleiter erklimmen sollte, die – so seine stille Hoffnung – in ein späteres Professorenamt einmünden würde. Stolz stieg ich in die Hilfsassistentenriege auf, der in Frankfurt bereits Kurt Biedenkopf (bei Franz Böhm), Rudolf Kissel (späterer Präsident des Bundesarbeitsgerichts) bei Schiedermair und Ingo von Münch (späterer Ordinarius und Senator in Hamburg) bei Schlochauer angehörten.

Am 1. Januar 1955 setzte ich mich in meinem uralten zweisitzigen Fiat-Topolino – ich hatte gerade den Sprung vom Motorrad zum vierrädrigen Fortbewegungsmittel vollzogen – nach Heidelberg in Bewegung. An der Bergstrasse bezog ich eine möblierte Dachkammer. Es war eine reine Schlafstelle, denn vom Morgen bis zum späten Abend, Wochenenden eingeschlossen, steckte ich bis über die Ohren in der wissenschaftlichen Arbeit des Instituts – Mitarbeit an der Institutszeitschrift und an Handbüchern des Völkerrechts, Bücherrezensionen und Beobachtung der Entwicklung des öffentlichen Rechts in dem mir zugewiesenen geographischen Bereich Skandinavien, Vorzensur von Dissertationen, daneben der Vorbereitung der eigenen Doktorarbeit und, soweit nicht anders vermeidbar, der weiteren Stationen meines Referendardienstes. Als Vertreter der Staatsanwaltschaft musste ich erstmals die schwarze Robe anziehen und plädieren. Der Leitende Oberstaatsanwalt Heidelbergs, Stallmann, war gefürchtet. Am schlimmsten war das Missgeschick, die Verfolgung eines Tierschutzvergehens zugewiesen zu bekommen. Wer hier keine Verurteilung erreichte, wurde vor Stallmann zitiert und fertiggemacht. Ich erinnere mich noch, Anklage gegen einen Wurstfabrikanten erhoben zu haben, weil er seiner Leberwurst nur 5% Leber beigemischt hatte. Ich hielt ein flammendes Plädoyer und schilderte die Täuschung des Konsumenten, der statt einer Leberwurst eine gewürzte Mischung von Abfallresten vorgesetzt bekomme. Und ich war fassungslos, als der Metzger freigesprochen wurde, weil der Richter der Meinung war, ein Lebergehalt von 5 % reiche völlig aus. Insgesamt machte der Referendardienst aber nur einen Bruchteil meines Arbeitspensums aus.

Rückschauend wird mir klar, dass das Arbeitsethos des Max Planck Instituts alles überstieg, was ich vorher oder auch nachher kennengelernt habe. Dem Beispiel unseres verehrten Chefs Mosler folgend, stürzten wir uns in die Arbeit, ohne nach Arbeitszeiten oder Entlohnung zu fragen. Mein damaliges Salär als Assistent belief sich auf 350,– DM im Monat. Es sollte mir später im Beruf zugutekommen, hier in Heidelberg gelernt zu haben, konzentriert und zügig mit grossem Arbeitsanfall fertigzuwerden. Für die Studentenherrlichkeit Heidelbergs blieb da wenig Zeit. Gelegentlich abends die »Schnitzelbank« oder die Brückentorschänke, wo bereits Goethe, wie eine Wandinschrift bezeugte, abgestiegen war – zu viel mehr reichte die Zeit nicht. Auch nicht für ein Repetitorium zur Vorbereitung auf das Zweite, das Grosse Staatsexamen drei Jahre später. Sechs Klausuren, jeweils fünf Stunden mussten im Spätherbst 1957 geschrieben werden, in einem kargen Hörsaal der Universität. Im Januar 1958 fuhr ich dann über eine vereiste Autobahn nach Stuttgart, wo wir uns am nächsten Morgen im Justizministerium einzufinden hatten, jeweils ein Badener und ein Württemberger. Ich vertraute auf meinen Wissensfundus vom Ersten Staatsexamen in Frankfurt, denn viel war da nicht hinzugekommen. Es war mein Pech, zum Mitkandidaten einen Referendar zu haben, der sich verschiedentlich in juristischen Fachzeitschriften über die Unzulänglichkeit der Juristenausbildung ausgelassen hatte. Jetzt zahlte es die Prüfungskommission ihm heim. Er blieb auf der »ausreichend« seines schriftlichen Prüfungsteils sitzen. Aber das gleiche traf mich, sodass ich mit »befriedigend« nach Heidelberg zurückkehrte – wenigstens ein, wenn auch schwaches, Prädikat, wie dies von einem Institutsmitglied erwartet wurde.

Orientreisen

1958 – Rund ums östliche Mittelmeer

Das Institut bot dem frischgebackenen Assessor eine Verlängerung des Vertrags an, unter Avancement zum Wissenschaftlichen Referenten. Aber zunächst bat ich mir Urlaub aus, um einen langgehegten Wunsch zu erfüllen: einmal auf dem Landweg den Vorderen Orient zu bereisen. Die Anregung, an der sich die Phantasie zu einer damals höchst abenteuerlichen Reise entzündete, kam von Peter Bamms Buch »Frühe Stätten der Christenheit«. Am 15. März 1958 starteten wir zu dritt unsere siebenwöchige Fahrt rund ums östliche Mittelmeer – mein Bruder Ulrich, der gemeinsame Freund und angehende Mediziner Jens Mommsen, Urgrossneffe von Theodor Mommsen und schliesslich mein alter VW-Käfer, Baujahr 1950, genannt Lizzy und farblich vom gelben Wüstensand nicht zu unterscheiden. Über die damals noch miserablen verschneiten Strassen des Balkans geht es nach Istanbul, wo wir uns erstmals für frühchristliche und osmanische Architektur begeistern – Hagia Sophia und Blaue Moschee des Sultens Achmed (1614). Ein Sprung über den Bosporus und holprige Strassen begleiten uns durch Kleinasien, in den fünfziger Jahren eine Reise bereits jenseits der zivilisierten Welt. Anatolische Stationen: das alte Kayseri und die christlichen Höhlenklöster im Tal von Göreme, die wir ganz für uns allein durchstreifen, schliesslich durch das Taurusgebirge und die Kilikische Pforte, wo sich im Altertum Semiramis, Alexander und Xenophon auf einer Holzrampe die enge Schluchtwand entlanggewunden hatten, nach Mersin am Mittelmeer, das alte Tarsus des Apostels Paulus. Vorbei an Alexanders Schlachtfeld von Issos (333 v. Chr.) ins syrische Aleppo, dessen polygones Steingebirge der uralten Zitadelle, 70 Meter hoch, uns ebenso beeindruckte wie die Zacharias-Moschee, die über der frühchristlichen, dem Vater des Johannes geweihten Basilika erbaut worden war. Eine lange Fahrt ostwärts in Richtung Euphrat durch die syrische Wüste über unwegsame Pisten – heute soll es eine autobahnartige Teerstrasse dort geben – führt uns in die Oase Palmyra, die vormals grossartige Hauptstadt des Wüstenreiches der Königin Zenobia. Hier lebten einst drei Millionen Menschen, bis Kaiser Aurelian 274 n. Ch. die Stadt einnahm und zerstörte. Zwei Tage später klettert Lizzy keuchend die steile, von tiefen Furchen durchzogene Auffahrt zur Kreuzritterburg des Krak des Chevaliers empor. Die riesige Burg ist ein Traum aus Stein, Spitzenleistung gotischer Festungsbauarchitektur, durch deren gedeckten Zugang fünf Reiter nebeneinander einreiten konnten. Dass hier fast 100 Jahre lang

(1090 bis 1180) Kreuzritter aus der Normandie auf einsamem Vorposten Wacht hielten, verkündet von den Kapitellen der Säulen ihre manchmal vier-, dann wieder fünfblättrige steinerne Rose. Tags darauf kreuzen wir in Damaskus von neuem den Weg des Paulus. Wir wandern die aus der Apostelgeschichte bekannte Gerade Strasse entlang zum Keller des Ananias, wo ihm die Augen geöffnet wurden. In der weitläufigen Omajaden-Moschee, hervorgegangen aus einem Jupiter-Tempel und einer christlichen Basilika, stossen wir auf das Mausoleum Saladins. In Jordanien erwarten uns dann die Ruinen Gerasas aus der hellenistischen Dekapolis, das Tote Meer, Jerusalem – damals noch unter jordanischer Herrschaft –, die Tempel von Baalbek, wie das antike Heliopolis später hier hiess und schliesslich Beirut, im Jahre 1958 noch das glitzernde elegante Paris des Ostens. Hier schiffen wir uns unter manchen schwierigen Umständen samt Lizzy ein und fahren über Zypern nach Alexandria. Es folgen Kairo, Oberägypten mit dem Tal der Könige, die architektonischen Relikte der Römer in Libyen und Tunesien und zum Abschluss vor der Überfahrt nach Sizilien das alte Karthago. Während wir auf der Fähre einen letzten Blick auf das langsam hinter uns versinkende Afrika werfen, steht für uns fest: im kommenden Jahr wollen wir auf den Spuren Alexanders des Grossen den Landweg nach Indien neu erkunden.

1959 – Auf Alexanders Spuren nach Indien

Im Sommer 1959 kauften wir für DM 1100,– einen uralten VW-Bus. Als wir dem Autohändler erzählten, wir wollten damit bis nach Indien, lachte er so sehr, dass wir künftig unser Reiseziel nur noch sehr vage umschrieben.

Es passierte gleich während der Probefahrt in Frankfurt, dass der Wagen mitten auf der Eschersheimer Landstrasse in Brand geriet. Geistesgegenwärtig sprang Jens Mommsen aus der Fahrerkabine und riss sich, mangels Feuerlöscher, die Jeans vom Leibe, um damit die Flammen zu ersticken. Wir betrachteten das Feuer als durchaus günstiges Omen, sehr im Gegensatz zu unseren Eltern. Anfang August 1959, mit Anbruch der Semesterferien, fuhren wir los, in der gleichen Dreierbesetzung wie ein Jahr zuvor. Wir hatten den Wagen Bukephalos getauft, Kurz- und Kosename Bucki – durchaus historisch getreu, denn so hiess auch (»Stierhaupt«) das Pferd des Grossen Alexander. Nach dem Abenteuer auf der Eschersheimer Landstrasse trauten wir Bucki nun doch nicht so recht. Da wir aber nicht wussten, welcher Ersatzteilbedarf im Verlauf der langen Reise auf uns zukommen würde, bauten wir kurz entschlossen aus dem alten VW-Käfer Lizzy den Motor aus, steckten ihn in eine Kiste und luden sie ein. Mit einem Zweitmotor und zehn alten Reservebenzinkanistern fühlten wir uns allen künftigen Anforderungen gewachsen.

Ich will es kurz machen. Der Wagen brach hinter Belgrad zum ersten Mal zusammen. Es schien uns allerdings noch zu früh, den Ersatzmotor anzugreifen. So legten wir zwei Tage Reparatur-Aufenthalt bei einer kleinen jugoslawischen Werkstatt ein und liessen neue Ventile einschleifen. Auf dem Weg zur bulgarischen Grenze verloren wir auf einer entsetzlich staubigen Piste den Luftfilter. Es fiel uns leider erst zwei Stunden später auf. Danach merkten wir von Tag zu Tag stärker, wie die Kompression in den vom Staub ausgeschliffenen Zylindern nachliess. Bucki begann stark zu hinken.

In Bulgarien war es noch ganz lustig. In Sofia feierten wir mit einigen jungen Bulgaren hinter herabgelassenen Jalousien eine Rock-&-Roll-Party. Die damals im Osten noch streng verpönte Musik hatten wir natürlich im Tonbandgerät dabei. Kurz vor der türkischen Grenze wurden wir verhaftet, weil wir im Sperrgebiet fotografiert hatten. Es gelang uns aber blitzschnell, den inkriminierten Film gegen einen unbelichteten zu vertauschen. Den Burgberg von Bogazköy in Anatolien, eine hethitische Ausgrabung des Deutschen Archäologischen Instituts und bekannt durch Cerams »Enge Schlucht und Schwarzer Berg«, schafften wir gerade noch im ersten Gang. Aber in Persien, eine Tagesreise vor Teheran – wir hatten am Vortag den Ararat passiert – gab unser Motor dann endgültig seinen Geist auf. Er war nur noch im ersten Gang zu bewegen, die leichte Erhöhung einer Eisenbahnüberführung zu erklimmen. Aber Indien lag noch in so weiter Ferne, dass es uns immer noch zu früh schien, auf den Ersatzmotor zurückzugreifen. Also liessen wir in dem uns bisher nur durch seine Teppiche bekannten Täbris neue Zylinderkolben einschleifen. Durch ein – unter der Herrschaft des Schahs noch sehr lebensfrohes – Teheran erreichten wir im Osten des Iran Meshed, – neben Qum, dem späteren Sitz des grossen Ajatollah, eine der heiligen Stätten des schiitischen Islam. Drei Tage Fahrt über eine unbeschreibliche Wellblechpiste lagen hinter uns. Da es für Ungläubige streng verboten war, die berühmte Goldene Moschee in Meshed zu fotografieren, umkreisten wir sie mehrmals im VW-Bus und schossen heimlich einige Bilder hinter Buckis verhängten Gardinen – immer gewärtig, von einer misstrauischen und eigentlich feindseligen Menge angegriffen zu werden. Die Dörfer und Städte am Wegrand zwischen Teheran und Meshed machten damals noch einen desolaten, völlig verarmten Eindruck. Noch hatte sich die grüne Revolution des Schah mit Bewässerungsanlagen und Brunnenbohrungen, wie wir sie Jahre später sehen sollten, hier nicht bemerkbar gemacht.

Nach einer mehrstündigen Fahrt durch unwegsames Grenzgebiet langten wir in Herat an, der westlichen Provinzhauptstadt Afghanistans. Herat hatte damals noch sein mittelalterliches Aussehen. Die uralte Lehmburg thronte über der Altstadt und dem Basar. Nach einigem Suchen fanden wir vier riesige, teilweise noch mit blauen Fayencen besetzte Minaretts, Überreste einer grossartigen Moschee aus der Zeit, als Herat sich noch mit den benachbarten Turkstädten Buchara und Samarkand messen konnte. Die Strasse nach Kabul wandte sich hier nach Süden. Wir aber schlugen den Weg nach Norden ein, getreu unserem Vorsatz, die Fusstapfen Alexanders nicht aus den Augen zu verlieren. Es war allerdings eine wegen der Nähe der sowjetischen Grenze für Ausländer verbotene Wegstrecke. Alle Bemühungen, eine Genehmigung zu erhalten, blieben erfolglos. So setzten wir uns ohne laissez-passer nach Norden in Bewegung. Leider gerieten wir schon bald hinter Kabul in eine Militärübung, in deren Mittelpunkt eine offenbar noch aus den Napoleonischen Kriegen stammende Kanone stand. Ein Soldat stellte sich uns mit gefälltem Bajonett in den Weg. Er sprang erst im letzten Moment zur Seite, als wir ihn nach Rommelmanier mit Vollgas frontal annahmen. Der Weg nach Norden war frei.

Es wurde eine der interessantesten, aber auch schwierigsten Partien auf dem Weg nach Indien. Zehn Tage steckten wir in wegeloser Einsamkeit, in Sand, Felsen und Schluchten, immer in Gefahr, unversehens die sowjetische Grenze zu überschreiten. Einmal kamen wir an einem Tag in den Sanddünen nur vier Kilometer vorwärts. Wir waren verzweifelt. Den Wagen ausgraben, ein paar Meter Fahrt, steckenbleiben und wieder von vorn ausgraben, so ging es immer weiter. Unvergesslich dabei die Kamelkarawanen, die wie vor 2000 Jahren durch das Tal des Amur Darja, des antiken Oxus, an uns vorüberzogen. Die Ruinen von Balch, der Hauptstadt des von Alexander gegründeten Baktrien, lagen so da, wie sie Tamerlan nach der Zerstörung der Stadt vor 600 Jahren verlassen hatte. Die berühmte, grün gekachelte Moschee der nördlichen Provinzhauptstadt Mazar-i-Sharif gehört auch heute noch zu den schönsten Bauwerken des Islam östlich von Teheran. Wo immer wir Afghanen begegneten, stiessen wir, im Gegensatz zu Persien, auf freundliches Entgegenkommen und Gastfreundschaft, auch bei grosser Armut. In den heute von Minen übersäten Wüsten Afghanistans schliefen wir unter offenem Himmel und fühlten uns sicher wie in Abrahams Schoss. Endlich sahen wir das Massiv des Hindukusch vor uns. Es ging durch grandiose Schluchten und über steinige Pfade, die eher für Kamele und einen gelegentlichen LKW als für einen alten VW-Bus geeignet waren. Noch ein Abstecher zum Riesenbuddha von Bamian, vor 1500 Jahren aus dem gelben Fels gehauen, der aus einer grossen Höhle hinunter über die Ebene blickte, dann krochen wir über den steilen Shibar-Pass und fuhren endlich in Kabul ein, das wir im Sand des Oxus kaum noch zu erreichen gehofft hatten. Damals stand auf dem Fort in den Felsen hoch über Kabul noch die grosse alte Kanone, die täglich einmal um die Mittagszeit abgefeuert wurde. Wenn der dumpfe Schuss dröhnte, sollte es zwölf Uhr mittags sein und im Basar pflegte man die Uhren danach zu stellen.

Durch die Schluchten des Khyber-Passes stiegen wir dann hinab in die indische Tiefebene, vorbei an den Felsinschriften der britischen Regimenter, die hier 70 Jahre zuvor im Kugelhagel der Pathanen steckengeblieben ware. Endlich lag der pakistanische Teil des indischen Subkontinents vor uns. Er empfing uns mit strahlend blauem Himmel und schwülem Monsunwetter. Hatten wir bisher in den Bergen und Hochebenen des Iran und Afghanistans die Nächte im Freien verbracht, so wurden wir jetzt von Moskitos aufgefressen. Also machten wir uns fortan jeden Abend auf die Suche nach einem Dakh-Bungalow, um dort Unterkunft zu finden. Die Dakh-Bungalows sind eine segensreiche Einrichtung der ehemaligen britischen Kolonialverwaltung, die für ihre im Land reisenden Beamten in gewissen Entfernungsabständen regierungseigene Rasthäuser errichten liess. Sie konnten auch, in ihrem jeweiligen mehr oder weniger gepflegten Zustand, von anderen Reisenden aufgesucht werden, sofern der zuständige Beamte die Genehmigung hierzu gab.

Nach einem Besuch der 5000-jährigen Ruinen Taxilas überquerten wir den Indus. Als man uns an einer Wegschranke nach dem Namen fragte, ritt uns der Teufel und wir trugen ins Kontrollbuch ein: Johann Wolfgang Goethe aus Frankfurt, Friedrich Schiller aus Marbach und Hölderlin aus Tübingen. Wir durften passieren. Lahore, Amritsar mit dem Goldenen Tempel der Sikhs und Delhi liessen wir bald hinter uns. Aber es war Monsunzeit und was das bedeutete, sollten wir bald erfahren. Wir wunderten uns, dass Indien – damals jedenfalls – über so wenige Brücken verfügte. Meist war die Strasse durch den Fluss gebaut, was in der Trockenzeit völlig ausreichte. Hinter Delhi schien die Reise zu Ende. Eine Menschenmenge am Ufer, mehrere Jeeps steckten bereits mit überspültem Motor im Wasser. Man tröstete uns, in einer Woche spätestens kämen wir durch. Das war uns viel zu lang. Umfahren liess sich die Flutstelle nicht. Also nahmen wir einen kräftigen Anlauf und mit hoher Bugwelle, unterstützt von schiebenden Armen, erreichte unser hochgebauter Bus mit laufendem Motor unter dem Beifall des Publikums des andere Ufer.

Die von den Mogulkaisern wegen Wassermangels Hals über Kopf verlassenen prachtvollen Steinpaläste von Fatehpur Sikri hatten wir gerade hinter uns. Wir erreichten in einer Mondnacht Agra, da passierte im Angesicht des nächtlichen Taj Mahal, was längst fällig war: der Motor gab mit lautem Knirschen und Krachen urplötzlich seinen Geist auf. Der Ersatzmotor musste ran. Aber weit und breit war keine Tankstelle, geschweige denn eine Werkstatt zu sehen. Also warteten wir die kühleren Stunden ab, wenn die Nacht in den Morgen übergeht. Dann wurde gelost. Der Verlierer legte sich, drei dicke Decken auf der Brust, flach auf den Rücken, dann wurde der VW-Bus über ihn geschoben. Die vier Muttern, an denen der Motor hing, wurden gelöst, der unten Liegende holte tief Luft und nun landete der Motor auf seiner Brust. Der Wagen wurde weggerollt, anstelle des alten hievten wir den Ersatzmotor auf die Brust, wieder tief Luft holen – mehr, mehr, bis die erforderliche Höhe erreicht war und die vier Halteschrauben in ihr Gewinde passten. Dann war der Arme unten erlöst. So wurden wir mit dem Problem der fehlenden Hebebühne fertig.

Den Grossen Alexander hatten wir mittlerweile weit hinter uns gelassen. Wir hatten ihn sozusagen geographisch übertroffen. Unser nächstes Ziel wurde Nepal. Zwar warnte man uns vor dem Weg, denn eine Strassenverbindung von Kathmandu zum Ganges existierte noch nicht. Sie sollte erst im Bau und noch nicht passierbar sein. Aber uns schreckte das nicht. Wir wollten es trotzdem versuchen. Wir fanden eine klapprige Fähre, die uns mit dem Wagen über den Ganges setzte, in dem allerhand Unappetitliches bis hin zu Leichenteilen und Menschenköpfen an uns vorübertrieb – Benares liess grüssen. Drüben wurde es noch einmal mulmig. In einem Hohlweg fiel eine Horde Wegelagerer mit Lanzen und Knüppeln über uns her, um einen – behördlich nicht vorgesehenen – Wegezoll zu erheben. Hier retteten uns unsere Tränengaspistolen, vor denen hatte die Bande Respekt. Zu unserem Glück hatten die Kerle keine Schusswaffen. Unbehelligt überquerten wir die nepalesisch-indische Grenze. Und wieder einmal schien unsere Fahrt am Ende angelangt zu sein. Denn von neuem dehnte sich, bis an den Fuss der nahen Berge und soweit das Auge reichte, ein riesiges Überschwemmungsgebiet, ohne dass eine rettende Eisenbahn zu sehen war. Oder etwa doch? Wir erkundigten uns: Nein, es gebe nur eine kleine Schmalspurbahn, die gelegentlich hier vorbeikomme. Wir suchten die Geleise. Sie waren so klein und zierlich, dass man sie eigentlich übersehen musste. Wir schauten uns die Sache an. Immerhin gab es einen schmalen Bahndamm, der die Wasserfläche um circa anderthalb Meter überragte und von Zeit zu Zeit ein dazugehöriges Brückchen. Wir nahmen Mass. Die Aussenspur der Schienen war genau zehn Zentimeter schmaler als die Innenspur unseres Bucki. Also hinauf. Das war leichter gesagt als getan. Es kostete viel Schweiss und Nerven, bis Bucki, die Schienen ordentlich zwischen den Rädern, oben auf dem Bahndamm stand. Wir fuhren los. Von weitem waren wir anzusehen wie eine überdimensionale

Draisine. Unsere Hauptsorge war: was machen wir, wenn uns ein Zug entgegenkommt. Das beschäftigte uns eine halbe Stunde, während wir munter schnurgerade auf den Schienen entlangrollten. Allmählich wurde es immer unwahrscheinlicher, dass es hier überhaupt einen Zug gab. Dann hielten wir mit einem Ruck. Vor uns wandt sich ein grosser und tiefer Flusslauf, darüber unsere Schienen. Aber welche Eisenbahnbrücke! Ohne Geländer und mit freiem Blick nach unten zwischen den einzelnen Schwellen. Links und rechts von den Schienen lief ein Brett, dann fiel es ungeschützt nach unten ab. Wir konnten nur weiterfahren, wenn wir auch nicht einen Fingerbreit nach links oder rechts vom Randbrett abwichen. Wieder wurde gelost. Keiner stieg aus, wenn schon wollten wir gemeinsam in die Tiefe gehen. Aber es ging gut. Im Verlauf der beiden nächsten Stunden kamen noch nahezu ein Dutzend ähnlicher Brücken. Wir hatten uns mittlerweile so daran gewöhnt, dass wir jetzt reihum abwechselten, damit der Kitzel am Steuer gerecht verteilt wurde. Bei Anbruch der Dunkelheit konnten wir von den Gleisen herunter und auf eine Urwaldpiste, die uns allmählich in die Höhe und in frische Bergluft führte.

Wo heute eine befahrbare und befestigte Strasse aus dem Tiefland des Serai durch die Urwaldzone in die Höhe und über einen Pass ins Hochtal von Kathmandu führt, begann man damals gerade, eine Trasse für die künftige Strasse anzulegen. Wie sich in Kathmandu herausstellte, waren wir der erste VW-Bus, der je den Weg hier herauf auf den eigenen Rädern geschafft hatte. Die meisten im Hochtal verkehrenden Autos waren noch in Einzelteile zerlegt auf dem Rücken von Maultieren herauftransportiert und anschliessend oben zusammengesetzt worden.

Dort, wo der Mount Everest liegen musste, verhingen tiefliegende Monsunwolken den Blick. Kathmandu bot damals noch den Anblick einer unversehrten, von Fremden und Hippies unberührten Stadt. Die Klöster und uralten Pagoden gehörten frommen Pilgern, die unermüdlich ihre Gebetsmühlen drehten. Am Brahmaputra wurden Tote, deren Familien es sich leisten konnten, auf grossen Holzstössen verbrannt. Wir hausten am Rande der Stadt in einem leerstehenden, im Mogulstil erbauten Palast. In den leeren Gemächern tummelten sich die Ratten. Nach wenigen Tagen mussten wir wieder aufbrechen. In der frühen Morgenstunde zogen Gruppen von Frauen auf dem Weg in die Stadt an uns vorüber. Sie schleppten schwere Reisigbündel mit dem Stirnband auf dem Rücken. Im Urwaldgürtel am Fusse der Berge machten wir eine unerfreuliche Feststellung. Ein Urwaldfluss, den wir eine Woche zuvor noch ohne Schwierigkeit durchquert hatten, war nach einem Monsunregen zu einem mächtigen Strom angeschwollen. Ein schwerer Lastwagen steckte bereits hilflos unten im Flussbett. Eine benachbarte, aus Holzstämmen und Erde erbaute Brücke war verrottet und an mehreren Stellen eingestürzt. Aber uns blieb, wenn wir nicht das Sinken des Wasserspiegels abwarten wollten, keine andere Wahl. Vorsichtig liessen wir Bucki zentimeterweise über die morschen Stellen schleichen, immer gewärtig, durch eines der gähnenden Löcher zwölf Meter in die Tiefe zu stürzen. Aber auch hier verliess uns nicht unser Schutzengel.

Ich erspare mir für den Rückweg die Beschreibung von Benares, den Tempeln von Khajuraho, der verlassenen Mogulstadt Fatehpur Sikri und des Taj Mahal. Sie sind dem Touristen von heute vertraut. Nach über zwei Monaten wies der Weg heimwärts. Es ging das Industal hinab, wo die Kamelkarawanen vor dem beginnenden afghanischen Winter in die Wüste des Sindh hinunterstiegen, durch Belutschistan südlich an Afghanistan vorbei, über den Südrand der Wüste Lut zu den grossen Sassaniden- und Achämeniden-Grabmälern, dem »Tal der Gräber« bei Naqsh-i-Rustam und dem in seiner Schlichtheit ergreifenden, in der Einsamkeit der ehemaligen Palastgärten von Pasagardai thronenden Mausoleum des Kyros. Den Palast der Grosskönige in Persepolis mit den herrlichen Flachreliefs der Treppenaufgänge hatten wir für uns allein, er lag damals weit entfernt vom Touristenstrom. In Isfahan schafften wir es, einen mittlerweile durch Monsuneinflüsse und Flussdurchquerungen stark ramponierten Bucki mit inzwischen hoch entwickeltem orientalischen Händlergeist zum Gestehungspreis loszuschlagen. Bucki war bereits so stark durchgerostet, dass wir Angst hatten vor der nächsten Reifenpanne. Der Wagenheber bewegte sich nämlich brav nach oben, durch Buckis morschen Unterleib hindurch, während Wagen und Räder fest auf dem Boden stehenblieben.

Der Rest ist rasch erzählt. In Teheran belagerten wir die russische Botschaft, um ein Transitvisum durch die Sowjetunion zu erlangen. Einmal wöchentlich wurde damals an den Zug Teheran – Täbris ein Waggon angehängt, der dann – unter grossen militärischen Sicherheitsvorkehrungen – bei Dschulfa über die Grenze geschoben und mit Rotarmisten auf dem Trittbrett nach Tiflis im Kaukasus weitergezogen wurde. Endlich war es soweit. Am Montagmittag bestiegen wir, zünftig im indischen Tropenhelm, in Teheran unser Abteil und landeten fünf Tage später in Moskau. Der Blaue Express lieferte uns schliesslich wieder in Frankfurt ab. Asien würde mich fortan nicht mehr loslassen.

Auswärtiger Dienst

Anfänge

1959 würde, das wusste ich, das Jahr meiner beruflichen Entscheidung werden. Mit dreissig Jahren wollte ich wissen, wie es weitergehen sollte. Das Heidelberger Max-Planck-Institut, so wohl ich mich auch in dessen Arbeitsatmosphäre fühlte, konnte nicht Endstation, sondern nur Sprungbrett sein. Allerdings wollte ich in meinen Beruf einbringen, was ich mir an soliden Kenntnissen des internationalen Rechts angeeignet hatte. Vor allem wollte ich mir die Möglichkeit offenhalten, nach einigen Jahren praktischer Erfahrung mit internationaler Rechtsmaterie eine Habilitation darauf aufzubauen. Vor dem Aufbruch nach Indien hatte ich drei Bewerbungen eingereicht: bei den Europäischen Institutionen in Brüssel, dem Bonner Justizministerium für dessen Völkerrechtsreferat und beim Auswärtigen Amt. Letzteres reagierte vor den beiden anderen Stellen und lud mich ein zum jährlichen Auswahlwettbewerb für den Nachwuchs des Höheren Auswärtigen Dienstes. Als wir aus Indien zurückkehrten, waren es nur noch wenige Wochen bis zum Prüfungstermin. An eine geregelte Vorbereitung war nicht mehr zu denken. Ich las rasch noch etwas nach über europäische Geschichte im 19. Jahrhundert und blätterte durch meine Volkswirtschaftsnotizen aus Clevelander Collegezeiten, dann war es soweit. Wir wurden in drei Gruppen zu je 25 Kandidaten jeweils eine Woche zunächst schriftlich geprüft und in anschliessenden Gesprächen in alle Einzelteile zerlegt. Es freute offensichtlich den Vorsitzenden der Auswahlkommission, den legendären Botschafter Peter Pfeiffer, dass ich als Frucht der jüngsten Reise nicht nur die Dynastien der indischen Mogulkaiser, sondern auch der achämenidischen und sassanidischen Herrscher im alten Perserreich flüssig herunterbeten konnte. Wir waren insgesamt 75 Wettbewerbsteilnehmer, die aus insgesamt 1500 Bewerbern selektiert worden waren. Als ich montagmorgens meinen Mitbewerbern gegenüberstand, sank mir das Herz in die Hosen. Wie sollte ich jemals gegen diese Auswahl an Eloquenz, Eleganz und Selbstsicherheit bestehen können? Dem Altindustriellen Henle, bis zu seiner Einheirat bei Klöckner Legationsrat im alten AA, wird der sarkastische Ausspruch zugeschrieben: Es wundert sich der Kandidat, wenn er die schwierige Aufnahmeprüfung ins AA tatsächlich geschafft hat. Nach einer Weile beginnt er sich darüber zu wundern, dass die anderen es geschafft haben. Eine Stellungnahme hierzu würde meinen späteren Erfahrungen in der Leitung der Personalabteilung vorgreifen.

Wir waren jedenfalls ein fröhliches Team, das sich am 1. April 1960 zur Vereidigung als Attachés zusammenfand – drei Damen und 22 Herren. Es war irgendwie merkwürdig, aber die besonders Selbstsicheren, Eloquenten und Eleganten aus dem Auswahlwettbewerb waren darunter nicht mehr vertreten. In unserer 15. Crew gab es wenig Adel, einige Philologen und Volkswirte, die meisten waren solide Juristen. Die Ausbildungsstätte hatte man in einer ehemaligen Dienstvilla aus den Gründerjahren am Rhein untergebracht, unmittelbar neben der Universitäts-Kinderklinik. Dort fanden unsere Vorlesungen und Seminare statt, dort assen wir gemeinsam zu Mittag, an drei Tischen – ein deutschsprachiger, der immer als erster besetzt war und zwei weitere, an denen unter der Aufsicht der Sprachlehrer während der Mahlzeit nur englisch bzw. französisch gesprochen werden durfte. Der französische Tisch war der unangenehmste, denn hier präsidierte die als streng bekannte Madame Liaudet. Unsere französischen Sprachkenntnisse waren im allgemeinen eher entwicklungsbedürftig. Wir wohnten in einer zweistöckigen Holzbaracke vor der Villa. Hier spielte sich ausserhalb der »Dienstzeit« ein munteres Leben ab, hier mutierten gesetzte Familienväter wieder zu leichtsinnigen Studenten. Streiche waren an der Tagesordnung. Mal fand einer bei nächtlicher Rückkehr sein Bett nicht an gewohnter Stelle im Zimmer vor. Es lag draussen auf dem Dach des Geräteschuppens, wo sich sein Besitzer zum allgemeinen Gaudi zur Ruhe begab. Ein anderer musste lange nach seinem Kleinwagen suchen. Er war über die lange Treppe in den Garten zur Rheinseite hinunter gerollt worden. Trotz allen Unsinns wurde viel gebüffelt – Volkswirtschaft, Geschichte und Völkerrecht, um dem Ziel der Ausbildung näherzukommen: den Anwärtern mit ihrem sehr unterschiedlichen akademischen Bildungshintergrund ein einheitliches theoretisches Rüstzeug für den späteren gemeinsamen Beruf zu vermitteln.

Paris (1960/61)

Am Ende des Sommers 1960 gingen wir auf unseren ersten Aussenposten. Mich hatte man der Nato-Vertretung in Paris zugeteilt. Wenn ich mir die Nato bisher in erster Linie als eine militärische Institution vorgestellt hatte, so wurde ich schnell eines Besseren belehrt. Das Hauptquartier an der Porte Dauphine im eleganten 16. Arrondissement war die wichtigste politische Clearingstelle des Westens. Hier versuchten die 16 Mitgliedstaaten, ihre Aussenpolitik aufeinander abzustimmen und, wenn möglich, auf einen Nenner zu bringen. Mittwochs trat der Nato-Rat auf der Ebene der Botschafter zusammen und diskutierte die aussenpolitischen Ereignisse, soweit sie für die Sicherheit der Allianz relevant waren. Den Vorsitz führte als Generalsekretär der wortgewaltige Belgier Henri Spaak. Später folgte ihm der trockene Niederländer Stikker. Die Nato war ein erstklassiger Horchposten, bei dem eigentlich alles zusammenlief, was sich an interessanten Informationen in der Welt ergab. Was den hohen Nato-Rat nicht interessierte, kam in einem der zahlreichen Ausschüsse zur Sprache. Es war eine gute Einführung in die multilaterale Diplomatie, als auch ich – vertretungsweise – einen kleinen Ausschuss, den Informationsausschuss, wahrnehmen durfte und lernte, wie man Verbündete gewinnt, Formelkompromisse schliesst oder Tauschgeschäfte anbietet, um für eigene Entschliessungen eine Mehrheit zu gewinnen. Die Welt steuerte um die Jahreswende 1960–61 dem Höhepunkt des Kalten Krieges zu – die U-2-Affäre hatte im Mai 1960 das Pariser Gipfeltreffen auffliegen lassen, Chruschtschow trommelte im Oktober während der VN-Generalversammlung mit seinem Schuh auf den Pultdeckel, in Kuba missglückte das Landemanöver in der Schweinebucht (April 1961). Berliner Mauerbau (13. 8. 61) und Kubakrise (Oktober 1962) warfen ihre Schatten voraus. Die fortlaufenden Spannungen im Ost-West-Verhältnis sorgten dafür, dass wir unsere Arbeit stets unter Druck und im Blick auf den Ernst der internationalen Lage bewältigen mussten. Ich sehe noch deutlich die schlanke, hochgewachsene Gestalt John F. Kennedy's vor mir, als er im

Frühjahr 1961 dem Nato-Hauptquartier einen Besuch abstattete.

Mein Chef in Paris war Nato-Botschafter Gebhardt von Walther. Er stammte noch aus der Wilhelmstrasse und war eine der grossen Figuren der deutschen Diplomatie. Unter dem später hingerichteten Grafen von der Schulenburg hatte er bis zum Ausbruch des Russlandkrieges an der Moskauer Botschaft gedient. Als ich mich im September 1960 zum Dienstantritt bei ihm meldete, stellte er mich sogleich mit harten Worten zur Rede. Ich sei drei Tage später erschienen als auf dem Versetzungserlass angekündigt. Dass die Ausbildungsstätte uns festgehalten hatte, wollte er nicht gelten lassen. Wir wurden aber später gute Freunde und ich habe ihn sehr verehrt. Vor allem habe ich unendlich viel bei ihm gelernt. Als Attaché war ich Mädchen für alles. Wo jemand ausgefallen war, musste ich einspringen. Am unangenehmsten war der morgendliche Pressevortrag, wenn die Pressedame auf Urlaub ging. Denn Gebhardt von Walther war ein gefürchteter Frühaufsteher. Um acht Uhr morgens sass er an seinem Schreibtisch und verlangte als erstes den Pressebericht. Er pflegte schmunzelnd zu sagen, dass er auch später ins Büro kommen könne, wenn wir einen Golfpartner für ihn fänden. Aber wer wollte in Paris schon in der Morgenfrühe Golf spielen. Die Suche blieb vergeblich. Als ich einmal vorsichtig seine, ebenfalls von mir verehrte, Frau fragte, ob sie nicht Lust zu einer morgendlichen Golfpartie mit dem Gatten habe, lachte sie mich aus. Sie sei froh, wenn ihr Gebhardt morgens aus dem Hause gehe. So blieb mir nichts anderes übrig, als um sechs Uhr in der Frühe aufzustehen – bei den langen Pariser Nächten eine harte Sache –, um die französischen Zeitungen durchzuackern. Als Attaché musste ich auch schon einmal kurzfristig einspringen bei einem seiner eleganten Diners, wozu manchmal Gäste aus London und Rom einflogen. Ein anderes Mal war seine hübsche Nichte abends ins Theater auszuführen. Oder beim Betriebsausflug die Damenrede zu halten. Und dann war nach zehn Monaten die grosse Welt von Paris zu Ende. Wir fanden uns alle in der alten Villa am Rhein wieder, Ziel des Spotts unseres Ausbildungsleiters Pritz und Opfer von Sprachlehrern, die immer höhere Anforderungen stellten.

Um das Laufbahnexamen im Frühjahr 1962, zwei Jahre nach unserem Eintritt, gab es viel Wirbel. In dem Bewusstsein, dass das Auswärtige Amt schon recht viel in uns investiert hatte und künftig kaum auf unsere Dienste verzichten wollte, beschränkten wir unsere Examensvorbereitungen, sehr zum Kummer der Ausbildungsleitung, auf das Notwendigste. Wichtiger war, was für uns jetzt im Vordergrund stand: Wo sollte nach der Prüfung die Reise hingehen? Damals konnten Verwendungswünsche nur in sehr allgemeiner Form geäussert werden. Nach einigem Hin und Her wurde uns freigestellt, drei regionale Präferenzen für die erste Auslandsverwendung zu nennen. Ich meldete mich in erster Linie für Schwarzafrika, zweite Wahl war Südostasien, dritte Osteuropa. Bei Südostasien hatte ich nur einen stillen Vorbehalt: Bitte nicht nach Indonesien. Denn ich hatte aus Bekanntenkreisen sehr Unangenehmes über die ungeordneten Verhältnisse in diesem Inselreich gehört. Natürlich, wie konnte es anders kommen, lautete das Versetzungsziel Jakarta. Übrigens stellten wir im Lehrgang anschliessend fest, dass bei fast allen die zweite Wahl berücksichtigt worden war, bei keinem das erste Wunschziel. Es war das letzte Stück angewandte Pädagogik unserer Attaché-Ausbildung.

Dann zerstreute sich unsere Crew in alle Himmelsrichtungen. Wir waren uns in den zwei Jahren gemeinsamer Ausbildung zumeist menschlich sehr viel näher gekommen, auch in der gemeinsamen Frontstellung gegen eine straffe Ausbildungsleitung. Es erwuchsen daraus Bindungen, die die Jahrzehnte danach überdauert haben. Ein weiteres Netz freundschaftlich-kollegialer Beziehungen sollte später aus dem gemeinsamen Dienst an derselben Auslandsvertretung erwachsen. Dies galt besonders für jene Auslandsposten, wo unter schwierigen Lebensbedingungen gearbeitet werden musste, etwa im Ostblock oder in manchen Entwicklungsländern. Ich kenne keinen anderen Bereich des öffentlichen Dienstes, in dem das kollegiale Miteinander auf einer ähnlich festen persönlichen Basis ruht wie im Auswärtigen Dienst, ausgenommen vielleicht das Offizierscorps, wo die Solidarität qua Jahrgangscrew und Zugehörigkeit zur gleichen Einheit unserem Dienst vergleichbar sind. Allerdings sollte ich später in der Personalabteilung feststellen, dass der Hilfsbereitschaft qua Crewgeist Grenzen gezogen sind, wenn es um eine unparteiische und gleichberechtigte Behandlung aller Kollegen geht. Dies ist vielleicht nicht immer voll verstanden worden.

Indonesien (1962–66)

Überfahrt

Es begann das Packen für den ersten Überseeposten. Die Botschaft in Jakarta telegraphierte, man möge meinen Abmarsch, natürlich auf dem Luftwege, beschleunigen, da der für mich vorgesehene Posten des Konsuls, d.h. des Rechts-und Konsularreferenten bereits vakant sei. Es gelang mir jedoch, die Personalabteilung dazu zu bewegen, der Ausreise nach Indonesien auf dem Seewege, was damals noch möglich war, zuzustimmen. Der spätere Staatssekretär Günter van Well, damals noch Hilfsreferent im Personalreferat, entschied, dass angesichts der günstigeren Kostenlage die Versetzungsreise per Schiff zu erfolgen habe. Vergebens empörter fernschriftlicher Protest der Botschaft. Anfang Juli 1962 schiffte ich mich in Antwerpen auf dem HAPAG-Dampfer »Darmstadt« ein. Auf dem 10000-to-Frachtschiff war ich der einzige Passagier. Mit mir reiste der VW-Käfer und eine grosse neue Seekiste, gefüllt mit dem, was mein Hausstand werden sollte. Laut Erlass hatte ich meinen Dienst Ende Juli in Jakarta anzutreten. Das deckte sich genau mit dem Fahrplan der HAPAG, der allerdings, wie die Botschaft grimmig gemeldet hatte, noch nie eingehalten worden war.

Über die Biskaya und das Mittelmeer ging es durch den Suezkanal nach Aden, wo wir zum ersten Mal Fracht löschten. Aden war 1962 noch in britischer Hand. Die schmucken Häuser der britischen Garnison lehnten sich über der Hafeneinfahrt an die windumwehte Flanke eines erloschenen Vulkans, während im Innern des Kraters das arabische Stadtviertel schmorte. Verwahrloste Gassen und Lehmhäuser flossen in der Gluthitze des windstillen Kraterschlundes zu der Gewissheit zusammen, dass im Backofen von Aden das höllische Inferno sein Abbild im Diesseits gefunden hatte. Nach den Gluten des Suezkanals und Südarabiens waren wir froh, bald darauf in den Weiten des Indischen Ozeans frische Seeluft in tiefen Zügen atmen zu können. Ich hatte mich daran gemacht, die kleine Bordbibliothek der Darmstadt in Angriff zu nehmen – ein Buch pro Tag. Wenn wir uns nicht allzusehr verspäteten, würde das Lesematerial bis Jakarta ausreichen. Mittag- und Abendessen mit Kapitän und Leitendem Ingenieur, abends auf der Brücke Studium der Sternbilder. Das Kreuz des Südens hatte uns erreicht und würde uns nun nicht mehr verlassen. Nach weiteren zwei Wochen endlich treibende Mangroven und Bananenstauden in Sicht. Wir waren in die Malakkastrasse eingefahren und näherten uns der Nordküste Sumatras. In der Abenddämmerung fuhren wir langsam einen Urwaldfluss aufwärts. Dunkle Mangroven säumten die Ufer, ab und zu eine lustige kleine Holzhütte auf Stelzen. Wir liefen in den Hafen von Belawan ein, einen der Umschlagplätze für die Produkte des reichen Sumatra – Palmöl, Kopra, Kautschuk, Kaffee. Am nächsten Tag fuhr ein klappriges Auto den Kapitän und mich mit dem örtlichen Hapag-Agenten in das nahegelegene Medan, das Verwaltungszentrum Nordsumatras. Neugieriger Blick aus dem Wagenfenster in die exotische Welt des malaiischen Inselarchipels. Kleine weisse Holzhäuser auf Stelzen, üppige bunte Blumen, Häuser und Bäume umschlingend, braune Kinder, die sich halbnackt zwischen schwarzen Wasserbüffeln balgten, Gruppen von Menschen in farbigen Sarongs, in der Hockhaltung wie zwischen den Knien aufgehängt, stets in angeregter Unterhaltung, Palmen und Kautschukbäume, überall wucherndes Grün, das kaum die Strasse freigab. In der feuchten Hitze lief uns das Wasser den Körper hinunter. Abends landeten wir im Medan-Klub – grosser hölzerner Pavillon, freie überdachte Terrasse, an deren Holzgeländer von aussen Schlingpflanzen emporkrochen und wo barfuss braune Kellner in schmuddeliger weisser Jacke hin- und hereilten. Urplötzlich ein Donnerschlag und unmittelbar danach prasselnder Tropenregen, eine Wasserwand, durchzuckt von grellen Blitzen. Ohne Beachtung für die entfesselte Natur servierten die barfüssigen Kellner gleichmütig ihre Reistafel – fremdartige brennende Gewürze, eigenartige, nie gesehene oder geschmeckte Früchte, Reis mit hundert kleinen, meist scharfen Beilagen. Ich hatte das Gefühl, dass jeden Moment Joseph Conrad um die Ecke biegen und am Nebentisch Platz nehmen würde. Das ganze eine tropische Traumerscheinung, mit deutlich kolonialem Einschlag. Diese Welt würde für die nächsten Jahre mein Zuhause werden.

Am übernächsten Tag liefen wir in die Bucht von Jakarta ein. Das anscheinend niedrige Wasser war übersät mit Bambusgestellen, auf denen neben einem niedrigen Hüttchen aus Palmblättern schwankend ein grosses rundes, trichterförmig nach unten sich senkendes Netz hing. Hier wurde, sehr zum Ärger der Schiffahrt, bei Dunkelheit mit Kerosinlampen gefischt. Einige kleine Inseln glitten vorüber – auf der einen hatten die Holländer in frühen Kolonialzeiten ansteckende Kranke isoliert, eine andere diente als Gefängnis Batavias, wie Jakarta bis zur Unabhängigkeit hiess. Wir sollten später oft Gelegenheit haben, sie auf einer unserer Segeltouren zu durchstreifen. Die Reede vor der Hafeneinfahrt war bevölkert von

Dutzenden stillgelegter, vor sich hin rostender Schiffe. Wir hatten so etwas noch nicht gesehen. Wie man uns später erklärte, war es für die Beamten des Schiffahrtsministeriums lukrativer, staatliche Entwicklungsanleihen auf den Ankauf neuer Schiffe zu verwenden als die bestehende Flotte zu reparieren, weil die bei Neubauten anfallenden »Provisionen«, wie die Schmiergelder euphemistisch genannt wurden, erheblich höher lagen.

Am Kai wurde ich von einem recht finster dreinblickenden Botschaftskollegen erwartet. Ich befand mich in froher Erwartungshaltung und verstand seine Misstimmung nicht, denn wir hatten den 30. Juli 1962. Ich würde also pünktlich zum Monatsende den Dienst antreten können. Als ich fragte, ob ich meinen Volkswagen gleich vom Schiff holen und mitnehmen könne, lachte man mich aus. Das würde noch einige Tage dauern, Zeit genug, den Wagen um Batterie, Reserverad und die begehrten Radkappen zu erleichtern. Wir fuhren durch ein chaotisches Hafengelände, wo überall Bettler Reiskörner aus geplatzten Säcken im Dreck zusammenscharrten. Wir hatten die verkommen wirkende Hafenstadt Tanjung Priok gerade hinter uns gelassen, als der Dienstwagen stehenblieb. Es war ein alter grüner, vorne und hinten klappernder Mercedes. Wir standen auf einem Strassendamm, um uns herum übelriechendes sumpfiges, von Schilf umstandenes und mit Unrat überhäuftes Brackwasser. Es war nur eine Reifenpanne, aber ein Reserverad gab es nicht. Gestohlen, wie der einheimische Fahrer lakonisch anmerkte. Mein Kollege Klaus Blech – wir waren mehrmals zusammen auf Posten und er brachte es in einer glänzenden Karriere bis zum Staatssekretär – fluchte. So könne ich wenigstens gleich lernen, wie es hier in Indonesien zugehe. Ich weiss nicht mehr, wie wir Jakarta und die rettende Botschaft erreicht haben.

Botschaftsalltag

Die Botschaft war in einem einstöckigen ziegelgedeckten ehemaligen Wohnhaus in der Jalan Sam Ratulangie untergebracht. Menteng galt zu Kolonialzeiten als das schmucke Viertel der besseren holländischen Gesellschaft. Mit der Unabhängigkeit und der späteren Vertreibung der Holländer hatte sich vieles geändert. Auch Menteng stellte nicht mehr dar, was es einst gewesen war. Eine gewisse Beschaulichkeit war der Botschaft nicht abzusprechen. Vom Antennenmast im Hof waren Wäscheleinen gespannt, dort flatterte das Unterzeug der Hausmeisterfamilie. Darunter scharrten Hühner im Unkraut. Ab und zu flitzte eine grosse Ratte dazwischen umher. Die Idylle wurde empfindlich gestört, wenn der Militärattaché mit der Dienstpistole Jagd auf die Ratten machte. Als Konsularbeamtem der Botschaft war mir der erste Raum rechts hinter der offenen Vorveranda zugewiesen. Mein Publikum war oft so beschaffen, dass man es lieber nicht in die hinteren Räumlichkeiten vordringen lassen wollte, wo Botschafter, Botschaftsrat und politischer Referent residierten. Wirtschaft, Kultur und Presse waren ausgelagert. Das einzige Fenster meines Dienstzimmers ging auf den von der Strasse her zugänglichen Seitenhof. Dort erschienen im Laufe des Vormittags allerlei Strassenhändler, dort feilschte ich durch das Fenster schon mal um einen geräucherten oder getrockneten Fisch. Der konsularische Alltag nahm mich sehr schnell gefangen. Für jemanden, der das Völkerrecht von der hohen Warte der Wissenschaft aus betrieben hatte, war dies ein existentieller Umbruch. Beispielsweise kannte ich zwar unser Passgesetz, musste jetzt aber feststellen, dass es dessen Ausführungsbestimmungen waren, worauf es in der Praxis ankam. Diese waren aber weder an der Universität oder im Lehrgang gelehrt worden, noch überhaupt an der Botschaft Jakarta physisch vorhanden. Es musste sie, darauf schwor der blonde Sachbearbeiter, einmal bei uns gegeben haben. Meine starke Vermutung geht dahin, dass sie von den Kakerlaken, deren es in der Kanzlei unzählige und in ungeahnter Grösse gab, aufgefressen worden waren. Auch mein alter hölzerner Schreibtisch enthielt eine Schublade, in der man unliebsame Aktenstücke verschwinden lassen konnte. Die Kakerlaken besorgten alles übrige. So kam es, dass ich mir vorgelegte deutsche Pässe ohne Bedenken um zehn Jahre und mehr verlängerte. Denn die Vorschrift der Ausführungsbestimmungen, dass Pässe niemals eine Geltungsdauer von maximal zehn Jahren überschreiten dürfen, war mir unbekannt. Ich hatte den Eindruck, dass meine Klientel mit mir zufrieden war.

Einmal erschien ein deutscher Kapitän bei mir zur Verklarung. Ich liess ihn eine Weile auf der Veranda warten, um mich in aller Eile über diese Vokabel zu unterrichten, die mir bisher noch nie untergekommen war. Auch einen Mordfall hatte ich einmal zu bearbeiten. Es handelte sich um eine ziemlich übelbeleumundete, seit Jahrzehnten in Jakarta ansässige Landsmännin älteren Jahrgangs. Man hatte sie entdeckt, nachdem aufgefallen war, dass ihr Pudel das blutige Gebiss seiner Herrin auf der Strasse umhertrug.

Ich hatte mir vorgenommen, den Hilfe und Rat bei der Botschaft suchenden Landsleuten, soweit dies irgendwie mit Sinn oder Buchstabe des Gesetzes vereinbar war, beizustehen. Um jene Zeit hatte das ultranationalistische Regime des indonesischen Präsidenten Sukarno begonnen, Ausländer, was immer ihr Arbeitsgebiet in Indonesien war, durch Einheimische zu ersetzen. Das traf auch die vielen deutschen, meist katholischen Missionare, die sich noch im Land befanden. Sie wurden vor die Alternative gestellt, indonesischer Staatsbürger *(warga negara Indonesia)* zu werden oder das Land zu verlassen. Sie kamen zu mir. Es gelang mir, den deutschen Verwaltungsbehörden die Zustimmung zur »freiwilligen« Indonesianisierung der Missionare abzugewinnen. Denn ohne diese Zustimmung, die nur ungern erteilt wurde, zog der freiwillige Erwerb einer fremden Staatsangehörigkeit den Verlust der deutschen nach sich. Auf diese Weise konnten die Missionare etwa ihre Renten- und Sozialversicherungsansprüche in Deutschland erhalten. Ihre deutschen Pässe nahm ich, wozu ich eigentlich nicht ermächtigt war, in kakerlakensichere Verwahrung. Der ganze Vorgang musste vor den misstrauischen indonesischen Behörden verheimlicht werden. Ich konnte damals nicht ahnen, dass es mich dreissig Jahre später an den Vatikan verschlagen würde, wo der eine oder andere Kardinal diese Geschichte aus meiner Jugendpraxis durchaus beifällig aufnahm.

Politik in Indonesien

Die junge Republik Indonesien hatte in den frühen sechziger Jahren mit wachsenden Schwierigkeiten zu kämpfen. Sie waren politischer ebenso wie wirtschaftlicher Natur. Der Nationalheros Sukarno hatte 1945 die Unabhängigkeit proklamiert und gegen die Intervention der niederländischen Kolonialmacht durchgesetzt. Er hatte Indonesien zu einer der führenden Kräfte der ungebundenen Dritten Welt gemacht. Die Non-Aligned-Conference im javanischen Bandung hatte 1955 unter dem Dreigestirn Sukarno, Nehru und Tschou En Lai gestanden. In den Jahren seit 1957 war es Sukarno gelungen, eine gefährliche Revolte der Ausseninseln Sumatra und Celebes (PRRI/Permesta-Aufstand) gegen die zentralistischen Tendenzen des Javaners Sukarno niederzuschlagen. Es bedeutete den Sieg Sukarnos autoritärer »Gelenkter Demokratie« über die parlamentarischen Demokraten der ersten Stunde. Die stets bedrohlichen zentrifugalen Kräfte des weitgespannten Inselreichs, hinter denen Sukarno wohl nicht ganz zu Unrecht auch die alten holländischen Kolonialnostalgiker witterte, schienen gebannt. Am 1. Dezember 1957 hatte Sukarno in einem Kraftakt alle niederländischen Unternehmungen enteignet. Die ständigen politischen Auseinandersetzungen hatten die früher blühende Wirtschaft des Landes zerrüttet. Indonesien war reich an allen möglichen Naturschätzen – von Erdöl und -gas über Kohle, Eisen, Kupfer, Zinn und Gold bis zu Kautschuk, Palmöl, Holz, Tapioka und Gewürzen. Mit dem Hinauswurf der Holländer, die grossenteils noch die Plantagen und Bergwerke in Gang gehalten hatten, trieb Indonesien dem wirtschaftlichen Zusammenbruch entgegen. Sukarno glaubte dagegen fest an den unerschöpflichen Reichtum seines Landes.

Als ich 1962 eintraf, hatte eine neue politische Kampagne gegen die Niederlande begonnen. Es ging darum, die ehemalige Kolonialmacht zu bewegen, das letzte noch von ihr gehaltene Stück des alten ostindischen Imperiums herauszugeben, – die westliche Hälfte Neuguineas.

Notfalls sollte sie mit Gewalt zur Räumung gezwungen werden. Schon in Sumatra war mir aufgefallen, dass überall junge Leute auf den öffentlichen Plätzen militärischen Übungen nachgingen. Sie exerzierten und übten Angriffsmanöver mit Holzflinten und Bambusspeeren. Das Volk wurde auf die gewaltsame Alternative eingestimmt.

Innenpolitisch hatte Sukarno mit der Niederschlagung des PRRI / Permesta-Aufstands alle oppositionellen Kräfte gegen seinen immer radikaleren Kurs ausgeschaltet. Die sozial-demokratische Partei PSI und die Moslempartei Masjumi waren verboten worden. In den Wäldern trieben lediglich noch versprengte Gruppen von Moslemrebellen des Dar-ul-Islam ihr Wesen. Mehr und mehr wurde die von Sukarno geförderte, stark expandierende Kommunistische Partei PKI zur Stütze seines Regimes. Sie verschärfte noch die radikalen Töne des Präsidenten. Die Streitkräfte standen zwar hinter Sukarno, beobachteten aber mit wachsender Sorge seinen zunehmenden Linkskurs.

Aussenpolitischen Rückhalt fand Sukarno ebenfalls vor allem im sozialistischen Lager, wobei er sich im sowjetisch-chinesischen Gegensatz geschickt die Sympathien beider Seiten zu erhalten wusste. Moskau lieferte in steigendem Umfang Rüstungsgüter. Es herrschten nationale Jubeltage, als die Russen einen schrottreifen Schweren Kreuzer der Swerdlowsk-Klasse in Surabaya ablieferten. Er wurde auf der Namen der zu erobernden Provinz Irian Jaya getauft und sollte die Speerspitze des indonesischen Angriffs auf die letzte holländische Kolonialbastion werden. Besorgt sahen die Westmächte, voran die Vereinigten Staaten Sukarnos Abgleiten in das kommunistische Fahrwasser. Dieser revanchierte sich, indem er Hollands Nato-Verbündete in das Feindlager Indonesiens einordnete. Um den Westen zu ärgern, hatte Sukarno zu alledem begonnen, an einer unserer Achillesfersen herumzuspielen. Er kokettierte mit der DDR.

Sukarnos Flirt mit Ostberlin bedeutete für Bonn Alarmstufe 1. Unter der geltenden Hallsteindoktrin lag die Hinnahme eines DDR-Generalkonsulats in Jakarta an der äussersten Schwelle der Toleranzgrenze. Jeder weitere Schritt in Richtung diplomatischer Anerkennung hätte unseren Alleinvertretungsanspruch in Frage gestellt und wäre mit dem Abbruch der Beziehungen beantwortet worden. Botschafter in Jakarta war Dietrich Freiherr von Mirbach, preussischer Edelmann durch und durch, gelassen, ironisch, krisenbeständig. Er führte die Botschaft mit sicherer Hand, ohne die warmen menschlichen Töne zu vernachlässigen. Wir lebten unter dem politischen Damoklesschwert, gegebenenfalls über Nacht die Zelte abbrechen zu müssen, wenn Sukarno sich weiter auf die DDR zubewegte. Hier lag auch ein persönliches Risiko der Botschaftsangehörigen, denn Sukarno pflegte in solchen Fällen seinen Mob auf die missliebigen fremden Dipomaten zu hetzen. Amerikaner, Engländer und selbst Inder mussten in jenen Jahren diese Erfahrung machen.

Jakarta

Jakarta war in der ersten Hälfte der sechziger Jahre noch eine reizlose Stadt. Der historische Kern um das ehemalige Rathaus von Batavia, die Kota, war vernachlässigt und heruntergekommen. Das neue Regime zeigte kein Interesse an kolonialen Hinterlassenschaften. Der gelernte Architekt Sukarno hatte grosse Pläne zur Schaffung einer glanzvollen neuen Hauptstadt. Aber die neue urbanistische Konzeption liess sich erst in Ansätzen erkennen. Der Baustil der neuen Herren äusserte sich in pompösem und triumphalem Gehabe. Die neue breite Strassenachse der Thamrin, die auf das monumentale Freiheitsdenkmal hinführte, hatte ausser der Zentralbank und einigen Botschaftsgebäuden nur Bebauungslücken aufzuweisen, wo sich die Bretterbuden des malaiischen Kampong ausdehnten. Traurig war es um die Hotels der Stadt bestellt. Das einst in ganz Südostasien berühmte »Hotel des Indes« hiess jetzt Duta Indonesia und war zu einer schäbigen Absteige verkommen, wo sich Ratten und Kakerlaken tummelten. Gegenüber hatte der bekannte Klub »Harmonie« gelegen, zu Kolonialzeiten der glänzende Mittelpunkt der holländischen Gesellschaft, jetzt eine Ruine, wie sie nach der Plünderung fünf Jahre zuvor übriggeblieben war. Davor umschloss eine richtige Gracht, jetzt Kali genannt, den *Pasar Baru* (Neuer Basar), das Geschäftsviertel der Chinesen. Die Stimmung des Kali hat der Botschaftskollege Schleinkofer mit folgenden Worten beschrieben:

> Der Kali heisst zu hochdeutsch Fluss,
> was aber nicht besagen muss,
> dass dieser Kali fliesst.
> Der Kali steht von früh bis spät
> auch wenn der Wind sehr kräftig weht
> und wenn es heftig giesst.
> Im Kali, meistens schmutzigbraun
> da baden sich die Kampong-Fraun
> und waschen allerlei.
> Auch sitzen manche still am Rand

und treiben da so allerhand;
man findet nichts dabei.

Täglich an dem Rand der Kalis
sitzen fröhlich die Kanaken
und man hört sie mit Vergnügen
plumpsend ins Gewässer kaken.
Und den Fluss hinauf hinunter
waschen Babus ihre Hemden.
All die Selbstverständlichkeiten
sieht der Deutsche mit Befremden.

Am Sonntag ist der Tag des Herrn,
da gehn die Junggesellen gern – zum Kali.
Sie sehen sich die Busen an
und sparen sich den Flug sodann – nach Bali.

Aber der Fortschritt kündigte sich an. Intercontinental hatte als »Hotel Indonesia« ein modernes achtstöckiges Hotel im Zentrum hochgezogen, direkt am Rondell der Thamrin, dem Nabel der neuen Stadt. Hier konnte ich, noch vor der offiziellen Einweihung, Quartier beziehen. Gegenüber schaute ich auf einen Bretterzaun, hinter dem die Baugrube der künftigen deutschen Botschaft ein beschauliches Dasein fristete. Sukarno hatte uns dieses Grundstück in prominenter Lage zur Verfügung gestellt, unter der Auflage, dass mindestans acht Stockwerke in die Höhe gebaut würde. Höchst widerstrebend hatte sich die Bundesbaudirektion, die an nur vier Stockwerke gedacht hatte, gefügt. Das »Hotel Indonesia« war jedenfalls der »dernier cri« der Stadt. Hier gab es eine moderne Bar und ein klimagekühltes Restaurant, beides bisher unbekannter Luxus. Sogar ein Nachtklub war geplant.

Hier drängten sich deshalb abends die Junggesellen und -innen der Botschaften und die jeunesse dorée des Landes in fröhlichem Miteinander.

Bald hatte ich ein eigenes Haus gefunden. Eigentlich war es nur ein Häuschen, ein kleines Knusperhäuschen. Es gehörte einem chinesischen Geschäftsmann, der es mit schwarzem Geld und Material vom Schwarzmarkt erbaut hatte. Mr. Chung liess sich von mir, in ortsüblicher Weise, die Miete auf zwei Jahre im voraus bezahlen und baute damit als echter Chinese sogleich ein weiteres Haus. Auch dieses würde dann sicherlich an einen Ausländer vermietet werden, mit Mietvorauszahlung und so weiter. Mr. Chung nahm mich mit in den Pasar Baru, wo ich mir einige bunte Plastikmöbel aussuchen konnte. Später liess ich mir dort von chinesischen Tischlern aus einheimischem geflammtem Teakholz Möbel anfertigen, nach der Vorlage skandinavischer Versandkataloge. In der Werkstatt hobelten und leimten halbnackte ausgemergelte Gesellen, von Zeit zu Zeit einen Zug aus dem abgegriffenen dunklen Bambusrohr der gemeinsamen Opiumpfeife nehmend. In den Tiefen des wimmelnden Pasar Baru war noch Alt-China zu Hause.

Mein Häuschen lag in der Jalan Gandaria am Rande des Villenvororts Kebayoran Baru, mit Blick vom teilweise flachen Dach auf einen malerischen malaiischen Kampong. Dieser Anblick erlangte in der Botschaft eine gewisse Berühmtheit. Seinetwegen meldete sich bei mir wiederholt Damenbesuch, in aller Ehrbarkeit – Ehefrauen von Kollegen und sogar Freifrau von Mirbach, mit Photoapparaten bewaffnet, um das Bild malaiischen Dorflebens einzufangen, wie es sich von meiner Dachterrasse aus darbot. Vor dem Haus setzte sich das Volkstreiben fort. Dreirädrige Betjaks, die malaiischen, von hinten im Fahrradsattel mit Fahrradkette und Fusspedal betriebenen Rikschas, wälzten sich in bunter Menge vorbei. Ein Friseur hatte gegenüber unter einem rot leuchtenden breitschirmigen Flamboyantbaum sein Geschäft aufgeschlagen. Es bestand aus einem Stuhl, einem Spiegel, der mit einem Nagel am Baum befestigt war und einer Handschere. Händler boten selbstgefertigte Limonaden und andere köstliche Getränke, Heilmittel und Esswaren feil. Es war eigentlich immer Betrieb, selbst nachts, wenn die Händler mit klappernden Geräuschen auf sich aufmerksam machten. Ich war stolz auf mein erstes Eigenheim, auch wenn es kaum mehr als 50 Quadratmeter auf zwei Stockwerken aufzuweisen hatte. Leider verfügte es nicht über einen Är-Kondischner, wie die meist laut rumpelnden Klimageräte dort vornehm hiessen. Ich schlief direkt unter meiner plattengedeckten Dachterrasse, die tagsüber enorme Hitzemengen speicherte und diese abends wieder von sich gab. Ich eignete mir deshalb eine Einschlaftechnik an: Dusche, d. h. mehrere Kübel kühles Wasser über Kopf und Schultern, dann nass im Sarong ins Bett und schnell einschlafen, solange die Kühle des verdunstenden Wassers anhielt. Nachts am Bett ein laufender Ventilator. Heute weiss ich, warum ich mir in Jakarta mehr als einmal Mittelohr-Entzündungen holte, die ich aber erfolgreich und ohne weitere ärztliche Beratung mit Penicillin, im Kurier eingeflogen, bekämpfte.

Gemütlich war mein Häuschen trotz seines netten Aussehens in der feuchten Schwüle des Äquator leider nicht. Gewöhnlich konnten wir deshalb kaum das Wochenende erwarten. Dann ging es aus der Stadt in die Berge zwei Fahrstunden südlich von Jakarta, zum Puntjak Pass. Dort gab es inmitten der Teeplantagen in Tugu eine Ferienherberge, betrieben von Emil Schamberger und seiner indonesischen Frau. Hier auf 800 Meter Höhe herrschte ein Sommerklima wie daheim, ohne feucht-heisse Temperaturen, mit kühl-klarer Abendluft, die einen tiefen köstlichen Schlaf bescherte. Umso schlimmer war dann am Sonntagabend das Wiedereintauchen in den tropischen Glutkessel Jakartas.

Botschafter von Mirbach zog es am Wochenende auch zum Puntjak. Er bewohnte dort einen malerischen Bungalow inmitten eines Gartens, dessen Hibiskus mit riesigen Schwertlilien um die leuchtendste Farbe wetteiferte. Er befand sich am Ende des Weges, der von Tugu herunterführte, ca. 500 Meter hinter Schambergers Anwesen, und bot das volle Panorama des urwald-bewachsenen Sallak-Vulkans. Gelegentlich versammelte sich die Botschaft bei einem kühlen Drink am Swimmingpool. Wenige Monate nach meinem Eintreffen luden mich Mirbachs für einen Samstagabend zum Abendessen in den Bungalow ein. Ich war gerade von einer einwöchigen Fahrt durch Mitteljava zurückgekehrt. Eine solche Reise wäre schon ein Jahr später nichts Besonderes mehr gewesen. 1962 war es dagegen noch kaum möglich, Jakarta über Bandung hinaus ohne militärische Eskorte zu verlassen, da versprengte Dar-ul-Islam-Guerillas die Gegend unsicher machten. Man hatte mich vor der Fahrt gewarnt, aber die Neugier war stärker als alle Bedenken. Nach einer Übernachtung im leeren Bandunger Hotel Homann, nachdem wir uns ein letztes Mal an den berüchtigten Amöben-Erdbeeren gelabt hatten, waren Wolfgang Schmitz und ich mit meinem VW-Käfer und entsprechenden Benzinvorräten in das bergige Niemandsland östlich von Bandung aufgebrochen. Unbehelligt hatten wir über fürchterliche, eigentlich nur aus Schlaglöchern bestehende Landstrassen abends die alte Sultansstadt Jogjakarta erreicht. Der Borobodur-Tempel lag damals noch in unberührter Einsamkeit, zu Füssen der grossen, 3000 Meter überragenden javanischen Vulkane Sumbing, Merbabu und Merapi. Auch die hinduistischen Pramban-an-Tempel hatten wir für uns allein.

Mirbach wollte sich über die Fahrt berichten lassen und mit seiner Familie unsere Dias betrachten. Als wir nach dem »sundowner«, dem ersten Whisky des Abends, den Vorführapparat anwerfen wollten, stellten wir fest, dass der elektrische Strom ausgefallen war. Dies war an sich nichts Aussergewöhnliches, wenn auch gerade heute ärgerlich. Wir hatten uns nach Einbruch der Dunkelheit bei Kerzenschein um den Tisch gesetzt, als das Hausmädchen in der Küche mit entsetzlicher Stimme um Hilfe zu schreien begann. »Helft mir, hier sind Männer mit schwarzen Gesichtern, o Gott, nein.« Wir sprangen auf. Mirbach zog die Schreiende blitzschnell aus der Küche ins Wohnzimmer und schlug die Tür zu. Ich suchte derweil nach etwas Waffenähnlichem, wobei mir nur ein langer Besenstiel in die Hände fiel. Inzwischen hatte der Kampf um die Tür begonnen. Die Banditen in der Küche versuchten sie nach innen aufzustossen und schlugen mit einem Parang, der malaiischen Machete, durch die sich öffnende Türspalte, während wir zu zweit die Tür zuhielten und mit dem Besenstiel nach draussen stachen. Ganz plötzlich liessen die Eindringlinge ab und zogen sich aus dem Haus zurück. Später fanden wir die indonesischen Bediensteten zitternd im Schuppen – man hatte gedroht, ihnen die Hälse durchzuschneiden, wenn sie uns zu warnen versuchten. Es war ein Trupp Dar-ul-Islam-Guerillas gewesen, der sich des Hauses hatte bemächtigen wollen, wohl um sich wieder zu verproviantieren. Sie hatten offenbar damit gerechnet, wie in den Tagen zuvor nur die weiblichen Mitglieder der Familie Mirbach vorzufinden. Der Botschafter und ich waren erst nachmittags dazugestossen. Jetzt wussten wir, wer Strom- und Telefonkabel durchgeschnitten hatte. Eine Stunde später rückte das inzwischen alarmierte indonesische Militär von Tugu an, um uns zu beschützen. Für den Rest der Nacht mussten Frau von Mirbach und das Hausmädchen den Soldaten Kaffee kochen. Ich liess mir, nach Jakarta zurückgekehrt, per Kurier aus Bonn eine Tränengaspistole kommen, die mir in den folgenden Wochen bei Cocktailempfängen die Gesässtasche nach unten zog.

Es war eine bunte, manchmal wirre, aber stets kurzweilige Welt, die das indonesische Kaleidoskop immer neu für uns zusammenschüttelte. Auch ein Auto-Unfall gehörte dazu, als Freund Wallau auf einer Fahrt nach Mitteljava in den Bergen hinter Bandung frontal mit einem entgegenkommenden Oplet, einem überfüllten uralten Taxi zusammenstiess und mein lädierter Arm unter einem Strohdach mit Draht notdürftig wieder zusammengeflickt wurde. An die äusserlichen Schwierigkeiten hatte man sich rasch angepasst. Wir lachten über Dienstreisende, die nach eingehender Malariaprophylaxe zu uns kamen und sich dann doch das Schüttelfieber fingen. Wir schluckten Chinin nur, wenn es nach Borneo oder ins Innere Sumatras ging. Mirbach pflegte zu erzählen, dass er seine Zähne schon mal mit Bier putze, wenn er im Präsidentenflugzeug ins Landesinnere mitgenommen wurde. Auch Tropenschwüle und feucht-nasse Hemden am Leib wurden Gewohnheit. Dass es am Äquator keine jahreszeitliche Abwechslung gab – weder Winter noch Herbst oder Frühling, nicht einmal reine Regenzeit, da auch zur Trockenzeit der Himmel oft die brausenden

Schleusen öffnete – auch diese klimatische Eintönigkeit drang kaum noch ins Bewusstsein. Allerdings wurde deutlich, dass Veränderungen mit Europäern vorgingen, die allzulange in den Tropen verweilten. Ihr Rhythmus wurde langsamer, die Initiative träger, die Entschlussfreude erschlaffte. Niemand hat dieses Phänomen besser erfasst und literarisch gestaltet als Joseph Conrad. Nach meiner Schätzung waren ungefähr fünf Jahre die Schwelle, bei der für Europäer die Rückkehr angezeigt schien. Jedenfalls hatten wir uns im täglichen Leben arrangiert. Lebensmittelläden im herkömmlichen Sinne gab es damals in Jakarta nicht. Reis, Obst und Gemüse kaufte die Babu im Basar, auch das Fleisch, das natürlich an offenen Ständen in der fliegenwimmelnden Luft hing. Brot wurde beim Tukang, dem Händler mit dem fahrbaren Karren auf der Strasse eingekauft. Meist war es mit schwarzen Larven der Mehlkäfer durchsetzt, die wir mit dem Messer herausschnitten. Es kam uns vor wie ein verbotener Luxus, als es der Botschaft nach einem Jahr gelang, die Einfuhr von Brot, Edamer Käse und Butter – einmal monatlich auf dem Luftwege aus Australien – zu organisieren. Da allerdings an mindestens zwei Tagen in der Woche der Strom ausfiel, waren auch dieser Völlerei durch die Verderblichkeit jener Güter Grenzen gesetzt. Zum Ausgleich gab es viel Geselligkeit im privaten Kreis, mit Musik, Tanzen und reichlich Getränken zum Ausgleich des Flüssigkeitspegels. Mein Stolz war eine Teakholzbar, die in meinem Häuschen regen Zuspruch fand. Da westliche Tanzmusik oder gar Jazz als dekadent verpönt und deshalb in der Öffentlichkeit verboten waren, wurde eine Boogie-Woogie-Party in meinem Gandaria-Häuschen ein grosser Erfolg, zu dem auch die Anwesenheit der Filmschauspielerin Rima Melati beitrug.

Zu Weihnachten 1962 segelten wir mit zwei Booten aus der Bucht von Jakarta, um auf einer der unbewohnten »1000 Inseln« vor Sumatra zu feiern – in Badehose, mit kühlem Bier und selbstgefangenen Langusten. Aber der klare Tropenhimmel über dem Kreuz des Südens täuschte. Mit dem Fortschreiten des Jahrs 1963 verfinsterte sich der politische Horizont Indonesiens. Sukarno erreichte sein Ziel in Neuguinea. Die Niederlande mussten räumen. Die Kompromissformel – VN-Übergangsverwaltung und anschliessendes Referendum – konnte nicht darüber hinwegtäuschen, wer der künftige Herr über die Steinzeit-Melanesier der Papua-Insel sein würde. Kaum hatte er dies erreicht, richtete Sukarno seine Aufmerksamkeit nach Norden. Dort schickte Grosssbritannien sich an, seine malaiischen Kolonien in die Unabhängigkeit zu entlassen. Als der Versuch misslang, ein Mitspracherecht bei der Neuordnung der Region durchzusetzen, schlug Sukarnos zunächst freundliche Haltung in erklärte Feindseligkeit um. Es begann die Periode der »Konfrontation« Indonesiens gegen die junge Föderation Malayas mit Singapur und Nordborneo, sozusagen ein Kriegszustand mit allerlei kleineren Plänkeleien, aber ohne grosse militärische Kampfhandlungen. In Jakarta stürmte und plünderte der Strassenmob die Botschaften Grossbritanniens und Malayas. Gleichzeitig verschärfte Sukarno in beinahe unerträglicher Weise den Ton gegenüber dem Westen insgesamt – gegen »Neokolonialisten und Neoimperialisten«. Ich sehe noch Jakarta in einer Flut von Plakaten und Bannern ertrinken: *»Ganjang Malaysia«* – Verschlingt Malaysia! Freudiger Beifall aus dem sozialistischen Lager begleitete diese Tiraden. In Indonesien selbst stellte die immer mächtigere PKI die Kulisse für Aufmärsche, Demonstrationen und Protestakte im Sinne des Präsidenten.

Staatsbesuch

Auch für uns Deutsche begann die Situation brenzlich zu werden. Ostberlin hatte sich voll und ganz hinter die Forderungen Indonesiens gestellt. Es stand zu befürchten, dass Moskau einen politischen Preis für seine Unterstützung verlangen würde. Indonesische Freunde trugen uns zu, dass man im Merdeka-Palast, dem Amtssitz des Präsidenten, bereits Überlegungen in Richtung Ostberlin anstelle. Die Botschaft regte deshalb an, durch einen Staatsbesuch des Bundespräsidenten den status quo im offiziellen deutsch-indonesischen Verhältnis neu zu befestigen. Im Dunstkreis eines Staatsbesuchs wären Sukarno, jedenfalls für einige Zeit, die Hände gebunden. Wir brauchten Luft.

Wie wir später hörten, war es nicht leicht gewesen, Bundespräsident Lübke von der Notwendigkeit dieses Staatsbesuchs zu überzeugen und ihm die Zustimmung zur Reise abzuringen. Ein mit vier Frauen zugleich verheirateter Mann war dem ehrbaren Lübke zutiefst suspekt. Wie mir ein Delegationsteilnehmer später erzählte, gab er in der Luftwaffenmaschine während des Anflugs auf Jakarta Weisung umzukehren. Er habe es sich endgültig und definitiv anders überlegt. Erst das Argument des Unterabteilungsleiters und Ritterkreuzträgers Rolf Pauls überzeugte ihn: »Herr Bundespräsident, es ist zu spät. Das Ehrenbataillon ist bereits auf dem Flugplatz angetreten!«

Aber noch war es nicht so weit. Die Botschaft hatte Monate hektischer Arbeit für die Vorbereitung des hohen Besuchs vor sich. Ich erinnere mich an einen Drahterlass des Bonner Protokolls, der uns ermahnte, beim geplanten Staatsbankett Wasserbüffelfleisch zu vermeiden und leichtes Fachinger Wasser nicht zu vergessen. Wir schüttelten die Köpfe. Hatten die daheim eine Ahnung, wir konnten nur hilflos lächeln. Schwieriger war das Problem der verschiedenen Ehefrauen Sukarnos. Dieser hatte es sich als besondere Ehrerbietung dem deutschen Gast gegenüber gedacht, ihn an jedem der zu besuchenden Orte – Jakarta, Bogor, Bali – von einer anderen Präsidentengattin begrüssen zu lassen. Uns packte das kalte Grausen bei dem Gedanken, dass Bonn von diesen Erwägungen Wind bekommen könne. Man einigte sich schliesslich auf Frau Hartini Sukarno, die als alleinige Gastgeberin auftreten sollte. Es war einer unserer strategisch hoch zu bewertenden Erfolge, dass es der Botschaft gelang, die Tatsache nicht hervortreten zu lassen, dass es sich bei Hartini keineswegs um Ehefrau Nr. 1, sondern um Nr. 2 handelte.

Die Vorbereitung des Staatsbesuchs oblag auf indonesischer Seite dem »Staatskomité für den Empfang hoher Staatsgäste«. Den Vorsitz hatte Vizeluftmarschall Aburachmat, der Vater der indonesischen Luftwaffe. Ihm standen nicht nur zahlreiche Autos, sondern auch ein Flugzeug, eine alte Dakota, zur Verfügung. Ich erhielt seitens der Botschaft den Auftrag, um dem ich viel beneidet wurde, den Vizeluftmarschall auf einer Vorausreise zu all den von Lübke zu besuchenden Orten zu begleiten. Meine besondere vertrauliche Instruktion ging dahin, die hygienischen Örtlichkeiten auf ihre Funktionstüchtigkeit hin zu überprüfen, im Klartext: nachzusehen, ob die Wasserspülung lief. Pak (Vater) Abu und ich wurden auf dieser Fahrt enge Freunde. Der Marschall entstammte der alten Sultansfamilie der Mangkunegoro im mitteljavanischen Solo. Auch wenn dieser Ort keineswegs in Lübkes Reiseprogramm vorgesehen war, machten wir natürlich zunächst im *Kraton* (Palast) von Solo Besuch. Die Sultanin war eine stattliche schöne Frau, ihre Töchter waren liebreizend und der Sultan stellte mir seinen Besuch in Jakarta in Aussicht, um über die Anknüpfung von Geschäftsbeziehungen mit Deutschland zu reden. Wo immer wir auftauchten, wartete eine Gruppe zierlicher junger Tänzerinnen auf uns. Wir unternahmen auch gleich einen Abstecher zur Insel Madura, um dort die berühmten Stiere in Augenschein zu nehmen. Es machte nichts aus, dass auch Madura keineswegs auf Lübkes Reiseroute stand. Es leuchtet ohne weiteres ein, dass die Vorausreise für mich viel schöner und mit mehr Ehren behäuft war als später die eigentliche Staatsbesuchsreise.

Um meinen Auftrag abzurunden, begab ich mich nach unserer Rückkehr mit dem Dienstwagen in den Präsidentenpalast von Bogor. Das weisschimmernde, von den Holländern als »Buitenzorg« übernommene und im berühmten Botanischen Garten am Fuss der Berge gelegene Gebäude, umgeben von riesigen Tropenbäumen mit Trauben baumelnder fliegender Hunde, war ein Lieblingsaufenthalt Sukarnos. Ich hatte gerade das Badezimmer im Gästeflügel besichtigt und bewegte mich durch einen engen Gang, als mein indonesischer Begleiter wie vom Erdboden verschluckt verschwand. Ich öffnete die nächste Tür und stand von Angesicht Präsident Sukarno gegenüber, der in ein Gespräch mit dem amerikanischen Botschafter Jones vertieft war. Sukarno musterte mich und fragte mit tiefer Stimme, wer ich und was meines Treibens hier sei. Ich stellte mich vor, gab aber nur sehr vage Auskunft über meine Obliegenheit und zog mich schnell wieder zurück. Es war mein einziges Vieraugen-Tete-à-Tete mit dem indonesischen Präsidenten.

Ein paar Tage später war der grosse Moment gekommen. Die Bundeswehrmaschine mit unserem Bundespräsidenten schwebte ein und rollte aus, die Präsidentenstandarte flatterte aus dem Cockpit. Die Botschaft war in einer langen Reihe angetreten, in streng hierarchischer Ordnung. Im rechten Winkel zu uns hatte das Diplomatische Corps Aufstellung genommen, nach Anciennität geordnet – Botschafter, Geschäftsträger, Konsuln. Gegenüber die Formation indonesischer Würdenträger. Plötzlich verbreitete sich in unserer Reihe eine Schreckensnachricht. Der DDR-Generalkonsul sei gerade angekommen und habe sich beim Diplomatischen Corps eingereiht. Welch' unerhörter, kaum nachzuvollziehender Gedanke – Lübke würde dem Generalkonsul der DDR die Hand reichen, womöglich nach seinem Ergehen fragen müssen und damit einen quasi-völkerrechtlichen Anerkennungsakt vollziehen. Ein unglaublicher Skandal stand bevor. Der Botschafter begab sich zur Begrüssung des Präsidenten, Klaus Blech eilte zum indonesischen Protokollchef und beschwor ihn, Generalkonsul Herzfeld, koste es was es wolle, vom Flugplatz zu entfernen. Dem Protokollchef als Javaner war die Sache höchst unangenehm, er wollte die Konfrontation mit dem DDR-Vertreter vermeiden und lieber den Dingen ihren Lauf lassen. Beide Präsidenten schritten zur Tribüne, um ihre Begrüssungsansprachen zu halten. Endlich hatte Blech den Protokollchef soweit, dass er zu Herzfeld ging und ihm eröffnete, dass er heute aus Gründen, die er wohl einsehe, nicht hinzugeladen sei. Als Antwort zog der dickfellige Herzfeld das Einladungsschreiben des indonesischen Protokolls hervor und hielt es dem Protokollchef unter die Nase. Dieser machte kehrt. Inzwischen hatten die Präsidenten ihre Ansprachen beendet und begannen, die Front der Missionschefs abzuschreiten. Wieder bearbeitete Blech den Protokollchef, bis dieser sich nochmals in Bewegung setzte. Lübke war bereits bis auf drei Vordermänner an Generalkonsul Herzfeld herangekommen. Jetzt endlich liess sich der DDR-Vertreter bewegen, seinen Platz zu verlassen. Ungläubig verfolgten Staatssekretär Carstens und die restliche Delegation das dramatische Geschehen – in welchem anderen Lande war dergleichen möglich.

Wer den Misston des Besuchsauftakts für ein böses Omen gehalten haben sollte, wurde bald eines Besseren belehrt. Beide Präsidenten fanden Gefallen aneinander. Der weisshaarige Lübke erlebte in Sukarno einen aufmerksamen Zuhörer für seine landwirtschaftlichen Ratschläge, während Sukarno seinen ganzen Charme entfaltete. Beide Lübkes waren begeistert. Sie schlossen nicht nur den extravaganten Präsidenten, sondern auch Frau Hartini ins Herz. Der lange Joop Ave, Sukarnos Spassmacher und Organisator, zeigte seine Improvisationskunst, sobald technische Pannen den Besuch zu gefährden drohten. Jedenfalls waren die Hauptbeteiligten am Ende mit dem Staatsbesuch zufrieden und die Botschaft atmete auf. Die Frage war, wie lange der damit erzeugte politische goodwill anhalten würde.

Inzwischen hatte auch unser Botschafter gewechselt. Mirbach war froh gewesen, nach vier Jahren das unberechenbare Indonesien verlassen zu können. Sein Nachfolger war Botschafter Weiz, unter anderem ein grosser Musikliebhaber. Es wurmte ihn, wenn ausländische Kapellen in Verkennung der Haydn'schen Intentionen das Deutschlandlied wie einen flotten Marsch herunterspielten. Weiz' Akkreditierung stand bevor und damit das Abspielen der Nationalhymne. Ich erhielt deshalb von ihm den dienstlichen Auftrag, mit der Kapelle der Präsidenten-Leibgarde Tjakrabirawa das Deutschlandlied zu üben und insbesondere auf Einhaltung der getragenen Tempi zu achten. Er drohte mir persönliche Konsequenzen an, wenn die Kapelle auch nur eine Viertelnote zu schnell spielen werde. Also machte ich mich in der Backofenhitze eines frühen Nachmittags zu den abgelegenen Tjakrabirawa-Baracken auf und versuchte, das forsche Tempo der Band – Weiz hatte das richtig vorausgeahnt – zu bremsen.

Der Sommer 1964 nahte und damit der erste Heimaturlaub. Drei Monate schienen eine unendlich lange Zeit, aber wie schnell flogen sie vorüber. Ich hatte mir in den Kopf gesetzt, auf dem Landweg nach Deutschland zurückzukehren. Bruder Ulrich hatte mit seiner Frau einen, im Gegensatz zu Bucki fünf Jahre zuvor, nagelneuen VW-Bus bis Kalkutta gefahren. Per Schiff und Eisenbahn ging es über Singapur, Bangkok und Kambodscha nach Kalkutta zurück, das letzte Stück über den Golf von Bengalen im Flugzeug, dann im Kleinbus durch Indien, das unwegsame Zentrum Afghanistans und den Vorderen Orient. Diese Reise würde ein eigenes Kapitel füllen. Manches hatte sich gegenüber dem Zustand vor fünf Jahren verändert, vor allem im Iran des Schah war der Fortschritt in der Landwirtschaft und im Strassennetz unverkennbar.

Hallsteindoktrin und Alleinvertretung

Als ich im September 1964 nach Jakarta zurückkehrte, empfingen mich an der Botschaft besorgte Gesichter. Wir hatten schon wieder einen neuen Botschafter, Luitpold Werz. Die AA-Zentrale hatte sich angesichts neuen

Drucks Indonesiens in der Deutschlandfrage zu einem Botschafterwechsel entschlossen. Staatssekretär Carstens hatte mit Werz einen Mann an die Front geschickt, der sein besonderes Vertrauen genoss. Ich war inzwischen nach dem Weggang von Klaus Blech in die Funktion des politischen Referenten aufgerückt. Mit Werz verband mich ein enges und vertrauensvolles Verhältnis. Jakarta war jetzt äusserster Vorposten unserer Deutschlandpolitik geworden. Zu Kambodscha hatten wir die diplomatischen Beziehungen abgebrochen, als Prinz Sihanouk die Probe aufs Exempel machte. Aber Indonesien war nicht das kleine Kambodscha. Hier hätten wir kaum den Rückzug antreten können, ohne den Offenbarungseid der Hallsteindoktrin zu leisten. Wie mir Werz erzählte, hatte Carstens ihm nur eine einzige Instruktion auf den Weg mitgegeben: den Alleinvertretungsanspruch unter allen Umständen durchzuhalten.

Ich hatte mir in den beiden ersten Indonesienjahren ein Netz einheimischer einflussreicher und stets hervorragend informierter Freunde aufgebaut. Es begann damit, dass eines Tages zwei soignierte Herren mein Konsulatsbüro betraten und fragten, ob ich Lust hätte, bei ihnen Tennis zu spielen. Natürlich hatte ich Lust. Bald fand ich mich aufgenommen in einen Kreis jener dünnen bürgerlichen Schicht von Intellektuellen, die in Holland ihre Ausbildung empfangen und später mit der Waffe die Unabhängigkeit erstritten hatten. Es waren die Demokraten der ersten Stunde. Sie dienten in den frühen bürgerlichen Kabinetten als Minister und Staatssekretäre. Als Sukarno die demokratischen Spielregeln ausser Kraft setzte und seine Gelenkte Demokratie proklamierte, trennte er sich auch von den alten Weggefährten. Sie wurden beiseitegeschoben, wanderten ab ins Geschäftsleben oder auch, wenn sie Widerstand leisteten, ins Gefängnis. Zumeist gehörten sie noch den verbotenen Parteien der Sozialdemokraten (PSI) oder der gemässigten Moslems (Masjumi) an. Wir trafen uns einmal im Monat abends im Familienkreise, getarnt als Pentol-Klub, oder zu einem politischen Lunch im chinesischen Gartenrestaurant des Prinsenparks. Ich war der einzige Ausländer in diesem Kreis, den nur der Abscheu vor Sukarno und seinem immer schärferen Linkskurs einte. Hier erfuhr ich praktisch alles, was hinter den Kulissen vorging oder sich anbahnte.

Ein guter Freund wurde mir ebenfalls der Chef der illegalen PSI, Dr. Soedjatmoko. Nach einem Gefängnisaufenthalt war er zu Hausarrest begnadigt worden. Koko, wie ihn seine Freunde nannten, war sicher einer der klügsten Köpfe Indonesiens. Sein Haus wurde vom Geheimdienst überwacht. Um ihn nicht zusätzlich zu gefährden, schraubte ich vor einem Besuch jeweils mein CD-Kennzeichen ab, das mich als Mitglied einer westlichen Botschaft auswies. Stattdessen montierte ich das unverfängliche ovale Zollnummernschild an meinen Käfer. Bei Koko suchte ich Rat und Trost, als die Übernahme Indonesiens durch die Kommunisten im Verein mit Sukarno unabwendbar schien. Als die Zeiten sich geändert hatten, zog es Soedjatmoko vor, nicht in die Politik zurückzukehren, was ihn sicherlich in Konflikt mit General Soeharto und dem Militärregime gebracht hätte. Er verliess Indonesien und wurde zunächst Botschafter in Washington, später Rektor der VN-Universität in Tokyo.

Mit Werz war ich mir jedenfalls einig über unsere Arbeitsteilung. Ich pflegte das Umfeld des politischen Untergrunds und jener Kräfte, die voraussichtlich, wenn alles gut ging, nach Sukarno das Ruder übernehmen würden. Dazu gehörte etwa der als Antikommunist bekannte

Nationalist und spätere Vizepräsident Adam Malik. Der Botschafter hielt sich an die offiziellen Regierungsstellen.

Der durch Lübkes Staatsbesuch erzeugte gute Wille hielt leider nicht lange vor. Im Frühjahr 1965 standen wir wieder mit dem Rücken zur Wand. Sukarno hatte seine Launen und war unberechenbar. Über verschlungene Kanäle wurde uns immer wieder zugetragen, dass die Anerkennung der DDR bevorstehe. Wohlmeinende indonesische Freunde rieten uns, etwas zu tun, um das Wohlwollen des Präsidenten wiederzugewinnen. Manche Ratschläge waren ebenso bizarr wie undurchführbar. Etwa der, eine gutaussehende Landsmännin in seinen Bekanntenkreis zu vermitteln. Wir zogen es stattdessen vor, uns Indonesien als nützlicher Partner in der entwicklungspolitischen Zusammenarbeit zu empfehlen. Schliesslich, so liessen wir immer wieder in die Umgebung des Präsidenten einsickern, brauche Indonesien auch im Westen noch Freunde, gerade wenn es mit den USA und Grossbritannien in bitterem Streit lebe. Insgeheim waren wir jedoch auf den schlimmsten Fall eingestellt: den Abbruch der Beziehungen als Folge einer Anerkennung Ostberlins. In diesen Fällen pflegte sich der Volkszorn über den Diplomaten der Beleidiger-Nation zu entladen. Es dauerte in Jakarta, wie ich in Erfahrung gebracht hatte, zwei bis drei Tage, um die »spontane« Empörung der in der Nationalen Front zusammengeschlossenen Jugendverbände, bei denen die Linkskräfte dominierten, zu organisieren. Über einen christlichen Jugendkanal wären wir rechtzeitig gewarnt worden, um einige Vorkehrungen zu treffen. Darüber hinaus hatte ich mit meinem Kollegen Heyman an der US-Botschaft eine Absprache getroffen. Sollte die amerikanische Botschaft – wieder einmal – Zielscheibe von Demonstrationen und Plünderungen sein, so würde er sein Auto in meinem Garten unterstellen. Würden wir an die Reihe kommen, so könnte ich meinen Wagen bei ihm in Sicherheit bringen.

Endphase des Sukarno-Regimes

Die innenpolitische Entwicklung war besorgniserregend. Sukarno glaubte zwar, die Fäden noch in der Hand zu halten. Aber wir waren uns mit unseren amerikanischen Kollegen in dem Urteil einig, dass ihm die Kontrolle über den Gang der Dinge entglitt. Wir sollten recht behalten. Hatte sich Sukarno in den ersten Jahrzehnten der Republik als geschickter Jongleur zwischen den verschiedenen Machtfaktoren – Armee, Kommunisten und demokratische Parteien – erwiesen, so sah er sich nach der Ausschaltung der letzteren nur noch Kommunisten und Armeeführung gegenüber. Während die Generäle in misstrauischem Abwarten verharrten, unterstützten die Kommunisten seinen radikalen Kurs – Enteignung der Holländer, Konfrontation gegen Malaysia, Austritt aus den Vereinten Nationen – laut und ohne Vorbehalt. Sie erwiesen sich als die stärkste Stütze der«Gelenkten Demokratie«. Im Gegenzug duldete und förderte Sukarno ihre Expansion. Nicht nur die Anhängerschaft der PKI wuchs in beängstigender Geschwindigkeit, auch ihre gesellschaftlichen Untergliederungen schwollen an. Die kommunistische Gewerkschaft Sobsi wurde mit 17 Millionen Mitgliedern der stärkste organisierte Verband Indonesiens. Aber auch Jugend, Frauen, Lehrer, Journalisten und Richter wurden zunehmend in kommunistischen Frontorganisationen zusammengefasst. Es war als

Triumph der Kommunistischen Partei gedacht, als sie im Sommer 1965 zu ihrem Jahresgründungsfest das neue riesige Merdeka-Stadion füllte. Präsident Sukarno hielt die Festansprache. Hunderttausende bewegten sich mit roten Bannern durch die Stadt. In Washington sah man die Gefahr, dass Indonesien als erstes Land Südostasiens durch eine Machtübernahme der PKI ins kommunistische Lager einschwenkte. Eine Umkehrung des militärischen Gleichgewichts in der Region wäre die Folge gewesen. Nach der herrschenden Domino-Theorie musste die Gefahr bestehen, dass auch die kleineren Staaten zwischen der Volksrepublik China und Indonesien – Philippinen, Thailand, Vietnam – sich politisch umorientieren würden.

Putsch

Es lag in jenen Wochen etwas in der Luft. Die Brisanz sich ankündigender politischer Umwälzungen war atmosphärisch zu spüren. Die Kommunisten gaben den öffentlichen Ton an, während die Armee sich still verhielt. Mitte September 1965 schrieb ich in einem Lagebericht an das Auswärtige Amt, dass eine explosive Entladung der aufgestauten Spannungen unmittelbar bevorzustehen scheine. Werz war kein Freund dramatischer Formulierungen, er schwächte diese Schlussfolgerung deshalb ab. Am 25. September 1965 begleitete ich unseren Militärattaché Oberstleutnant Meyer zum Stabschef des Heeres, General Yani. Das Armeehauptquartier summte wie ein aufgeregter Bienenkorb. Yani empfing uns mit angestrengtem, etwas müdem Mienenspiel. Die innenpolitische Situation sei gespannt, das könne er bestätigen.

Ich fragte, warum die Armee dem beängstigenden Anwachsen der kommunistischen Kräfte ohne einzugreifen zusehe, vielleicht werde es dazu bald zu spät sein. Seine Antwort blieb mir unvergesslich: »Wir warten, bis die Kommunisten unvorsichtig werden und den Kopf aus der Deckung stecken. Dann schlagen wir zu.«

Als ich fünf Tage später morgens zur Botschaft fuhr, war viel Militär unterwegs. Es gab Strassenkontrollen, die Gegend um das Armeehauptquartier war hermetisch abgesperrt. Die Stadt schwirrte von Gerüchten. Ich machte mich sogleich in meinem Volkswagen zu einer Erkundungsfahrt durch die Innenstadt auf. Um den grossen Freiheitsplatz gegenüber dem Präsidentenpalast und dem Rundfunk hatten putschende militärische Einheiten in grüner Uniform und mit einem besonderen Schulterabzeichen – einem Band auf der Schulterklappe – Stellung bezogen. Sie hielten den Rundfunk besetzt und meldeten, dass in der Nacht ein Aufstand verräterischer Generäle gegen den Präsidenten niedergeschlagen worden sei. Beim hastigen Lunch mit den Pentolfreunden gab es mehr Nachrichten, die sich allmählich zu einem undeutlichen Bild verdichteten. Sechs führende Generäle, die antikommunistischen Köpfe der Armee waren nach Mitternacht von Einheiten der kommunistisch unterwanderten Präsidentengarde Tjakrabirawa aus dem Bett geholt und mit unbekanntem Ziel verschleppt worden. Einer der sechs war General Yani. Der nominelle Oberbefehlshaber General Nasution war über die Gartenmauer entkommen, sein Adjutant und die kleine Tochter hatten bei dem Schusswechsel das Leben verloren. Nasution stand unter Schock. Von Präsident Sukarno war, entgegen seinen Gewohnheiten, kein Wort zu vernehmen.

Tagelang hallte die Stadt sporadisch von Schüssen wider. Es hiess, dass die Kommunisten Jagd auf ihre Gegner machten. Am Abend des 1. Oktober 1965, lange nach Sperrstunde, klopfte es daheim an meine Haustür. Im Dunkeln stand mein Freund Kim Adhyatman, Sekretär von Adam Malik, eine grosse Pistole im Hosenbund. Er gehöre zu jenen, hinter denen die Kommunisten her seien. Auch sein Chef Malik sei irgendwo untergetaucht. Er verbrachte zwei Nächte im Hause, bis durchsickerte, dass die putschenden Einheiten mit dem Schulterband das Stadtzentrum aufgegeben und sich auf den Stützpunkt der Luftwaffe, Halim Air Base, zurückgezogen hätten. Auch Sukarno liess sich kurz vernehmen, ohne zu den Ereignissen Stellung zu nehmen.

Als nach acht Tagen der Flugplatz Halim durch antikommunistische Armee-Einheiten eingenommen und von Putschisten gesäubert war, entdeckte man die Leichen der sechs Generäle in einem Brunnen von Lubang Buaya, dem »Krokodil-Loch«. Sie waren gefoltert und schrecklich verstümmelt worden. Es stellte sich heraus, dass Tjakrabirawa die gefangenen Generäle nach Halim in ein Trainingslager der kommunistischen Jugendorganisation Pemuda Rakjat gebracht hatten, die noch in der Nacht den Rest besorgten.

Die toten Generäle wurden von ihren Kameraden in einer feierlichen Zeremonie auf dem Heldenfriedhof Kalibata beigesetzt. Die Trauerredner schworen den Kommunisten laut Rache. Die Nation horchte auf, als der Präsident weder den Trauerfeierlichkeiten in Kalibata beiwohnte noch die kommunistischen Mörder verurteilte. Inzwischen hatte sich das Heft gewendet. Tjakrabirawa war von regulären antikommunistischen Armee-Einheiten entwaffnet worden, unter deren Schutz jetzt antimarxistische Moslems die Kommunisten jagten. PKI-Chef Aidit hatte sich nach Mitteljava zurückgezogen, wo er unter dem Schutz von Offizieren der kommunistisch unterwanderten Diponegoro-Division stand. Es war ein spannender Moment, als antikommunistische Truppen von Westjava aus nach Yogyakarta vorrückten und die Diponegoro-Division zur Übergabe aufforderten. Würde es zum Bruderkampf innerhalb der Armee kommen ? Aber der Diponegoro-Kommandeur floh mit einigen seiner Offiziere. Aidit wurde in einem Wandschrank versteckt aufgefunden und auf der Stelle erschossen. Er hatte mich noch wenige Wochen vorher auf einem Cocktailempfang höhnisch gefragt: »Sie sind Erster Sekretär der Deutschen Botschaft – welche Botschaft meinen Sie?« Als ich entgegnete, es gebe nur eine Deutsche Botschaft, meinte er :«Warten Sie ab!«

Gegenkurs unter Soeharto

Immer häufiger tauchte jetzt der Name eines bisher unbekannten Generals auf – Soeharto. Er war in der Schreckensnacht des 30. September zum Fischen draussen in der Bucht gewesen, hatte wohl auch nicht auf der Verhaftungsliste der Kommunisten gestanden, was sich immer mehr als schwerer Fehler herausstellen sollte. Die überlebenden Generäle wählten ihn anstelle des zaudernden Nasution zu ihrem Sprecher. Soeharto begab sich zum Präsidenten. Er verlangte im Namen seiner Kameraden, anstelle des – von Sukarno eilig eingesetzten – provisorischen Nachfolgers des toten Yani selbst mit der Wiederherstellung der Ordnung im Lande beauftragt zu werden. Widerstrebend unterzeichnete der Präsident das

Dekret, das Soeharto mit umfassenden Vollmachten ausstattete. Die Unterredung verlief kühl. Die – von wenigen unterwanderten Einheiten abgesehen – in der Masse mehr denn je antikommunistische Armee hatte Sukarno nicht verziehen, dass er Sympathien mit den verfolgten Kommunisten anstatt mit den von ihnen ermordeten Generälen gezeigt hatte.

Die PKI und ihre zahlreichen Frontorganisationen wurden nach und nach verboten. Es begann eine grosse Säuberungswelle gegen Kommunisten und Linkssympathisanten. Erst Monate später sickerte in Jakarta durch, welche Dimensionen die Säuberungen angenommen hatten. Es mussten Ströme von Blut geflossen sein. Die Pogrome waren dort besonders furchtbar, wo die Kommunisten ihre Gegner jahrelang herausgefordert und unterdrückt hatten – in Mittel-und Ostjava, in Nordsumatra, auf Bali und Madura. Vor allem Moslems taten sich, von der Armee offen oder stillschweigend unterstützt, bei der Kommunistenverfolgung hervor. Aber auch das friedliche hinduistische Bali erlebte einen schrecklichen Ausbruch von Hass und Gewalt. Über das Ausmass der Mordwelle zirkulierten später abenteuerliche Zahlen. Es wurden Ziffern genannt, die eine Million Tote überstiegen. Ich konnte mir Einblick in Polizeiakten verschaffen und kam auf eine Zahl von insgesamt rund 120.000 Erschlagenen. Sicherlich wurde bei diesem Amoklauf auch manche private Rechnung beglichen. Es war erschütternd zu hören, wie die Opfer sich in Scharen zur Schlachtbank führen liessen. In den betroffenen Provinzen schwammen manche Flüsse tagelang voller Leichen.

Auch innerhalb der Streitkräfte begann ein Prozess der Selbstreinigung. Es war bekannt, dass vor allem die Luftwaffe, aber auch grosse Teile der Marine kommunistisch infiltriert waren. Luftwaffenchef Omar Dhani gehörte zu den Vertrauten der PKI-Führung. Er hatte Halim der kommunistischen Pemuda Rakjat für militärisches Training zur Verfügung gestellt. Als das Blatt sich wendete, flüchtete er in einer Militärmaschine nach Kambodscha. Die Armee selbst war noch weitgehend intakt geblieben. Einzelne Panglimas (Militärprovinzgouverneure) mit prokommunistischen Neigungen wurden abgesetzt, etwa in Mitteljava und in Ostborneo. Zu letzterem hatte mich noch im Jahr zuvor eine Dienstreise geführt, weil er in Balikpapan die deutschen Angestellten der ehemaligen Shell-Raffinerie drangsalierte.

Es kursierte später manche Verschwörungstheorie, die erklären sollte, was geschehen war und wie es dazu kommen konnte. Einige behaupteten, der Coup sei von der Armeeführung selbst inszeniert worden, um Präsident Sukarno entmachten und die Kommunistische Partei zerschlagen zu können. Es erscheint jedoch wenig plausibel, dass die Generäle als Coup ihre eigene Ermordung ins Werk setzten. Auch die Gegentheorie erscheint nicht stichhaltig. So verkündete die Armee später, der Generalsmord sei nur der erste Schritt zu einem anschliessenden gewaltsamen Umsturz mit dem Ziel der Machtübernahme durch die Kommunisten gewesen. Aber es gab keinen Aufmarschplan für die Millionen militanter Kommunisten. Alles deutet vielmehr darauf hin, dass der Generalsmord eine eng begrenzte Aktion war, geplant von Aidit und einigen seiner ergebenen Gefolgsleute. Es ging um die Ausgangspositionen für den späteren Machtkampf um die Nachfolge Sukarnos. Allen schien es damals, als sei diese Auseinandersetzung nicht mehr fern. Sukarno war ein kranker Mann. Er hatte bereits eine Niere verloren, seine verbliebene Niere galt als geschädigt.

Wenige Wochen vor dem 30. September 1965 hatte ein chinesisches Ärzteteam Sukarno untersucht. Es ist nicht auszuschliessen, dass dem pekingfreundlichen Aidit eine skeptische Diagnose der chinesischen Ärzte zu Sukarnos Überlebensprognose zugespielt wurde, um ihn zum Handeln zu ermuntern. Die Ausschaltung der sechs Kommunistenfresser an der Spitze der Armee sollte die Ernennung einer neuen, der PKI weniger feindlich gesonnenen Armeeführung durch den Präsidenten ermöglichen. Die Streitkräfte wären damit als Gegenspieler der PKI im Rennen um die Nachfolge ausgefallen. Offen bleibt, inwieweit Sukarno selbst in »Gestapu«, wie die »Affaire des 30 September« später genannt wurde *(GErakanSeptemberTigAPUlu),* eingeweiht war. Jedenfalls vermied er lange alles, was eine Missbilligung der Liquidierung der auch ihm unbequemen Generäle ausgedrückt hätte.

Die nächsten Monate glichen einem javanischen Wayang-Puppenschauspiel. Unentschieden wogte die Entwicklung hin und her. Die Streitkräfte verhielten sich ruhig. Sukarno beherrschte wieder die Szene mit grossen Reden über die Weiterführung der Revolution. Seine einzigen Gegenspieler schienen Schüler und Studenten zu sein, die in Gruppen auf der Strasse gegen Marxismus demonstrierten. Nach der Flucht der kommunistischen Minister und der Verhaftung des linksfreundlichen Ministerpräsidenten Subandrio musste Sukarno ein neues Kabinett bilden. Am Tage der Vereidigung war der Merdeka-Pakast von einer johlenden Studentenmenge belagert. Sie wollten den Zugang missliebiger linksverdächtiger Ministerkandidaten verhindern. Hubschrauber schwebten ein und aus. Es gelang mir, zusammen mit der Pressereferentin Ursula Müller und dem Korrespondenten Öbsger-Röder die drohend murrende Menge zu durchdringen. Drinnen stand Sukarno, sein Redemanuskript zusammengerollt und wie ein Teleskop vor das rechte Auge gehalten, um in einer donnernden Rede die perspektivische Revolution Indonesiens zu beschwören. Draussen fielen Schüsse, es gab Opfer. Wir wanden uns wieder aus dem Palast heraus und ich meldete mich stolz beim Botschafter, um einen unmittelbaren Bericht zur Lage zu erstatten. Statt Lob zu ernten, wurde ich von Werz hart angefahren, weil ich mich unnötig in Lebensgefahr begeben hätte. Er hatte recht. Dies begriff ich allerdings erst, als ich später selber Verantwortung als Botschafter übernommen hatte. Das Leben in Indonesien verleitete zur Sorglosigkeit. Als ich am Neujahrsmorgen 1966 von einer Silvesterfeier zurückkehrte und mich weigerte, einen am Wegrand stehenden Soldaten im Wagen mitzunehmen, hob dieser das Gewehr und schoss hinter mir her. Die Kugel pfiff nahe an meinem Kopf vorbei. Es war unklug, in jenen Tagen Uniformierten einen Wunsch abzuschlagen.

Uns überfielen in jenen Wochen häufig Zweifel, ob die Kommunistengefahr wirklich gebannt sei und die Streitkräfte das Heft noch in der Hand hielten. Aber die Pentol-Freunde beruhigten mich. Was hier ablief, war javanisches Schattenspiel. In der Tat, der Druck der Schüler und Studenten auf Sukarno nahm zu, unsichtbar von der Armee gestützt. Bald wurde deutlich, dass General Soeharto sich sein präsidentielles Ordnungsmandat nicht mehr werde entreissen lassen. Jede Anordnung der Militärs hatte damit eine legitime Basis. Sukarnos Stimme schwächte sich ab. Er blieb zwar Präsident, aber sein Einfluss ging zurück. Er trat mehr und mehr in den Hintergrund. Neue Männer wie Adam Malik als Aussenminister und Sultan Hamengkubuwono räumten mit der Vergangenheit auf. Die Konfrontation mit Malaysia schlief einfach ein. Fast unmerklich brachte Soeharto die Nation auf neuen Kurs. Eine Bruchstelle wurde nicht sichtbar. Eben ganz javanisch.

Abschied von Indonesien und Hochzeit

Mein dienstlicher Aufenthalt in Indonesien näherte sich dem Ende zu. Ich haderte mit meinem Schicksal. Warum musste ich ausgerechnet jetzt versetzt werden, wo der alte Freund Adam Malik Aussenminister, der in meinem Haus vor den Kommunisten versteckte Kim der gesuchteste Mann des Diplomatischen Corps geworden war. Wie hätte ich jetzt für unsere Berichterstattung aus erster politischer Quelle schöpfen können. Aber die Personalabteilung liess sich nicht erweichen. Ihr galten vier Jahre auf dem ersten Auslandsposten schon als überlange Zeit. So nahm ich im Juli 1966 Abschied von Indonesien, nicht nur vom turbulenten Jakarta, sondern auch vom anmutigen Bali, dem beschaulichen uralten Java, dem geliebten Tobasee im Norden Sumatras, den Küsten und Wäldern Kalimantans und Sulawesis, die ich auf vielen Reisen kennen und lieben gelernt hatte.

Grosser Familienaufmarsch am Flughafen Rhein-Main. Bei der Rückfahrt in die Stadt hing sich Bruder Ulrich aus dem vorderen Fahrzeug und schrie nach hinten: »Achim will heiraten!« So geschah es denn auch. Ich war Almuth erstmals im Auswärtigen Amt begegnet. Als Chefsekretärin tauchte sie an der Botschaft Jakarta wieder auf. Wir kamen uns rasch näher und fanden bald, dass wir eigentlich füreinander bestimmt seien. Dies stellte sich dann auch als richtig heraus. Für die Familien daheim war es eine grosse Überraschung.

Freundlicher Empfang bei den neuen Schwiegereltern in Wolfsburg. Für Almuth war die stürmische Begrüssung im Geäst unseres Clans eher verwirrend. Der Standesbeamte in der »Stadt des KdF-Wagens« legte die juristischen Fundamente unserer Ehe, die alte Nicolai-Kirche auf dem Frankfurter Römer sah unsere Trauung. Als Ziel der Hochzeitsreise wählte Almuth das schöne Wallis, das uns seitdem eine zweite Heimat geblieben ist.

Japan (1966–69)

Mit dem ersten angesparten Bausparvertrag hatte ich im hinteren Taunus, auf halbem Wege zwischen Bonn und Frankfurt, oberhalb eines idyllischen Tals in Burgschwalbach ein komfortables Wochenendhaus gebaut. Ein früher harter Winter und tiefer Schnee trieben uns im November 1966 vorzeitig aus der gerade bezogenen Junggesellenklause auf die alte Burg gegenüber. Dann ging es schon ab auf den neuen Posten: Tokyo. Dem Auswärtigen Amt bereitete unsere Eheschliessung zunächst Probleme. Für meine Versetzungsreise war klar, dass wegen Flugdauer über zehn Stunden die Erste Flugklasse als genehmigt galt. Almuth wurde als Braut dem Beamten »zugeführt«. Dies sollte nach den bestehenden Verwaltungsvorschriften nur in der Touristenklasse möglich sein. Die ersten dunklen Wolken stiegen drohend am jungen Ehehorizont empor. Wir waren weder zu der Alternativlösung bereit, beide in der Holzklasse zu fliegen, noch zu einer nach Klassen getrennten Reise, bei der ich, wie der Rechnungsbeamte meinte, meine junge Frau mal nach vorne zu einem Glas Champagner einladen könne. Endlich fand sich ein beherzter Kollege, der unsere gemeinsame Reise in der Ersten Klasse auf seine Kappe nahm. 1966 war der Flug nach Fernost noch eine unendlich anmutende Reise von zwei Tagen in der Propellermaschine – mit unzähligen Zwischenlandungen in Rom, Kairo, Bahrein usw. bis Bangkok und Hongkong. Wir hatten Almuths jungen Boxer Simba an Bord. In Kairo wollten wir uns mitfühlend über sein Schicksal unterrichten. Dabei entwischte uns das verängstigte Tier und rannte in weiten Sprüngen über das Flugfeld. Wir hinterher. Fast wäre der Flugplan unserer Maschine durcheinander gekommen. In Tokyo mussten wir dann feststellen, dass die Besitzer unserer bereits angemieteten und vorausbezahlten Wohnung unter keinen Umständen irgendwelche Tierhaltung gestatteten. Sie liessen sich nicht erweichen. So musste Simba aus der Quarantäne heraus wieder in die Maschine zurück nach Wolfsburg, wo er kurz darauf an einer Tropeninfektion starb.

Tokyo

Tokyo war im Jahre 1966 noch eine triste Stadt. Die Architektur war eintönig, einfallslos. Neben einem grauen Hochhaus von fünf oder sechs Stockwerken stand gewöhnlich eine kleine Bude, daneben dann ein halbverglaster Kubus, der ein Sammelsurium alltäglicher Industrieprodukte zur Schau stellte. Tokyo sah eigentlich überall gleich aus, müde und gesichtslos. Deshalb war es auch so schwer, sich hier zurechtzufinden. Wir fuhren wochenlang mit dem Kompass durch die Stadt. Strassennamen waren unbekannt. Man pflegte hölzerne Pfeile mit seinem Namen an die Leitungsmasten der näheren Umgebung zu nageln, die Suchenden den Weg zur eigenen Behausung wiesen. Meist wurde beim Umzug vergessen, diese Richtungsschilder wieder abzunehmen. Deshalb waren viele der unübersichtlich übereinanderhängenden Adressenpfeile längst überholt.

Das alte Tokyo der zierlichen Holzbauten war im Grossen Erdbeben von 1923, der Rest im Feuersturm des 2. Weltkriegs untergegangen. Damals hatte man noch sehen können, dass das alte Edo Hügel und tiefe Täler bedeckte. Eine neue, ohne Konzeption gewachsene Urbanistik ebnete jetzt die Falten der Natur ein. Ein Moosteppich aus grauem Beton ohne störendes Grün und andere Farben hatte die Kanto-Ebene bis hinüber nach Yokohama einheitlich nivelliert. Immerhin stand noch, dem Kaiserpalast zugewandt, Frank Lloyd Wright's klassischer Granitbau des alten Imperial Hotel, der alle Katastrophen von Natur- und Menschenhand überdauert hatte. Und hinter dem grossen Tempel von Asakusa dehnten sich die Reste dessen, was einmal das berühmte Vergnügungsviertel von Yoshiwara dargestellt hatte. Allerdings winkten hinter hölzernen Fensterläden keine Geishas mehr mit dem Fächer den Vorübergehenden einladend zu. Das Kurtisanentum war aus der Öffentlichkeit verbannt, eine Folgeerscheinung der Olympiade zwei Jahre zuvor. Aber die grelle Neonreklame der Turkos – Türkischer Bäder – zeigte an, dass hier alte Traditionen in moderner Form weitergepflegt wurden. Hier war das Feld des Oberbootsmannsmaats W., der erlebnishungrige Besucher nach Ende der abendlichen Botschaftsempfänge lockeren Vergnügungen zuführte. Hier konnte man auch noch Gäste in das eine oder andere traditionelle Esshaus führen, wo japanische Folklore Illusionen der Vergangenheit heraufbeschwor. Nur beim Herausgehen musste man sich beeilen, um aus dem Haufen abgelegter Schuhe am Eingang noch die eigenen oder zumindest halbwegs ordentliche fremder Besitzer herauszufischen, was nicht immer gelang.

Japan war in den sechziger Jahren noch ein bescheidenes, im Wiederaufbau begriffenes Industrieland. Man fühlte sich weit entfernt vom vielbestaunten, mit demütiger Hochachtung kommentierten deutschen Wirtschaftswunder. Es herrschte Devisenzwangswirtschaft. Der Dollar genoss Andacht. Die D-Mark erwechselte mehr als 100 Yen. Die ehemals von Japan mit Krieg überzogenen Länder Ost- und Südostasiens verschuldeten sich in »weichen« Yen-Anleihen und glaubten dabei ein gutes Geschäft zu machen. Ein Vierteljahrhundert später gab es leider ein böses Erwachen. Aber alle Anzeichen deuteten auf eine kräftige wirtschaftliche Expansion. Der Koreakrieg im voraufgegangenen Jahrzehnt hatte den Anstoss gegeben. Eine neue Autoindustrie ergoss Lawinen von Blech über das Land. Ein Strassennetz wurde aus dem Boden gestampft und spinnwebförmige Hochbahnnetze überzogen die Grosstädte. Noch zwei Jahre zuvor benötigte der Autofahrer, wie man uns stolz berichtete, drei Tage für die Fahrt über Land von Tokyo nach Kyoto. Rechtzeitig zur Olympiade konnten die 500 Kilometer auf einer Autobahn in sechs bis sieben Stunden zurückgelegt werden. Der neue Wunderzug *Shinkansen* – Bullet Train – schaffte die Strecke sogar in vier Stunden. Rücksicht auf Umwelt und Sozialverträglichkeit brauchte nicht genommen zu werden. Technischer Fortschritt ging allem vor. Im Stau der Stadthochbahn lag ungeniert das Innere der greifbar nahen Häuser nebenan offen. Japans Gewässer und Atmosphäre vergifteten, ohne dass sich öffentliche Erregung zeigte. Über Tokyo hing jahraus, jahrein eine dichte Dunstglocke. Gelegentlich wurde im Sommer für alte Leute Smog-Alarm gegeben. Es war ein Ereignis, wenn wir den nahen Fuji von unserem hochgelegenen Studiofenster in Tamaki-Haus sehen konnten. Dies geschah ein- bis zweimal im Jahr, wenn der Winterwind den dichten Dunstvorhang aufriss.

Botschaften waren damals in Japan wenig zahlreich. Deshalb hatten Diplomaten noch einen gewissen Status und auch jüngere Vertreter der Zunft galten etwas. Der Tenno nahm noch persönlich, wie wir bald nach unserer

Ankunft erfahren sollten, die Neujahrswünsche des gesamten Diplomatischen Corps entgegen, nicht wie später nur die der Missionschefs. Wir mussten am Neujahrsmorgen im Kaiserpalast, botschaftsweise aufgereiht, einzeln vortreten und vor dem Kaiser, umringt von seiner Familie, die tiefe Verbeugung vollziehen. Ein paar Meter weiter stand hinter einem Vorhang die Frau des Botschafters und beobachtete scharf, ob die weiblichen Angehörigen sich auch beim zuvor geübten Hofknicks in gehöriger Form tief nach unten fallen liessen. Hinterher standen alle Frackträger in einem grossen Raum hinter langen Tischen und pickten mit Stäbchen kleine getrocknete Fische und Seetang. Die Sake-Schälchen aus hauchdünnem kaiserlichen Porzellan mit dem Chrysanthemen-Motiv durften wir zu Almuths Befriedigung in einem *furoshiki,* dem kleinen Tragetuch nach Hause mitnehmen.

Ein anderes Divertimento des Palasts war die kaiserliche Entenjagd im Winter, zu der seinerzeit auch noch die nachgeordneten Chargen der Botschaft zugelassen waren. In waidmannsähnlicher Aufmachung versammelten wir uns zu früher Stunde in einem der kaiserlichen Gärten am Rande der Stadt und begrüssten die prinzliche Hoheit, die als Vertreter der Kaiserfamilie die Gastgeberrolle spielte. Jeder erhielt eine Art übergrosses Schmetterlingsnetz in die Hand gedrückt. Dann schlichen wir uns im Gänsemarsch auf Zehenspitzen zu mehreren parallelen Kanälen, hinter deren aufgeschüttetem Seitenwall wir nebeneinander Aufstellung nahmen. Inzwischen hatten domestizierte Enten viele Wildenten vom nebenan gelegenen grossen See in die Seitenkanäle gelockt. Auf ein Zeichen stürzten wir den Seitenwall hoch und versuchten in wilden Bewegungen, die aufflatternden Wildenten mit dem Fangnetz einzufangen, in der Art, wie der Botanisierfreund Schmetterlingen auf der Wiese nachhascht. Beim zweiten und dritten Anlauf klappte es schon viel besser. Die gefangenen Enten wurden beringt und wieder freigelassen, bis auf diejenigen, die zum anschliessenden Verzehr mit viel Sake und munterem Geplauder im Beisein der Hofbeamten und des Prinzenpaares bestimmt waren. Ausserdem durfte jedes Ehepaar eine Wildente nach Hause mitnehmen. Zu unserer ersten kaiserlichen Ente hatten wir stolz den gerade eingetroffenen Kollegen Klaus Blech eingeladen. Sie erwies sich leider als so winzig, dass es nur für eine Gastportion reichte.

Botschaft

Die Botschaftskanzlei war in einem wenige Jahre zuvor erbauten vierstöckigen Betonkasten an einem Westhang des vornehmen Stadtviertels Azabu untergebracht, oberhalb des Azabu-Supermarktes, eines der beiden einzigen Supermärkte, über die Tokyo in den sechziger Jahren verfügte. Es war nicht ganz klar, warum Azabu im Ruf der Vornehmheit stand – vielleicht weil sich dort ein Grossteil der ausländischen Botschaften und Residenzen befand. Und ausserdem natürlich eine der drei Grünflächen der Riesenstadt, der kleine Arisugawa-Park. Er lag der Botschaft genau gegenüber. Für Hunde und Kinderwagen war sein Betreten streng verboten. Damit auch die dummen *Gaijin* (Ausländer) dies begriffen, schmückten die drei Parkzugänge Schilder, auf denen ein Hund und ein Kinderwagen mit einem dicken roten Querstrich abgebildet waren. Von Tamaki-Haus konnte ich die

Kanzlei in einer Viertelstunde zu Fuss erreichen, an der Mauer des Rotkreuzkrankenhauses entlang und dann durch die Maiglöckengasse, wo wir uns die Haare schneiden, einige scharfe, hinten am Ofen frischgebackene Sembe-Plätzchen einpacken lassen oder ein heisses Bad, einen Sake und einige Stückchen rohen Fisch zu uns nehmen konnten. Dies alles ohne Polizeistunde und natürlich sonntags wie werktags.

Leiter der Botschaft war Franz Krapf. Er war der letzte in einer Reihe grosser Botschafter – v.Walther, v.Mirbach, Werz – denen ich viel verdanke und die mich entscheidend geprägt haben – Bayer, klug, verhalten, humorvoll, mit grossem politischen Spürsinn begabt, die schlanke Zweimeterfigur stets leicht vornübergebeugt, mit leiser Stimme knapp und präzise analysierend. Er war die typische Old-Japan-hand, dessen Wesen – Diskretion, freundliche Zurückhaltung, Beherrschung aller Gemütsstimmungen – jahrelangen Umgang mit fernöstlicher Kultur verriet. Seine japanischen Sprchkenntnisse waren perfekt. Er hatte bereits während des Krieges zu Zeiten eines Richard Sorge an der Botschaft gedient, hatte nach Kriegsende seine lebhafte, charmante schwedische Braut Helga geheiratet und besass Zugang zur Kaiserfamilie ebenso wie zu allen führenden Kreisen Japans in Politik und Gesellschaft. Sein enger persönlicher Freund war Staatssekretär Ushiba, zu dem ich ihn als Sekretär gelegentlich als ins Aussenministerium begleiten durfte. Er hatte in der Residenz einen bayrischen Bierkeller eingerichtet, in dem sich nicht nur deutsche Politiker von Kiesinger bis Gerstenmaier wohlfühlten, sondern wo japanische Abgeordnete sich an dem ergötzten, was sie für typisch deutsches Wesen hielten. Ich erinnere mich, wie hier unten etwa der LDP-Abgeordnete Furuuchi, ebenfalls ein alter Freund aus Berliner Tagen, Krapf seinen Faktionschef Ohira, den zu früh verstorbenen späteren Ministerpräsidenten, zuführte.

Als sogenannte »grosse« Botschaft verfügte Tokyo über zwei politische Referenten. Den Juniorposten sollte ich ausfüllen. Er galt vor allem der Beobachtung der japanischen Innenpolitik, etwa den ideologischen Verrenkungen der Kommunistischen Partei Japans zwischen Moskau und Peking. Nummer Eins war Günter van Well – etwas zurückhaltend, freundlich, korrekt, aber in dienstlichen Anforderungen streng und anspruchsvoll. Wir kamen gut miteinander aus. Er blieb nicht mehr lange in Tokyo und kehrte bald nach Bonn zurück, um dort seine Karriere zu beginnen, die ihn bald an die Spitze des Auswärtigen Amts führen sollte. Fast ein Jahr hatte ich das politische Feld für mich allein, bis Klaus Blech nachrückte, der vertraute ältere Kollege aus Jakarta-Zeiten. Lange Zeit war es weniger Japan, was uns beschäftigte, als vielmehr China. In der Volksrepublik war die Grosse Proletarische Kulturrevolution ausgebrochen und die Welt rätselte, was sich dahinter verbarg. Nur Pekings täglich neue Wandzeitungen gaben preis, wer die Ankläger und welche chinesischen Parteigrössen an der Reihe waren, kritisiert und vom Podest gezerrt zu werden. Da die japanischen Journalisten dank gemeinsamer Schriftsprache mit China als einzige Ausländer die Wandzeitungen lesen konnten, wurde deren Inhalt stets zuerst in der japanischen Presse veröffentlicht und von uns ausgewertet.

Neben dem China-watching gab es ein wichtiges operatives Thema, das unsere beiden Länder im politischen Bereich zusammenführte – den sogenannten NV- (Nichtverbreitungs-) oder auch Atomwaffensperrvertrag. Es lag auf der Hand, dass die Interessen der grossen Nuklearmächte, in erster Linie der Vereinigten Staaten und der Sowjetunion, die auf die Verhinderung einer weiteren Proliferation des Kernwaffenmonopols gerichtet waren, im Gegensatz standen zu den Interessen der kernwaffenlosen Industrienationen, die die Entwicklung ihrer Kernenergietechnologie und eine gesicherte Brennstoffversorgung nicht durch stringente Kontrollen der Atommächte auf Grund des NV-Vertrages inhibiert sehen wollten. Japan und die Bundesrepublik befanden sich hier in einer etwa vergleichbaren Lage. In den Genfer Verhandlungen, auf unserer Seite geführt von Heribert Schnippenkötter, wurde erbittert darum gerungen, Wettbewerbsnachteile der Nichtbesitzer zu verhindern und ihre Kontrollpflichten in ein einigermassen ausgewogenes Verhältnis zu bringen zu den nuklearen Abrüstungsverpflichtungen der Atommächte, wozu letztere nur unter grossem Widerstreben bereit waren. Die Japaner, in nicht ungewohnter Grosszügigkeit, überliessen dem temperamentvollen Schnippenkötter gern den Kampf in vorderster Frontlinie, versuchten aber immer wieder, unter den misstrauischen Blicken ihrer amerikanischen Verbündeten, den Deutschen für die Genfer Verhandlungen ihre besonderen Interessenschwerpunkte nahezubringen.

Ein Jahr zuvor, im Mai 1967, hatte ich zum ersten Mal Willy Brandt aus der Nähe erleben können. Er war nach Tokyo gekommen, um als Aussenminister eine Botschafterkonferenz der in Ost- ind Südostasien stationierten deutschen Missionschefs zu eröffnen. Ministerpräsident Sato empfing ihn zu einem Höflichkeitsbesuch und kondolierte zum kürzlichen Ableben von Adenauer, wobei er bedauerte, am persönlichen Erscheinen bei den Kölner Trauerfeierlichkeiten verhindert gewesen zu sein. Es entspreche jedoch japanischer Sitte, sich in solchen Fällen von seinem älteren Bruder (es war sein älterer Stiefbruder und Vorgänger im Amt, Kishi, gewesen) vertreten zu lassen. Brandt bedankte sich artig für die freundliche Aufnahme in Japan und überbrachte die Grüsse von Bundeskanzler Kiesinger, wobei er in seiner trockenen Art anmerkte, dass er sich nicht als dessen »älterer Bruder« einführen könne.

Erster Familienzuwachs

Die drei Jahre in Japan von 1966 bis 1969 zogen schnell an uns vorüber. Es waren zugleich unsere drei ersten glücklichen Ehejahre. Im Januar 1968 kam unser Ältester, Christoph, zur Welt. Die damals einzige Klinik mit englischsprachigen Ärzten und Schwestern war das entlegene Seibu Byoin. Eine Probefahrt dorthin im vormittäglichen Berufsverkehr Tokyos dauerte drei Stunden. Freunde rieten mir ernsthaft, mich mit den elementaren Techniken der Notgeburthilfe vertraut zu machen, falls der langersehnte Nachwuchs bereits im Auto das Licht der Welt erblicken sollte. Zum Glück kam es nicht zum Äussersten, denn die Wehen setzten an einem Sonntagmorgen ein und die Strassen waren noch ganz frei. Als ich Mutter und Kind ein paar Tage später im Seibu Byoin abholte, sah eine alte Schwester Almuth, wie sie ihren Christoph etwas verloren und ungeschickt im Arm hielt. Ihr tröstender Zuspruch: »You know, it takes a lot to kill a healthy baby.« Christoph wuchs und gedieh, lernte sprechen und laufen und war bei allen Ausflügen begehrtes Zielobjekt der photographierwütigen Japaner. Er setzte sich in seiner kleinen Karre echt in Positur, wenn die objekthungrigen Kamerajäger auf dieses seltene Motiv eines blonden Gaijin-Baby zustürzten. Einmal wurde er sogar richtig entführt, zum Glück nur für eine halbe Stunde. Es war in einem japanischen Restaurant und die Kellnerin brachte ihn schliesslich zurück mit der entwaffnenden Entschuldigung, sie habe den kleinen gaijin nur eben ihrer Familie vorführen wollen.

Reisen durch Land und Region

Bei der Urlaubsgewährung behandelte des Auswärtige Amt seine Bediensteten vor dreissig Jahren sehr viel weniger grosszügig als heute. Heimaturlaub mit bezahltem Flug gab es für die Japanbotschaft erst nach drei Jahren Aufenthalt. Einen Heimflug zwischendurch konnten wir uns nicht leisten. Es war etwas bitter, dass die Grosseltern beider Seiten ihren Enkel erst zu Gesicht bekamen, als er kurz vor seinem zweiten Geburtstag stand. Andererseits hatte diese strenge Regelung den Vorteil, dass sie Gelegenheit bot, das Gastland und die Region während des Jahresurlaubs ausgiebig kennenzulernen. Später gewährte das Auswärtige Amt den Überseeposten jedes Jahr einen Heimaturlaub. Als Missionschef in Jakarta predigte ich tauben Ohren, als ich meine Mitarbeiter zu überreden versuchte, wenigstens einen Teil des Urlaubs Indonesien zu widmen und nicht jeden freien Tag für die Annehmlichkeiten der Heimat aufzusparen.

Unsere erste Reise führte uns in die alte Kaiserstadt Kyoto. Es war im Frühling 1967 und wir wunderten uns über die unzähligen Hochzeitspaare, die Braut stets im prächtigen Kimono, die die Schreine und Tempel bevölkerten. Zurück in Tokyo wurden wir aufgeklärt. Das voraufgegangene Jahr 1966 war, nach dem chinesischen Tierkreiskalender, das Jahr des Pferdes, diesmal sogar des Feuerpferdes gewesen. Die Geburt im Jahre des Pferdes bedeutete ein schlechtes Omen. Vor allem Ehefrauen würden, so der herrschende Aberglaube, ihrem Mann Unglück bringen. Waren sie gar im Jahr des Feuerpferdes geboren, das nur alle 60 Jahre wiederkehrte, so brachten sie nach altem Volksglauben entweder den Mann um oder zündeten zumindest das Haus an. Mädchen unter dem Tierkreiszeichen des Feuerpferdes hatten es deshalb schwer, einen Ehepartner zu finden. Um diesen Komplikationen aus dem Wege zu gehen, wird im Jahre des Feuerpferdes nach Möglichkeit nicht geheiratet. Der unvermeidlich entstehende Heiratsstau entlud sich diesmal voll ins Frühjahr 1967. Ein interessantes Schlaglicht auf Vorstellungswelt und Geistesverfassung im Hightech-Land Japan im 20. Jahrhundert. Wir stellten bei dieser Gelegenheit fest, dass nicht nur ich, sondern auch Almuth Kinder des Pferdes sind und gar im Jahre des Feuerpferdes geheiratet hatten. Wenn wir Japanern unseren Geburts- und Ehemakel verrieten, traf uns so mancher mitleidige Blick.

Jedenfalls lernten wir in jenen Jahren Japan in langen Autoreisen kennen – eine Tohoku-Herbstreise in den Norden, während der Ahorn das Land in flammendes Rot tauchte, eine andere bis Kyushu im tiefen Süden. Hier stiessen wir noch auf jenes romantisch-versponnene, in Hiroshiges berühmten Holzschnitten eingefangene klassische Japan – niedrige strohgedeckte Holzhäuser neben uralten bemoosten Tempelanlagen und zerzausten Kiefern –, das aus den Grosstädten so völlig verschwunden ist. Auch Korea suchten wir heim und die Philippinen, von Formosa fuhren wir per Schiff nach Hongkong.

Am schönsten war ein Flug in den südlichen Pazifik zur Karolinen-Insel Yap, einem unberührten Südseeparadies, wo braune Insulanerinnen noch im bunten Baströckchen unter Palmen gingen und ausser unserem Gastgeber Kahlau, Liebenzeller Missionar, keine Fremden die Ruhe der märchenhaften Korallenriffe störten. Fast wären wir aus unserem Paradies nicht mehr zurückgekommen. Die klapprige viermotorige Propellermaschine, die schon bei der Berlinblockade gedient hatte, pflegte nur zweimal in der Woche auf dem Flug von Guam in Yap zwischenzulanden. Dienstags standen wir auf dem schmalen Landestreifen. Er war noch von den Japanern im Kriege gerodet worden und zeigte im Dschungel an der Seite die Wracks zweier abgeschossener Zero, der gefürchteten japanischen Jagdflieger aus der ersten Kriegsphase. Die Maschine näherte sich mit leisem Brummen und zog hoch über unseren Köpfen weiter, ohne Anstalten zur Landung zu machen. Freitags standen wir wieder draussen, mit leichtem Herzklopfen – würde sie heute landen und uns mitnehmen? Sie landete, wir stiegen ein, aber sie liess sich leider nicht wieder starten. Generatoren zum Anwerfen der Motoren waren nicht vorhanden. Also mussten wir wieder aussteigen. Die Maschine wendete mit dem einzigen laufenden Motor und nahm vom äussersten Ende des Landestreifens einen Anlauf, um durch den Zugwind auch die anderen Propeller in Bewegung zu bringen. Nach drei Anläufen drehten sich endlich alle vier Propeller und wir durften wieder einsteigen, um mit gemischten Gefühlen den vierstündigen Flug über die Wassereinöde des Pazifik nach Guam anzutreten.

Sayonara

Unser letztes grosses Ereignis in Japan war die Hochzeit der Botschaftertochter Christine mit dem jungen belgischen Diplomaten Thierry Muuls. Für die bischöfliche Trauung in der Kathedrale und den anschliessenden Residenzempfang befand sich das gesamte Botschaftspersonal im Grosseinsatz. Da jedem eine Aufgabe zugeteilt worden war, wurde die Botschaft an diesem Tage geschlossen. Ich musste mir im Frackverleih einen Cutaway besorgen und kam nach einem letzten Blick auf meinen Schreibtisch die Treppe der Kanzlei hinunter, als ich jemanden erbost an der verschlossenen Eingangstür rütteln hörte. Der erzürnte Herr stellte sich als der Kapitän eines deutschen Frachtschiffs heraus, das in Yokohama vor Anker gegangen war. Er musste eine Verklarung vornehmen und wollte von mir wissen, warum die Botschaft heute an einem gewöhnlichen Werktag geschlossen sei. »Die Tochter des Chefs heiratet« – ich zuckte die Achseln und machte mich auf den Weg in die Kathedrale. Aber die Sache sollte ein Nachspiel haben. Monate später – ich sass bereits im Ministerbüro Walter Scheels – flatterte mir der Beschwerdebrief jenes Kapitäns an den Aussenminister auf den Schreibtisch. Drei Stunden sei er von Yokohama nach Tokyo gefahren und dann habe ihm vor der Botschaft ein junger Mann im Monkey-Suit erklärt, die Botschaft sei heute geschlossen, weil die Tochter des Chefs heirate. Eine unglaubliche Geschichte, die nach Konsequenzen verlange. Mein alter Chef Franz Krapf konnte von Glück sagen, dass die Dienstaufsichtsbeschwerde bei mir gelandet war. Irgendwie gelang es mir, sie unschädlich zu machen.

Und dann wurde es ernst. Ich sehe uns noch Anfang September 1969 auf dem alten Flugplatz Haneda in Tokyo stehen, umringt von Abschiednehmenden – Gebhard Hielscher, der bald für die »Süddeutsche« aus Ostasien schrieb, Ryohei Murata, späterer Gaimusho (=AA-) Staatssekretär, Kuhlenkampff-Bödecker, der von Tokyo auf einen Vorstandssessel der HAPAG-Lloyd wechselte –, umgeben von sich türmendem Handgepäck, das vor allem aus Papierwindeln in Plastiktüten bestand und sich durch die Abschiedsgeschenke japanischer Freunde beunruhigend vermehrte. Ich erinnere mich dunkel, dass wir eine grössere Holzstatuette aus Verzweiflung in einer Ecke des Wartesaals versteckten und dort unauffällig stehenliessen. In Hongkong ging auf dem Flugplatz unser mit zwanzig Monaten beängstigend unternehmungslustiger Sprössling Christoph zum ersten Mal verloren. Wir hatten, um die Übersicht über unser Handgepäck nicht zu verlieren, ihn nur einen winzigen Moment aus den Augen gelassen. Er war offenbar, des Lesens unkundig, eine Treppe mit dem Schild »Zutritt streng verboten« hinuntergerutscht. Die effiziente chinesische Flughafenpolizei förderte ihn nach einiger Zeit wieder zu Tage, nicht ohne freundliche Ermahnung der deprimierten Eltern. In Kambodscha nahm er in seinem breitkrämpigen Strohhut begeistert an der Besichtigung der damals noch unversehrten Tempel von Angkor Vat teil. Als er Ermüdungserscheinungen zeigte, erboten sich einige kamdodschanischen Rikschafahrer, auf ihn aufzupassen. Wir stimmten zu, was wir später bitter bereuen sollten. Beim Abflug von Phnom Penh stellte sich heraus, dass Christophs Flugschein für die Strecke nach Bangkok, offenbar versehentlich, aus dem Billetheft herausgerissen war. Am Flugschalter weigerte man sich beharrlich, das Kind mit uns weiterreisen zu lassen, bevor nicht ein neuer Flugschein für ihn eingetroffen sei. Unser Kollege und damaliger Geschäftsträger Marschall Freiherr von Bieberstein erbot sich, Christoph bis auf weiteres in seinen Junggesellenhaushalt, der weit über die Grenzen Kambodschas hinaus für seinen reichbestückten badischen Weinkeller berühmt war, aufzunehmen. Insgesamt eine absurde Situation, die in letzter Minute irgendwie auf asiatische Weise ohne Gesichtsverlust gelöst wurde. Wir durften selbdritt nach Bangkok ausreisen. Hier in einem Tageshotel ereilte uns die Rache der Khmer-Götter. Christoph verfiel in einen heftigen Brechdurchfall, der in Zimmer und Bett unglaubliche Verschmutzungen zurückliess. Offenbar hatten ihn die Rikschafahrer in Angkor mit selbstgefertigter Limonade oder Eiscreme gefüttert. Wir schlichen uns mit dem weinenden, schmerzgeschüttelten Kind aus dem Hotel und nahmen die nächste Maschine nach Frankfurt, mit beträchtlich geschmolzenem Windelvorrat und unter Verzicht auf den geplanten Abstecher nach Teheran, wo Jula und Elmar vergeblich mit Champagner und Kaviar auf uns warteten.

Ministerbüro (1970–74)

Als unsere Möbel im grossen hölzernen Liftvan eingetroffen waren, bezogen wir ein nettes kleines Haus in Pech hinter Godesberg, direkt am Heltenbach vor der dunklen Kulisse des Waldes gelegen. Noch bevor der Heimaturlaub offiziell abgelaufen war, sass ich bereits im Personalreferat und begann, sieben Jahre nach dem Laufbahnexamen, im November 1969 meine ersten Gehversuche in der Zentrale des Auswärtigen Amts. In Deutschland hatten sich tiefgreifende politische Änderungen vollzogen. Am 21. Oktober 1969 war Willy Brandt als erster sozialdemokratischer Bundeskanzler der Bundesrepublik vereidigt worden. Der Aussenminister, unser neuer Amtschef, hiess jetzt Walter Scheel. Auch ich sollte von den Veränderungen nicht unberührt bleiben.

Es war ausgerechnet am Rosenmontagsmorgen des Frühjahrs 1970, als ich erstmals meinen Dienst als zweiter Mann im Ministerbüro Walter Scheels antrat. Ich hatte mich weder um diesen Posten bemüht noch an meine Chancen geglaubt, als ich von der Aufnahme meines Namens in eine entsprechende Kandidatenliste erfuhr. Am Weiberfastnachtsabend, lange nachdem die rheinischen Möhnen das Ministerium verlassen hatten, war die telefonische Aufforderung zum Vorstellungsgespräch gekommen. Erstmals betrat ich die »Seufzerbrücke«, jenen gläsernen Übergang zwischen Ministerium und Ministerflügel, das Allerheiligste ministerieller Existenz. Walter Scheel empfing mich in seinem Büro, das damals noch den halben Umfang wie später nach dem von ihm geplanten und angeordneten Umbau hatte, mir aber im Vergleich zum regulären Hilfsreferentenzimmer saalartige Dimensionen anzunehmen schien. Scheels Vorliebe für Umbauten entsprach seinem Charakter. Er sagte mir einmal, der Charme historischer Städte liege nicht so sehr im ursprünglichen Entwurf als vielmehr in den über Generationen hinweg fortgeführten An- und Umbauten. Scheel liebte die Umgestaltung vorgegebener Formen, auch in der Politik. Er entwickelte dabei ein sicheres Gespür für Raumwirkung, bevorzugte bei der Ausgestaltung des Interieurs dann eher die dunklen Töne. Noch fehlten das Portrait Stresemanns und Lenbachs Bismarck in Zivil, die später für Generationen von Aussenministern den Hintergrund bei ihrer Arbeit am Schreibtisch bilden sollten.

Der Aussenminister machte einen müden, abgespannten Eindruck. Um eine aufkeimende Grippe zu bekämpfen, schluckte er laufend Pillen. Er war noch keine vier Monate im Amt und hatte bereits manche unberechtigte Kritik über sich ergehen lassen müssen. Das Gespräch in Gegenwart seines Büroleiters Harald Hofmann, der ihn beim Wechsel vom BMZ zum AA begleitet hatte, nahm einen etwas ungesteuerten Verlauf. Irgendwie landeten wir bei den Institutionen des französischen Verwaltungsrechts. Nach zwanzig Minuten war ich entlassen. Am nächsten Morgen kam der positive Bescheid. Wie ich erfuhr, war er weniger unter dem Eindruck meiner Kenntnisse französischer Administrativbegriffe gefallen als vielmehr auf Grund des Leumunds meines alten Kollegen am Heidelberger Max-Planck-Institut, des Ludwigsburger Oberbürgermeisters Dr. Ulsheimer.

Ich zog in das Ministerbüro zu einem Zeitpunkt, der eine der aussenpolitisch aufregendsten Epochen der deutschen Nachkriegsgeschichte einleitete. Die Regierung der Kleinen Koalition Brandt-Scheel war unter dem Vorzeichen innen- und aussenpolitischer Reformen ins Amt gekommen. Sie verfügte nur über eine beängstigend schmale Mehrheit im Bundestag, die über zwei Jahre hinweg vor allem beim kleineren Koalitionspartner FDP einer ständigen weiteren Erosion ausgesetzt war.

Neue Ostpolitik

Bundeskanzler und Aussenminister waren sich einig, eine Öffnung der deutschen Aussenpolitik nach Osten anzustreben. Erste vorsichtige Ansätze hierzu waren vorhanden, seit Gerhard Schröder, von Franz Krapf als Leiter der Ostabteilung behutsam ins Werk gesetzt, 1963 mit der Errichtung von Handelsvertretungen in Osteuropa begonnen hatte. Seit mehr als drei Jahren war ein stockender, von langen Pausen unterbrochener Dialog mit Moskau über den Austausch von Gewaltverzichtserklärungen in Gang gekommen. Während die Schröder'sche Friedensnote im Frühjahr 1967 noch in allgemeinen Wendungen vom Gewaltverzicht sprach, verfolgte die Sowjetunion mit dieser Konzeption ganz konkrete politische Ziele. Sie hatte in den letzten Jahren militärisch mit den Vereinigten Staaten gleichgezogen und wollte den durch die Prager Intervention (20. 8. 1968) stabilisierten territorialen Status quo in Mittel- und Osteuropa nunmehr rechtlich absichern. Moskaus Interesse ging dahin, über den Gewaltverzicht die Anerkennung der Nachkriegsgrenzen einschliesslich derer mit Polen und der DDR durch die Bundesrepublik zu erreichen.

Brandt und Scheel wussten, worauf sie sich mit der Neuen Ostpolitik einliessen. Sie wollten mit der Erklärung des Gewaltverzichts der Sowjetunion und ihren osteuropäischen Verbündeten die vermeintliche oder reale Furcht vor einem deutschen Revanchismus nehmen und damit Moskau eines seiner gängigsten Instrumente zur Disziplinierung des osteuropäischen Herrschaftsraums aus der Hand winden. Dies musste jedoch in einer Form geschehen, die einer späteren friedlichen Verwirklichung des deutschen Wiedervereinigungsstrebens nicht im Wege stand. Eine juristische Anerkennung des territorialen Status quo unter Einschluss der Nachkriegsgrenzen und damit der deutschen Spaltung war für die Bundesregierung unmöglich. Die neue Regierung wollte den Versuch wagen, eine Modus-vivendi-Formel auszuhandeln, die eine vorläufige Hinnahme der Nachkriegslandschaft Europas zum Inhalt hatte, ohne eine spätere friedliche Aufhebung der deutschen Teilung zu verhindern. Schliesslich durften die Bindungen der Bundesrepublik an den Westen durch wie auch immer geartete Vereinbarungen mit Moskau keine Lockerung erfahren. Wenn die Sowjetunion mit ihrem Verhandlungsangebot die Chance gewittert haben sollte, die Bundesrepublik gegen ihre europäischen und amerikanischen Verbündeten auszuspielen, so musste dies unter allen Umständen verhindert werden. Nicht zuletzt sollten die Verhandlungen einen Weg öffnen, um der Sowjetunion Garantien für die Sicherheit Westberlins und seiner Zugänge zum Westen abzuringen.

Der neue Bundeskanzler und sein Aussenminister hatten erkannt, dass für die notwendig gewordene Neuorientierung unserer Politik gegenüber Osteuropa kein Weg am Dialog mit Moskau vorbeiführte. Gewicht und Instrumentarium der deutschen Aussenpolitik waren zu schwach, um noch länger jene »Realitäten« zu negieren, die sich als Folge der Kriegs- und Nachkriegsereignisse gebildet hatten. Wir waren schlicht nicht mehr in der Lage, mit dem Alleinvertretungsanspruch auf Dauer die Einbeziehung der DDR in das Leben der Staaten zu verhindern. Aussenpolitisch waren wir erpressbar geworden. Es ging nicht länger an, unsere aussenpolitischen Prioritäten und das zugehörige Instrumentarium wie etwa Entwicklungshilfe nur daran auszurichten, welche Haltung Regierungen der Dritten Welt gegenüber der »sog. DDR« einnahmen. Ich hatte einige Jahre zuvor in Indonesien erlebt, was es hiess, die strenge »Hallsteinlinie« gegenüber einem eigenwilligen, selbstbewussten, dem Westen ohnehin kritisch gesonnenen Partner wie Sukarno durchzuhalten.

Unsere »neue Ostpolitik« warf nicht nur Ballast ab. Sie beugte nicht nur der uns drohenden Isolierung vor und befreite von überholten Zielvorgaben. Sie eröffnete auch die Möglichkeit, im Zuge der Entspannung in die inneren Strukturen der osteuropäischen Gesellschaftssysteme hineinzustrahlen. Die Notwendigkeit grösserer Öffnung im Gefolge der Entspannung bot Chancen innerer Auflockerung und Systemauflösung. Die Entwicklung der Jahre 1981/82 in Polen ist ohne Zweifel eine der Spätfolgen jenes damals in Gang gesetzten Prozesses.

Die Reaktion unserer westlichen Verbündeten auf die ostpolitischen Initiativen des Kabinetts Brandt – Scheel war zunächst gemischt. Der Rapallo-Komplex bildete eine Quelle steten Misstrauens gegenüber deutschen Alleingängen in Richtung Osten. Andererseits dürfte der sich abzeichnende Verzicht auf den Bonner Alleinvertretungsanspruch und damit die Festigung des territorialen Status quo in Europa auf der Basis einer Spaltung Deutschlands mit Erleichterung zur Kenntnis genommen worden sein. Seit jeher hatte Bismarcks verspätetes Einigungswerk wie ein Alpdruck auf Deutschlands Nachbarn gelegen.

Jedenfalls legte die Ostpolitik den Grundstein für eine grössere Unabhängigkeit und Selbstsicherheit der deutschen Aussenpolitik. Die Bundesrepublik war, wie man in den westlichen Hauptstädten registrierte, flügge geworden. Man verkannte dabei nicht, dass die angestrebten Verträge von Moskau und Warschau nicht als Symptom für einen wiedererwachenden deutschen Nationalismus zu werten waren. Die frühere Politik eines strikten Offenhaltens der Grenzfrage hätte sehr viel eher Ansätze für einen möglichen deutschen Revanchismus bilden können. Die Bundesregierung wurde in dieser komplexen Situation nicht müde zu versichern, den neugewonnenen Bewegungsraum nur in der Verankerung des westlichen Bündnisses wahrnehmen zu wollen.

Der neue Aussenminister

Scheels Start im Auswärtigen Amt stand unter keinem günstigen Stern. Die ersten Bundestagsdebatten – es ging um Abrüstungsfragen – erwiesen sich als schwierig. Dass Bahr, als Staatssekretär im Bundeskanzleramt, ihm sehr bald in den Moskauer Verhandlungen das Wasser abzugraben schien, setzte Scheel manchem Medienhohn aus. Der Vorwurf, sein Amt nicht voll unter Kontrolle zu haben, traf Scheel auch, als die Ergebnisse der Duckwitz´schen Vorverhandlungen mit Polen ans Tageslicht kamen. Seine Reaktion auf eine der ersten aussenpolitischen Krisen stiess auf geteilte Meinungen. Der deutsche Botschafter in Guatemala, Graf v. Spreti, war von Guerillas entführt und am 5. April 1970 ermordet aufgefunden worden. Scheel entschied sich dafür, seinen toten Botschafter persönlich mit einem Bundeswehrflugzeug abzuholen und die guatemaltekische Regierung zu einer ihr peinlichen Entschuldigungsgeste zu zwingen. Scheel führte in der Kathedrale von Guatemala den Trauergottesdienst an und nahm dann in der Botschaft das Beileid der Regierung entgegen. Jedenfalls dauerte es nur wenige Monate, bis Scheel Amt und Aufgabe voll im Griff hatte.

Die landläufig verbreitete Vorstellung von der rheinländischen Frohnatur liegt neben der Sache. Scheel gingen Amt und die Pflichten als Aussenminister allem anderen vor. Er hatte sich bald eingearbeitet in Materien, die auch seinem Nachfolger Genscher anfänglich Schwierigkeiten bereiten sollten, obgleich dessen Vorsicht ihn vor öffentlichen Niederlagen bewahrte. Scheel beherrschte schnell die Fakten, die er dank eines vorzüglichen Gedächtnisses jederzeit präsent hatte. Sein Arbeitsstil war uneinheitlich und jedenfalls nicht bürokratisch. Es konnte vorkommen, dass Aktenberge sich türmten. Auf Vorhalt seines Büroleiters legte er dann eine Nachtsitzung ein, in der alle Rückstände aufgearbeitet wurden. Was eilig und dringend war, wurde jederzeit sofort erledigt. Ein einfacher Vorgesetzter war der in der Öffentlichkeit als liebenswürdig bekannte Aussenminister keineswegs. Er liebte es, die Belastungsfähigkeit des Ministerialapparats bis an seine Grenzen auszureizen. Es bereitete ihm Genugtuung, wenn es im Amt vor Anstrengung knirschte. Allerdings war er stets ein grosser Freund des geselligen Gesprächs. Es gehörte zu den schwierigsten Aufgaben seines Büroleiters, gewisse, für den Dienstbetrieb nutzlose Gesprächspartner von ihm fernzuhalten oder zumindest zeitlich so einzugrenzen, dass andere wichtige Termine darunter nicht leiden mussten. Sein alter Schulfreund, der Kolumnist Walter Henckels, gehörte zu jenen, die uns ob dieser Wachhundpflichten stets gram waren. Auch die rivalisierenden Prioritäten, die sich für den Aussenminister aus seinen Pflichten als F.D.P.-Vorsitzender ergaben, machten uns im AA bei der Termingestaltung zu schaffen.

Der Widerstreit zwischen dem Bild des seriösen Aussenministers und der rheinländischen Frohnatur wurde bewusst nie aufgelöst. Scheel bediente sich der Dienste der PR-Agentur Friedrich Ludwig Müller, die die Popularität und Volkstümlichkeit des Politikers Scheel ausbaute. Seine Wahl zum Aachener Narren des Jahres ebenso wie der erfolgreiche Sängerauftritt bei Wim Tölke mit »Hoch auf dem gelben Wagen« waren Müllers Idee. F.L.M.'s freundliche Gestalt im Samtröckchen steht mir als häufig gesehener Gast im Ministerbüro noch lebhaft in Erinnerung.

Für Scheel stand schon bald nach Übernahme des Auswärtigen Amts fest, dass Paul Frank demnächst in das Amt des Staatssekretärs nachrücken sollte. Frank leitete zu jener Zeit die Politische Abteilung (West). Er war ein Schwabe, stämmig und klein, – klug, manchmal barsch, nie ohne Humor. Er erzählte gern die Geschichte der ersten Privataudienz im Vatikan. Der ebenfalls recht kleingeratene Papst Johannes XXIII. schritt die Front der hochgewachsenen Teutonen ab – Walter Scheel, Vatikanbotschafter Hans Berger, Alexander Böker aus der Politischen Abteilung des AA, Harald Hofmann. Dann blieb er vor einem stehen, zu dem er nicht aufblicken musste – Paul Frank – und rief aus: »Enfin, un homme.« – Frank stand mit beiden Beinen fest auf dem Boden der Erde und wusste in weiten weltpolitischen Zusammenhängen zu denken. Er war seinerzeit mit der Ernennung Wilhelm Hausensteins zum ersten deutschen Nachkriegsvertreter in Paris als Aussenseiter in den Auswärtigen Dienst gekommen. Aussenpolitische Erfahrung sammelte er in Paris und bei der frühen New Yorker VN-Beobachtermission. In seinen Grundüberzeugungen war Paul Frank erklärter Europäer. In der zweiten Phase der Verhandlungen um den Moskauer Vertrag zeigte er gegenüber Valentin Falin hervorragende Eigenschafter als Verhandlungsführer. Er sollte dies später in den Verhandlungen mit der tschechoslowakischen Regierung ebenfalls unter Beweis stellen. Bei den Moskauer Verhandlungen entwickelte sich Frank zum engsten Berater und Mitarbeiter Scheels. Beide gehörten der gleichen Kriegsgeneration an, beide hatten als Oberleutnant an der Front ihren Mann gestanden. Sie sassen sich nicht nur im Amtszimmer gegenüber. Im Moskauer Gästehaus auf den Leninhügeln gehörte die abendliche Billardpartie ebenso zum gemeinsamen Programm wie mancher gemeinsame »Ausflug« nach anstrengenden Verhandlungen in anderen Hauptstädten. Ich erinnere mich daran, wie wir im Frühjahr 1970 noch vor Franks Ernennung zum Staatssekretär in Rom nach Mitternacht in dem letzten noch offenen Lokal landeten. Ausser Scheel, Frank und mir nur noch in Gesellschaft eines leicht verzweifelten Sicherheitsbeamten, des treuen Kriminalkommissars Eickenbrock. Als eine unaufgefordert an unseren Tisch gekommene Dame wissen wollte, mit wem sie es zu tun hätte, stellte Scheel Paul Frank als russischen Ballettmeister im Exil, Eickenbrock als Detektiv und mich als vermögenden Bankdirektor vor. In der Tat verwaltete ich bei Reisen die Kriegskasse.

Frank führte das Auswärtige Amt mit strenger Hand und politischem Weitblick. Er war einer der besten Staatssekretäre, die das Auswärtige Amt in den Nachkriegsjahren hervorgebracht hat.

Brandt und Scheel

Es ist eine historische Tatsache, dass Brandt und Scheel bis in die letzten Tage ihrer Kabinettsgemeinschaft ein durchaus freundschaftliches Verhältnis verband. Diese Männerfreundschaft überdauerte die Belastungen, die sich aus dem Anspruch beider auf die Gestaltung der neuen Aussenpolitik ergaben. Eigentlich waren es mehr die engeren Helfer und Mitarbeiter, deren Eifer im Interesse des eigenen Meisters immer wieder neue Krisen auslöste. In erster Linie galt dies für Egon Bahr. Dass das Misstrauen Scheels in Bahrs Ambitionen gerechtfertigt war, beweisen im Nachhinein Kissingers präzise Berichte darüber, wie er während entscheidender Phasen der Berlinverhandlungen mit Bahr einen »Kanal« zur Umgehung des Auswärtigen Amts einrichtete. Ob Kissingers Anspruch auf Kausalität seines »Durchbruchs« mit Dobrynin in Washington zutrifft, muss dem Urteil künftiger Geschichtschreibung überlassen bleiben.

Scheel gab sich von Anbeginn grosse Mühe, das Auswärtige Amt so in den Griff zu bekommen, dass er nicht bei jeder Gelegenheit vom Bundeskanzleramt überspielt werden konnte. Es stellte sich bald heraus, dass es bei der personellen Verzahnung beider Behörden bisher dem Kanzleramt ein Leichtes gewesen war, auf der Arbeitsebene von den AA-Kollegen Aufzeichnungen und Planungspapiere zu erhalten. So war man im Kanzleramt nicht nur stets lückenlos über die Gedankengänge des Aussenamts informiert, sondern wusste wegen des schwerfälligen Dienstwegs innerhalb des AA oft schneller Bescheid als die AA-Spitze. Es erging bald ein Ukas, der eine Unterrichtung des Kanzleramts nur mit Zustimmung der Amtsleitung erlaubte. Später ging man dazu über, die Verantwortung für die Unterrichtung in Routineangelegenheiten dem Leiter des Büros der Staatssekretäre zu überlassen.

Die nächste Schwachstelle lag, wie sich bald herausstellte, in den Personalgegebenheiten an der Amtsspitze selbst. Als Staatssekretär des Auswärtigen Amts, d.h. als oberster, für die politischen Fragen zuständiger Beamter waltete Georg Ferdinand Duckwitz. Willy Brandt hatte den ehemaligen Botschafter in Kopenhagen und Delhi, der auf eigenen Wunsch in den vorzeitigen Ruhestand gegangen war, als Mann seines Vertrauens reaktiviert. Scheel fand diesen Vertrauensmann vor, als er sein Amt übernahm. Er scheute davor zurück, Duckwitz – was an sich sein gutes Recht gewesen wäre – sogleich durch einen eigenen Vertrauten zu ersetzen. So musste er damit leben, dass in der wöchentlichen Lagebesprechung des Kanzleramts als Vertreter des AA ein Brandt-Mann sass, der auch sonst nach bestem Wissen und Gewissen bemüht war, seinem Bundeskanzler zuzuarbeiten. Als Duckwitz zu spüren begann, dass er, nicht zuletzt durch Egon Bahr, zwischen zwei Stühlen sass, zog er sich in die Frustration zurück. Seine Stunde hatte geschlagen, als die Ergebnisse seiner Polenverhandlungen bekannt wurden. Duckwitz hatte als Unterhändler in monatelangen Geheimgesprächen eine Grenzformel akzeptiert, die weiter ging, als man es sich im Auswärtigen Amt vorgestellt hatte und die bei den Vertriebenenverbänden einen

Sturm auslösen musste. Es traf sich gut, dass Duckwitz nach wenigen Monaten das 65. Lebensjahr vollendete. Er ging ohne grossen Abschiedsschmerz auf beiden Seiten. An seine Stelle trat Paul Frank.

Moskauer Verhandlungen

Am 8. Dezember 1969, wenige Wochen nach der Wahl Willy Brandts zum Bundeskanzler, hatte Botschafter Allardt in Moskau mit Gromyko die Gespräche aufgenommen, die zu einer vertraglichen Regelung gegenseitigen Gewaltverzichts führen sollten. Bis zum Jahresende war es zu drei Treffen gekommen, in denen Allardt sich die harten Forderungen des sowjetischen Aussenministers anhören musste – völkerrechtliche Anerkennung der DDR als Voraussetzung eines Gewaltverzichtvertrags und förmlicher Verzicht der Bundesrepublik auf deutsche Wiedervereinigung, da der territoriale Status quo in Europa nirgendwo in Frage gestellt werden dürfe. Ein Dialog kam nicht zustande. Deshalb hatten sich Brandt und Scheel dazu entschlossen, die Fortführung der Sondierungsgespräche in Moskau dem Staatssekretär im Bundeskanzleramt und Brandt-Vertrauten, Egon Bahr, zu übertragen. Vom 30. Januar bis zum 22. Mai 1970 hatte sich Bahr in über 50 harten Verhandlungsrunden mit Gromyko auf Leitsätze für einen deutsch-sowjetischen Gewaltverzichtsvertrag geeinigt. Es sorgte für Aufregung nicht nur bei uns im Auswärtigen Amt, dass Bildzeitung und Quick nach und nach den gesamten Text des »Bahr-Papiers« veröffentlichten. Hochnotpeinliche Befragungen, vor allem in Amt, nach der Quelle der peinlichen Indiskretionen brachten keinerlei Ergebnis. Wie sich jedermann nun davon überzeugen konnte, war es Bahr gelungen, Gromyko nicht nur von seinen Maximalforderungen – völkerrechtlicher Anerkennung der DDR und Abschwören deutschen Wiedervereinigungsstrebens – abzubringen, sondern die verlangte förmliche Grenzanerkennung in eine Verpflichtung zu deren Unverletzbarkeit abzuwandeln. Der Modus-vivendi-Charakter der Vorläufigkeit, gegen den sich Moskau ebenso wie gegen jeden Friedensvertragsvorbehalt heftig gewehrt hatte, war damit Grundlage der anstehenden vertraglichen Regelung geworden. Auch hatte man sich bereits auf den Wortlaut eines Briefs zur deutschen Einheit geeinigt. Walter Scheel hatte daraufhin den undankbaren Auftrag übernommen, in weiteren Verhandlungen mit Gromyko eine Verbesserung des Bahr'schen Ergebnisses zu erreichen: es sollte im Text des Vertrages verdeutlicht werden, dass die Unverletzbarkeit der Grenzen keine vorweggenommene friedensvertragliche Regelung, sondern eine Konsequenz des Gewaltverzichts darstellt. Ferner sollte die deutsche Wiedervereinigung als politisches Ziel in einem Brief offiziell zur Kenntnis genommen und Teil des Ratifizierungsverfahrens vor dem Obersten Sowjet werden, ebenso wie die Hinnahme der Erklärung der Bundesregierung, dass die Ratifizierung dieses Vertrags erst nach einem befriedigenden Abschluss der im Februar aufgenommenen Viermächteverhandlungen über den Status Berlins in Betracht kommen werde. Es war kein Zeichen von Unbekümmertheit, sondern zeugte vom unbeirrbaren politischen Durchsetzungswillen des deutschen Aussenministers, dass er diesen Auftrag, den nach den Indiskretionen der Boulevardpresse selbst im eigenen Lager die meisten für aussichtslos hielten, ohne Zögern übernahm und innerhalb von zwölf Tagen erfolgreich zu Ende führte – immer geschickt argumentierend, dass das Vertragsergebnis schliesslich über die Hürden des deutschen Bundestags und des Bundesverfassungsgerichts gebracht werden müsse.

Unterzeichnung im Kreml

Am 11. August 1970 um 18.20 Uhr setzt die grosse Boeing 707 der Luftwaffe auf dem Moskauer Prominentenflugplatz Wnukowo II zur Landung an. Am Fuss der Rolltreppe werden Brandt und Scheel von Ministerpräsident Kosygin und Aussenminister Gromyko empfangen. Seit dem Adenauerbesuch 15 Jahre zuvor hat erstmals wieder ein deutscher Bundeskanzler sowjetischen Boden betreten. Eine Ehrenformation der Roten Armee marschiert auf, im Stechschritt fliegen die blanken Stiefel in die Luft, das Deutschlandlied erklingt, nur wenige hundert Meter von der Stelle, an der die vordringende Wehrmacht im Winter 1941 zum Stehen gebracht worden war. Niemand auf beiden Seiten kann sich der Gemütsbewegung des historischen Augenblicks entziehen. Der deutsche Bundeskanzler war gekommen, um den Moskauer Vertrag zu unterzeichnen. Er sollte den Schlusstrich unter ein tragisches Kapitel russisch-deutscher Geschichte ziehen.

Scheels Rückkehr nach der Paraphierung lag gerade vier Tage zurück. In wildem Karacho fegte der Zug schwarzer Limousinen von Wnukowo II, vorbei an der riesigen Strassensperre zum Andenken an 1941, in Richtung Stadtzentrum. Für offizielle Fahrzeuge wurde damals noch die mittlere Strassenspur freigehalten. Die Polizisten an den Strassenkreuzungen stellten schon von weitem die Ampeln auf grün. Den Bundeskanzler setzte man, zusammen mit seinen engsten Begleitern, in einem Gästehaus der Regierung auf den Leninhügeln ab. Scheel bezog dort ebenfalls mit Staatssekretär Frank, dem Sicherheitsbeamten und mir ein Gästehaus. Es musste in unmittelbarer Nähe der Kanzlerresidenz gelegen sein, aber wir wussten nicht wo. Auf dem weitläufigen Parkgelände trennten hohe Mauern die einzelnen Gästehäuser voneinander ab. Bewaffnete Wachen versperrten die Durchgänge. Die dunklen Häuser enthielten ausser den wenigen Schlafzimmern ein Wohn-, ein Ess- und zum Zeitvertreib ein Billardzimmer, denn Spaziergänge ausserhalb unseres ummauerten compound waren nicht möglich. Die Stadt Moskau lag, für uns unsichtbar, tief unten im Tal der sich windenden Moskwa.

Zum Abendessen traf sich die engere Delegation an jenem 11. August in der Residenz von Botschafter Allardt. Nach dem Essen sassen wir um den Kamin, die Gespräche und Gedanken drehten sich um den vor uns liegenden Tag. Brandt war in aufgebrachter Gemütsverfassung. Es lag ihm sehr daran, vor der Unterzeichnung am kommenden Morgen über das Fernsehen zur deutschen Bevölkerung zu sprechen. Die Sowjets hatten technische Schwierigkeiten vorgeschützt und keine Zusage gegeben. Wie Brandt vermutete, hatten sie an seinem Hinweis auf den bevorstehenden Jahrestag des Berliner Mauerbaus – 13. August – Anstoss genommen. Schliesslich deutete jemand an die Decke, wo unsichtbare Zuhörer unsere Gespräche mitverfolgten. Brandt begriff sofort. Mit lauter Stimme, deutlich skandierend, stellte er die Effizienz der sowjetischen Techniker in Frage, erwog Möglichkeiten einer Verschiebung des Unterzeichnungstermins. Wir hatten die Residenz noch nicht verlassen, als die Zusage zur Sendung eintraf.

Die Unterzeichnung war auf den folgenden Tag, 12. August 1970, 15.00 Uhr im Katharinensaal des Kreml festgesetzt. Gleichzeitig, aber getrennt betraten die Kolonnen beider Delegationen von zwei gegenüberliegenden Seiten den riesigen Saal. Breshnew, flankiert von Staatspräsident Podgorny und Ministerpräsident Kosygin, gefolgt vom Politbüro, schritt auf Brandt und die Deutschen zu. Auf grünschimmernde Malachitsäulen gestützt, in gleissende Helle getaucht und im gold-weiss-roten Farbenrausch vergangene zaristische Machtfülle in die Gegenwart der Sowjetunion projizierend, bot der berühmte Saal die historische Dimension für das Werk russisch-deutscher Aussöhnung. Die vier Unterzeichner – Brandt, Scheel, Kosygin und Gromyko, hinter ihnen verstreut die Delegationen – hatten kaum Platz genommen, als das Gemurmel erstarb und zur allgemeinen Überraschung der mächtigste Mann der Sowjetunion, Generalsekretär Leonid Breshnev sich aufrecht hinter Brandt und Kosygin stellte, die Hände anscheinend gefaltet, den Kopf schräg nach oben gelegt, den Blick auf eine unsichtbare Ferne gerichtet, als leibhaftiger Beistand und Garant einer neu heraufziehenden Epoche deutsch-russischer Beziehungen. Im allgemeinen Händeschütteln und dem krimsektfeuchten Austausch von Glückwünschen nach dem blitzlichtumzuckten Unterzeichnungsakt nahm Breshnev den Bundeskanzler zu einem vierstündigen tête-à-tête in seinem Arbeitszimmer beiseite. Unter der schwülen Dunstglocke des Moskauer Augustnachmittags fuhren wir anderen derweil mit Scheel die Leninhügel hinauf, wo der Aussenminister im neuen Gesandtschaftsviertel das für den Neubau unserer Botschaft vorgesehene grosszügige Grundstück in Augenschein nahm.

Abends grosses Festbankett im Ikonen- und freskengeschmückten jahrhundertealten Facettensaal des Kreml. Unsere sowjetischen Gastgeber hatten alle Register gezogen. Die an die Alhambra erinnernde gebrochene Stuckdecke warf den Schein der Tischkerzen und Wandleuchter aus unzähligen Brechwinkeln zurück, an endlosen Tischreihen wurde aufgetragen, was die russische Küche zu bieten hatte – schwarzer und roter Kaviar, geräucherter Stör, Fische, Milchferkel mit Buchweizen, dazwischen Suppen, Gemüse, zu jedem weiteren Gang neue Wein- und Wodka-Varianten. Eine Rede folgte der anderen. Die Stimmung stieg, Zukunftsperspektiven taten sich auf, die Schatten einer schlimmen Vergangenheit schienen endlich weichen zu wollen. Ein Gefühl neuer Nähe war im Begriff sich aller zu bemächtigen. Zum Abschluss zog Kosygin den tiefbewegten Bundeskanzler mit sich, um ihm vom Fernsehturm das lichterüberstrahlte nächtliche Moskau zu zeigen.

Eigentlich wäre nach internationalem Brauch am folgenden Tag die deutsche Gegeneinladung fällig gewesen. Unsere Bundeswehrmaschine hatte zu diesem Zweck grössere Bestände an Rehrücken, Forellen, Räucheraalen und Knochenschinken geladen. Aber ein 13. August, Jahrestag des Baus der Berliner Mauer, deren Schatten auch über dieser historischen deutsch-sowjetischen Begegnung lag, schloss von vornherein Verbrüderungsszenen aus. Deshalb verzichteten beide Seiten ohne jede Auseinandersetzung auf eine Gelegenheit zu weiteren Trinksprüchen. Noch eine letzte Gesprächsrunde mit Kosygin, dann nahm uns nach dem militärischen Abschiedszeremoniell unsere Maschine um 13.00 Uhr wieder auf. An Bord war die Stimmung keineswegs euphorisch, eher nachdenklich. Die Gedanken richteten sich nach vorn, in die Bundesrepublik, wo eine entschlossene Opposition darauf wartete, nicht nur dem Moskauer Vertragswerk, sondern der Regierung den Garaus zu machen.

Kampf um die Verträge

Während der folgenden Monate arbeitete unser Ministerbüro unter gewaltigem Druck. Wir stellten, im Gegensatz zu späteren Zeiten unter Scheels Nachfolgern, nur eine kleine Mannschaft dar – ausser Harald Hofmann und mir noch ein Legationssekretär und als persönlicher Referent des Ministers für das innenpolitische Feld Achim Rohde, der sich als Regierungsrat von Düsseldorf, wo er später seine politische Karriere machen sollte, ins AA hatte abordnen lassen. Es war nicht nur die Überzeugungsarbeit für den Moskauer Vertrag, die uns neben dem dichten aussenpolitischen Terminkalender belastete – Konsultationen mit den Westalliierten wegen der Verhandlungen um Berlin ebenso wie die anlaufenden Gespräche mit Warschau, Prag und Ostberlin. Es war vor allem das Ringen um die eigene kleine Partei. Für Scheel ging es um nicht mehr und nicht weniger als um das politische Überleben.

Nach Überwindung der Anfangsschwierigkeiten im Amt zeigte Walter Scheel hier seine wahre Natur als Politiker – Härte, Entschlusskraft, Beharrlichkeit. Er hatte durchaus einen Hang zum Brinkmanship. Wenn er sich einmal zu einem Kurs entschlossen hatte, hielt er bis zur äussersten Konsequenz daran fest. Dann kamen der Wagemut, auch die persönliche Risikobereitschaft des ehemaligen Nachtjägers – keine Waffengattung hatte ausser den U-Boot-Besatzungen einen so hohen Dezimierungsgrad zu erleiden wie das Nachtjägerkorps – zum Vorschein.

Walter Scheel hatte die F.D.P. 1969 mit der Wahl Heinemanns zum Bundespräsidenten gegen heftigen innerparteilichen Widerstand auf einen neuen Kurs Mittelinks festgelegt. Er hatte daran festgehalten, als er trotz der Wahlniederlage vom Herbst 1969 – die F.D.P. brachte es nur auf 5,4% – mit Willy Brandt die Regierung bildete. Das ostpolitische Vorgehen der Koalition verschärfte die innerparteilichen Gegensätze. Scheel nahm bewusst in Kauf, dass der Rechtsflügel um seinen Vorgänger im Parteivorsitz, Mende, abbrechen würde. Am 17. Juni 1970 formierte sich der Hohensyberger Kreis seiner Gegner in Wuppertal als Nationalliberale Aktion. Eine Woche später kam es bei drei Landtagswahlen zu einem weiteren Debakel: im Saarland und in Niedersachsen sank die F.D.P. unter die 5 %-Marke, in Nordrhein-Westfalen schaffte sie nur knapp die Rückkehr in den Landtag. Das Gemunkel vom Überlaufen unzufriedener oder um ihre politische Existenz fürchtender Bundestagsabgeordneter zur Opposition nahm zu. Scheel war rund um die Uhr bemüht, die Wankelmütigen zu beruhigen und zum Bleiben zu bewegen. Aber der Erosionsprozess in Parteivolk und Bundestagsfraktion, damit auch der schmalen Koalitionsmehrheit im Bundestag schien nicht mehr aufzuhalten. Mit dem Übertritt der Abgeordneten Mende, Starke und Zoglmann zur CDU/CSU am 9. Oktober 1970 durfte sich die Opposition ihrem Ziel eines konstruktiven Misstrauensvotums zur Ablösung Willy Brandts einen Schritt näher glauben. Erst das Ergebnis der Hessenwahl einen Monat später mit 10,1 % für die F.D.P. brachte Scheel etwas Entlastung. Aber trotz aller innerparteilichen Rückschläge – Scheel stand unbeirrt zur Koalition mit der SPD und zur Fortsetzung der gemeinsamen Ostpolitik.

Im April 1972 schienen mit dem bevorstehenden Ende der sozialliberalen Bundesregierung auch meine Tage im Ministerbüro Walter Scheels gezählt. Der Abgeordnete Helms hatte am 23. April seinen Austritt aus der F.D.P. erklärt, seine Fraktionskollegen Kienbaum und v. Kühlmann-Stumm wollten nicht mehr für die Bundesregierung votieren. Rein rechnerisch stand eine Mehrheit für Rainer Barzel fest. In der Nacht vor dem auf den 27. April 1972 angesetzten konstruktiven Misstrauensvotum herrschte bei uns im Ministerflügel hektische Aktivität. Scheel sass mit FDP-Generalsekretär Hermann Flach und wenigen Getreuen zusammen. Seine letzte Unterredung mit dem alten Weggefährten Kienbaum, ein beschwörender Appell, war soeben ergebnislos zu Ende gegangen. Zwei Zimmer weiter war Harald Hofmann dabei, einen Teil der vertraulichen internen Unterlagen zu vernichten. Scheel war in düsterer Stimmung. Flach entwarf derweil jene leidenschaftliche Rede, in der Scheel am nächsten Morgen, im Angesicht der Niederlage, die hohen Ideale der Demokratie beschwor und vor einem nicht durch Wählerwillen legitimierten Regierungssturz warnte. Es wurde seine beste Rede als Parlamentarier. Im Bundeshausrestaurant wartete er mit seiner Frau Mildred auf das unabwendbare Stimmenergebnis. Sepp Wölker, Rohdes Nachfolger als persönlicher Referent, lief hinüber, um Barzels Scheitern zu melden; ungläubiges Staunen und Jubel auch im Scheel-Lager.

In den nächsten drei Wochen bis zur Abstimmung des Bundestags über die Ostverträge ging es im Ministerbüro wieder einmal hoch her. Das Stimmenpatt beim Kanzlerhaushalt am Tag nach Barzels missglücktem Misstrauensvotum hatte erwiesen, dass auch die Bundesregierung im Parlament über keine Mehrheit mehr verfügte. Es begannen deshalb Serien von Gesprächen führender Politiker aus beiden Lagern. Man wollte versuchen, eine tragfähige Basis für eine gemeinsame Verabschiedung der Ostverträge zu finden. Auch Scheel arbeitete bis an die Grenze physischer Erschöpfung. Die Termine mit Barzel, Schröder, Marx, Mertes und Birrenbach, aber auch mit Sowjetbotschafter Valentin Falin rissen nicht ab. Die Bemühungen drehten sich vor allem um den Text einer gemeinsamen Resolution des Bundestags zu den Verträgen und deren Zuleitung an den Obersten Sowjet. Dass Rainer Barzel, der mit Scheel auf vertrautem Fuss stand, mit seinem Versuch scheiterte, die Opposition auf eine Zustimmung festzulegen, wurde auf Regierungsseite zwar bedauert, hinderte aber nicht die Verabschiedung des Vertragsgesetzes am 17. Mai 1972. Als die Legislaturperiode am 22. September 1972, erstmals in der Geschichte der Bundesrepublik, durch ein taktisches Manöver vorzeitig beendet wurde – Brandt hatte die Vertrauensfrage gestellt, das Kabinett aber an der Abstimmung nicht teilnehmen lassen, um dem Bundespräsidenten die Möglichkeit zur Auflösung des Bundestags zu geben – war die Ostpolitik unter Dach und Fach. Am 3. Juni 1972 hatten die Aussenminister der Vier Mächte in Westberlin das Schlussprotokoll zum Berlin-Abkommen unterzeichnet, das mit der gleichzeitigen Hinterlegung der Ratifikationsurkunden zum Moskauer und Warschauer Vertrag am gleichen Tag in Kraft trat. Ein hektischer Wahlkampf folgte. Zahllose Wahlauftritte per Hubschrauber und Dienstwagen mussten mit dem aussenpolitischen Terminplan verzahnt, in ihn eingewebt werden. Nie lernten wir so deutlich, dass der Tag nicht nur über 24 Stunden, sondern auch über

1440 Minuten verfügt. Das Wahlergebnis vom 19. November 1972 erwies sich als glänzende Rechtfertigung einer harten dreijährigen Regierungsarbeit und einer mutigen Ostpolitik, zu der sich wenige Tage zuvor (8. November 1972) als deren Schlusstein die Paraphierung des deutsch-deutschen Grundvertrags gesellt hatte.

Dienstreisen

Auslandreisen des Aussenministers fanden nie ohne einen Angehörigen des Ministerbüros statt. Ihm oblag die ständige Verbindung zum Ministerium und anderen Regierungs- und Parteistellen. Zur Begleitung gehörten in der Regel ferner eine der beiden persönlichen Sekretärinnen des Ministers, der Pressesprecher des Amts oder sein Stellvertreter und die zuständigen Beamten der Fachabteilungen – Politik und Wirtschaft. Innerhalb Europas reiste der Minister meist im kleinen Hansa-Jet der Flugbereitschaft der Bundeswehr. Ausser ihm selbst und dem Sicherheitsbeamten bot er nur noch vier weiteren Begleitpersonen Platz – einer der Gründe, warum die Ministerdelegationen jener frühen siebziger Jahre kleiner auszufallen pflegten als zu späteren Zeiten. Wer aus dem Ministerbüro reiste, verfügte dessen Leiter. Nachdem Harald Hofmann Scheel bei dessen Verhandlungsrunde zum Moskauer Vertrag begleitet und beraten hatte, fiel mir die Begleitung zum Unterzeichnungsakt in Moskau am 12. August 1970 zu. Die Routinesitzungen des EG-Ministerrats in Brüssel waren an sich Angelegenheit des Staatssekretärs Freiherrn von Braun. Herrn v.Braun gelang es jedoch mit geschickten, immer wechselnden Begründungen, Scheel öfter als ihm eigentlich lieb war nach Brüssel und Luxemburg zu ziehen. Dorthin begleitete ihn in der Regel der Legationssekretär des Ministerbüros, Gebhardt v.Moltke, später Fritjof v.Nordenskjöld oder Jürgen Chrobog. Als v. Moltke einmal ausfiel, musste ich für ihn einspringen. Ich habe diese Nachtsitzung, die nach mir unverständlichen Regeln ablief und deren Beherrschung durch die oft schlafenden Sitzungsteilnehmer darin bestand, im rechten Augenblick aufzuwachen, in denkbar schlechter Erinnerung.

Die Begleitung Scheels zu den halbjährlichen Sitzungen des NATO-Ministerrats – im Dezember in Brüssel, im Juni nach turnusmässigem Wechsel in einer der Hauptstädte – gehörte zu meinen Obliegenheiten. Ich erinnere mich an die Ratssitzungen in Rom, Lissabon und Kopenhagen. Der politisch für uns interessanteste Teil der oft mammutartig grossen Sitzungen war das traditionelle sog. Vierer-Essen am Vorabend des eigentlichen Ministerrats. Es führte die Aussenminister der USA, Grossbritanniens, Frankreichs und der Bundesrepublik im kleineren Kreis zum zwanglosen Gespräch zusammen und war der Deutschlandfrage gewidmet. Da alle deutschlandpolitischen Entwicklungen eingebettet waren in das Ost-West-Verhältnis als Funktion von Spannung oder Entspannung innerhalb der politischen Grosswetterlage, dienten die vorabendlichen Gespräche der Vier am Kamin als wichtiges Instrument der Abstimmung innerhalb der westlichen Allianz. Ich sehe noch die beiden Zigarrengeniesser Scheel und William Rogers, der lange Amerikaner immer ausgeglichen und freundlich lächelnd, zusammen mit Sir Alec Douglas-Home und dem kleinen, kaustisch-sarkastisch aufgelegten Michel Jobert vor dem Kaminfeuer im Salon der französischen Botschaft in Brüssel vor mir.

Es verstand sich von selbst, dass der persönliche Referent sich jederzeit in Sicht- oder Rufweite des Ministers aufzuhalten hatte. Während die anderen Delegationsmitglieder vor und nach den Sitzumgen und nach Anfertigung ihrer Papiere frei waren, sich wenigstens beschränkt den örtlichen Sehenswürdigkeiten zu widmen, durfte der »Persönliche« sich nicht aus der Nähe des Chefs fortbewegen. Es kam selten vor, dass Scheel sich die Zeit nehmen konnte, abseits von Politik und Journalisten in das kulturelle Ambiente einzudringen. In Rom gelang dies im Mai 1970. Zwischen Nato- und EG-Ministerrat waren einige Stunden verblieben, in denen uns der italienische Protokollchef Graf Orlandi Contucci die berühmte manieristische Villa Lante und den historischen erzbischöflichen Palast von Viterbo zeigen konnte, wo eine aufgebrachte Volksmenge 1270 nach dem Tode Clemens IV. das Dach des Palasts abdeckte, weil das Konklave sich nach dreissig Monaten immer noch nicht auf einen Nachfolger für den Stuhl Petri hatte einigen können. So verbinden sich in der Erinnerung mit den Ministerreisen weniger die Gesichter der Welt als die der handelnden Personen. Unvergesslich Andrei Gromyko, der sich taub und verständnislos stellte, als Scheel ihm in Moskau den prozentualen »asymmetrischen« Truppenabbau am Beispiel von Zollverhandlungen klarzumachen versuchte, der beim Überreichen einer Liste freizugebender Häftlinge dann aber plötzlich aufsprang und in einer so furchterregenden Weise zu schreien begann, dass den anwesenden Deutschen das Blut in den Adern gefror. Kaum weniger eindrucksvoll Henri Kissinger, den Scheel im Keller des Weissen Hauses aufsuchte, um dem damaligen Sicherheitsberater die europäischen Aspekte von MBFR *(Mutual balanced forces reduction* = ausgewogener gegenseitiger Truppenabbau) nahezubringen. Es irritierte Scheel ungemein, dass seine konzentrierten Ausführungen ständig von Telefonläuten unterbrochen wurden. Kissinger hob jeweils sofort ab und begann mitten im Satz seines Besuchers in dem für ihn typischen rollenden Bass mit schwerem deutschen Akzent eine innenpolitische Diskussion mit dem anrufenden Senator. Als dies zum dritten Male geschehen war, fürchtete ich, dass Scheel kurzerhand aufstehen und das Gespräch beenden werde. Glücklicherweise wusste er sich zu beherrschen, eingedenk des Primats der Innenpolitik und der wichtigen Stellung Kissingers. Es war auf dem Rückweg einer jener Washingtoner Konsultationen, dass Scheel den Flug in Oslo unterbrach und wir mit dem Hubschrauber zu Brandts Sommerhaus, hoch über einem malerischen Fjord gelegen, flogen, wo Scheel den Bundeskanzler persönlich unterrichtete. Hier ist mir zum einzigen Male bewusst Guillaume begegnet, den Brandt als einzigen Diensthabenden bei sich hatte.

Sehr ernst nahm Scheel die Pflicht des Aussenministers, den Bundespräsidenten auf dessen Staatsbesuchen zu begleiten. Als Heinemann 1971 nach Rumänien aufbrach, standen am Anreisetag noch wichtige Termine in Bonn an. Deshalb sollte Scheel mit seiner Begleitung in einer kleinen Maschine nachfliegen. Wir standen zur festgesetzten Abflugszeit auf dem militärischen Teil des Flugplatzes Wahn und warteten. Nach einer halben Stunde wurde uns klar, dass etwas passiert sein musste. Endlich traf im Begleitwagen des Sicherheitskommendos Walter Scheel in einem ungewöhnlichen Zustand innerer Erregung ein. Da er von seinem Hause in der Schleichstrasse auf dem Venusberg zu spät abgefahren war, hatte er sich selbst ans Steuer des Dienstwagens gesetzt.

Während er mit 200 km/Std durch das Siegtal eilte, flog in hohem Bogen ein Mann durch die Luft und landete krachend auf dem Kühler des Ministerwagens. Sein Fahrzeug hatte sich auf der Gegenfahrbahn überschlagen und ihn herausgeschleudert. Der Mann war sofort tot. Scheel war schuldlos. Nur seine Geistesgegenwart hatte ihm das Leben gerettet. Das Steuer fest in beiden Händen hatte er ohne Schleudern seinen Kurs gehalten. Nur ein leichtes Humpeln zeigte den Krampf an, den das heftige Durchtreten des Gaspedals verursacht hatte.

Afrika

Zwei ausgedehnte Ministerreisen stehen mir noch besonders lebhaft in Erinnerung. Im Herbst 1971 stattete Scheel fünf westafrikanischen Staaten offizielle Besuche ab. Am 14. Oktober setzte uns die grosse Boeing 707 der Luftwaffe in Lagos ab. Wir waren zunächst wie betäubt, als wir uns nach dem ruhigen Bonn in der wimmelnden, chaotischen nigerianischen Metropole wiederfanden. Moderne Strassen und Brücken, deren Bau plötzlich abgebrochen worden war, endeten im Nichts, während sich ein lärmender endloser Verkehr seitwärts durch die tropischen Büsche quälte. Im Federal Hotel gab es einen kleineren Aufstand, als der Aufzug steckenblieb und Frau Scheel mit lauter, im ganzen Gebäude vernehmbarer Stimme aus dem unsichtbaren Liftschacht heraus protestierte. Der Empfang durch die selbstbewussten Kommissare, wie die Kabinettsmitglieder hier genannt wurden, war höflich, aber etwas unterkühlt. Freund und Crew-Kamerad Franz Bertele – unser Jahrgang hatte wie wir beide inzwischen in den Referaten der Zentrale und in kleineren Botschaften die Ebene der Stellvertreter erreicht – führte stolz seinen Hausstand vor, der von schwarzen, in wallende farbige Gewänder gehüllten Dienstboten geführt wurde. Abendessen in der Botschafterresidenz unter lauem, von exotischen Tierstimmen erfülltem Tropenhimmel.

Am Nachmittag des übernächsten Tages Ankunft in Kinshasa. Der Kongo schien in ein anderes, von Nigeria weit entferntes Afrika versetzt. Breite baumbestandene Boulevards, eine urbanistisch klare und grosszügige Stadtanlage, offensichtlich nach europäischen Vorbildern geplant, eine angenehme Mischung kolonialer und moderner Architektur. Auch hier als Vertreter des Botschafters ein Crew-Kollege, Charlie Paschke, dessen Afrikabegeisterung ansteckend wirkte. Der Aussenminister machte einen beflissenen, aber unbedeutenden Eindruck. Dies liess sich keineswegs sagen von Staatspräsident Mobutu, dessen Audienz nicht im Programm vorgesehen war, deren Zustandekommen man uns aber immer wieder im Flüsterton hinter vorgehaltener Hand zusicherte. Hier trat uns mit der bekannten Leopardenmütze, den Marschallstab in der Hand und mit der Würde eines Imperators einer jener grossen afrikanischen Chefs entgegen, der sich wie ein Krokodil durch die Wirren der Zeit hindurch behauptet hatte – verschlagen, grausam und intrigengewohnt. Mobutu war daran gelegen, für sein damals schon bankrottes reiches Land ein Maximum an deutscher Entwicklungshilfe zu erhalten. Sein Amtszimmer in der Residenz Mount Stanley enthielt die grössten Elefantenstosszähne, die mir je zu Gesicht gekommen sind. Ein klappriges Flugzeug brachte uns anschliessend zu einer Insel in Kongostrom bei Inga, wo die Maschine mit einem Satz die umgebenden Berge übersprang und sich dann auf die kurze, von Wasser umgebene Landebahn fallenliess. Auch die Botschaft hatte uns über dieses waghalsige Flugunternehmen im unklaren gelassen. Wir hätten sonst gern auf den Besuch des Staudamms von Inga verzichtet.

Ganz anders wiederum die beiden anschliessenden Stationen Kamerun und Elfenbeinküste. Die kamerunische Hauptstadt Yaounde wie die Idylle eines afrikanischen Duodez-Kleinstaats, hochgelegen und mit angenehmem Klima – unsere grosse Luftwaffen-Boeing hatten wir in dem dumpf-heissen Douala am Fuss der Berge zurückgelassen. Eine halbstündige Autofahrt durch eine Welt tropischer Orchideen und Schlingpflanzen, vorbei an farbigen Märkten eingeborener Landbewohner, brachte uns zum hochgelegenen Mont Fébé Palace Hotel. Gebaut hatte dieses Traumschloss die deutsche Firma Coutinho & Caro. Die Nacht war schon hereingebrochen, als uns der Staatspräsident in der ehemaligen Residenz des deutschen Generalgouverneurs aus kaiserlicher Kolonialzeit empfing. Es war eine eher düstere Angelegenheit, überschattet vom voraufgegangenen Staatsstreich, dem der Amtsvorgänger Ahijo zum Opfer gefallen war.

Von Yaounde über Douala dann zur Elfenbeinküste. Mit Abidjan empfing uns eine quirlige Metropole, deren lebhafte moderne Architektur nichts spüren liess vom Chaos eines Lagos oder der Misswirtschaft des Kongo. Dass wir uns in der Schweiz Westafrikas befanden, wurde uns klar nach dem ersten Gespräch mit den Wirtschaftsplanern der Regierung – intelligenten, in Paris ausgebildeten Jungmanagern, die genau wussten, wohin sie die Wirtschaft des Landes zu steuern hatten. Dass sich Côte Ivoire dank einer erfolgreichen Wirtschaftspolitik nicht mehr deutscher Kapitalhilfe erfreuen konnte, schien sie nicht weiter zu stören. Investitionen und Technologietransfer aus Deutschland waren es, woran sie grösstes Interesse zeigten. Überschwenglicher Empfang im prächtigen Präsidentenpalast durch Felix Houphouet-Boigny, neben Senghor der letzte der grossen alten Männer der Afritude, die, im französischen Geist erzogen, ihre Länder in die Unabhängigkeit geführt hatten. Noch vor dem Lunch liess der Präsident Orden herbeischaffen, um jeden von uns, ohne dass ein Ordensaustausch im Besuchsprogramm vorgesehen gewesen wäre, persönlich mit einer hohen Auszeichnung zu dekorieren. Abidjans Nachtleben war vielversprechend. Doch leider wurde der Aussenminister nebst Gattin und persönlichem Referenten nicht, wie der Rest der Delegation, in dem glitzernden neugebauten Hochhaushotel, sondern in dem in einem dunklen Viertel recht abgelegenen Gästehaus der Regierung untergebracht. Ein Entkommen nach draussen war durch strenge Sicherheitsvorkehrungen unmöglich gemacht worden, wohl auch in der Absicht, unlauteren Elementen den umgekehrten Weg von draussen nach drinnen zu versperren. Trotz Grosskreuz und anderer Freundlichkeiten zog sich ein missmutiger Scheel frühzeitig in sein Appartement zurück, zumal wir bereits um vier Uhr in der Frühe aus den Betten geholt werden sollten.

Auch die letzte Station der Reise offenbarte wieder ein neues Gesicht Afrikas. Mauretanien war ein riesiger, kaum besiedelter und nur aus Sandflächen bestehender Wüstenstaat. Dass die Wüste im Begriff stand, sich auch der letzten Reste grünen Bodens zu bemächtigen, zeigte uns Botschafter Montfort in seiner Residenz am Rande Nouakschotts, des mauretanischen Hauptstadtdorfs. Dort musste einmal im Monat der dünenartig aufgehäufte

Sand über die Botschaftsmauer in die Wüste zurückgeschaufelt werden. Sonst hätte die deutsche Dienstflagge bald nur noch auf der Spitze der zugewehten Botschaftsdüne aufgezogen werden können, weil die Botschaft binnen eines Jahres im Sand ertrunken wäre. Auch die Essgewohnheiten hatten sich schlagartig geändert. Anstelle französischer haute cuisine, wie sie noch an der Elfenbeinküste zelebriert worden war, gab es jetzt nur noch Hammel – zum Frühstück, als Lunch und zum Abendessen. Ich verlor gegen Hermann Huber eine Wette, weil ich behauptet hatte, wenigstens zur Teestunde müsse es Biskuits mit zivilisierten Getränken geben. Auch am Nachmittag sassen wir, in den landesüblichen blauen Burnus gehüllt, unter einem grossen Zelt im Kreis um die Hammel, die sich vor uns am Spiess drehten, zusammen mit den anderthalb Dutzend Journalisten, die uns bis hierher begleitet hatten. Wer die Augen des Hammels abbekam, warf sie blitzschnell dem Nachbarn zu: »Du bist würdiger als ich«, – eines der wenigen Male, in denen ich den immer geistesgegenwärtigen Guido Brunner verblüfft erlebte. Es war übrigens stets ein köstliches Lamm – présalé, wie die Kenner anmerkten, von Herden, die an den salzschwadengeschwängerten Dünen des Atlantik geweidet wurden. Ausgelassen bestiegen wir zum Heimflug unsere vertraute Luftwaffenboeing. Vor der Ankunft in Wahn konnten einige Delegationsmitglieder nur mit Mühe daran gehindert werden, das aufmarschierte Protokoll im blauen Burnus zu begrüssen.

China

1972 flog Walter Scheel in der letzten Septemberwoche mit einer grösseren Delegation als gewöhnlich nach New York. Es war der letzte Auftritt eines deutschen Aussenministers als »Beobachter« bei den Vereinten Nationen. Bonn hatte sich dem Verlangen der DDR nach Aufnahmegesuchen beider deutscher Staaten in die VN widersetzt, solange die Verhandlungen über den Grundvertrag noch nicht abgeschlossen waren. Es war wie immer eine hektische Woche mit Dutzenden bilateraler Aussenministergespräche in Botschaftsresidenzen und Hotelsuiten. Auf Scheels Wunsch wohnten wir diesmal im vornehmen Hotel Pierre. Dass dies einst nicht nur John Kennedy's bevorzugter Aufenthalt in New York gewesen war, sondern sich auch in Kreisen der Mafiabosse grosser Beliebtheit erfreute, wurde uns abends beim privaten Abendessen im Hotel bewusst. Als wir unseren Tisch ansteuerten, gaben uns die Bodyguards der anwesenden Ganovenfürsten zu Scheels Amüsement durch breites Grinsen über die ausgebeulten Achselhöhlen unseres treuen Kriminalkommissars Eickenbrock zu verstehen, dass wir als auswärtige Kumpel nichts zu befürchten hätten.

New York war, im Gegensatz zu den Vorjahresbesuchen, heuer nur Durchgangsstation. Wir flogen nach einer Woche weiter in Richtung Westen. In Los Angeles schaffte es unsere schwerbeladene Luftwaffen-Boeing nur mit Mühe, nach dem Zwischentanken bei starkem Gegenwind vom Boden abzuheben. Wir hatten ausser der Delegation und zahlreichen Journalisten auch eine schwere Herz-Lungen-Maschine als vorgesehenes Regierungsgeschenk sowie eine Vielzahl geheimnisvoller grosser Kessel und tonnenförmiger Behältnisse an Bord. Bei Hawaii erreichten wir die Datumsgrenze. Zum Glück hatten die Organisatoren unserer Reise noch rechtzeitig entdeckt, dass wir dort unsere Uhren um 24 Stunden zurückstellen mussten. Scheel hatte entschieden, dass wir den unverhofft gewonnenen Tag auf Hawaii verbringen würden. So machten wir es uns für einen Tag in einem der grossen Strandhotels an der Waikiki-Beach bequem. Während sich Scheel mit seiner Frau, zum ersten Mal seit Monaten, in der Hotelsuite ausruhte, durchstreiften wir zu dritt im gemieteten Auto Honolulu, wobei mir als einziges das Wrack des von den Japanern 1941 versenkten Schlachtschiffs »Arizona« in der Erinnerung haften geblieben ist.

Am nächsten Tag ging es mit Zwischenlandung auf dem vertrauten Haneda-Flugplatz in Tokyo weiter nach Schanghai. Die Chinesen hatten aus heute mir nicht mehr erinnerlichen Gründen darauf bestanden, den Anflug auf Peking von Schanghai aus vorzunehmen. Die Fahrt vom Flugplatz in die Stadt war wie die Ankunft auf einem fremden Gestirn. Vorbei an ausgedienten Fabrikanlagen, die sich auch dem ungeübten Auge als Museumsstücke aus der Frühzeit des Industriezeitalters darboten, vernachlässigten Wohnsiedlungen, die mit Reisfeldern und Viehweiden abwechselten, brachte uns der Bus über eine kleine gewundene Strasse praktisch ohne motorisierten Verkehr ins Innere der Millionenstadt. Der örtliche Parteichef, einer der bedeutendsten Funktionäre der Kommunistischen Partei Chinas, empfing uns zu einem Bankett, das uns einen Vorgeschmack auf kommende ähnliche Ereignisse in Peking geben sollte. Ungezählte Toasts mit scharfem hochprozentigen Maotai-Schnaps lassen die folgenden Stunden im angenehmen Nebel der

Erinnerungslosigkeit zerfliessen. Endlich dann nach einem letzten zweistündigen Flug am Ziel: Peking – freudig empfangen von unserem Vorauskommando, das in den letzten beiden Wochen versucht hat, im chaotischen Milieu der Grossen Proletarischen Kulturrevolution unseren Aufenthalt zu organisieren. Diskret fragt sein Leiter, Graf Stauffenberg vom Protokollreferat, ob wir an die versprochene Flasche Whisky für ihn gedacht haben. Der Arme war vierzehn Tage lang auf Maotai-Hirseschnaps angewiesen gewesen.

Wie kurz zuvor in Schanghai führt der Weg vom Flugplatz in die Stadt über ländliche Gefilde, wo junge Hirten ihre Entenherden in baumumstandene grüne Dörfer treiben. Peking selbst hatte noch sein Gesicht als alte Kaiserstadt der Mandschus erhalten. Die Kommunisten hatten zwar zwanzig Jahre zuvor nach der Einnahme der Stadt die alten Wälle geschleift und eine grosse Ringstrasse angelegt. Aber kein Bauboom hatte bisher das Stadtbild entstellt. Das höchste Gebäude war das Peking-Hotel mit sechs Stockwerken. Ansonsten bot Peking das weitangelegte Stadtbild niedriger Häuser mit den charakteristisch geneigten chinesischen Dächern, die von den vier riesigen roten Toranlagen der alten Stadtmauer, die als einzige die Schleifung überlebt hatten, überragt wurden. Hinter der »Verbotenen Stadt« des Kaiserlichen Palastgeländes erstreckten sich die geometrischen Strassenmuster des Tartarenviertels.

Im Gästehaus der Regierung, dessen hohe Gartenmauern vom Gewimmel der Aussenwelt abschirmen, wird scheinbare Stille immer wieder von lauter Musik revolutionären Zuschnitts unterbrochen – Trompeten, Jubelchöre, Marschmusik. Pekings Strassen wogen von Menschenmassen in einheitlichen blauen oder grünen Uniformen. Man hat uns gesagt, dass Offiziere nur an den aufgesetzten Jackentaschen zu erkennen sind. Mit unseren westlichen Anzügen in Hemd und Schlips fallen wir auf wie exotische Papageien. Auch auf den Strassen wird der Lärm übertönt von revolutionärer Marschmusik aus grossen Lautsprechern. Im ansonsten warenleeren Kaufhaus erstehe ich einen grossen runden Wecker, dessen Sekundenzeiger zwei junge Maogardisten bilden, die freudig ihr rotes Mao-Büchlein schwenken. Der Strassenverkehr besteht ausschliesslich aus wimmelnden Menschenmassen in blau und grün, zu Fuss oder auf dem Fahrrad, durch die sich hin und wieder schnaufend ein unförmiger zerbeulter Lastwagendinosaurier schiebt. Ab und zu in Marschformation singende Einheiten junger bannerschwenkender Mao-Garden.

Wie absolvieren das Standard-Besuchsprogramm – Grosse Mauer, Ming-Gräber und Verbotene Stadt. Insgeheim warten wir auf die Nachricht, dass der Grosse Steuermann den deutschen Aussenminister empfangen wird. Da vor wenigen Monaten der Schatten-Aussenminister der Opposition, Gerhard Schröder, bei ihm vorgelassen wurde, würde es unfreundlich aussehen, Scheel die gleiche Behandlung zu verweigern. Aber Mao macht wohl einige weniger luzide Tage durch, denn es bleibt beim Empfang durch Tschou-En-Lai. Der chinesische Ministerpräsident ist eine eindruckvolle Persönlichkeit. Auch er trägt den obligaten grauen Anzug im Mao-Schnitt, aber bei näherem Zusehen – welch' ein feiner Stoff. Tschou weiss sich in dem massgeschneiderten Allerweltskleidungsstück mit äusserster Eleganz zu bewegen. In der mit grossen Spucknäpfen ausgestatteten Empfangshalle zeigt das übliche Erinnerungsfoto später mit unserer auf einem leiterartig ansteigenden Gestell in Reihen hintereinander gestaffelten Delegation einen zierlichen, freundlich lächelnden, infolge ständiger Überarbeitung asketisch wirkenden Tschou-En-Lai, der noch nichts von der schweren Krankheit ahnen lässt, die ihn noch vor dem Grossen Vorsitzenden dahinraffen wird. Er ist mit dem deutschen Besuch zufrieden, wir sind es auch. Die Volksrepublik zeigt für das Schicksal geteilter Nationen Verständnis, lässt sich zu Formulierungen herbei, die eine freundliche Haltung gegenüber einer späteren deutschen Wiedervereinigung spüren lassen. Die Vereinbarung über die Wiederaufnahme der seit 1945 unterbrochenen diplomatischen Beziehungen bereitet keine Schwierigkeiten, denn die Bundesrepublik hat zu Tschiang-Kai-Schek und Nationalchina auf Taiwan niemals ein offizielles Verhältnis hergestellt. Allerdings kann es Tschou nicht lassen, gegen den sowjetischen Erbfeind zu sticheln. Er beginnt von seinen Studentenerlebnissen in – wir trauen unseren Ohren kaum – Königsberg, nicht etwa Kaliningrad zu erzählen und schwärmt vom schönen Ostpreussen. Scheels Bemühen, ihm eine freundliche Äusserung zu Brandts neuer Ostpolitik zu entlocken, bleibt vergebens. China wäre ein Fortbestehen des Spannungsfeldes in Mitteleuropa weitaus lieber. Es würde sowjetische Energien und Militärkräfte binden, die ansonsten die asiatischen Nachbarn bedrohen könnten.

Abends unter dem Vorsitz des für die Wirtschaftsplanung zuständigen Stellvertretenden Ministerpräsidenten Li Festbankett in der Grossen Halle des Volkes auf dem Tien-An-Men-Platz vor den roten Torbauten zum Kaiserpalast. In der riesigen Halle werden wir auf etwa hundert runde Tische verteilt, an denen jeweils zehn Gäste Platz nehmen, Deutsche und Chinesen in buntem Gemisch. Auf ein unsichtbares Zeichen öffnen sich an den vier

Saalseiten weite Türen und hundert Kellner bewegen sich mit grossen Speiseplatten rasch und zielsicher auf unsere Tische zu. Dasselbe Schauspiel wiederholt sich für jeden der zahllosen Gänge des Festmahls. Eine organisatorische Meisterleistung, tausend Gäste zur exakt gleichen Zeit mit heissen Speisen zu versehen, die nur ermessen kann, wer gleiches schon im eigenen Haus mit einer grossen Gästeschar versucht hat. Zu jedem Gang wird unter immer neuen Trinksprüchen geprostet, womit? – natürlich mit scharfem Maotai. Der Gastgeber macht selbst mehrmals bei den zahlreichen Tischen die Runde, um auf die deutsch-chinesische Freundschaft anzustossen. Wir leeren unter heimlichem Schütteln jedesmal das Glas, ohne herauszufinden, mit welchem Trick es der Stellvertretende Ministerpräsident versteht, uns zu täuschen. Denn ohne ein solches Manöver hätte er längst unter dem Tisch liegen müssen.

Am folgenden Abend hat Scheel zum Gegenessen eingeladen. Es findet wiederum in der Grossen Halle des Volkes statt und wird eine blamable Pleite. Scheel ist ausser sich. Äusserlich läuft alles ab wie am Abend zuvor. Die Türen öffnen sich auf Kommando und Scharen von Kellnern stürzen sich auf die runden Tische. Aber was sie uns servieren, mutet chinesische Gaumen grauslich an. Die Suppe stand noch nie auf einem chinesischen Speisezettel. Die Nudeln sind eine breiige Masse. Jetzt wird das Geheimnis der Kessel und Tonnen an Bord unserer Maschine offenbar. Es war das von der Lufthansa vorgekochte Menu, eine Woche im voraus zubereitet und in grossen Druckbehältern am Leben erhalten. Auch der Rehrücken musste Chinesen ein Greuel gewesen sein, ebenso wie die auf Käsebasis zubereiteten Nachspeisen. Die chinesischen Gäste nippten höflich an den unansehnlichen deutschen Delikatessen. Daheim musste Muttern später sicherlich noch einmal den Reistopf auf die Flamme stellen. Statt des erhofften Lobs traf die Lufthansaleitung ein erbitterter Beschwerdebrief des Ministers.

Am letzten Abend Festaufführung eines chinesischen Revolutionsballetts: »Das Rote Frauenbataillon«. Die Tänzerinnen hüpften und sprangen in militärischen Uniformen kreuz und quer über die Bühne, aber nirgendwo war auch nur ein einziges schlankes Bein zu sehen. Ich schlief über der Handlung ein und wachte erst mit einem Ruck wieder auf, als man auf der Bühne aus allen Rohren zu schiessen begann. Mein Nachbar beruhigte mich – das Feuergefecht war Teil der Handlung.

Rückflug mit Zwischenlandungen in Bangkok und Teheran. Die Stimmung an Bord schlug grosse Wellen. Der Bundestag war aufgelöst und sollte im November neu gewählt werden. Ein schwieriger Wahlkampf stand bevor, bei dem die Deutschen über Brandts Ostpolitik und die Existenz der sozialliberalen Regierung entscheiden sollten. Wir brachten etwas mit aus Peking: erstmals hatte eine kommunistische Regierung sich positiv zur Wiedervereinigung Deutschlands geäussert.

Zu unserem ersten Botschafter im kulturrevolutionären Peking bestimmte Scheel dann Rolf Pauls, ehemaligen Major und Ritterkreuzträger des 2.Weltkriegs, der ihm den rechten Arm gekostet hatte. Pauls hatte bereits als erster deutscher Botschafter in Tel Aviv unter dem Schatten des Holocaust eine schwierige Mission hervorragend erfüllt und versah nun den Washingtoner Botschafterposten. Er wehrte sich, wie zu erwarten, voller Empörung gegen die, wie er es empfand, Strafversetzung in ein Entwicklungsland. Aber Scheel blieb fest. Es kostete Paul Frank eine Flasche Champagner, in seinem Büro den aufgebrachten Pauls zur Annahme dieses Postens zu bewegen. Ein Jahr später während der Botschafterkonferenz in Jakarta konnten wir dann schmunzelnd feststellen, dass für Pauls inzwischen Peking ein Angelpunkt der Weltpolitik geworden war.

Leitung des Ministerbüros (1972–74)

Die Bundestagswahlen vom 19. November 1972 wurden zu einem überwältigenden Plebiszit für die Regierung Brandt – Scheel und die Ergebnisse der Ostpolitik. Nach den Wahlen avancierte Harald Hofmann zum Leiter des Leitungsstabs im Auswärtigen Amt. Er schlug mich für seine Nachfolge als Leiter des Ministerbüros vor. Bald konnte ich dann auch das traditionelle Zimmer des Bürochefs des Ministers mit direkter Rufleitung des Chefs übernehmen. Schon ein Jahr später wechselte Harald Hofmann als Bundesgeschäftsführer in die FDP-Parteizentrale über. Als sich Scheel mit den Staatssekretären und Personalchef Hoppe in meinem Beisein den Kopf über Hofmanns Nachfolge zerbrach, erbot ich mich, seine Funktion in Personalunion mit der Leitung des Ministerbüros zu übernehmen, ohne auf Hofmanns Rang (B 6) zu bestehen. Dies war eine für das Auswärtige Amt bequeme Lösung.

Ausser dem jetzt erheblich häufigeren persönlichen Kontakt mit dem Aussenminister änderte sich an meinem Arbeitsplan nicht viel. Allerdings trug ich jetzt selbst die Verantwortung für die vielen täglichen Entscheidungen des Ministerbüros. Wir wurden von morgens bis abends von einer Woge an den Minister gerichteter Vorlagen, Zuschriften, Aufzeichnungen und Entwürfen überschwemmt. Es überstieg bei weitem die Kapazität dessen, was ein einzelner Mensch, selbst ein übernatürliches Wesen wie ein Minister, physisch aufnehmen und verkraften konnte. Ausserdem stand Wichtiges neben vielem Unwichtigem. Es galt also zunächst, die Spreu vom Weizen zu sondern. Wesentliche Vorgänge mussten als solche erkannt und entsprechend behandelt werden. Es musste dafür gesorgt werden, dass sie schnellstens in einer angemessenen Form zur Vorlage beim Minister aufgearbeitet wurden. Dazu wurden sie unter Fristsetzung an die zuständige Arbeitseinheit im Hause mit präziser Vorgabe – Briefentwurf, Vorlage zur Entscheidung oder Information etc. – weitergeleitet. Die Einhaltung gesetzter Fristen bedurfte ständiger Kontrolle. Die Masse der weniger wichtigen Eingänge wurde mit dem Stempel »Hat dem Herrn Minister vorgelegen« ins Haus verfügt bzw. zur selbständigen Bearbeitung abgegeben. Wehe, es wurde auf diese Weise ein Vorgang abgestempelt, der später doch das Interesse des Ministers fand oder hätte finden müssen. Die Entscheidung, was ein zeitgeplagter Minister wissen muss und was er nicht unbedingt zu wissen braucht, gehörte immer wieder zu den schwierigsten, mit politischer Verantwortung behafteten Aufgabe dieses Dienstpostens. Ein Minister kann zwar nicht alles wissen, muss aber über alles Wesentliche im Bilde sein.

Ministervorlagen mussten vom Referenten, Abteilungsleiter und Staatssekretär abgezeichnet sein. Trotz dieser bunten Paraphenleiter war der Leiter des Ministerbüros keineswegs davon entbunden, die Vorlage nochmals kritisch darauf zu überprüfen, ob sie nach Inhalt, Form und Umfang so dem Minister vorgelegt werden konnte. Entdeckte er ein Manko, reichte er sie mit Abänderungsvorschlägen an das Haus zurück, was ihm bei den Besitzern der bunten Paraphenstifte (Unterabteilungsleiter braun, Abteilungsleiter blau, Staatssekretär rot) alles andere als freundliche Gefühle einbrachte. In umgekehrter Richtung hatte er die – bisweilen unangenehme – Pflicht, den Minister daran zu erinnern, dass das Haus dringend auf die Entscheidung einer möglicherweise schon längere Zeit auf seinem Schreibtisch gelandeten Vorlage wartete. Ferner musste er darauf achten, dass Ministerweisungen auf Vorlagen (grüner Stift) prompt und angemessen ausgeführt wurden.

Ein Problem besonderer Art stellten Rede-Entwürfe dar. Ein Minister war stets ein gesuchter Redner, vor kleinen und grossen Kreisen, offiziell und privat. Walter Scheel konnte als guter und unterhaltsamer Stegreifredner auftreten. Gleichwohl gehörte es zu den geheiligten Gepflogenheiten, für jeden Anlass einen Entwurf aus dem Hause anzufordern. Scheel war oft – und meist zu Recht – mit den Entwürfen unzufrieden. Es kamen langweilige, in der trockenen Schriftsprache der Bürokraten gehaltene Aufzeichnungen, deren Verlesung jeden Zuhörer in Dämmerschlaf zu versetzen vermochte. Dabei war laut Scheel eine gute Rede doch so einfach: sie sollte – wie ein Minirock – nicht zu lang sein, um nicht langweilig zu wirken, gleichwohl die essentials abdecken, sollte hinwiederum auch nicht zu kurz ausfallen, um nicht oberflächlich zu erscheinen; sie sollte natürlich ernst sein, ohne dabei einer gewissen Heiterkeit zu entbehren, locker im Ton bei stets angemessener Würde, neben Scherzen und Anekdoten seien Bibelzitate immer wirksam, ohne jedoch den Anschein der Frömmelei zu erwecken. Leider waren ausser diesen allgemeinen Regie-Anweisungen konkrete Inhaltsvorgaben des Ministers spärlich. So lagerten die Entwürfe, wenn sie ihm nicht recht behagten, oft lange auf seinem Schreibtisch, manchmal bis zur buchstäblich letzten Minute. Weil es dann in der Regel zu spät war, den Urheber des unglücklichen Entwurfs nochmals zu bemühen, musste der Leiter des Ministerbüros fluchend selbst zur Feder greifen.

Eine verbreitete Unsitte herrschte bei der Vorbereitung des Ministers auf Begegnungen mit ausländischen Staatsmännern und Diplomaten, vor allem bei Auslandsbesuchen. Ein Ukas des federführenden Referats forderte alle relevanten Arbeitseinheiten des Hauses zu »Beiträgen« auf. Im Ministerbüro traf dann ein dicker, oft mehr als hundert Seiten umfassender Sammelband ein, in dem alle bei der Begegnung möglicherweise zur Sprache kommenden Sachaspekte historisch getreu, detailliert und minutiös abgehandelt waren. Es kam den Verfassern offenbar nicht in den Sinn, dass einem Minister die Zeit fehlte, sich durch das umfangreiche Werk hindurchzuarbeiten. Konnte der Referent doch immer darauf verweisen, er habe seinem Minister diese oder jene Problemseite ausführlich erläutert. Das Alibi-Denken war auch dem Auswärtigen Amt bereits zu jenen Zeiten leider nicht völlig fremd. Wir gingen deshalb dazu über, neben dem Hintergrundband einen knappen, zwei Schreibmaschinenseiten nicht übersteigenden Gesprächsführungsvorschlag zu verlangen.

Walter Scheel verlor auch unter starkem äusseren Druck gewöhnlich nicht seine heitere Ausgeglichenheit. Es konnte trotzdem vorkommen, dass er nach längerem Schlafdefizit einigermassen unwirsch sein Büro betrat. Für diesen Fall hatte seine treue und unermüdliche Sekretärin, Fräulein Schlinkmeier, Vorsorge getroffen. Im Sekretariat war neben der Tür zum Allerheiligsten in Augenhöhe ein Stimmungsbarometer angebracht. Scheel nahm diese Vorrichtung sehr ernst. Wenn er den Kopf herausstreckte und die Einstellung »Chef hat schlechte Laune« bemerkte, änderte sich gewöhnlich schlagartig seine Stimmung.

Diffizil gestaltete sich der Umgang mit Mildred Scheel. Sie war eine selbstbewusste, eigenwillige, oft schwierige Persönlichkeit. Es machte ihr nichts aus, Botschaftergattinnen und andere zur Verzweiflung zu treiben. Widerstand forderte sie heraus, um ihn brechen zu können. Ihr Auftreten stellte höchste Anforderungen an das diplomatische Vermittlungsgeschick der persönlichen Referenten. Ich erinnere mich an eine schier ausweglose Situation, als vor einer Auslandsreise ein Impftermin beim Amtsarzt nicht zustandekam, weil beide Seiten auf ihren entgegengesetzten Zeitvorstellungen beharrten. Die Auseinandersetzung zwischen den beiden Fachkollegen – Frau Dr. Scheel war eine anerkannte Röntgen-Fachärztin – hatte sich schliesslich so zugespitzt, dass der Gesundheitsdienst des Auswärtigen Amts sich weigerte, überhaupt noch etwas mit der Ehefrau des Ministers zu tun zu haben, während Frau Scheel erregt von mir die Entlassung des Amtsarztes verlangte. Als ultima ratio bediente ich mich ihr gegenüber eines Arguments, das dann noch verfing, wenn sie bereits alles andere vom Tisch gewischt hatte. Ich gab ihr zu bedenken, dass sie ihrem Mann politisch Schaden zufügen könne, wenn sie auf ihren – möglicherweise durchaus berechtigten – Forderungen beharre. Frau Scheel wurde dann nachdenklich und gab nach.

In der Rückschau auf nachfolgende Generationen von Leitern des Ministerbüros glaube ich, dass wir nicht der Versuchung erlegen sind, die Nähe des Ministers zum Mitregieren auszunützen. Im Zentrum der Macht bieten sich durchaus Gelegenheiten, den vorgeblichen oder unterstellten Willen des Ministers in Weisungen oder zur Steuerung bestimmter Situationen umzumünzen. Ich habe mir in dieser Hinsicht bewusst stets Zurückhaltung auferlegt.

Das Ministerbüro war eine harte Knochenmühle, vermittelte aber unschätzbare Erfahrungen – in der unmittelbaren Nähe zur aussenpolitischen Gestaltung, in der Steuerung eines oft schwerfälligen Ministerialapparats, im Erspüren politischer Tretminen, in der konzentrierten Bewältigung hohen Arbeitsanfalls, nicht zuletzt auch in der Einschätzung des Leistungsvermögens der Kollegen »im Haus«. Bei einer Vorlage genügte meist ein Blick auf den Namen des Verfassers, um zu wissen, ob ein Überfliegen des Schriftstücks ausreichen würde oder ob es auf Herz und Nieren abgeklopft werden musste. Die tägliche Arbeit im Ministerbüro vermittelte im Laufe der Zeit eine umfassende Personalkenntnis, die mir später in der Personalabteilung zustatten kommen sollte, als es darum ging, je nach Leistungsfähigkeit Karrieren zu fördern oder auch zu bremsen.

Hinterthal

Walter Scheel dachte stets über den Tag hinaus. Im Januar 1973 lud er seine vier engsten Mitarbeiter – ausser mir Harald Hofmann, seinen persönlichen Referenten Sepp Wölker und Pressesprecher Guido Brunner – auf ein Wochenende in sein schönes Ferienhaus im österreichischen Hinterthal am Fuss des Steinernen Meers ein. Wir merkten bald, dass es ihm um ein gemeinsames Brainstorming ging. Was sollte aus ihm und der Partei werden? Es war ihm gelungen, die FDP aus der Existenzkrise herauszuführen. Der Wähler hatte seine Entscheidung zur Koalition mit Brandt und zu einer mutigen Ostpolitik bestätigt. Noch gab es, wie Scheel sagte, einen Vorrat an konsensfähigem Entscheidungsbedarf in der Koalition, auch wenn dessen Bestand deutlich abgenommen hatte. Im nächsten Jahr – Mai 1974 – stand die Neuwahl des Bundespräsidenten an. Gustav Heinemann hatte zu erkennen gegeben, dass er für eine zweite Amtsperiode nicht zur Verfügung stehen würde. Es sei an der Zeit zu gehen, sobald man selbst spüre, zu alt geworden zu sein, hatte er einmal bemerkt; wenn die anderen es ebenfalls merkten, sei es vielleicht schon zu spät. Denn am Ende falle es einem selbst nicht mehr auf, sondern nur noch den anderen. Scheel rechnete uns vor, dass SPD und FDP in der nächsten Bundesversammlung – Bundestag und Landtage der Länder – über eine Mehrheit verfügen würden. Eine günstige Konstellation, die sich nach Scheels – wie sich zeigen sollte, nur allzu berechtigter – Prognose vielleicht so rasch nicht wiederholen werde. Nachdem mit Theodor Heuss, Heinrich Lübke und Gustav Heinemann alle drei Parteien einmal den Bundespräsidenten gestellt hätten, könne es niemand der FDP verwehren, wenn sie erneut für dieses Amt antrete. Aber werde die Partei den damit notwendigen Führungswechsel zu Genscher verkraften, werde die Koalition halten und die Kontinuität sozialliberaler Politik gewahrt werden können? Welche Möglichkeiten stünden einem über den Parteien thronenden liberalen Bundespräsidenten zu Gebote, dem Image seiner alten Partei nützlich zu sein? Und musste das Bundespräsidentenamt wirklich die Endstation eines Politikers bedeuten, wenn man die Fortentwicklung der europäischen Einigung bedachte –

winkten europäischen Spitzenpolitikern nicht Chancen für neue repräsentative Aufgaben? Bis tief in die Nacht debattierten wir mit unserem von Schmerzen geplagten Chef. Ein klarer Konsens kam nicht zustande. Wir vier Jüngeren konnten uns eine der Reform verpflichtete Bundesregierung unter Brandt ohne Scheel eigentlich nicht vorstellen. Als wir auseinandergingen, schien sich Scheel noch nicht entschieden zu haben, auch wenn er sich offenbar ernsthaft mit dem Gedanken an eine Bundespräsidenten-Kandidatur auseinandersetzte.

Nur Walter Scheel selbst weiss, wann seine Entscheidung für die Villa Hammerschmidt fiel. Nachdem feststand, dass weder Gustav Heinemann noch Willy Brandt zu einer Kandidatur bereit waren, machte Scheel am 14. Dezember 1973 seinen Beschluss bekannt. Er lag im Godesberger Waldkrankenhaus, wo er der zweiten Nierensteinoperation dieses Jahres entgegensah. Am Wochenende des 4./5. Mai 1974 wurde ich spätabends von Klaus Kinkel, Genschers »Persönlichem« angerufen, der dringend für seinen Chef nach Scheels Aufenthalt – die EG-Aussenminister waren in Schloss Gymnich zusammengetroffen – forschte. Am 6. Mai vernahm eine schockierte deutsche Öffentlichkeit die Nachricht vom Rücktritt Brandts als Folge der Spionage-Affäre Guillaume. So sehr Scheel ihn, ebenso wie andere, von diesem Schritt abzuhalten suchte, so sehr war ihm die Erleichterung anzumerken, der Perspektive als Vizekanzler und Aussenminister in einem Bundeskabinett Helmut Schmidt enthoben zu sein. So endete die erste sozialliberale Ära Brandt – Scheel – durch den Rücktritt des einen und den im voraus geplanten Rückzug des anderen Partners.

Scheels Wahl durch die Bundesversammlung am 15. Mai 1974 gegen den noblen, aber aussichtslosen CDU-

Kandidaten Richard von Weizsäcker war eine blosse Formsache. Eilends räumte und ordnete ich mein Büro, um es nachmittags meinem, wie immer eiligen, Nachfolger Klaus Kinkel übergeben zu können. Seit vielen Jahren fuhr ich erstmals bei Tageslicht nach Hause, von einer seltsamen inneren Leere erfüllt. Nach der Hektik der vergangenen Wochen und Monate wurde mir erst allmählich bewusst, dass ein neuer Lebens- und Berufsabschnitt begonnen hatte.

Botschafter in Malaysia (1974–76)

Scheel nahm aus dem Auswärtigen Amt einige bewährte Beamte mit hinüber in das Bundespräsidialamt – Gisbert Pönsgen als Leiter der Abteilung Aussenpolitik, Ekkehard Eickhoff als Leiter des persönlichen Büros und zur allgemeinen Überraschung – und Genschers Enttäuschung, der ihn vergeblich zum Bleiben zu überreden versuchte – Staatssekretär Paul Frank als Chef des Bundespräsidialamts. Auch mich hatte Scheel schon frühzeitig gebeten, ihn in seiner neuen Funktion zu begleiten. Ich bat um Verständnis, wenn ich den Auswärtigen Dienst nicht verlassen wolle. Nach mehr als vier Jahren harter Arbeit im Ministerium wolle ich wieder auf Auslandsposten, am liebsten in selbständiger Verantwortung. Mein heimlicher Wunsch war die Botschaft in Jakarta, denn in Indonesien fühlten sich Almuth und ich nach wie vor zu Hause. Aber damals war es noch nicht üblich, einen Beamten aus der engeren Umgebung des Ministers mit einer Beförderung ins Ausland zu entlassen. Jakarta war noch eine Nummer zu gross. Als Personalchef Hoppe mich auf meine künftige Verwendung ansprach, schlug ich deshalb vor, mir die Leitung der bald freiwerdenden »kleinen« Botschaft Kuala Lumpur zu übertragen. Hoppe ging sofort darauf ein, offenbar mit einiger Erleichterung, denn er hatte wohl befürchtet, dass ich bei Scheel einen Beförderungsposten erwirken könnte. Scheel sagte mir anderntags: »Gerade habe ich Sie der Personalabteilung als Botschafter für Malaysia verkauft.« Damit waren denn letztlich alle Seiten, Almuth und mich eingeschlossen, vollauf zufrieden.

Land und Leute

»Kuala Lumpur is a first-class post for a second-rate ambassador« – mit etwas gemischten Gefühlen vernahm ich diesen Somerset Maugham zugeschriebenen Ausspruch, den mir eine für ihre maliziöse Zunge bekannte Kollegin zusteckte. Aber war Malaysia wirklich noch das verträumte Tropenparadies Südostasiens, dessen Sonnenuntergänge hinter Palmenhorizonten niemand besser beschrieben hat als Joseph Conrad in seinen berühmten Erzählungen? Die Aufhebung des Ausnahmezustands nach den blutigen Rassenunruhen des Mai 1969, denen mehr als 600 Menschen zum Opfer gefallen waren, lag erst drei Jahre zurück. Portugiesen (seit der Eroberung Malaccas im Jahre 1511), Holländer und Engländer (seit 1786 auf Penang) hatten nacheinander der malaiischen Halbinsel ihren Stempel aufgedrückt. Aus dem Malaiischen Bund von 1957 war sechs Jahre später, von Sukarno durch eine militärische Konfrontationspolitik heftig bekämpft, der ethnisch und geographisch disparate Bundesstaat Malaysia hervorgegangen – Westmalaysia mit neun malaiischen Sultanaten und den britischen Straits Settlements Penang, Malacca und Singapur (das schon am 9. August 1965 wieder ausgeschieden war) auf der Malaya-Halbinsel, Ostmalaysia mit Sabah und Sarawak auf Nordborneo. In dem jungen Staat lebte ein buntes Völkergemisch, dessen 11,5 Millionen Menschen sich laut offizieller Statistik zu 45 % aus moslemischen Malaien, 40 % aus konfuzianistisch-buddhistischen oder getauften Chinesen, 9 % aus hinduistischen Tamilen und mit dem Rest aus Eurasiern und animalistischen Ureinwohnern *(orang asli)* zusammensetzten. Scharfe Gegensätze trennten insbesondere die als Geschäftsleute und

Handwerker das Wirtschaftsleben beherrschenden Chinesen von den in der Landwirtschaft, in der Verwaltung und im Militär verwurzelten Malaien, die sich als die eigentlichen Herren des Landes betrachteten.

Das Trauma des Rassenkonflikts von 1969 lag noch spürbar lähmend über Stadt und Volk, als wir vier – Almuth, ein sechsjähriger Christoph und ein noch nicht vierjähriger Cornelius nebst Familienvater – am 10. Juli 1974 zu früher Morgenstunde in Kuala Lumpus eintrafen. Einige Journalisten hatten sich zur Begrüssung des neuen Botschafters auf dem Flugplatz eingefunden. Da Kenntnisse der Landessprache immer einen guten Eindruck hinterlassen und das auf beiden Seiten der Malacca-Strasse gesprochene Malaiisch zu 95 % identisch ist, hatte ich mich mit meinem im Gedächtnis verbliebenen indonesischen Wortschatz auf ein malaiisches Interview vorbereitet. Meine Verwunderung war gross, als die Repliken auf meine indonesisch-malaiischen Ausführungen stets in englischer Sprache kamen – nicht, weil man mein holpriges Landesidiom nicht verstanden hätte, sondern weil es sich bei den Journalisten ausnahmslos um Chinesen handelte, die sich der offiziellen Landessprache nur im unumgänglichen Notfall bedienten. Mit dieser Erfahrung trat ich meinen ersten Botschafterposten an. Es kam noch manche andere Erfahrung hinzu. Ich musste lernen, dass nicht alles, was wir aus der Perspektive Südostasiens für wichtig hielten, auch das Interesse der Zentrale fand. Politisch bestanden zu Malaysia ohnehin keine Probleme. Es galt als stabiles Land mit einer vernünftigen Wirtschaftspolitik. Diese Einstellung änderte sich daheim erst, als 1975 mit dem Fall Saigons und Phnom Penhs die Gefahr einer kommunistischen Überflutung Südostasiens heraufzog. Jedenfalls arbeiteten wir

»draussen« sehr selbständig und mit einem grossen Vertrauensvorschuss. Eigentlich fand eine Kontrolle unserer Arbeit nur statt, wenn alle fünf Jahre die Inspektion erschien.

Kuala Lumpur

Kuala Lumpur hatte damals noch nicht völlig den Charme einer verträumt-kolonialen Vergangenheit abgestreift. Im Zentrum der Stadt erstreckte sich hinter dem alten Bahnhof im maurischen Stil und der im regelmässigen Farbwechsel weiss-schwarzen Marmors erbauten Freitagsmoschee der »spotted dog«, wie der englische Club im Tudor-Stil mit dem weitläufigen Gelände des cricket-Platzes liebevoll genannt wurde. Im Vorraum des alten Steak-House auf der Gegenseite lehnte an der Wand noch der Gewehrständer, in dem die britischen Farmer auf dem Höhepunkt der zwölfjährigen »Emergency«, des noch nicht lang zurückliegenden Kommunistenaufstands (1948–60) ihre stets mitgeführten Flinten abgestellt hatten. Die Reste jener Aufständischen-Bewegung, einige hundert Guerillas chinesischer Abstammung, tummelten sich noch immer in den nördlichen Dschungeln Malayas vor der thailändischen Grenze und machten durch Überfälle auf Dörfer und Polizeistationen von sich reden. Selbst in der Hauptstadt schlugen sie noch gelegentlich zu. Wenige Wochen vor unserem Eintreffen war ein paar Häuser unterhalb unserer Residenz der Polizeichef Kuala Lumpurs auf offener Strasse von Terroristen erschossen worden. Intakt war damals noch das chinesische Altstadtviertel mit den Gerüchen seiner Garküchen und Spezereiläden, in deren Mitte sich unscheinbar das unheimliche Sterbehaus verbarg. Hierhin zogen sich ausgemergelte alte Chinesen zurück, wenn sie ihr Ende herannahen fühlten. Es schauderte uns, wenn wir im Vorbeifahren die armseligen Gestalten sahen, die auf dem Bänkchen neben der Tür sassen und unter Verweigerung der Nahrungsaufnahme auf den Tod warteten. In den Wohnvierteln am Stadtrand, jenseits der beginnenden Skyline erster Wolkenkratzer, herrschten bei Nacht noch die Affen. Als wir unseren Kanzler zum Abendessen besuchten, teilte er uns mit Trauermiene mit, dass die Affen in der vergangenen Nacht bei ihm eingebrochen seien und die Speisekammer komplett ausgeräumt hätten.

Die Botschafterresidenz lag in der äusserlich unscheinbaren, aber als vornehm geltenden Jalan Kia Peng. Vornehm, weil hier ausser dem belgischen und deutschen Botschafter drei der malaysischen Sultane ihre Stadtresidenz errichtet hatten. Unser Haus war ein weitläufiger, in U-Form erbauter Bungalow inmitten eines Arreals von Palmen und Flamboyant-Bäumen, überragt von einem gewaltigen uralten Banyanbaum, dessen von Luftwurzeln und zottigem Geflecht überwachsenes unsichtbares Inneres als Sitz guter oder auch böser Geister galt. Die Dimensionen der marmorgefliesten Eingangshalle boten unseren Kindern freudig ergriffene Gelegenheit zum Rollschuhrennen. Walter Scheel sagte einmal, dass er sich in Bonn eine Aussenminister-Dienstwohnung wünsche, die über ein Drittel des Raumumfangs der Residenz in Kuala Lumpur verfüge. Die Hinterfront des Gartens grenzte an die Pferderennbahn von Kuala Lumpur. Unvergesslich unser erstes Wochenende in K.L.: die sonntägliche Stille schlug mittags plötzlich um in die unruhigen Geräusche einer grösseren Menschenmenge, die sich in den Tribünen des Rennplatzes gegenüber angesammelt hatte. Als dann lauter werdendes Pferdegetrappel ertönte und die aufgeregte Stimme des Ansagers den wechselnden Stand des Rennens ankündigte, liefen wir zu den hinteren Fenstern des Salons, um als nicht zahlende Zaungäste an diesem Schauspiel teilzuhaben. Wer beschreibt unsere Verblüffung, als wir zwar die überfüllte Tribüne mit fuchtelnden, rufenden und gestikulierenden Zuschauern entdeckten, aber kein einziges Pferd auf der Rennbahn. Und doch, die Ansagerstimme im Lautsprecher überschlug sich, das Pferdegetrappel wurde immer lauter, jetzt lief es aus und viele Menschen fielen sich vor dem leeren Parcours in die Arme. Es war gespenstisch. Das Rätsel klärte sich bald auf. Malaysia besass zusammen mit Singapur vier Pferderennplätze. Rennen wurden aber immer nur auf einem der vier Plätze ausgetragen. Da Wetten nur auf dem Rennplatz abgeschlossen werden durften, drängten sich die als leidenschaftliche Spieler bekannten Chinesen auch in die drei leeren Rennstadien, um entsprechend der Lautsprecherübertragung Wetten abzuschliessen. Jeden Sonntag das gleiche lärmende Schauspiel, an das wir uns bald gewöhnten, nur einmal im Monat mit richtigen Pferden und Jockeys.

Akkreditierung

Es war ein Erlebnis, zum ersten Mal als ausserordentlicher und bevollmächtigter Botschafter akkreditiert zu werden. Der auf fünf Jahre von seinen Kollegen zum König gewählte Sultan von Kedah – Malaysia ist noch heute die einzige Wahlmonarchie der Welt – weilte auf Staatsbesuch in Grossbritannien. Deshalb nahm in seiner

Vertretung der Vizekönig mein Beglaubigungsschreiben entgegen. Es war der Sultan von Kelantan, ein noch recht junger, aber ungesund und aufgeschwemmt aussehender Malaie im prächtigen Turban, mit goldverbrämter Brokatschärpe und dem glitzernden Staatskris besser herausgeputzt als der neue Botschafter im schlichten schwarzen Cutaway. Er war bei der kurzen, ihm ungewohnten Zeremonie sichtlich noch aufgeregter als ich. Jedenfalls brachte ich das Verlesen meiner Antrittsrede mit erheblich weniger Stocken zustande als er seine kurze Willkommensrede, bei der er mehrfach steckenblieb. Die anschliessende Unterhaltung vollzog sich nach strengem Hofzeremoniell, wozu das voraufgegangene Studium eines ganzen Büchleins voller Regeln gehörte. Ich erinnere mich nur, dass man sich dem Monarchen so gegenüberzusetzen hatte, dass die Schuhspitzen nicht auf seine erhabene Person gerichtet waren. Auch musste man sich

Erster Besuch des neuen Botschafter-Ehepaars bei König und Königin von Malaysia

rückwärts unter verschiedenen Bücklingen aus dem Thronsaal herausbewegen. Nach den gleichen Regeln lief anderntags das Gespräch beim Tee ab, zu dem Sultan und Sultanin Almuth (in weitem Hut und Handschuhen) und mich gebeten hatten. Beide zeigten sich sehr interessiert an unseren Erfahrungen im brüderlich verwandten Indonesien, das ihrem jungen Staat noch vor wenigen Jahren in harter Konfrontation Widerstand geleistet hatte. Übrigens war ich der letzte Botschafter, der seine Antrittsrede mündlich vortragen durfte – wie ich erfuhr, hatte es der Sultan nach seinen Erfahrungen bei meiner Akkreditierung abgelehnt, noch einmal eine Rede vor einem fremden Missionschef zu verlesen. Es blieb fortan beim Austausch schriftlicher Texte. So war das erste Ergebnis meines Auftretens in Malaysia eine Änderung des Hofprotokolls.

Erste Gäste

Wir hatten gerade die ersten Tage in Kuala Lumpur hinter uns gebracht, als ein Telegramm einlief, das uns den Besuch von Hardy Krüger ankündigte. Bundeskanzler Helmut Schmidt wünsche, so hiess es streng, dem mit ihm befreundeten Filmschauspieler besondere Wahrnehmung angedeihen zu lassen. Was tun? Einstweilen waren wir noch völlig ungeübt in der Betreuung von Filmschauspielern. Dunkel hing über uns wie eine Drohung der Kanzlerwunsch. Wir beschlossen, zunächst einmal einen Strauss Orchideen und eine Flasche Sekt auf das Hotelzimmer zu senden und abzuwarten. Es verging keine Stunde, als sich gemessenen Tones die sonore Stimme Hardy Krügers am Telefon meldete. Bei einem Abendessen zu drei Paaren – wir hatten dem österreichischen Botschafter die Situation erklärt und ihn kurzfristig hinzugeladen – lernten wir uns kennen und kamen uns schnell näher. Hardy Krüger drehte in Malaysia in internationaler Besetzung einen Film – Paper Tiger. Er wollte sich nebenbei für die Öffentlichkeitsarbeit der neuen Bundesregierung nützlich machen. Also besorgten wir mit viel Mühe aus Bonn einen alten Hardy-Krüger-Film und luden ihn mit allen Mitschauspielern – David Niven, Ivan Desny, Mifune samt seiner bildschönen japanischen Freundin – mit einem kunstbegeisterten malaysischen Publikum zu einer grossen Podiumsdiskussion mit anschliessendem Buffet-Essen ein. Es wurde ein grosser Erfolg. Mit Hardy Krüger und seiner charmanten italienischen Frau Francesca, die wir allerdings später nicht mehr wiedersahen, blieben wir noch lange Jahre in freundschaftlicher Verbindung

Cornelius' Unglück

Wenige Tage nach unserem Begrüssungsabend mit Hardy Krüger ereignete sich etwas Schreckliches. Der sympathische österreichische Kollege lud uns mit Kindern zum Tee an seinem Swimmingpool ein. Um unser grosses Haus in der Jalan Kia Peng erstreckte sich zwar ein weitläufiges Grundstück. Aber ein Schwimmbad hatte die Bundesbaudirektion nicht gestattet. Christoph und Cornelius waren über die Einladung begeistert. Wir planschten und picknickten mit der Familie des Gastgebers, bis mir auffiel, dass wir den kleinen Cornelius schon eine Weile nicht mehr gesehen hatten. Wir suchten und Almuth entdeckte ihn schliesslich als kleines Bündel zusammengerollt auf dem Boden des Schwimmbeckens, an dessen tiefster Stelle. Nur seine winzige bunte Badehose war ein stummer Hilferuf. Almuth tauchte sofort und zog den leblosen Körper empor. Ich versuchte vergeblich, durch Mundbeatmung und Brustmassage irgendein Lebenszeichen hervorzulocken. In fliegender Hast eilten wir zum General Hospital von Kuala Lumpur, verfolgt und gepeinigt von dem Schuldgefühl, nicht genügend gerade auf die jüngsten unserer Kinder aufgepasst zu haben. Nach endlos scheinenden Formalitäten landete der immer noch leblose winzige Körper im Behandlungsraum. Endlich, nach langen Bemühungen, gab Cornelius ein erstes Stöhnen und dann einen unendlichen Schwall Wassers von sich. Er musste etwa drei Minuten unbemerkt unter Wasser gelegen haben. Jede weitere Sekunde abgeschnittener Sauerstoffzufuhr hätte, wie uns der Arzt bedeutete, irreparable Gehirnschäden nach sich gezogen. Sie waren, wie die Untersuchungen der nächsten Tage im Krankenhaus zeigten, wie durch ein Wunder nicht eingetreten. Der Alptraum unseres fast ertrunkenen Kindes verfolgte uns über Monate und Jahre.

Als wir am Unglücksabend zu später Stunde heimkehrten, um das Notwendigste für Almuths Krankenhauswache zu holen, sass unser ganzes chinesisches Hausteam auf den Stufen des Eingangs – bestürzt, stumm, fragend – der Senior Tan, Majordomus und guter Geist des Hauses, seine Frau Soon Wah, damals noch Wäscherin, später von Almuth als vortreffliche Köchin angelernt, und Poh Gaik, Putzerin und Mädchen für alles. Zu Cornelius' viertem Geburtstag wenige Tage später überboten sie sich in Aufmerksamkeiten und Zeichen der Zuneigung. Für unsere österreichischen Gastgeber hatte das Unglück noch ein Nachspiel. Das gesamte Hauspersonal kündigte aus Angst vor dem bösen Geist, der das Unheil heraufbeschworen hatte.

Später kam die Einschulung Christophs und Cornelius' in die englische Garden School. Es gab Tränen, als Christoph den jüngeren Bruder, beide in der vorgeschriebenen gelb-braunen Schuluniform, am Arm nahm und tapfer auf den Schulhof marschierte. Wir erfuhren erst Monate später, dass Cornelius gleich am ersten Tag seine Klasse verlassen und den älteren Bruder in dessen Klassenraum gesucht hatte, wo er sich ganz still neben ihn auf die Schulbank setzte. Beide Buben verstanden kein Wort englisch. Wir rechneten es den Lehrerinnen der Garden School hoch an, dass sie Cornelius verständnisvoll gewähren liessen. Erst zwei Wochen später überzeugten sie ihn, dass seine Klasse auch schön und interessant sei. Man erzählte uns später, dass beide sechs Wochen lang stumm dem Unterricht in der unbekannten Sprache zuhörten. Als sie dann zum ersten Mal den Mund öffneten, liess sich zum allgemeinen Erstaunen ein klares und akzentfreies Englisch vernehmen. Leider verlernten sie nach unserer Rückkehr, trotz unserer gegenteiligen Bemühungen, ihre englische Sprachfertigkeit beinahe so schnell, wie sie sie sich mit dem Ohr angeeignet hatten.

Antrittsbesuche

Die ersten Wochen waren mit Antrittsbesuchen beim malaysischen Kabinett und den Kollegen des Diplomatischen Corps angefüllt. Ministerpräsident war damals noch Tun Razak, Nachfolger des Staatsgründers Tunku Abdul Rahman. Er sprach mich sogleich lebhaft auf die gerade gewonnene deutsche Fussballweltmeisterschaft an – ein Thema, zu dem ich leider nur wenig beitragen konnte. Besonders freundlich gestaltete sich mein Empfang beim Chef der malaysischen Seestreitkräfte, Admiral Thanabalasingham, dessen dunkles Tamilengesicht sich fabelhaft abhob von der schneidigen weissen Marineuniform. Sir Eric Norris, der britische High Commissioner, liess mich als Vertreter der englischen Krone bei einem Commonwealth – Mitglied wohlwollend-herablassend seine besondere Stellung als heimlicher Vizekönig fühlen. Der französische Kollege hätte auf Grund seines Alters mein Vater sein können. Er erzählte von seinen Erfahrungen in Indochina. Als stellvertretender Missionschef musste er mehr als einmal vor amerikanischem Bombenhagel in den Keller flüchten, was seine Einstellung gegenüber dem grossen Washingtoner Verbündeten nicht gerade günstig beeinflusste. Er wusste, dass unser Vorgänger uns eine stattliche Menagerie hinterlassen hat-

Malaysias Ministerpräsident Tun Abdul Razak besucht den deutschen Messestand in Kuala Lumpur

te – ausser einer Schäferhündin und einigen Dutzend exotischer Vögel auch mehrere Truthähne und Gänse, die das weitläufige Grundstück von Schlangen freihalten sollten, es aber in Ausübung ihrer Obliegenheiten leider auch nicht unbeträchtlich verunreinigten. Er bat mich um den kollegialen Gefallen, ihm für einige Tage unseren Gänserich zu Fortpflanzungszwecken für seine eigene Gänseschar auszuleihen. Natürlich beeilte ich mich, ihm dies als selbstverständlich zuzusichern. In mein Büro im 17. Stockwerk des UMBC-Hochhauses zurückgekehrt, hängte ich mich sofort ans Telefon, um die, wie mir plötzlich einfiel, bevorstehende Exekution unserer mehr lästigen als nützlichen Gänse aufzuschieben. Zu spät – Tan hatte sich die Freigabe der unbequemen Watschelfüsse nicht zweimal sagen lassen. Die französisch-deutschen Beziehungen in Kuala Lumpur kühlten ob dieser als Rankünе empfundenen Massnahme für eine Weile merklich ab. Almuth kam wenige Tage später die Idee, die Lebern der geschlachteten Gänse zu einer echten Gänseleberpastete zu verarbeiten. Dreimal forderte sie bei Tan die entsprechenden Körperteile heraus, doch unser Chinamann stellte sich taub oder gab vor, nicht zu verstehen. Endlich riss Almuth der Geduldsfaden und sie stellte ihn zur Rede. Jetzt behauptete er, dass unsere Gänse seines Wissens nicht über entsprechende Organe verfügt hätten, jedenfalls hätte man keine bei ihnen gefunden. Als wir ihn von der physiologischen Unmöglichkeit dieser Eventualität überzeugt hatten, bat er schliesslich um Verständnis, dass Chinesen nichts von Innereien wie Lebern hielten und sie deshalb weggeworfen hätten. Der vorhandene Rest der Puten und Gänse wurde daraufhin einem katholischen Missionskrankenhaus zu wohltätigen Zwecken übereignet.

Ein besonders vertrauensvolles Verhältnis bestand zu dem Botschafter Singapurs, Wee Kim Wee. Er war als früherer Herausgeber der Singapore Straits Times mit dem für den Stadtstaat als Beobachterposten lebenswichtigen Botschafterauftrag in Kuala Lumpur betraut worden und betrachtete mich, ich weiss nicht aus welchen Sympathiegründen, als seinen väterlichen Freund. Er übernahm später als Präsident das höchste Amt Singapurs.

Botschaftsarbeit und Wirtschaftsförderung

Der Schwerpunkt unserer Botschaftsarbeit lag auf wirtschaftlichem Gebiet. Unsere Entwicklungshilfe beschränkte sich auf technische Beratung im Fischerei- und Forstbereich sowie bei der Entwicklung privater Kleinindustrien. Wie mir der tüchtige chinesische Chef der Wirtschaftsplanungsbehörde, Tan Sri Thong, mehr als einmal vorwurfsvoll vorhielt, wurde Malaysia für eine erfolgreiche Entwicklungspolitik mit der Vorenthaltung deutscher Kapitalhilfe bestraft. Oder liessen wir uns etwa von gerechten Prinzipien leiten, wenn wir die Misswirtschaft benachbarter Staaten in der Region – gemeint, aber nicht genannt waren Indonesien, Thailand und die Philippinen – durch grosszügige Kapitalhilfespritzen unterstützten. Es war eine Logik, der ich mich nur schwer zu entziehen vermochte.

Über Malaysia waren damals rund 50 Angehörige des DED (Deutscher Entwicklungsdienst) verteilt. Man hatte sie im Plantagenbereich, im Sozialdienst und zur Ausbildung einheimischer Handwerker eingesetzt. Es war eine buntgewürfelte Schar, die vom gestandenen Maschinenschlosser bis zum stürmischen sozialbewegten Achtundsechziger die ganze ideologische Skala einschloss. Als in Kuala Lumpur die jährliche Regionaltagung des DED stattfand, luden wir alle Teilnehmer zum Abendessen bei uns ein. Über die Annahme der Einladung wurde abgestimmt. Eine knappe Mehrheit war dafür. Auf Wunsch gab es Sauerkraut und Bier. Die hitzigen Diskussionen zogen sich bis lange nach Mitternacht hin. Die Kluft zwischen Entwicklungshilfepraktikern und -ideologen trat deutlich zutage. Im Gästebuch war die für uns schmeichelhafte Eintragung festgehalten, dass der Botschafter und seine Frau doch nicht so establishmenthörig seien wie zunächst angenommen – was die jungen Freunde allerdings nicht daran hinderte, sämtliche Gästehandtücher und Seifenpackungen mitgehen zu lassen. Der linke Flügel der deutschen Entwicklungshelfer gab ein vierteljährliches Informationsblatt unter dem vielsagenden Titel »Die Stechmücke« heraus. Das Blättchen bereitete uns an der Botschaft leider immer wieder Schwierigkeiten. Einmal konnten wir die erboste malaysische Regierung nur mit Mühe davon abhalten, alle deutschen Entwicklungshelfer kurzfristig aus dem Land zu werfen, weil sie an der heftigen Sozialkritik der »Stechmücke« Anstoss genommen hatte. Es erwies sich leider als unmöglich, die Herausgeber des Blättchens davon zu überzeugen, dass sie als Projekthelfer, nicht aber als politische Reformer nach Malaysia gerufen worden waren. Am nettesten waren unsere Begegnungen mit Entwicklungshelfern, wenn wir sie, oft allein und recht verloren, auf unseren Reisen im Landesinneren antrafen. Hier erwiesen sich selbst hitzige Systemkritiker als vernünftig und ansprechbar.

Eine Reihe deutscher Firmen hatte sich mit Fertigungsstätten in den Freihandelszonen von Penang und Malakka niedergelassen, angezogen von den niedrigen Arbeitslöhnen einheimischer Arbeitskräfte und der Zusage langjähriger Steuerbefreiung. So grosszügig die malaysische Regierung günstige Investitionsbedingungen angeboten hatte, so streng achtete sie andererseits auf deren Einhaltung durch die ausländischen Investoren. Dazu gehörte etwa die Vorschrift, dass Fabriken in den Freihandelszonen mit neuen Maschinen ausgerüstet wurden. Man wollte verhindern, dass Ausländer mit einem schrottreifen Maschinenpark steuerbegünstigt Geschäfte machten. Es konnte nicht ausbleiben, dass schon bald ein deutscher Unternehmer beim Botschafter anklopfte und um Hilfe bat. Am Standort Deutschland drohe ihm der Konkurs – wir zählten das Jahr 1975 – wenn er seine Maschinen zur Kautschukverarbeitung dort nicht ab- und woanders unter günstigeren Kostenbedingungen wiederaufbauen könne. Also nahm ich den recht verzweifelten Landsmann mit zu dem mir gewogenen Minister für Kleinindustrie und späteren stellvertretenden Ministerpräsidenten, Datuk Musa Hitam, um für ihn eine Ausnahmegenehmigung zu erwirken. Es gab reichlich Fälle ähnlicher Art, in denen wir ohne viel Aufhebens einsprangen und unbürokratisch halfen – lange bevor das Auswärtige Amt ausführliche Runderlasse über Wirtschaftsförderung versandte. Dies gelang allerdings nur, weil wir sogleich nach unserer Ankunft begannen, ein Netz persönlicher Verbindungen zu Ministern, einflussreichen Politikern und hohen Beamten aufzubauen. Es war eine wichtige Erfahrung, dass sich Probleme im Orient meist auf der Basis persönlicher Beziehungen regeln lassen. Das freundschaftliche Verhältnis musste allerdings bestehen, bevor sich die Probleme auftaten. Hinterher war es dafür zu spät.

Delegationen

In Malaysia fanden wir uns erstmals mit der – manchmal leider zum Unwesen ausartenden – Reiselust unserer Volksvertreter konfrontiert. Als erste meldete sich in K. L. eine Delegation von Abgeordneten des Bundestags-Entwicklungshilfe-Ausschusses an. Ihr Interesse an der erfolgreichen malaysischen Wirtschaftspolitik – keine Schwerindustrie-Ambitionen, sondern Entwicklung von Agrarwirtschaft (Palmöl, Kautschuk) und Bergbau (Zinn) – war durchaus legitim. Wir konnten ihnen deshalb zu ihrer grossen Genugtuung hochrangige Gesprächspartner verschaffen. Wie sich zeigte, liess sich aus dem Interesse deutscher Besucher an den Zuständen in unserem kleinen Gastland durchaus politisches Kapital schlagen. Allerdings erschrak ich an der Abendtafel, als Almuth in ihrer entwaffnenden Art dem neben ihr plazierten Wolfsburger Wahlkreisabgeordneten Volkmar Köhler das Kompliment machte, er sei an sich ein hervorragend wählbarer Mandatsträger, wenn er bloss nicht der CDU angehörte. MdB Köhler ertrug diese Huldigung mit Fassung. Sie hinderte ihn nicht daran, sich mit uns über Jahre hinweg freundschaftlich verbunden zu fühlen.

Es kamen noch viele andere Bundestagsabgeordnete nach Kuala Lumpur. Nur einmal hefteten sich an einen solchen Besuch weniger angenehme Erinnerungen. Es war ein Berliner MdB, der ausgerechnet an Mohammeds Geburtstag in Malaysia politische Gespräche führen wollte. Meine Gegenvorstellungen gegen die Wahl des unglücklichen Datums blieben ohne Erfolg. Also fuhr ich am Geburtstag des Propheten mit dem Privatwagen hinaus zum Flugplatz, um den Besucher abzuholen. Der Fahrer war als treuer Moslem natürlich in der Moschee. Mir blieb nichts anderes übrig, als einen Ausflug in ein Hotel der umgebenden Berge zu unternehmen. Almuth hatte mich gebeten, ihn nach Möglichkeit nicht nach Hause mitzubringen, denn sie fühlte sich nach einem Reitunfall nicht wohl und musste eine unangenehme lederne Halskrause tragen. Aber der Volksvertreter liess sich nicht abschütteln. Er setzte sich abends an unsere kleine Familientafel und verzehrte, wie Almuth noch lange mit Erbitterung vermerkte, den einzigen Dosen-Camembert, der uns nach Jahresfrist erreicht hatte und als lange entbehrte Delikatesse im Kühlfach gehütet worden war.

Sultansgeschichten

Die neun malaysischen Sultane spielten im Land eine besondere, von der Verfassung garantierte Rolle. Bis zur Ankunft der Europäer vor mehr als 450 Jahren und dem Abschluss von Schutzverträgen hatten sie ihre Territorien als unumschränkte Herrscher regiert. Als Malaiischer Bund (gegründet 1948) unter Einschluss der drei Straits Settlements Penang, Singapur und Malakka hatten sie sich elf Jahre zuvor mit den beiden britischen Nordborneo-Kolonien Sabah und Sarawak zum Bundesstaat Malaysia zusammengeschlossen. In ihren Sultanaten sahen sie sich weiterhin als konstitutionelle Monarchen an, ernannten und entliessen die Ministerpräsidenten ihrer Bundesländer und wählten alle fünf Jahre einen Sultan aus ihrer Mitte zum König. Er repräsentierte als Staatsoberhaupt *(Yang Dipertuan Agong)* den Bundesstaat Malaysia. Für gewöhnlich residierten sie in den kleinen Hauptstädten ihrer Sultanate, wo sie als Minikönige wie in alten Tagen Hof hielten. In die Hauptstadt Kuala Lumpur kamen sie eher ungern, weil die Bundesregierung sie dort ihre politische Ohnmacht besonders deutlich spüren liess. Dafür zogen die Hauptstadt, vor allem deren elegante Restaurants und mondäne Nachtclubs den Jet-Set der jüngeren Sprösslinge aus Sultansfamilien an, die dank einer grosszügigen Verfassung ebenso wie die regierenden Herrscher selbst unter dem Schutz weitreichender Steuer- und Strafbefreiungsvorrechte standen. Die Polizei war machtlos, wenn die Bentleys und Daimlers mit dem gelben Schild, auf dem sich statt einer Autonummer das Wappen einer Sultansdynastie befand, bei rot über die Kreuzung brausten. Aber trotz manchen offenkundigen Missbrauchs waren die Privilegien der Sultane ein Tabuthema der malaysischen Politik. Jeder der neun *»Mu´azzam Schah«* verkörperte im Vielvölkerstaat gerade durch seine privilegierte Existenz den Anspruch der Malaien auf dieses Land. Sie waren in ihrer Eigenschaft als Sultan darüber hinaus die Hüter des Islam, der Staatsreligion.

Jeder Sultan hatte sich in Kuala Lumpur eine Stadtresidenz errichtet. Es wäre unvorstellbar für einen Sultan gewesen, in einem der modernen Hotels der Hauptstadt abzusteigen. Direkt gegenüber unserer Residenz in der Jalan Kia Peng lag der Stadtpalast *(Istana)* des Sultans Ismail von Johor. Nachdem wir den liebenswürdigen älteren Herrn näher kennengelernt hatten, pflegte er uns bei seinen gelegentlichen Besuchen nach der Ankunft anzurufen und zu einem malaiischen Mittagessen herüberzubitten.

Ein persönlicher Anruf des Sultans versetzte unsere Dienerschaft immer wieder in höchste Aufregung. Auch lud der Sultan unsere Kinder ein, jederzeit seinen schönen Swimmingpool zu benutzen. Er starb leider kurz nachdem wir Malaysia wieder verlassen hatten. Lange war unsicher, wer seine Nachfolge antreten würde. Kronprinz Mahmood Iskandar hatte sich, wie allgemein bekannt war, eines Totschlags schuldig gemacht, ohne dass er nach Begnadigung durch seinen Vater strafrechtlich zur Rechenschaft gezogen werden konnte. Letztlich ging die Thronfolge dann doch an ihn. Als einer unserer Nachfolger eines Abends in sein Haus zurückkehrte, hatte er Mühe, an der Haustür vorzufahren, weil die zahlreiche Leibwache des jungen Sultans gerade Übungsexerzieren im Botschaftshof veranstaltete. Auch pflegte der neue Herrscher mit dem selbstgesteuerten Hubschrauber in seine Stadtresidenz einzufliegen – für die Nachbarn jedesmal ein ebenso beängstigendes wie ohrenbetäubendes Abenteuer.

Es gehörte zu den Divertimenti der in Kuala Lumpur akkreditierten Botschafter, den Sultanen in ihren jeweiligen Hauptstädten Höflichkeitsbesuche abzustatten. Die Courtoisie-Besuche ausländischer Botschafter waren stets hochwillkommen, gaben sie den Sultanen doch die Möglichkeit, sich als regierende Fürsten mit allen Attributen eines solchen darzustellen. Umgekehrt war es ein eher beschwerliches, mit oft mehrtägigen Reisen in entlegene Gebiete verbundenes Unterfangen. Es gab deshalb zu unserer Zeit keinen Botschafter, der sich rühmen konnte, allen Sultanshöfen Respekt gezollt zu haben. In der Regel bat der Sultan nach der Audienz, die von Hofchargen in prächtigen Traditionsuniformen mit schwerfälligem Protokoll dirigiert wurde, zu einem offiziellen Staatsdiner im Bankettsaal seines Palasts, an dem bis zu hundert Personen in feierlicher Gewandung teilnahmen. So erlebten wir die Sultane von Selangor, Pahang und Negri Sembilan. Von besonderer persönlicher Wärme war der Besuch bei Sultan Ismail, unserem nachmaligen Nachbarn aus der Jalan Kia Peng, dem alten Sultan von Johor. Das Sultanat Johor war das südlichste der malaiischen Halbinsel. Der Sultanspalast schaute über die Straits hinüber nach Singapore. Noch zu Zeiten seines Vaters hatte sich, wie der Hausherr uns erzählte, um den Palast herum dichter Urwald erstreckt. Vater und Grossvater hatten von der Terrasse aus abends auf Elefanten und Tiger geschossen, wovon zahlreiche Trophäen in den weitläufigen Sälen Zeugnis ablegten. Er zeigte uns voller Stolz in endlosen Garagen seine umfangreiche Autosammlung – Rolls Royces, Bentleys, Daimlers, Mercedes-Modelle aus Vorkriegsjahrzehnten. Dann nahm er Almuth geheimnisvoll an die Hand und zog sie in sein Schlafzimmer, wo in Silberrahmen Fotographien sämtlicher Königsfamilien der letzten hundert Jahre aufgereiht waren. Besonders stolz war er auf eine signierte Fotographie des Prinzen Heinrich von Hohenzollern, des Bruders Kaiser Wilhelms II, der zu Beginn des Jahrhunderts Singapore und Johor mit einem deutschen Flottengeschwader einen offiziellen Besuch abgestattet hatte. Der Johor-Herrscher war ein stolzer, wie alle seine Kollegen in England erzogener und von britischem Wesen geprägter Mann, der sich für den primus inter pares der neun Sultane hielt. Deshalb werde er sich auch, wie er uns erklärte, nie von seinen Kollegen zum Yang Dipertuan Agong Malaysias wählen lassen.

In denkwürdiger Erinnerung blieb uns der Besuch beim Sultan von Perak im Norden der Halbinsel. Nach einer Übernachtung im Bahnhofshotel von Ipoh, einer ehrwürdigen altkolonialen Einrichtung aus vergangenen Zeiten, fuhren wir am Vormittag des 6. Dezember 1974 nach Kuala Kangsar, wo der Palast malerisch in der Schleife eines noch von dichtem Urwald umgebenen trägen Flusses gelegen war. Audienz und Bankett liefen nach bereits bekanntem Muster ab. Anschliessend zog sich der Monarch zurück, während wir von dem Protokollchef eingeladen wurden, von der Dachterrasse des Palasts das umliegende Landschaftsbild in Augenschein zu nehmen. Ein Aufzug beförderte uns ein Stockwerk nach oben und wir traten aus der klimatisierten kühlen Palastluft heraus in die flirrende Schwüle des frühen Tropennachmittags. Nach einigen Minuten höflichen Plauderns gingen wir zum Aufzug zurück und drückten den Knopf in Richtung Abfahrt. Lange geschah gar nichts. Der Aufzug rührte sich nicht. Das Stockwerk zu Fuss hinabzusteigen, kam offenbar nicht in Frage. Ungeduldig trommelte der Protokollchef gegen das Gehäuse. Endlich zeigte ein surrendes Geräusch das Herannahen der Kabine an. Heraus trat ein unordentlich aussehender Malaie, im ärmellosen Unterhemd und billigen Gummischlappen unter den blossen Füssen. Der Protokollchef machte Anstalten, sich auf das verwahrloste Subjekt zu stürzen, hielt aber mitten im Anlauf erstarrt inne. Seine Königliche Hoheit der Sultan stand vor uns, ohne die Prachtuniform von heute mittag leider zunächst nicht als solcher zu erkennen. Eine lange Pause peinlichen Schweigens entstand. Ich murmelte schliesslich etwas von der schönen Aussicht. Endlich fasste sich auch die Hoheit und lud uns ein, ihm zu folgen. Wir gingen ans andere Ende des Daches. Dort öffnete er die Tür zu einem Terrassenhaus, dessen Umfang gut und gern die Hälfte des Thronsaals ausmachte. Es war beinahe zur Gänze ausgefüllt durch elektrische Spieleisenbahnen, deren Gleise auf miteinander verbundenen Tischen kreuz und quer durcheinanderliefen. Der Sultan schlüpfte unter den Tisch und kam hinter einem grossen Stellwerk wieder zum Vorschein. Er taute sichtlich auf. Endlich war er in seinem Element. Vom Schaltpult aus liess er Züge in Gegenrichtungen miteinander verkehren und freute sich am Spiel wie ein kleiner Junge. In der malaysischen Armee führe er, wie er uns erklärte, ehrenhalber den Oberbefehl über die technischen und die Pionier-Einheiten. Es waren sämtlich Märklin-Eisenbahnen deutschen Ursprungs. Leider seien alle Bedienungsanleitungen nur in unverständlicher deutscher Sprache. Ich versprach, mich beim Werk für englische Anleitungen einzusetzen und nahm dies zum Anlass für einen höflichen Abschied. Hinter uns fuhr Peraks Landesherr fort, sich von seinen drückenden Staatsgeschäften zu entspannen.

Reisen in Westmalaysia

Unsere Reisen führten uns nicht nur zu den Sultanshöfen. Auf der Insel Penang standen seit kurzem moderne Hotels. Dort gaben wir, eingeführt von Honorarkonsul Friele, unseren Einstand vor der deutschen Kolonie, die sich um das benachbarte Zollfreiheiheitsgebiet herum niedergelassen hatte. Schöner noch als die Luxushotels am Strand von Penang waren die luftigen Fachwerkhäuser im Tudor-Stil, die die Engländer zu Kolonialzeiten auf den Hügeln von Cameroon Highlands und Frazers Hill errichtet hatten. Durch Teeplantagen und orchideenumwucherte Urwaldausläufer gelangte man in beinahe kühle Höhen, deren beide Golfplätze selbst den malaysischen Ministerpräsidenten hin und wieder anlockten. Auf der Insel Pangkor südlich von Penang gab es zu jener Zeit noch kein Haus, das jünger als dreissig Jahre gewesen wäre. Völlig unberührt war die Ostküste der malaiischen Halbinsel. Eine mehrstündige Fahrt führte über eine holprige, aber immerhin geteerte Strasse durch endlose Urwälder an die Palmenstrände Pahangs und Trengganus. Die letzten Elefanten und Tiger führten dort ein zurückgezogenes Dasein auf schrumpfendem Lebensraum. Im Gegensatz zum stark chinesisch besiedelten Westen beherrschten rein malaiische Dörfer und Fischersiedlungen die östliche Küstenregion. Hier schwammen im Frühjahr noch zahlreiche Riesenschildkröten an Land, um im Schutz der Nacht ihre Eier abzulegen. Wir nahmen an einem Wochenende im Mai 1975 die lange Fahrt auf uns, um einmal dieses Naturschauspiel mit eigenen Augen zu erleben. Es war lange nach Mitternacht, als uns der Führer in unserem bescheidenen Gasthaus aus dem Schlaf trommelte. Lautlos folgten wir ihm in tiefer Dunkelheit durch Unterholz und Gestrüpp. Nicht weit von uns rauschte die Brandung des Meeres. Am Fuss einer hohen Stranddüne blieb er stehen. Im Schein der Taschenlampe sahen wir, wie eine mächtige, mehr als drei Meter lange Schildkröte, über eine mühsam freigeschaufelte Mulde gebeugt, unter Stöhnen und Seufzen nach und nach Dutzende Eier in der Grösse eines Tischtennisballs nach unten gleiten liess. Dem Tier liefen vor Anstrengung Tränen aus den Augen. Es war wie entrückt. In seinem beinahe menschlichen Leidensvorgang nahm es nicht wahr, wie Menschenhände die gerade gelegten Eier hinter ihm wieder aus dem Sand hervorzogen. Wie es hiess, sollten sie in einem nahen Gehege ausgebrütet werden. Die winzigen jungen Schildkröten werde man dann sicher vor den kreisenden Möwen in der seichten Uferdünung wieder aussetzen. Wie dem auch sei, wir bekamen Schildkröteneier wenig später beim Sultan von Pahang zum Mittagessen vorgesetzt. Auch noch so langes Kochen vermag die Pingpongbälle nicht in harte Eier zu verwandeln. Deshalb waren sie in ihrem gallertartigen Aggregatzustand ein eher zweifelhaftes kulinarisches Vergnügen.

Nordborneo

Unsere längste Reise führte uns im September 1975 nach Ostmalaysia. Es war der Fastenmonat und wir rechneten nicht mit grösseren gesellschaftlichen Veranstaltungen. Als wir nach 135 Minuten Flug in Kota Kinabalu aus dem Flugzeug stiegen, empfing uns unter Blitzlichtern und Filmscheinwerfern der Deputy Chief Minister. Er musterte bei der Begrüssung meinen Urwald-Safari-Anzug – kurzärmelige uniformartige Jacke und Hose – und meinte beiläufig, der Smoking befinde sich wohl im Koffer. Es stellte sich heraus, dass abends beim Gouverneur von Sabah, einem Christen aus dem Stamm der Kadazan, ein Gala-Diner zu unseren Ehren stattfinden sollte, 80 Personen, natürlich weisser Smoking. Einen Verleih für Gesellschaftskleidung gab es in der Holzfäller- und Goldgräberstadt Kota Kinabalu nicht. Also fuhren wir nach Einbruch der Dunkelheit mit gemischten Gefühlen in einem riesigen Mercedes 300, 6,5-Liter-Motor, die fackelbeleuchtete Anhöhe zur prachtvollen, gleissend illuminierten Gouverneursresidenz empor, vor und hinter uns weitere Limousinen, deren Smokingbesitzer uns neugierig musterten. Almuth hatte eine hübsche Batiktoga überzeugend in eine abendkleidähnliche Robe umdrapiert, aber an meinem Urwald-Safari-Anzug liess sich leider nichts verändern. Die Stimmung des Abends und der beiden charmanten Gastgeber litt nicht unter meinem clochardartigen Aufzug. Nur der japanische Vizekonsul am Tisch gegenüber wollte seinen Augen nicht trauen. Ich zog daraus die Lehre, dass in Malaysia ein Botschafter auch im Urwald stets einen frischen Smoking im Gepäck mitführen sollte. Unsere netten Gastgeber fielen leider wenige Monate später einem mysteriösen Flugzeugunfall zum Opfer. Ihre Maschine stürzte beim Anflug auf Kota Kinabalu ins Meer. Glaubhafte Gerüchte wollten davon wissen, dass ein politischer Intimfeind, der ebenso ehrgeizige wie skrupellose islamische Chief Minister von Sabah, Tun Mustapha Harun, sich eines unbequemen Konkurrenten entledigen wollte.

Es hielt uns nicht lange in Kota Kinabalu, dem alten Jesselton, einer aufstrebenden, eher hässlichen, von schnell errafftem Kapital in die Höhe getriebenen Stadtsiedlung, deren Hochhäuser, Hotels und Amüsierlokale sich unvermittelt zwischen die Wellblechbaracken der Armensiedlungen schoben. Malerisch ausser einem Kadazandorf, das nur über eine enge schwankende Hängebrücke zu erreichen war, der Kampong Air, eine im Brackwasser vor der Küste ins Meer hineingebaute Siedlung, auf Stelzen errichtet und nur durch Holzstege untereinander und mit dem Land verbunden. Das Schlüsselwort für schnellen Reichtum in Sabah hiess Holz. Riesige Primärwaldbestände Borneos fielen nach und nach der Motorsäge zum Opfer. Eine Konzession zum Holzeinschlag brachte nicht nur den Konzessionsinhabern ein Vermögen, sondern auch dem Politiker, der sie vergab. Wir flogen – sieben Passagiere und ein Berg Post – mit einer kleinen Fokker Friendship nach Tavao, einer verträumten Bucht im Süden, von wo dreissig Jahre zuvor die Japaner ihren Siegeszug durch Borneo angetreten hatten. Die Bucht war bedeckt mit Tausenden gefällter Urwaldriesen. Japanische Trawler fischten die Stämme auf und schleppten sie zur Verarbeitung in Sperrholz nach Japan. Nach wie vor wehrte sich Japan hartnäckig gegen den Aufbau von Sägewerken in Malaysia und Indonesien. Der volkswirtschaftliche Mehrwert der Holzverarbeitung sollte – Entwicklungspolitik hin oder her – nur den japanischen Sperrholzfabriken im Mutterland zugute kommen. In Sandakan besuchten wir eine Orang-Utan-Rehabilitationsstation. Junge Menschenaffen, die ihr bisheriges Leben in Käfigen verbracht hatten, werden hier auf eine Rückkehr in den Urwald vorbereitet. Elf Orang Utans lebten auf der Station. Eigentlich verbrachten sie die Nacht bereits im Wald und kamen nur um die Mittagszeit heraus, um ihr Futter in Empfang zu nhemen. Zu ihnen gehörte auch Hein, den deutsche Seeleute nach Hamburg gebracht hatten und der vom Frankfurter Zoo wieder zurückgeschickt worden war. Insgesamt sollte es in den Urwäldern Sabahs noch insgesamt 2000 Orang Utans geben, die die Regierung vor dem Aussterben bewahren wollte. Auf dem Weg zurück passierten wir hübsche Häuser hinter dichten Blumenhecken – Frangipani, Orchideen, Bougainvilla. Riesige weisschimmernde Kampherbäume, deren Wurzeln drei Meter aus der Erde emporragten, zogen sich wie ein Vorhang vor die Kulisse der umgebenden blauen Berge. Die Weiterfahrt im Jeep von Sandakan zum Mount Kinabalu, mit mehr als 4000 m der höchste Berg Südostasiens zwischen Himalaya und Neuguinea, vermittelte ein zwiespältiges Bild malaysischer Entwicklungspolitik. Wo sich früher undurchdringliche Urwälder erstreckt hatten, dehnen sich jetzt endlose Pflanzungen – Ölpalmen und Kautschukbäume, in regelmässigen Reihen, gerade ausgerichtet wie die Zinnsoldaten, bis zum Horizont. Zwischen den gepflanzten Reihen lagen die verkohlten Reste riesiger Urwaldbäume. Wie uns deutsche Entwicklungshelfer unterwegs erzählten, stammten sie von »sinkers« – schweren Eisenholzstämmen, an sich dem wertvollsten Bestandteil des Primärwaldes, die jedoch infolge ihres hohen spezifischen Gewicht nicht geflösst werden konnten und deshalb schlicht verbrannt wurden. Eine andere Verwendung vor Ort für Harthölzer gab es nicht. Ab und zu eine geometrisch angeordnete Siedlung aus Fertighausbaracken, wo die neu angesiedelten Kleinbauern ihr bescheidenes Dasein fristeten. Stolz führte man uns die Statistiken vor, wieviele landlose Bauern im Rahmen der malaysischen FELDA-Siedlungspolitik hier eine neue Existenz gefunden hatten.

Am Vorabend vor dem Weiterflug von Sabah noch ein Abendessen mit unseren Entwicklungshelfern und einer Diskussion, die sich bis nach Mitternacht hinzieht. Eine kurze Flugstrecke von Kota Kinabalu bringt uns nach Kuching, der Hauptstadt des 13. malaysischen Bundesstaats Sarawak. Hier scheint die Zeit noch stehengeblieben zu sein. Das alte Hotel Aurora und die Zeilen typischer Chinesenhäuser, an denen der schwüle Tropendunst Moos und Schimmel hat emporkriechen lassen, atmen den Geist kolonialer Vergangenheit. Vom Fluss, dem träge fliessenden Sungei Sarawak, setzen wir in einer altertümlichen buntbemalten Holzbarke über zum Palast des Gouverneurs, um den obligaten Höflichkeitsbesuch zu absolvieren. Der Istana wurde vor etwa hundert Jahren von der Brooke-Familie, den »Weissen Rajahs von

Borneo« erbaut und bezogen. Der Gründer der Familie, der Abenteurer James Brooke, hatte 1839 mit einem von ihm ausgerüsteten Schiff dem Sultan von Brunei geholfen, Piraten von diesem Teil der Küste Nordborneos zu vertreiben. Er war dafür mit einem Stück Land belohnt worden. Da die Piratenüberfälle und Dayakaufstände sich häuften, Brooke's Feldzüge sich demzufolge mehrten, wuchs der ihm vom Sultan immer wieder zugesprochene Landstrich, bis der Herrschaftsbereich der Brookes das Sultanat schliesslich um ein Vielfaches übertraf. Erst die Japaner bereiteten der dritten Brooke-Generation 1941 ein Ende. Heute dient der alte Istana als Amtssitz des Gouverneurs. Er schaut hinüber über den Fluss, an dessen Gegenseite sich in langen Reihen die alten Lagerhäuser für Kautschuk und Pfeffer kauern. Geruderte Sampans, Dschunken mit dem schweren Mattensegel, malaiische Praus und Barkassen bevölkern den Fluss und lassen die einstmalige Bedeutung der alten Handelsniederlassung ahnen. Hoch über dem Fluss und dem Brooke-Palast thront das alte Fort Margerita. Bevor wir Kuching verlassen, erstehen wir bei einem Trödler eine alte, aus Bronze gegossene Kanone, wie sie die Dayaks früher zur Bewehrung der Langhäuser einsetzten.

Bei den Dayaks

Die Küste aufwärts nach Osten an der Grenze zum kleinen Sultanat Brunei liegt Miri, die »Shell-Stadt«. Sie teilt sich mit Brunei in den Reichtum der offshore-Ölvorkommen. Eine Bohrinsel draussen vor der Küste fördert täglich 8000 Fass Rohöl. Riesige Raffinerien fackeln Tag und Nacht nicht verwertete Erdgasbestände ab. Vor Miri mündet der mächtige Baram-Fluss in das Südchinesische Meer. Er entspringt 300 km ostwärts an der Grenze zum indonesischen Teil Borneos und windet sich gemächlich durch endlose Urwälder bis zur Küste. Wir fliegen in niedriger Höhe mit einer kleinen Maschine zwanzig Minuten flussaufwärts bis Marudi und ersparen uns dadurch einen Tag Bootsfahrt. Drei Stunden Fahrt im Speedboat – im Tuckerboot wäre das ein weiterer Tag – zunächst durch Mangrovenwildnisse, dann entlang dem verschilften schlingpflanzenverwachsenen Saum des Uferwaldes bringen uns zum Langhaus der Kenyaas, neben Iban und Kayan einer der grossen Dayak-Stämme. Es ist die erste menschliche Siedlung am mittleren Lauf des hier zweihundert Meter breiten Baram nach dem Dörfchen Long Laput; nur hier und da unterwegs ein schmaler Laufsteg in den Fluss, an dessen Ende ein winziges Holzhaus auf Stelzen von menschlicher Präsenz zeugt. Wir werden mit neugierigem Hallo empfangen. Vor uns sehen wir ein prachtvolles Langhaus mit rund hundert Türen. Seine Längsseite mit der tiefen Veranda, auf der sich das Gemeinschaftsleben abspielt, erstreckt sich über 250 Meter entlang dem Fluss. Hinter jeder Tür wohnt eine acht- bis zehnköpfige Familie. Hohe Stelzen aus Eisenholz schützen vor Hochwasserüberflutung. Hier wohnen hundert Dayak-Familien Wand an Wand, Tür an Tür unter einem Dach, zusammen mit Hunden, Hühnern und Schweinen. Interessant die lang herabhängenden Ohrlappen mit dem grossen Loch, in dem viele Ringe baumeln. Bei einer alten Frau zählen wir zehn Ringe. Schon Kindern werden die Ohren durchbohrt, im Lauf der Jahre wird ein Ring nach dem anderen hineingehängt. Es sieht irgendwie lustig aus, wenn Frauen, anstatt wie hierzulange den Haarschopf, die Ohren zurückwerfen, um den Kopf freizubekommen. Auch viele Männer tragen stolz ihre durchbohrten Ohren, oft sogar mit zwei Löchern – im unteren Teil des Ohrläppchens den Schnabel des Hornbill-Vogels, im oberen einen Eberzahn.

Das erste Problem besteht darin, aus dem schwankenden Boot über die glitschigen Kerben eines beinahe senkrechten Steigbaums die rettende Terrasse über uns zu erreichen. Braune, nicht gerade saubere Arme greifen im letzten Moment von oben zu und wir haben es samt Kameras und Gepäck geschafft. Begrüssung durch den Hausältesten, dann die übrigen Männer, zum Schluss durch die Frauen. Übergabe der Geschenke – Sarongs, Zigaretten, Süssigkeiten.

Bald sitzen wir im Kreis mit fröhlichen Saronggestalten jedweden Alters zusammen und lassen uns Bambussprossen mit Wildschwein, Fisch, Reis und Urwaldgemüse schmecken. Die Stimmung steigt mit dem Kreisen der Arrak-Kalebasse. Der selbstgebraute Reiswein steigt unseren Gastgebern rasch in Kopf und Glieder. Zwei junge Dayak-Mädchen halten uns ein Wasserglas voll Reiswein an den Mund und kippen den Inhalt mit sanfter Gewalt nach hinten, bevor sie zum Tanz auftreten, ein einfacher einprägsamer Rhythmus zum Klappern der Tamburins und der sich immer wiederholenden Melodie, die von allen mitgesungen wird. Es hilft nichts, auch wir müssen uns beim »long dance« in das lange Glied der Tänzerinnen einreihen und zum Gaudi des Publikums händeklatschend die eintönigen Tanzschritte nach vorn in endloser Wiederholung mitvollführen. Es ist spät, als allgemeine Erschöpfung endlich Ruhe einkehren lässt. Wir dürfen im Schlafgemach der Männer unsere dünne Matte ausrollen. Vorher gleiten unsere Blicke die Bambuswände entlang, wo schöne Dayakschwerter neben Lanzen und Blasrohren herabhängen. Einige runde hochgeschlossene Körbe erregen unsere Aufmerksamkeit. Wir dürfen hineinschauen – Menschenschädel. Einer hat sogar noch des Gestell seiner Nickelbrille auf dem nackten Nasenbein. Es muss sich um die Überreste eines Japaners handeln, der den kopfjagenden Dayaks in den Kriegsjahren zum Opfer fiel. Wir liegen in langer Reihe auf dem Fussboden nebeneinander, sehr unbequem auf den harten Rundhölzern des armdicken Bambus. Wenig angenehm der nächtliche Gang über schnarchende Leiber hinweg zur Erleichterungsstätte, über ein abschüssiges schlüpfriges Bambusdach, unter dem die Schweine grunzen, in freudiger Erwartung des Kommenden. Wer hier ausgleitet – kaum auszudenken. Heraufziehende Nachtkühle lässt die Zähne klappern. Nur Almuth fühlt sich warm. Im Morgenlicht entdeckt sie eine grosse Katze, die sich eng an sie gedrückt hat.

Am anderen Morgen – wir hocken noch über unserem bescheidenen Frühstück, geraspelten und gerösteten Kokosnüssen mit Milo – stürzt plötzlich mit lautem Kochtopfklappern eine schreiende Horde aus dem Zwielicht des Verandahintergrunds auf uns zu. Die Abschiedszeremonie der Dayaks für ihre Gäste beginnt. Mit russgeschwärzten Fingern versuchen sie, unsere Gesichter und Arme einzuschwärzen. Ein Griff nach der Kamera und in überstürzter Flucht rutschen wir den glitschigen Steigbaum hinunter, unten aufgefangen von unseren Bootsleuten. Oben beugen sich lachende Gesichter über die Verandabrüstung. Schwarz wie wir sind, werden wir sicher wieder einmal ins Langhaus zurückkommen.

Singapur

Allmählich wurde uns Kuala Lumpur vertraut. Wir fuhren hin und wieder über die Urwaldstrasse von Bentong und Temerloh an den unberührten Strand der Ostküste, der uns nur schwer losliess. Oder es zog uns nach Malakka, dessen Chinesenviertel und Portugiesisches Fort noch Geschichten flüsterte aus vergangenen Jahrhunderten, als Portugiesen, Holländer und Briten hier um Einfluss und Handelsstationen rangen. Ein paarmal fuhren wir nach Singapur. Es waren etwa sechs Stunden mit dem Wagen durch endlose Kautschuk- und Palmölpflanzungen, in deren Schatten sich hin und wieder Kakaobäume duckten. Eines Tages – wir waren gerade in unserem Hotel in der Orchard Road angekommen – klopfte es an unsere Tür. Unser Singapur-Kollege betrat strengen Blicks das Hotelzimmer und stellte uns zur Rede, wieso wir mit Stander und Flagge durch »sein« Singapur gefahren seien. Schliesslich sei dies hier noch sein Territorium als Botschafter. Tatsächlich hatte unser Fahrer Harun hinter der Causeway-Brücke nicht angehalten, um den Stander ordnungsgemäss herunterzunehmen, weil wir ausnahmsweise ohne Stau in die Stadt hereinrollen konnten.

Singapur war ein unerschöpfliches Einkaufsparadies – Anzugstoffe (zur Verarbeitung durch unsere Schneider in K. L.), Sportartikel, Kroko-Taschen, englische Literatur – wir kamen uns vor wie Hinterwäldler in der Weltstadt. Almuth pflegte sich mit Mal-Utensilien einzudecken – Pinsel, Tusche, Reispapier – in Chinatown, die damals noch nicht der Spitzhacke zum Opfer gefallen war. Und zum Abschluss jeden Besuchs der berühmte Singapore-Sling im alten Raffles Hotel, in Korbstühlen auf der Hotelterrasse, der Blick noch nicht verstellt durch Hochhäuser und Schnellstrassen.

Orang Asli

Zu unseren Lieblingsplätzen zählte Carey Island an der Malakka-Strasse, zwei Autostunden vor Kuala Lumpur gelegen und nur über verschlungene kleine Landstrassen und Wege zu erreichen. Hier gab es vor der Fähre ein einfaches malaiisches Restaurant. Es war auf Stelzen über das Wasser gebaut. Am Eingang wählten wir aus Körben wimmelnder grosser Strandkrabben einige Dutzend aus, die kurze Zeit später auf der offenen Veranda mit rotem Reis und einer scharfen Sosse serviert wurden. Dazu tranken wir in Kühltaschen mitgeführten Wein oder Bier. Die Überreste der Krabben flogen in hohem Bogen zurück ins Wasser, wo sich Schwärme von Fischen darum balgten. Auf Carey Island besass Harrison & Crossfield eine riesige, sich über viele Kilometer hinziehende und von tamilischen Arbeitern mit ihren Familien bewirtschaftete Palmölplantage. Wir durchquerten die Insel einmal auf der Suche nach einem Eingeborenendorf der Orang Asli, der protomalaiischen Ureinwohner Malayas. Die Fahrt ging etwa zehn Kilometer über unbefestigte Plantagenwege, an deren Seiten die rotbraunen Dolden der Ölfrüchte zu Pyramiden aufgeschichtet waren, umschwirrt von den schönsten stahlblauen Kingfisher-Vögeln, die uns je begegnet waren. Schliesslich fanden wir ihren kleinen Kampong – eine Lichtung, umstanden von mehreren einfachen Stelzenhütten mit Attapwänden und -dächern aus Palmwedeln. Ein etwas grösseres Haus mit geschwungenem Wellblechdach und einer Balustrade diente als Versammlungsstätte des hier jetzt ansässigen Meri-Meri-Stammes. Er war bekannt für seine an Neuguineakunst erinnernde Holzschnitzerei, fast ausschliesslich Masken und bizarre Figuren aus ihrer Geisterwelt. Es war schwer, aus den scheu aus ihren Hütten lugenden, kleinen krausköpfigen Bewohnern etwas herauszubekommen. Zu unserer Enttäuschung war auch von Schnitzkunst nichts zu sehen. Die malaysische Regierung war bemüht, die flüchtigen letzten, einige zehntausend Menschen umfassenden Urwaldnomaden zu domestizieren, aber der Zusammenprall von Steinzeitalter und moderner Zivilisation schien nicht spurlos an diesen verwirrten Gestalten vorübergegangen zu sein.

Religiöse Feste:

Lebaran

Im Vielvölkerstaat Malaysia spielten die religiösen Feste der verschiedenen ethnischen Gruppen eine grosse Rolle. Für die islamischen Malaien war Lebaran am Ende des mohammedanischen Fastenmonats Ramadan der grösste Feiertag. Das Schächten der Hekatomben von Rindern, Ziegen und Schafen am Vorabend auf dem Moscheegelände war ein Schauspiel, das wir lieber mieden. An Lebaran fuhr Harun Almuth und mich in die Häuser der verschiedenen Kabinettsmitglieder, angefangen beim Ministerpräsidenten, anschliessend zu den wichtigsten malaiischen Politikern und Bekannten. Überall waren grosse Tische aufgebaut und man nötigte uns zum Essen. Wir fanden immer dieselben scharfen malaiischen Curries aus Fleisch, Fisch und Gemüse vor. Spätestens nach dem dritten Besuch drohten unsere Mägen zu rebellieren. Wir versuchten zu mogeln, mit vielen Papierservietten und dem Abstellen unverzehrter Reste. Aber unter den scharfen Augen der Hausfrau gelang das nicht immer. Zum Schluss fuhr uns Harun in sein eigenes Haus. Wir flehten ihn an um Erbarmen, aber er war unerbittlich. Ein letztes Mal wurde der Teller gefüllt, hoch bis zum Rand. Stolz schauten Harun und seine zahlreiche Familie zu, wie beide Yang Mulia, die seinem Haus mit ihrem Besuch hohe Ehre hatten widerfahren lassen, ihre Kulinarien hinunterwürgten.

Taipusam

Für die tamilische Volksgruppe stand das Taipusam-Fest im Zentrum des religiösen Lebens. Es wurde weit draussen vor der Stadt gefeiert, im Norden jenseits der Zinnminen. Wir brachen noch vor Tagesanbruch von zu Hause auf und reihten uns im Dunkeln in die immer weiter anschwellende Flut von Fahrzeugen ein. Als es nicht mehr weiter ging, setzten wir den Weg zu Fuss fort. Im Morgenlicht bot sich uns auf der Festwiese am Fuss des heiligen Berges ein schauriger, fast gespenstischer Anblick. Entrückte, offensichtlich in Trance versetzte braune Gestalten wälzten sich am Boden oder wiegten den nackten Oberkörper rhythmisch in verzückten Bewegungen, Brust, Gesicht und Arme mit grellen Farben in rot und weiss bemalt. Zum Zeichen ihrer Gottergebenheit hatten sie den Körper an den verschiedensten Stellen durchbohrt – hier war eine lange spitze Stange durch beide Backen gestossen, daneben hatte ein Saddhu die Brust mit mehreren Spangen durchbohrt, an denen schwere

Gewichte hingen. Ohren, Arme, Kopf und Oberkörper schienen nur dazu da, göttliche Symbole mehr oder minder schweren Gewichts im Körperfleisch aufgehängt zur Schau zu stellen. Den Berg hinauf zur heiligen Grotte wälzte sich ein dichter Strom von Pilgern, die ständig schreiend denselben Ruf skandierten. Wir verstanden zunächst nur »Railway, Railway« – in der Tat musste ein unbeschrankter Bahnübergang überquert werden. Aber die Pilger riefen »Re-We, Re-We« – den Namen des Gottes, dessen Heiligtum sie sich oben näherten. Wir hielten es nicht lange aus an diesem Schauplatz religiösen Fanatismus, zumal wir uns bald als nicht gern gesehene Zuschauer fühlten.

Die zehn Gottheiten

Die Chinesen pflegten in einem Tempel am Stadtrand im Herbst das Fest der zehn Gottheiten zu feiern. Anders als bei den Tamilen begann die Zeremonie nicht morgens, sondern abends nach Einbruch der Dunkelheit. Als wir uns dort einfinden, wird uns klar warum. Im weitläufigen Hof des Tempels war ein flacher Berg Holzkohle von vier bis fünf Meter Durchmesser aufgeschüttet. Einige halbnackte Chinesen sind gerade dabei, die Kohle in Glut zu versetzen. Als sie rot aufglüht, nahen sich die ersten schwankenden Gestalten. Im Trancezustand laufen sie mit nackten Füssen über den rotglühenden Teppich, der ihren Sohlen nichts anzuhaben scheint. Einige machen den Weg sogar vor- und rückwärts. Dann sammelt sich die Menge vor den Altären, mit gesenkter Stirn, die Hände flach aneinander gelegt und nach vorn erhoben, nach dem Gebet dreimalige Verneigung und lautes Händeklatschen, damit die Gottheit das Gebet aufnehmen möge. Zum Schluss fliegt das Opfergeld nach vorn. Im Gegensatz zu Moslems und Hindus nehmen die andächtigen Chinesen von den fremden Besuchern kaum Notiz.

Im Kaleidoskop der Erinnerung an unser zweites Malaysia-Jahr taucht ein schwerer Reitunfall Almuths auf. Sie war wie üblich in der alten Zinnmine hinter den Stallungen des Reitvereins ausgeritten. Der Sultan von Johor hatte sie sichtbar ins Herz geschlossen und ihr für die Zeit unseres Aufenthalts eine schöne Rappstute überlassen, für deren Unterhalt wir aufkamen. Es war ein schöner Sonntagmorgen. Ich sass mit einiger Lektüre im Grünen, als Almuth im gestreckten Galopp an mir vorübersprengte. Ich winkte ihr zu. Einige Minuten später sah ich Männer mit einer Bahre auf die Ställe zulaufen. Pelentong war durchgegangen und hatte Almuth an einem Ast vor dem Stalleingang abgestreift – komplizierter Handgelenkbruch und sämtliche Oberkieferzähne auf der Verlustseite, eine Woche Krankenhaus.

Ein weiteres Schütteln des Kaleidoskops lässt die Erinnerung an den plötzlichen Tod des malaysischen Ministerpräsidenten heraufsteigen. Tun Abdul Razak war erst der zweite Regierungschef des Landes und bei seinen Malaien durchaus populär. Leukämie hatte ihn im Endstadium in wenigen Tagen dahingerafft. Unvergessen die Szenen öffentlicher Trauer und rasenden Volksschmerzes, als der Sarg auf den Schultern junger Malaien im blauen UMNO-Hemd zur Aufbahrung ins Parlament getragen wurde.

Abschied

Am 6. Februar 1976 feierten wir, zu zweit und ganz unter uns, Almuths 34. Geburtstag. Lange nach Mitternacht schrillte das Telefon. Schlaftrunken und mit etwas champagnerschwerem Kopf hob Almuth ab. Die Vermittlung kündigte ein Gespräch aus Deutschland an. Sie legte gleich wieder auf. Sicher wieder einmal die Presse wegen des deutschen Ehepaares, das im Urwald bei Cameroon Highlands verschütt gegangen war. Was sollte die Anruferei mitten in der Nacht, die Vermissten waren ja wiedergefunden worden. Schon wieder schrilles Läuten. Diesmal war Klaus Kinkel sofort am anderen Ende. Soeben habe Genscher in der Personalbesprechung entschieden, dass ich die Leitung der Personal-Unterabteilung übernehmen und deshalb sofort nach Bonn zurückkehren solle. Meine Proteste – noch keine zwanzig Monate auf Posten in K.L.! – wurden beiseitegeschoben. Ministerweisung. Ohne Verzug auszuführen. Es gelang mir gerade noch, eine Dreiwochenfrist bis März herauszuhandeln. Wir fühlten uns wirklich betroffen. Die beiden ersten Jahre auf Auslandsposten sind vom Zeitaufwand her die anstrengendsten – Hunderte von Menschen kennenlernen, sich einen Stamm verlässlicher Freunde schaffen, mit denen man gemeinsam beizeiten Probleme beiseiteräumen kann. Gerade im Orient läuft ohne Freunde nichts. Wir hatten uns darauf gefreut, mit unserem Geflecht selbstgeschaffener persönlicher Beziehungen jetzt optimal arbeiten zu können. Dem Aussenminister, Tengku Ritthauddeen, und vielen anderen waren wir persönlich nähergekommen. Vor einigen Monaten hatten wir mit dem Golfspiel begonnen – wenn auch ohne den Ehrgeiz, einem jungen Botschaftskollegen nacheifern zu wollen, der es in drei Jahren K. L. auf Handicap 8 gebracht hatte. Fünf Minuten von unserem Haus lag der Royal Selangor Golf Club, einer der schönsten Golfclubs Südostasiens, 45 Löcher, dazu mit Tennisplätzen und Schwimmbädern. Hier spielte der König und hier waren nachmittags alle wichtigen Politiker anzutreffen – alles mit einem Schlag vorbei.

Tan wird am nächsten Morgen eingeweiht. Er schaut auf und stellt nur eine kurze Frage: »Promotion?« Das »Ja« beruhigt und befriedigt ihn. Dann beginnen die Abschiedsbesuche, in gleicher Reihenfolge wie beim Antritt – zunächst der Doyen des Diplomatischen Corps, unser dänischer Kollege, eine herzensgute Seele. Bei besonderen Gelegenheiten zeigt er sich in einer blütenweissen Diplomatenuniform. Wir werden nie vergessen, wie wir uns zur Inthronisation des neuen Sultans von Pahang in Pekan trafen. Auf dem Rasen vor dem Istana hatte man am Vorabend tiefgestaffelt die Stuhlreihen aufgebaut. Die erste Reihe bestand aus Polstersesseln, mit leuchtend gelber Seide bezogen, dahinter gewöhnliche Klappstühle mit Plastiksitz. Dort wurden Missionschefs mit kurzer Anciennität eingewiesen, so wie Almuth und ich. Der Doyen sass natürlich in der ersten Reihe ganz vorn. Aber nachts war ein kräftiger Tropenregen niedergekommen. Als unser dänischer Doyen sich nach den Zeremonien wieder erhob, hatte sich seine Uniform auf der Hinterseite von weiss nach gelb verwandelt. Zum Spott hatte der Arme den Schaden, denn die Uniform wurde, wie er bekümmert erzählte, aus eigener Schatulle bezahlt. – Wir werden von ihm mit einem Empfang vom Diplomatischen Corps verabschiedet. Als Abschiedsgeschenk erhalten wir zwei alte grüne Savankhalog-Schalen; sie stammen aus einer chinesischen Dschunke, die vor Jahrhunderten im Sturm vor der Ostküste Malaysias gesunken ist. Auch ein Abschiedsessen des Aussenministers, eine in KL seltene Ehrung.

Freundlich auch die Verabschiedung durch Premier Hussein Onn, blasser als sein Vorgänger Tun Razak, aber ein ehrlicher, um Ausgleich zwischen den Rassen bemühter Regierungschef.

Von den übrigen Ministervisiten war die beim Erziehungsminister, Dr. Mohamad Mahathir, besonders bemerkenswert. Er empfing mich am Morgen der Abreise. Ich war um 7.30 Uhr einbestellt worden und fand ein absolut leeres Ministerium vor. Kein Pförtner, kein Amtsbote, kein Bediensteter auf den Gängen, den man nach dem Weg zum Ministerzimmer hätte fragen können. Selbst das Vorzimmer war unbesetzt. »Sehen Sie«, sagte Mahathir, nachdem ich mich zu ihm durchgetastet hatte, »dies ist einer der Gründe, warum wir Malaien hinter den anderen herhinken. Keine Pünktlichkeit, keine Arbeitsdisziplin wie bei Euch Deutschen. Aber ich werde diese Zustände ändern!« Hierzu sollte er bald Gelegenheit bekommen, als er Hussein Onn in der Ministerpräsidentschaft nachfolgte. 1976 hatte man sich noch kaum erholt von seinem unerwarteten politischen Comeback. Sohn einer indischen Mutter und ausgebildeter Mediziner, hatte er sich schon in jungen Jahren der Politik zugewandt, war aber parteifremder Ansichten wegen aus der UMNO ausgeschlossen worden. Sein Buch »The Malay Dilemma« wurde in Malaysia verboten, weil er darin schonungslos die leichtlebige, zum Fatalismus neigende Wesensart der Malaien kritisiert hatte. Zur allgemeinen Überraschung berief Razak den verfemten Autor 1974 an die Spitze des Erziehungsministeriums. Das Buch des Ministers blieb geächtet. Das änderte sich erst, als Mahathir selbst Premierminister geworden war. Zweierlei nahm der energische Mann sogleich in Angriff: Die Umverteilung der Besitzverhältnisse zugunsten des malaiischen Volksteils auf Kosten der die Wirtschaft beherrschenden Chinesen. Ferner das Motto »Look East«, mit dem er seine Landsleute aufforderte, nach dem Beispiel Japans und unter Abkehr von westlichen Wertvorstellungen die Industrialisierung Malaysias voranzutreiben.

Wenige Stunden später ein letzter Blick auf unser Haus, wo wir trotz gelegentlicher Giftschlangen auf der Terrasse viele glückliche Stunden verlebt hatten, auf das UMBC-Hochhaus, K.L.'s bis dato einzigen Wolkenkratzer, dessen 17 Stockwerke ich so manches Mal fluchend in der Tropenhitze zu unserem Büro zu Fuss hochgeächzt war, wenn der Strom wieder einmal ausgefallen war und wo wir in steter Furcht vor einem Feuerausbruch lebten, der uns wenig Überlebenschancen gelassen hätte; zuletzt auf den Royal Selangor Club, der uns viele schöne Stunden verheissen hatte, zu denen es nun nicht mehr gekommen war.

Zwischenspiel in Bonn (1976–80)

Die hastige Einberufung nach Bonn im Februar 1976 brachte der Familie manche Unannehmlichkeit. Das Haus in Rheinbreitbach war natürlich noch vermietet. Der Mieter sah sich ausserstande, trotz guten Willens, den er immer wieder beteuerte, von heute auf morgen auszuziehen. So mussten wir uns für einige Wochen in zwei Kammern des nicht gerade vorbildlich geführten »Jagdhaus Virneberg« im Wald an der Strasse hinauf zur Breiten Heide einquartieren. Wir hofften, dass die unmittelbare Nähe unseres Notquartiers zum Haus etwas moralischen Druck auf unsere Mieter zur baldigen Räumung ausüben möge.

Im Amt befand ich mich in einer etwas schwierigen Situation. Der Personalchef hatte meinen Posten eigentlich mit dem Personalreferenten für den Höheren Dienst, Edgar Jungfleisch, besetzen wollen. Dies wäre an sich nichts Ungewöhnliches gewesen, denn in der Vergangenheit war der Leiter des Personalreferats schon oft in die Leitung der Unterabteilung aufgestiegen. Aber Genscher hatte den Vorschlag abgelehnt und mich stattdessen bestimmt. Der Personalchef war aus dem gehobenen in den höheren Dienst aufgestiegen. Während meiner Attachézeit bei der Pariser NATO-Vertretung hatte er noch als Kanzler der Botschaft in Paris gewirkt. Mir ist kein anderer Fall bekannt, in dem ein Aufsteiger aus dem gehobenen Dienst als Ministerialdirektor den höchsten Beamtenrang unterhalb des Staatssekretärs erreicht hätte. Ohne ein ungewöhnliches Mass an Erfahrung, Intelligenz, Arbeitsfreude und Menschenkenntnis wäre dies nicht möglich gewesen. Aber günstige politische Begleitumstände hatten mitgespielt. Wilhelm Hoppe hatte nie einen Hehl aus seiner aktiven Mitgliedschaft bei der ÖTV gemacht. Seine SPD-Mitgliedschaft galt als sicher. Als Willy Brandt in der Grossen Koalition 1966 das Aussenministerium übernahm, fand er im Amt nur wenige Vertrauensleute seiner Partei vor. Hoppe erhielt das wichtige Personalreferat für die Laufbahnen des einfachen, mittleren und gehobenen Dienstes und stieg rasch zum Leiter der Unterabteilung Verwaltung auf. Scheel übertrug ihm sehr bald die Leitung der Personalabteilung.

Als ich mich an einem kalten Februarmorgen des Jahres 1976 bei Hoppe zum Dienstantritt meldete, sagte er mir ganz offen, dass ich nicht der Mann seiner Wahl gewesen sei. Eigentlich habe er Genscher nach der Ablehnung Jungfleischs sein Amt zur Verfügung stellen wollen. Ich sei der Einzige, mit dem er bereit sei, eine Zusammenarbeit zu versuchen. Wir verstanden uns dann im Laufe der Zeit, bis er zwei Jahre später die Altersgrenze erreichte, eigentlich ganz gut.

Reform des Auswärtigen Dienstes

Als erste Denkschrift legte ich eine Aufzeichnung zur Reform des Auswärtigen Dienstes vor. Die Grosse Reformkommission unter dem Vorsitz von Staatssekretär a. D. von Herwarth hatte unter der Federführung Franz Berteles einen verdienstvollen Bericht vorgelegt, der zahlreiche gute Vorschläge zur Verbesserung von Funktions- und Arbeitsweise unseres Dienstes enthielt. Es fehlte jedoch an einem Instrumentarium zur Umsetzung dieser Vorschläge. Die zuständigen Innenressorts – Finanz-

und Innenministerium – hüteten sich ebenso wie der Bundestag, den Abschlussbericht der Herwarth-Kommission als etwas anderes als interessante Theorie zu betrachten. Die Aufzeichnung schlug die Einsetzung einer überparteilichen Zweiten Reformkommission vor. Ihr sollte die Aufgabe übertragen werden, den Entwurf eines Gesetzes über den Auswärtigen Dienst auszuarbeiten und vorzulegen. Denn nur auf gesetzlicher Grundlage konnte den Besonderheiten des Auswärtigen Dienstes in Abweichung von den allgemeinen beamtenrechtlichen Bestimmungen Rechnung getragen werden. Genscher fand den Vorschlag interessant, meinte aber, angesichts der Stimmung im Parlament und der Haushaltsschwierigkeiten sei der Zeitpunkt hierfür noch nicht gekommen.

Personalführungsgrundsätze

Über die Grundsätze für Personalführungs- und -einsatzplanung, wie sie im Auswärtigen Amt von uns praktiziert wurden, bestanden oft irrige Vorstellungen. Es war immer wieder notwendig, dem verbreiteten Eindruck entgegenzutreten, als ob das Personalgeschäft ohne feste Regeln und Zielorientierungen betrieben wird. Immer noch geisterte die Vorstellung herum, dass der sprachlich für China ausgebildete Beamte letztlich nach Chile versetzt wird. Tatsächlich gab es aber ein Regelwerk für die Grundsätze, nach denen Versetzung, Beförderung und konkrete Verwendung jeweils mit der Perspektive einer langfristigen Laufbahnplanung beschlossen werden. 1977 stellte ich sie in der Ausbildungsstätte nach einer öffentlichen Vortragsveranstaltung zur Diskussion.

Es wurde eine stürmische Sitzung. Vor allem die miteingeladenen Ehefrauen vieler Kollegen lieferten hitzige Wortgefechte. Ich hatte es an der Zeit gefunden, deutlich auszusprechen, dass für unsere Bediensteten eine Fortführung des Berufs der Ehefrau sich beim Einsatz im Ausland nur in seltenen Fällen mit unserem Dienst vereinbaren lässt. Damals konnten wir auch noch feststellen, dass in einer Ehe zwischen Amtsangehörigen ein gleichzeitiger Einsatz an kleineren oder mittleren Botschaften nicht opportun sei und deshalb ein Beurlaubungsantrag eines Ehepartners anheimgestellt werde.

Deutsches Personal bei den Vereinten Nationen

Ein weiterer, nur teilweise dem Auswärtigen Amt zugehöriger Personenkreis lag uns am Herzen. Es handelte sich um das deutsche Personal bei den Vereinten Nationen und ihren zahlreichen Untergliederungen. Mit unserer Aufnahme in die Vereinten Nationen wenige Jahre zuvor war der Bundesregierung eine zu unserer Beitragsleistung in Beziehung gesetzte Personalquote zugeteilt worden. Sie lag entsprechend unserem Beitragsschlüssel um die 6% des VN-Personals. Wie hatten also den Anspruch, bei den Vereinten Nationen und ihren Sonderorganisationen mit einem Personalbestand von mindestens 122 bis zu 165 deutschen Staatsangehörigen vertreten zu sein. Tatsächlich dienten damals nur 69 Deutsche bei der Weltorganisation. Wir hätten also unseren Personalanteil mehr als verdoppeln können. Hier war viel zu tun. Wir konnten uns nicht von heute auf morgen bei den VN personalmässig nach oben schrauben. Es kam darauf an, für freiwerdende VN-Positionen qualifizierte und überzeugende deutsche Kandidaten zu gewinnen. Vor allem musste unser Augenmerk auf die für uns politisch interessanten Posten, in erster Linie im Führungsbereich, gerichtet sein. Leider galt eine Anstellung bei den Vereinten Nationen in deutschen Kreisen als wenig attraktiv. Dies lag grossenteils an einer schlechten Besoldung, vor allem für den Dienstort New York, wo der im Verhältnis zur D-Mark stark abgewertete Dollar zwar zum Lebensunterhalt ausreichte, nicht jedoch für die in Deutschland weiterlaufenden finanziellen Verpflichtungen. Hier tat Abhilfe not.

Das Auswärtige Amt schaffte es unter grossen Mühen, einen interministeriellen Ausschuss auf die Beine zu stellen. Er sollte die Frage von Ausgleichszahlungen für deutsche Bedienstete bei internationalen Organisationen prüfen. Den Vorsitz hatte der verständnisvolle Ministerialdirektor Jürgen Ruhfus, Helmuth Schmidt's aussenpolitischer Abteilungsleiter. Gegen den Widerstand des Finanzministers und die Bedenken des Innenministers gelang es uns in monatelangen Sitzungen, ein Gehaltsausgleichsschema durchzusetzen.

Nachwuchsauswahl

Eine wichtige Aufgabe stellten Auswahl und Ausbildung unseres Nachwuchses dar. Die Ausbildungsstätte war immer in guten Händen. Die Anwärter der drei Laufbahnen mittlerer, gehobener und höherer Dienst lebten und arbeiteten dort unter einem Dach – wie sich herausstellte, eine gute Schule für das spätere Miteinander im Alltag des Dienstes. Bei den jährlichen Auswahlwettbewerben für den gehobenen Dienst führte der Unterabteilungsleiter Personal den Vorsitz, beim höheren Dienst fungierte er als Stellvertreter des vorsitzenden Abteilungsleiters. Es war für Hermann Huber und mich eine spannende und immer neue Herausforderung, bei der Auswahl aus Hunderten von Bewerbern am Modell des Beamten im Auswärtigen Dienst zu arbeiten, so wie er uns vorschwebte – charakterfest, klug, sympathisch, beide Beine auf dem Boden, mit Wärme und menschlicher Ausstrahlung. Nicht gefragt waren Intellektualität und Arroganz. Wir wussten, wieviele Möglichkeiten positiver und negativer Entwicklung in jungen Menschen schlummerten, wie verschieden die Leistungs- und Lebenskurven verlaufen würden, wie schwierig es später für den Dienst werden konnte, wenn wir jetzt eine falsche Wahl trafen oder uns blenden liessen. Wichtig war für uns, eine klare Motivation für den Auswärtigen Dienst offenlegen zu können. Uns gefiel die ehrliche Antwort eines Bewerbers auf die obligate Frage, warum er zu uns kommen wolle: er habe so viel Karl May gelesen.

Sprachausbildung

Es ist eine Binsenwahrheit, dass Fremdsprachenkenntnisse zum elementaren Handwerkszeug des Auswärtigen Dienstes gehören. Gute Arbeitskenntnisse in englisch und französisch werden vorausgesetzt. Soweit im Auswahlwettbewerb Lücken in einer dieser beiden Sprachen zutage traten, konnten sie während der folgenden Ausbildungszeit ausgefüllt werden. Überholungsbedürftig schien uns das Programm zur Erlernung von Drittsprachen, vor allem der schwierigeren wie der slawischen oder der orientalischen Sprachen (arabisch, chinesisch, japanisch). Es gab die Möglichkeit, sich bis zu zwei Jahren vom Dienst zu befreien zu lassen und an der Universität Bonn (Orientalisches Institut) eine dieser Sprachen zu erlernen. Einige gute Orientalisten unseres Dienstes waren aus dieser Ausbildung hervorgegangen. Sie galt jedoch als wenig attraktiv, vor allem, weil sich Laufbahnnachteile bei zweijährigem Fernbleiben vom normalen Dienstbetrieb nicht ausschliessen liessen. Es meldeten sich immer weniger freiwillige Bewerber z.B. für arabisch. Unser Sprachendienst ging deshalb daran, alle Möglichkeiten der Intensiv-Lerntechnik zu nutzen, um den zeitlichen Aufwand auf ein Minimum herabzudrücken. Es wurde – für alle Laufbahnen unter Einschluss der Ehepartner – ein Angebot an Ausbildungsmöglichkeiten für Drittsprachen erarbeitet, das von Kurzzeit- und sog. Lebenshilfeprogrammen bis zu Langzeitprogrammen reichte. Es liess sich in Abschnitte aufteilen, die monatsweise genommen werden konnten – während der Grundausbildung, vor Dienstantritt am neuen Sprachposten und während dessen Dauer. Es fand guten Zuspruch und versprach den Aufwuchs eines Stammes sprachausgebildeter Beamter für die wichtigsten Sprachräume der Welt.

Dienstreisen

Kriegerische Verwicklungen, ethnische und religiöse Auseinandersetzungen vor allem in der Dritten Welt, Hunger- und Naturkatastrophen zogen auch Auslandsvertretungen in den Kreis der Betroffenen ein. Wenn uns Hilferufe oder Klagen in der Zentrale erreichten, überlegten wir, was zu tun sei. Bei mehreren Gelegenheiten erhielt ich die Genehmigung meiner Vorgesetzten, an Ort und Stelle die Situation zu überprüfen und im Gespräch mit den Mitarbeitern zu erörtern, welche Abhilfe geschaffen werden konnte.

Jiddah

Meine erste Reise führte nach Saudi Arabien. Die religiöse Gesetzgebung übte vor allem auf die Frauen in den Familien unserer Mitarbeiter einen schweren Druck aus. Sie durften sich nicht allein und ohne Schleier in der Öffentlichkeit bewegen. Am drückendsten wurde das Verbot des Autofahrens für Frauen empfunden. Ich kam recht spät abends in Jiddah an. Das Schauspiel vor dem Schalter der Passkontrolle gab einen Vorgeschmack der Verhältnisse, die uns jenseits erwarteten. Ein hochmütiger Araber im blütenweissen Burnus nahm langsam und mit spitzen Fingern, Abscheu im Gesicht, die Pässe aus dem vor ihm drängenden, stossenden, schimpfenden Haufen schwitzender und meist unordentlich gekleideter Ausländer entgegen. Der Platz vor dem Flughafengebäude war vollgestellt mit grossen Limousinen amerikanischer Bauart – meistens derelinquiert, wie mir Botschafter Schlagintweit erzählte. Am nächsten Morgen eine aufgeregte Sitzung mit Beamten und Ehefrauen. Sie verlangten amtlichen Transport mit einem Kleinbus und Fahrer für sich und die Kinder, zum Einkauf, Schulbesuch und dem Aufsuchen der Strände, dem einzigen hier möglichen Zeitvertreib. Es beruhigte sie, ihre Sorgen schildern zu können und auf Verständnis zu stossen. Ich versprach, mich für eine Lösung des Transportproblems einzusetzen.

Sanaa

Nachmittags Weiterflug nach Süden in den Yemen, nach Sanaa, die nördlichen Hauptstadt des damals noch zweigeteilten Landes. Wir landen in der nackten Wüste, etliche Kilometer vor der Stadt. Bei der Einfahrt passieren wir Panzer, die bis zum Geschützturm im Sand eingegraben sind, drohend und unheimlich. Wir haben nur ein kleines Team im Yemen, aber trotz extremer Isolation motiviert und leistungsfähig. Der Botschafter wohnt in einem kleinen yemenitischen Steinhaus. Unmittelbar dahinter eine lärmende Schule. Sanaa ist noch eine Stadt wie aus einem oreintalischen Bilderbuch. Innerhalb der Stadtmauer alte arabische Hochhäuser aus sauber behauenem Kalkstein, bis zu fünf Stockwerken hoch, die arabischen Bogenfenster Muster ziselierter Ornamentik, oft noch mit durchsichtigen Alabasterfenstern, gewaltige Türklopfer, neben denen über grünschleimige Rinnen Fäkalunrat die Hauswand hinabläuft und sich in der zwei Meter engen Gasse mit dem Abfluss aus den Nebenhäusern vermischt. In dunklen Nischen hocken Händler, in der Ecke wartet geduldig ein Esel und in einem engen Kellerverschlag dreht ein Kamel mit verbundenen Augen seine Mühle, im Rundlauf von einer alten Frau gefüttert mit trockenem Hirsestroh, das sie mit einigen grünen Lupinenhalmen umwickelt hat. Würdige Gestalten im Turban, den Krummdolch im Gürtel, entbieten sich gegenseitig das Sallam. Ein alttestamentarisches Rothenburg.

Addis Abeba

Das Schreckensregiment des Diktators Mengistu liegt lähmend über der äthiopischen Hauptstadt. Dietrich

Venzlaff zeigt mir die Strassen, an deren Rändern bis vor kurzem morgens aneinandergereiht die Toten lagen, die nachts von Schlägertrupps als vermeintliche Gegner des Regimes in den dahinterliegenden ärmlichen Quartieren erschlagen worden waren und jetzt, wie ordinärer Müll, auf ihren Abtransport warten. Die Botschaft lebt und arbeitet in grosser Isolation auf einem weitläufigen Compound am anderen Ende der Stadt, dem Geschenk eines früheren Kaisers an das Deutsche Reich. Unter hohen Bäumen liegen an sauber geharkten Wegen die Häuser der einzelnen Mitarbeiter, hinter der Residenz verstecken sich Tennisplätze und Pferdeställe. Man kann sich unschwer vorstellen, wie der eine oder andere hier in früheren Zeiten zum Dienst geritten kam. Die kühle trockene Luft der äthiopischen Hochebene unter wolkenlosem Himmel lädt ein zum Durchatmen. Wie es weitergehen wird mit einem Regime, das auf Terror baut und sich wirtschaftlich ausweglos verrannt hat, kann ich unseren Kollegen aber nicht voraussagen.

Südliches Afrika

Einige Tage in Johannesburg und Kapstadt lassen den Gegensatz der Lebensverhältnisse im benachbarten Mosambik umso krasser hervortreten. Ein Regime, das mit marxistischer Gleichmacherei die Armut gleichmässig auf alle verteilt, bis auf die wenigen der oberen Parteihierarchie. Elmar Weindel hat unter schwierigen Bedingungen eine kleine Botschaft aufgebaut, argwöhnisch beobachtet und bespitzelt von einem Geheimdienst, den die DDR organisiert und aufgebaut hat. Wir sind in der Defensive gegenüber einer übermächtigen Präsenz der DDR, was Elmar nicht von Nadelstichen abhält, wo immer eine Gelegenheit sich bietet. Die gähnende Leere der Regale im staatlichen Kaufhaus erinnert an Zeiten in Indonesien unter der Herrschaft Sukarnos. Die Mitarbeiter haben sich in ihren bescheidenen Häusern und Wohnungen eingeigelt, die Versorgung wird von Südafrika aus organisiert. Die Botschafterresidenz überschaut die von Schiffen leere Reede vor Maputo und den Strandkorso, der zu portugiesischer Zeit die pulsierende Ader des lebensfrohen Lourenco Marques, des Paris Südafrikas bildete. Tempora mutantur.

Und noch einmal: Indonesien (1980–83)

Abschied von Rheinbreitbach

Anfang März 1980 feierten wir mit Freunden, Nachbarn und Kollegen unseren Abschied von Rheinbreitbach. Bäcker Just aus dem Dorf steuerte zu dem Fest seine mit Recht beliebten Käsestangen bei. Wir hatten tausend Stück davon bestellt, zu einem mässigen Festpreis. Eine Stunde vor der Ankunft der Gäste trafen sie ein, ofenwarm, knusprig, waschkorbweise – sie quollen förmlich in endlosem Strom aus des Meisters altem Lieferwagen. Bekümmert gab er zu, dass die Teigteilmaschine versagt und deshalb Riesenstangen produziert hatte. Die Gäste waren begeistert. Es blieb allerdings ein grosser Berg Käsestangen zurück, genug, um auch noch am anderen Morgen die Möbelpacker damit zu verwöhnen. Aber am dritten Tag weigerten diese sich, auch nur noch eine einzige weitere Käsestange in die Hand zu nehmen.

Wiedersehen mit Jakarta

Unter Hinterlassung der Stangenreste setzten wir uns in der zweiten Märzhälfte 1980 in die Australienmaschine der Lufthansa und landeten einen Tag später, ohne Umsteigen, im altbekannten Jakarta. Der Flugplatz hatte gewechselt. Wir fanden uns auf Halim wieder, dem vormaligen Luftwaffenstützpunkt, wo fünfzehn Jahre zuvor im Kommunistenaufstand die sechs Generäle ein schreckliches Ende gefunden hatten. Bewegte Begrüssung mit vielen alten Freunden, die sich in Erinnerung an gemeinsame schwierige Zeiten eingefunden hatten, geführt von Ursula Müller, die wie damals als Presse-Attachée ihres Amtes waltete.

Bei der Fahrt in die Stadt fragten wir uns, ob dies wirklich noch das alte, uns vertraute Jakarta war. Wir näherten uns einer glitzernden, von einer Silhouette schlanker Bürohochhäuser und Riesenhotels gesäumten modernen Grosstadt. Die Kampongs niedriger malaiischer Holzhäuser und Elendsquartiere waren grossenteils verschwunden. Verflüchtigt hatten sich auch die amorphen Massen Tausender von Betjaks, der indonesischen Fahrradrikschas. Und wo waren die fliegenden Händler vor ihren Buden im Zentrum? Stattdessen brauste die motorisierte Woge ungebändigten Verkehrs über grosszügig angelegte breite Avenuen. Wir kamen aus dem Staunen nicht heraus. Selbst die Altstadt, die früher so schmutzige Kota, präsentierte sich sauber und aufgeräumt. Das historische holländische Viertel von Alt-Batavia, als Erinnerung an eine unerwünschte koloniale Vergangenheit unter Sukarno bewusst vernachlässigt, machte einen richtig schmucken Eindruck – wie wir bald erfuhren, das Werk des energischen Stadtgouverneurs General Ali Sadikin, ehemaliger Chef der Marine-Infanterie-Truppe.

Das äussere Bild der Hauptstadt spiegelte die politischen Veränderungen wider, die sich in den vierzehn Jahren unserer Abwesenheit in Indonesien vollzogen hatten. Sie bedeuteten, dass auch in der Botschaftsarbeit ganz neue Akzente gesetzt werden mussten. Der Kampf um unseren deutschen Alleinvertretungsanspruch und die Verteidigung der Hallsteindoktrin gehörten der Vergangenheit an. Indonesien war unter General Soeharto ohne Fanfarentöne in das westliche Lager eingeschwenkt. Der Westen lenkte Jahr für Jahr hohe Milliardenbeträge in den an Naturschätzen reichen Archipel, der wirtschaftlich einen steilen Aufsieg genommen hatte. Alles war beinahe beängstigend schnell gegangen. Der Zukunftsoptimismus schien unbegrenzt. Es floss auf allerlei Kanälen viel Risiko-Kapital herein, das am Aufschwunggewinn teilhaben wollte. Bei uns galt es, der deutschen Wirtschaft behilflich zu sein, auf dem vielversprechenden indonesischen Markt einen unserer Entwicklungshilfe angemessenen Platz einzunehmen.

Auch die Botschaft hatte ihr einstiges postkoloniales Idyll im holländischen Mentengviertel vertauscht gegen einen modernen achtstöckigen Hochbau im Zentrum, in fünfjähriger Arbeit mühselig hochgezogen von unserer bürokratischen Bundesbaudirektion. Aber was einst gedacht war als stolzer städtebaulicher Akzent gegenüber dem zentralen Hotel Indonesia, duckte sich jetzt bescheiden hinter den 23 Stockwerken des eleganten Hotel Mandarin, aus dessen Fenstern man mitleidig auf die wenige Meter entfernte deutsche Botschaft herabschaute. Ein Hoteldauermieter sollte uns später regelmässig beglückwünschen, wenn Almuth ihrer Kakadu-Schar ein neues Exemplar hinzugefügt hatte, denn er pflegte unser privates Papageienleben aus seinem Fenster über uns interessiert mitzuverfolgen. Der schmale Geländestreifen, auf dem das Mandarin stand, war ursprünglich Teil unseres Botschaftsgrundstücks gewesen. Auf Weisung des Bundesfinanzministeriums musste er der Stadt zurückgegeben werden, um den zur Pflege der kleinen Anlage erforderlichen Gärtner (Monatslohn DM 120,–) einzusparen, vielleicht auch, um nicht dem Wunsch nach Anlage eines Botschaftsschwimmbads ausgesetzt zu werden. Unsere beiden, inzwischen zehn und zwölf Jahre alten Söhne planschten also im 30 cm tiefen Löschwasserteich zwischen Zaun und Hauswand. Manchmal leisteten ihnen die Affen und Katzen Gesellschaft, die Kumpel Schneider – Ex-Fremdenlegionär, Tierfreund und Chef der Torwache – trotz entgegenstehender Weisung immer wieder bei uns aussetzte und fütterte. Es war vor allem ein schwanzloser Affe, der dort sein Unwesen trieb, die Fassade hochkletterte und zähnefletschend von aussen an den Fenstergittern rüttelte, zum Schrecken der Sekretärinnen und Konsulatsbesucher. Einmal erwischte ihn Hausmeister Sterzenbach mit einem Strahl aus dem Wasserschlauch, als er gerade seinen Schäferhund auf dem kleinen Rasen abspritzte. Kurz darauf wunderte sich Sterzenbach, als es zu regnen begann, denn der Himmel war blau und wolkenlos. Oben im Baum sass der Affe und pinkelte auf ihn herunter – Rache für das Abspritzen!

Hier zog also unsere Familie ein, in den 7. und 8. Stock unseres kleinen Botschaftshochhauses. Eigentlich war es nur die 7. Etage, denn die oberste blieb als amtlicher Teil der Dienstwohnung der offiziellen Repräsentation vorbehalten. Hier befanden sich Esszimmer und Salon, wo man einmal weit über die Stadt hatte blicken können, bevor sich das Mandarin über uns reckte. Voll Neid besuchten wir unsere zahlreichen Botschafterkollegen, die ausnahmslos in schicken Villen mit Gärten, Terrassen und Schwimmbädern residierten. Unsere einzige offene Veranda im 8. Stock hatte einer unserer Vorgänger zumauern lassen, um den kleinen Salon von innen etwas zu erweitern. Es waren Sicherheitserwägungen gewesen, die während des Botschaftsbaus in den sechziger Jahren Luitpold Werz zu der Bitte veranlasst hatten, die Botschafterwohnung in die Kanzlei zu verlegen. Hier konnte in revolutionär bewegten Zeitläuften ein aufgehetzter

Mob nicht so leicht eindringen, hier liessen sich Strom- und Wasserversorgung autark organisieren. Aber inzwischen hatte sich das politische Klima Indonesiens entemotionalisiert, es gab keine Übergriffe auf Diplomatenwohnungen mehr. Jetzt sass der deutsche Botschafter samt Familie in seinem klimatisierten Glaskäfig und kam nicht mehr heraus. Praktischerweise war er dafür rund um die Uhr im Dienst. Auch spätabends wurden telefonische Anfragen bei der Botschaft an ihn weitergeleitet, etwa nach den Bedingungen für die Erlangung eines deutschen Stipendiums oder Visums. Eines Sonntagmorgens meldete mir die Torwache von unten, dass soeben ein Sarg bei ihr abgestellt worden sei. Mit Inhalt, versteht sich. Ein deutscher Tourist war auf Bali ertrunken und konnte jetzt nicht im Central Hospital auf seinen letzten Heimflug warten, weil der Strom in der Kühlkammer des Krankenhauses ausgefallen war. Es war für den Dienstbetrieb ungemein förderlich, dass der Botschafter sich dank seiner wohnungsbedingten steten Verfügbarkeit vieler Probleme unmittelbar annehmen konnte.

Akkreditierung

Am 25. März 1980 wurde ich zur Überreichnung meines Beglaubigungsschreibens in den Merdeka-Palast befohlen. Am aufgeregtesten war der Benjamin der Familie, als 12 weisse Mäuse und die Präsidentenlimousine mit dem Protokollchef am Kanzleigebäude vorfuhren. Ich war noch nicht eingestiegen, da sah ich Cornelius bereits auf dem Tank einer der schweren BMW-Maschinen der Eskorte sitzen. Er bestand darauf, wie es ihm angeblich

Akkreditierung in Jakartas Merdeka-Palast

der kinderfreundliche Militärpolizist versprochen hatte, dem Vater mit der Motorad-Eskorte vorauszufahren. Wir erreichten gleichwohl pünktlich den Palasthof, wo die Front des Ehrenbataillons abgeschritten werden musste, dem ich siebzehn Jahre zuvor aus gleichem Anlass als junger Botschaftssekretär den getragenen Rhythmus des Deutschlandlieds beigebracht hatte. Leider war von meinen damaligen Bemühungen nichts mehr zu spüren. Mein alter Chef Weiz wäre entsetzt gewesen über das flotte Tempo, mit dem unsere Hymne heruntergespielt wurde.

Präsident Soeharto empfing mich freundlich. Mit leiser Stimme versicherte er mich seiner freundschaftlichen Gefühle für Deutschland. Er betonte, wie wichtig für ihn und das – damals – 150-Millionen-Volk der Indonesier die Fortsetzung der wirtschaftlichen und entwicklungspolitischen Zusammenarbeit mit dem hochtechnisierten deutschen Partner sei. Er verweilte des längeren bei der Bedeutung, die einer wirtschaftlichen Stärkung der ländlich-dörflichen Strukturen Indonesiens zukomme. Zu seiner Freude setzten die Deutschen mit dem Pilotprojekt einer integrierten Regionalentwicklung in Ostkalimantan hier Marksteine.

Soeharto stand damals im 59. Lebensjahr. Von mittlerer Grösse, kräftiger Statur und regelmässigen, leicht in die Breite gezogenen Gesichtszügen, deren Lächeln eine eiserne Willensnatur ebenso wie alle emotionalen Vorgänge hinter der Maske freundlich blickender Augen verbarg, verkörperte er den habitus des javanischen *»priai«* oder Edelmanns. Seine Erscheinung im schlicht-eleganten Batikhemd mit dem schwarzen Songkok strahlte Ruhe und Unbefangenheit aus. In vierzehn Jahren seit seinem Hineinwachsen in die Macht nach dem missglückten Kommunistenputsch vom 30. September 1965 hatte Soeharto den indonesischen Pancasila-Staat nach seinen Vorstellungen geformt. Er galt nicht als unbeeinflussbar. Verwurzelt in den Vorstellungen javanischer Mystik, zog er sich gelegentlich zu Meditationen auf die Höhen des uralten Dieng-Plateaus zurück, um Zwiesprache mit den Stimmen javanischer Erde zu pflegen. Sein Dukun und geistlicher Berater, Humardani, ein zierlicher Javaner mit scharfgeschnittenen asketischen Gesichtszügen, dessen altjavanische Tracht – brauner Kain, Kris und geteilte Mütze – in krassem Gegensatz zu seinem Ehrenrang als Generalleutnant stand, genoss sein volles Vertrauen.

Soeharto war kein Diktator, als der er später in manchen ausländischen Medien abgestempelt werden sollte. Er gab sich auch nicht als solcher. Von den Landeskindern erwartete er die Anrede »Bapak Presiden«, Vater

Präsident, weil er sich als der grosse Vater des Inselreichs verstand. Der Vater galt nach javanischer Vorstellung als der Familienvorstand, dem kein Widerspruch entgegengesetzt wurde, der aber auch dem letzten Familienmitglied seine Fürsorge angedeihen liess. Deshalb hörte Soeharto gern, wenn er als »Vater der Entwicklung« apostrophiert wurde. Allerdings wollten bereits damals die Stimmen nicht verstummen, die den Soehartos und ihren Freunden persönliche Bereicherung vorwarfen. Der Vorwurf zielte weniger auf den Präsidenten selbst als auf seine Familie, vor allem Frau Tien Soeharto. Einer meiner Freunde, der Zeitungsherausgeber Tengku Hafas, bekam grosse Schwierigkeiten, nachdem sein Blatt »Indonesia Raya« den Witz kolportiert hatte, die Präsidentengattin heisse gar nicht Madame Tien (10) Prozent, sondern Madame Fortie (40). Hafas war jedenfalls seine Zeitungslizenz los. Aber auch Söhne und Töchter des Präsidenten galten als gierig. Es war offenes Geheimnis, dass ein Mitglied des Soeharto-Clans als Teilhaber hereingenommen werden musste, wenn ein grosses Investitionsprojekt »laufen« sollte.

System der »Neuen Ordnung«

Jedenfalls war es Soeharto gelungen, eine »Neue Ordnung« einzurichten und Indonesien damit aus den inneren und äusseren Wirren herauszuführen, in die sein flamboyanter Vorgänger Sukarno das Land gestürzt hatte. Es war Ruhe eingekehrt. Die ordnende Hand der Obrigkeit hatte die widerstreitenden säkularen Kräfte, unter Ausschluss der aus dem politischen Leben eliminierten marxistischen Elemente, in der Sammlungspartei PDI

(Demokratische Partei Indonesiens), die sich befehdenden Moslems orthodox/konservativer und progressiver Observanz in der islamischen NU *(Nahdatul Ulama)* zusammengefasst. Beide Gruppierungen bildeten die legale Opposition zur Golkar – Bewegung (Funktionale Gruppen) unter Führung der Streitkräfte als der eigentlichen politischen Basis des Regimes. Soeharto hatte einen Zustand des Gleichgewichts der politischen Kräfte Indonesiens erreicht und diesen festgeschrieben. Politische Diskussionen wurden zwar nicht unterdrückt, durften jedoch nicht den vorgegebenen Rahmen verlassen und den Zustand prästabilisierter Harmonie in Frage stellen. Besonders argwöhnisch verfolgte die Regierung das Eindringen fundamentalistischer Gedankengänge in die Moslembewegung, die sich bisher durch ihre inneren Gegensätze selbst lahmgelegt hatte. Soeharto beschwor deshalb gern die Staatsdoktrin Pancasila, die den Glauben an Gott postulierte, aber den Islam als Staatsreligion ausschloss. In Soehartos Pancasila-Staat hatten auch die Christen einen festen Platz. Sie stellten zwar nur eine kleine Minderheit von rd. 10 % der Bevölkerung dar. Dank besserer Ausbildung durch katholische und protestantische Missionsschulen waren sie aber, sehr zum Missfallen der Moslems, überproportional in der Verwaltung und in führenden Positionen der Gesellschaft vertreten. Für Soeharto bildeten sie ein, wenn auch kleines, Gegengewicht zum Islam. Die christlichen Missionen konnten relativ ungehindert im Lande arbeiten.

Der Pancasila-Staat der Neuen Ordnung war keine Demokratie nach Westminster-Modell. Er glich vielmehr einer Blumentopf-Demokratie, in der die politischen Kräfte Indonesiens blühten, begossen und gepflegt wurden, aber nicht über ihren Topfrand hinauswachsen durften.

Es war ein patriarchalisches, aus alten javanischen Ordnungsvorstellungen erwachsenes Regime. Veränderungen waren unerwünscht, weil sie Unruhe gebracht und die innenpolitische Stabilität gefährdet hätten. Wer laut anders dache, wurde in Ruhe gelassen, solange er nicht aktiv auf den Sturz des Systems hinarbeitete, musste allerdings persönliche Nachteile in Kauf nehmen. Als Geschäftsmann konnten ihm etwa Aufträge entzogen werden, auch die Erlangung eines Reisepasses konnte sich schwierig gestalten. Straf- oder Umerziehungslager – nach der Entlassung der letzten Kommunisten von der Insel Buruh – und überfüllte politische Gefängnisse waren jedenfalls unbekannt.

Die Machtstrukturen der Streitkräfte erstreckten sich über das Land und wirkten hinunter bis auf die Dorfebene. Aber Indonesien wurde nicht von einem Militärkabinett regiert. Rückgrat der Regierung waren an westlichen Universitäten ausgebildete und mit den Marktmechanismen einer liberalen Wirtschaftsverfassung vertraute Technokraten, durchweg Akademiker ziviler Herkunft. Sie waren mit Erfolg darangegangen, die Trümmer der Hinterlassenschaft eines an Wirtschaftsdingen desinteressierten Sukarno beiseitezuräumen und einen imponierenden wirtschaftlichen Aufbau einzuleiten. Indonesien ist reich an Bodenschätzen – Erdöl, Kohle, Kupfer, Eisenerz, Zinn, Bauxit, Gold und Edelsteine. Auf dieser Grundlage war ein planmässiges Netz von Upstream-Industrie im Entstehen begriffen, dem die Downstream-Produktion bald folgte. Das zurückliegende Jahrzehnt hatte Wachstumsraten von durchschnittlich 7 % erbracht. Indonesien, das mit mehr als 150 Millionen Menschen in der Weltbevölkerung den fünften Platz einnahm, war zu einem interessanten Markt mit hohem

Wachstumspotential geworden. Den westlichen Industriestaaten boten sich im Anlagengeschäft Möglichkeiten in Milliardenhöhe. Die allgemeine Korruption hatte zwar beängstigende Ausmasse angenommen. Trotzdem waren es nicht nur militärisches Establishment und die mit ihm liierten chinesischen *Cukongs,* in deren Taschen die Gewinne der Aufbauleistung flossen. Die Schere zwischen reich und arm klaffte zwar weiter auseinander als früher. Trotzdem profitierten auch ein breiter werdender Mittelstand und die grossen Volksmassen an der Entwicklung des Landes. Auf keinen Titel war Soeharto stolzer als auf den des »Bapak Pembangunan« (Vater des Aufbaus).

Aussenpolitischer Standort

Auch Indonesiens aussenpolitischer Standort hatte sich verändert. Dies zeigte sich besonders deutlich, als man vier Wochen nach unserer Ankunft am 24. April 1980 in Bandung die 25. Wiederkehr des Jahrestags der historischen Bandung-Konferenz beging – unauffällig, im beschränkten Rahmen und ohne die ambitiösen Ziele der damals von Nehru, Tschou-En-Lai und Sukarno begründeten Drittweltbewegung zu beschwören. Der ehrgeizige Sukarno hatte stets die Weltbühne bevorzugt. Er wollte Indonesien zur Grossmacht emporheben und die Weltordnung ändern. Soeharto beschränkte sich auf die südostasiatische Region und deren Stabilisierung. Sein Konzept hiess ASEAN. Auf Weltforen agierte er eher unauffällig. Ohne der Bewegung der Ungebundenen an jenem Tage eine Absage zu erteilen, definierte Soeharto das Unabhängigkeitsstreben der Dritten Welt als Kampf um eine neue und gerechtere Weltwirtschaftsordnung, um die Beseitigung von Armut und Rückständigkeit. Unausgesprochen wurde aus seinen Worten deutlich, dass sich der »Geist von Bandung« nicht mehr gegen den Westen richtete. Denn grosse Entwicklungsaufgaben konnten nur in Zusammenarbeit mit den westlichen Industrieländern in Angriff genommen werden. Es waren denn in der Tat auch regionalpolitische Themen, die die Botschaft aussenpolitisch in den kommenden Jahren beschäftigen sollten. An erster Stelle stand die politische Zukunft Kambodschas, das die Vietnamesen mit Unterstützung Moskaus zur Beseitigung des Regimes der Roten Khmer überrannt hatten und in der Folgezeit besetzt hielten.

Erste Begegnungen:

Aussenminister Prof. Mochtar

Mein Vorstellungsgespräch beim indonesischen Aussenminister wandte sich sehr schnell dem Kambodscha-Thema zu. Es hagelte Kritik an den Vereinten Nationen (Waldheim), den Sowjets und den thailändischen ASEAN-Freunden. Mochtar Kusumaatmadja konnte seine professorale Herkunft nicht verleugnen. Er war eitel, intellektuell anspruchsvoll und – für indonesische Verhältnisse ungewöhnlich – von gelegentlich verletzendem Sarkasmus. Im Ministerium war er deshalb wenig beliebt. Auf häufigen Umgang mit Botschaftern legte er, wie er manchmal wissen liess, wenig gesteigerten Wert.

Unter Freunden traf man sich bei Vizepräsident Adam Malik. Malik erinnerte sich noch sehr wohl an den jungen Legationsrat der deutschen Botschaft, der 1965 in den ersten wirren Tagen des Kommunistenputsches seinen Sekretär Kim Adhyatman versteckt hielt. Er hatte auch keineswegs vergessen, dass der Bonner Ministerbüroleiter ihm 1971 in einer schwierigen Mission als Aussenminister beigestanden hatte. Malik hatte in Moskau über die Niederschlagung der indonesischen Altschulden aus sowjetischen Waffenverkäufen der Sukarno-Zeit verhandelt. Er war mit kurzer Vorankündigung nach Bonn weitergereist, um den Bonner Kollegen Walter Scheel zu bewegen, das Gremium westlicher Hilfsgeber in Den Haag zu einer Fortsetzung dringend benötigter Aufbauhilfe zu bewegen. Er wusste, der Schlüssel für diese Operation lag in Bonn. Aber es war Anfang Januar, Scheel befand sich wie die meisten seiner Kollegen im Urlaub, im verschneiten österreichischen Hinterthal, und hatte sich jede Störung verbeten. Ich hängte mich trotzdem ans Telefon und schilderte die verzweifelte Situation des indonesischen Aussenministers. Ob er sich nicht doch bereitfinden könne, den Indonesier zu empfangen. Scheel stimmte nach kurzer Überlegung zu. Der kleine Hansa-Jet der Flugbereitschaft flog Malik mit zwei Begleitern – einer mein alter Freund Abubakar Loebis – und mich nach München, von wo wir uns am anderen Morgen im Schneesturm über eine verlassene Autobahn ins Salzburger Hinterland durchkämpften. Scheel stand in seiner ledernen Halbbundhose mit freundschaftlichem Lachen in der Haustür, als ich einen zähneklappernden durchfrorenen Malik durch tiefen Schnee zu ihm brachte.

Bei einem Birnenschnaps und einem anschliessenden kräftigen Essen im Dorfgasthaus versprach Scheel Malik jede Hilfe. Es gelang ihm tatsächlich wenige Wochen später, die skeptischen Partnerländer in Den Haag dazu zu überreden, die schwachen sowjetischen Zusicherungen über die Waffenaltschulden als Voraussetzung für eine Weiterführung westlicher Hilfe zu akzeptieren. Malik hat uns diese Hilfestellung in schwieriger Stunde nie vergessen. – Auch seine Mitarbeiter waren alte Freunde von früher – sein Büroleiter und politischer Berater Alex Alatas, den wir wenige Monate später mit einer Disco-Tanzparty auf unserer 8. Etage verabschiedeten. Er war zum indonesischen Vertreter bei den Vereinten Nationen ernannt worden, von wo er Jahre später als indonesischer Aussenminister Ali Alatas zurückkehrte.

Technologieminister Habibie

Meine wichtigsten Gesprächspartner sollten jedoch die Technokraten-Minister im Wirtschaftsbereich werden. Denn Wirtschaft war, wie sich sehr schnell herausstellte, unsere operative Aufgabe Nr. 1. Das engste Verhältnis entwickelte sich zu dem jungen Professor Burhanuddin Habibie, Staatsminister für Wissenschaft und Technologie. Habibie bat mich schon wenige Tage nach unserer Ankunft und noch vor der offiziellen Akkreditierung in sein Büro, wo wir uns zwei Stunden lang unterhielten und näherzukommen versuchten. Er empfing mich im obersten Stockwerk eines der neuen Wolkenkratzer der Prachtstrasse Jalan Thamrin, umgeben von unzähligen grossen und kleinen Flugzeugmodellen aus aller Herren Länder. Habibie hatte in Deutschland Ingenieurwissenschaften studiert und war anschliessend als brillanter

Flugzeugkonstrukteur – u. a. soll die aerodynamische Form des Airbus-Flügels auf ihn zurückgehen – als Leiter der Entwicklungsabteilung in den Vorstand von Messerschmidt-Böllkow-Blohm (MBB) aufgestiegen. »Wissen Sie, Herr Botschafter«, sagte er mir beim Antrittsgespräch, »ich bin eigentlich mehr Deutscher als Indonesier.«

Klug, nicht ohne Eitelkeit, ehrgeizig, dabei von kleiner Statur, mit leiser, aber nachdrücklicher Stimme in perfekter deutscher Intonation, strahlte er Lebhaftigkeit und Temperament aus. Am eindrucksvollsten wirkten an seiner zierlichen Erscheinung die Augen – funkelnd, strahlend, eindringlich und immer in Bewegung. Er genoss Anerkennung als genialer Ingenieur und technischer Fachmann ohne politische Ambitionen. Niemand hätte ihm damals eine grosse politische Zukunft vorausgesagt. Er stand ausserhalb des politischen wie auch des mi-

Der spätere Präsident Habibie als Wissenschaftsminister zu Besuch im Hause des Verfassers in Rheinbreitbach

litärischen Establishment. Präsident Soeharto, mit dessen Familie die Habibies alte Freundschaft verband, hatte ihn wenige Jahre zuvor zur Rückkehr nach Indonesien und zum Eintritt in das Kabinett als Forschungs- und Technologie-Minister bewogen. Er besass dort ausser manchen Freunden auch Gegner, die seine Durchsetzungsfähigkeit für kostspielige technische Grossprojekte fürchteten, etwa beim Aufbau einer nationalen Flugzeug- und Werftindustrie.

Habibie hatte nicht nur perfekte deutsche Sprachkenntnisse, sondern auch grosse Anhänglichkeit und Wissen um den hohen Stand unserer technologischen Kapazitäten mitgebracht. Mit den Nurtanio-Flugzeugwerken in Bandung war es ihm gelungen, das erste Hightech-Unternehmen Indonesiens aufzubauen, in dem nicht nur der MBB-Hubschrauber Bo 105 montiert, sondern das erste indonesische Kurzstreckenflugzeug CASA I entwickelt wurde. Bei allen indonesischen Grossprojekten hatte der Technologieminister ein entscheidendes Wort mitzureden. Auch wenn Habibie jeden Anschein deutscher Begünstigung zu vermeiden trachtete, hat er doch in meinen Jakarta-Jahren oft bei wichtigen Anliegen den Durchbruch für uns erzielt. Niemand hat in Indonesien mehr für die deutschen Interessen getan und erreicht als er. Im Gegensatz zu seinen Kollegen war er für mich Tag und Nacht erreichbar. In schwierigen Situationen konnte ich über ihn den Zugang zu anderen Ministern eröffnen.

Wir Deutsche befanden uns gerade in einer schwierigen Situation. Der Korruptionsfall Thahir beherrschte die indonesischen Medien. Ein hoher Angestellter der staatlichen Erdölgesellschaft Pertamina, Moh. Thahir, sollte für die Vergabe von Aufträgen für das erste moderne Stahlwerk Indonesiens, Krakatau Steel in Cilegong/

Westjava, Bestechungsgelder in Millionenhöhe entgegengenommen haben. Genannt wurden in diesem Zusammenhang drei deutsche Unternehmen – Ferrostaal, Klöckner Ina und Siemens. Die Praxis von Schmiergeldern bei öffentlichen Aufträgen war in Indonesien gang und gäbe. Dass der Fall Thahir so hochgespielt wurde, hatte seine besonderen Gründe. Da gab es die ausländische Konkurrenz, vor allem aus Japan, die sich düpiert fühlte. Vor allem aber hatte die staatliche Erdölgesellschaft Pertamina, die sich unter ihrem Begründer General Ibnu Sutowo immer mehr zum Staat im Staate entwickelte, das Krakatau-Stahlwerk über die Köpfe der staatlichen Wirtschaftsplanungsbehörde Bappenas hinweg durchgesetzt. Nach unserem Eindruck wollte Bappenas jetzt die deutschen Firmen spüren lassen, dass man nicht ungestraft an ihm vorbei operieren könne. Jedenfalls kamen schon seit Monaten deutsche Anbieter nicht mehr zum Zuge. Ich beschloss deshalb, sogleich den Stier bei den Hörnern zu packen und frug Habibie, ob die deutsche Wirtschaft in Indonesien in Quarantäne gesteckt werden solle. Habibie wehrte ab; kein Indonesier sei an einer Ausweitung des Thahir-Skandals interessiert, da zu viele eher zittern müssten. Deutsche Firmen sollten fortfahren, sich an Ausschreibungen zu beteiligen, bei ihren Offerten aber günstige Finanzierungsangebote nicht vergessen. In der Tat hatten wir in jenen Jahren grösste Mühe, auch nur annähernd an die Finanzierungsofferten unserer Konkurrenz etwa aus Japan, Frankreich oder Kanada heranzukommen, deren Regierungen über entsprechende Instrumente zur Herabschleusung des hohen Marktzinssatzes verfügten.

Habibie machte dann klar, dass die deutsche Wirtschaft nicht denken solle, sie könne das Liefergeschäft für alle im Aufbau begriffenen Industrieanlagen Indonesiens übernehmen. Immerhin seien Stahl-, Schiff- und Flugzeugbau schon fest in deutscher Hand. Für die Bereiche Erdöl und Erdgas, Telekommunikation und Lokomotiven könne das nicht so weitergehen. Allerdings sei nach Stahl interessantestes Zukunftsprojekt der Kohlesektor. Hier böten sich Chancen für eine Zusammenarbeit, wobei allerdings auch Kanada und USA lebhaftes Interesse dafür zeigten.

Indonesiens Technokraten

Interessant, wenn auch nicht in der gleichen Atmosphäre der Offenheit verliefen die Antrittsgespräche mit den übrigen Technokraten – dem brillanten Prof. Widjojo, oberster Wirtschaftsplaner, der sich nach Jahren allerdings den Unwillen der First Lady Tien Soeharto zuzog, als er sich eine zweite Frau zulegte und deshalb seinen Hut nehmen musste, – seinem Vertreter Johannes Sumarlin, einem ostindonesischen Christen, mit dem ich in der Folgezeit das wirtschaftliche Tagesgeschäft erörterte; Bergbauminister Prof. Subroto, später Generalsekretär der OPEC, dessen japanisch beeinflusster Sekretär mir immer wieder den Zugang zu seinem Minister blockierte; Handelsminister Radius Prawiro und Verkehrsminister Luftmarschall Roesmin Noerjadin, über dessen Ressort viele für uns interessante Projekte liefen, schliesslich Industrieminister Soehoed und der etwas dandyhafte Finanzminister Prof. Ali Wardhana.

Zweierlei wurde aus den Gesprächen deutlich: dass Indonesien für das kommende Jahrzehnt Investitionen für Grossanlagen in zweistelliger Milliardenhöhe plante und dass Deutschland als Partner willkommen war, vor allem als Gegengewicht gegenüber den bereits übermächtigen Japanern – vorausgesetzt, dass Preise und Finanzierung bei Konkurrenzangeboten mithalten konnten. Mit den beiden ersten Fünfjahresplänen seit dem Ende der sechziger Jahre hatten sich Indonesiens Technokraten um schnellen Aufbau einer konsumgüter-orientierten, wenig kapitalintensiven und geringen technischen Know-how-Transfer implizierenden verarbeitenden Industrie zur Importsubstituierung bemüht. Als erste hatten die Japaner begriffen, welche Chancen sich ihnen boten, mit Investitionen in eine bedeutende Assemblierungsindustrie (13,4 % des BSP) alte Lieferabhängigkeiten zu perpetuieren. Statt Autos und Fernseher wurden jetzt aus Japan deren Teile geliefert und in Indonesien zusammengesetzt. Damit sollte künftig Schluss sein. Die Regierung wollte den indonesischen Wertschöpfungsanteil (local content) stufenweise drastisch bis letztlich auf 100 % heraufsetzen. Ausserdem hatte sie sich zum Ziel gesetzt, aus einer im wesentlichen extraktiven Wirtschaft (rd. 30 % des BSP, 60 % des Staatseinkommens bzw. 80 % der indonesischen Exporterlöse beruhten noch immer auf Erdöl, -gas, Holz, Kautschuk, Palmöl, Tabak und anderen Rohstoffen) eine moderne integrierte Volkswirtschaft mit entsprechenden Grund- und weiterverarbeitenden Industrien zu schaffen. Das indonesische Industrialisierungsprogramm bot eine Fülle für uns interessanter Kooperationsprojekte – bei Stahl (nahtlose Rohre und Automobilmotoren), Kohle (Grubenausrüstungen und -kraftwerke), Petrochemie (Raffinerien, Fabriken zur Herstellung bzw. Verarbeitung von Methanol, Kunstdünger und Flüssiggas), im Schiffsbau (Container- und Passagierschiffe), Verkehr (Lokomotiven und Erstellung neuer digitaler Telefonnetzeinrichtungen für das gesamte Inselreich), ferner Fabriken zur Herstellung von Papier, Zement und der Aufbereitung von Aluminiumerde. Unsere Hauptbeschäftigung der nächsten Jahre sollte darin bestehen, bei den indonesischen Schaltzentralen der Macht für deutsche Lieferinteressen zu werben, bei den eigenen Binnenressorts (BMWi, BMZ und KfW) auf Herstellung besserer Finanzierungskonditionen zu dringen und vor Kürzungen unserer Entwicklungshilfe zu warnen, weil dies unweigerlich indonesische Sanktionen bei Grossaufträgen nach sich gezogen hätte; schliesslich auch unsere eigene Industrie davon zu überzeugen, dass die Zeit reiner Anlagenlieferung im Exportgeschäft abgelaufen war, weil die indonesische Regierung Investitionen, Beteiligung am unternehmerischen Risiko, gemeinsames Marketing und rückhaltlosen Technologietransfer erwartete. Sie war in einer starken Position, weil sich die Grossindustrie aus drei Kontinenten in ihren Vorzimmern drängte und die Technokraten die ausländischen Konkurrenten bis zum letzten Augenblick gegeneinander ausspielen konnten. Um einzelne für uns interessante Projekte wurden regelrechte Schlachten geschlagen, etwa um den ersten indonesischen Forschungsreaktor, wo Washington starken Druck ausübte und Siemens sich erst nach langen Kämpfen mit Habibies Hilfe gegen den Widerstand des indonesischen Atomforschungsinstituts LAPAN durchsetzen konnte.

Es war eine späte Genugtuung, zusammen mit Almuth im Oktober 1996 von der Meyer-Werft in Papenburg im Emsland zur Schiffstaufe einer von Indonesien georderten grossen Personenfähre (18000 BRT) eingeladen worden zu sein. Die Zeremonie brachte nicht nur ein Wiedersehen mit dem indonesischen Aussenminister Ali Alatas, vor 16 Jahren noch Sekretär von Vizepräsident Adam Malik, weil June Alatas Taufpatin des schönen Schiffs geworden war. Es ging vor allem darum, dass es sich bereits um das 19. Schiff einer Serie von Papenburg-Fährschiffen für Indonesien handelte, deren beide erste wir im Frühjahr 1982 gegen scharfe ausländische Konkurrenz (Frankreich, Niederlande, Japan) mitgeholfen hatten durchzusetzen. Habibie hatte uns dabei unterstützt. Er hatte mir vorausgesagt, dass der Einsatz lohne, denn dem ersten Schiff werde eine ganze Serie weiterer Aufträge folgen. Er hatte recht behalten.

Die Bundessrepublik Deutschland war für Indonesien nicht nur ein interessanter Partner bei der Industrialisierung des Landes. Sie hatte auch das Image eines reichen wohlwollenden Onkels, den man um alles Mögliche angehen konnte. Ich spürte das bereits bei meinen Antrittsbesuchen, als man mich für hundert grosse und kleine Sonderwünsche einzuspannen versuchte. Polizeiminister General Awaloeddin, der als ehemaliger Botschafter in Bonn unsere Verhältnisse genau kannte, empfing mich bei klingendem Spiel mit einem im Hof angetretenen Ehrenbataillon der Polizei und gab mir anschliessend eine Wunschliste, die von Ausbildungshilfe und kriminaltechnischen Labors bis hin zu Patrouillenbooten reichte. Der Gesundheitsminister bat um deutsche Hilfe für das Harapan-Kita (Mutter & Kind)-Krankenhaus, in dessen Verwaltungsrat, worauf er bedeutsam hinwies, die Präsidentengattin Tien Soeharto den Vorsitz führte. Arbeitsminister Prof. Zain wollte von uns die Einrichtung von Mini Vocational Training Centers, einer Art fliegender kleiner Berufsschulen, der Erziehungsminister erbat Bücher und der Sozialminister warb um Projekte für Behinderte. Selbst der Religionsminister liess sich etwas

Besichtigung von Entwicklungshilfe-Projekten; hier auf dem Marsch zu einer Rinder-Zuchtversuchsanstalt in Mittelsumatra

einfallen und regte Spenden für eine islamische Institution an, als Ausgleich für die der christlichen Mission zufliessenden Subsidien. Das Wunschprogramm setzte sich fort bei unseren Reisen in die Provinz. So erbat der Gouverneur von Westjava eine Mobile Training Unit, während der Gouverneur von West-Timor, Oberst M´Boy, deutsche Unterstützung für das Genossenschaftswesen seiner Provinz wünschte. Meine Mitarbeiter stöhnten, wenn wir von einer Reise ins Landesinnere zurückkehrten und ich sie auf die Realisierung machbarer Anliegen ansetzte.

Umsiedlungsprojekte

Das deutsche entwicklungspolitische Engagement in Indonesien war hoch. Unser weltweit grösstes Projekt

Technischer Hilfe lief in Ostkalimantan (Borneo). Schon Präsident Soeharto hatte mich bei der Akkreditierung darauf angesprochen. Es handelte sich um das *Transmigration and Area Development Project* (kurz: TAD), das die integrierte Entwicklung unbesiedelter jungfräulicher Landflächen auf der Ausseninsel Kalimantan im Rahmen der staatlichen Umsiedlungspolitik vorsah. Die ungleichmässige Besiedlung der 5000 (oder auch 13800) Inseln des indonesischen Archipels, vor allem aber die hoffnungslose Übervölkerung der Insel Java, wo sich auf 8% der Landfläche Indonesiens über 60 % seiner Bevölkerung drängte, bereitete der Regierung seit langem Kopfschmerzen. Mit einem grossangelegten Umsiedlungsprogramm verfolgte sie ein doppeltes Ziel: die landlosen oder auf winzigen Äckerchen dahinvegetierenden Bauern Javas wieder mit Land zu versehen, zugleich aber auch durch die Einschleusung javanischer Siedlergruppen in ethnisch verschiedene, Jakarta oft ablehnend gegenüberstehende Teilvölker eine Stabilisierung des Inselreichs zu erreichen. Die Auflehnung der Ausseninseln Sumatra und Sulawesi gegen die Zentralgewalt auf Java hatte den Staat zuletzt 1957/58 an den Rand des Abgrunds geführt. Die Javanisierung Indonesiens war zwar kein politisches Tagesthema, wurde jedoch vor allem auf den von melanesischer Bevölkerung bewohnten Inseln *(Irian Jaya*/Neuguinea, Timor) ganz konsequent verfolgt. Die Transmigrationspolitik lief bereits seit Jahrzehnten, hatte jedoch bisher wenig Erfolg gebracht. Die auf Schiffen in wochenlanger beschwerlicher Fahrt auf weitab gelegene Inseln verbrachten Umsiedler kehrten meist nach kurzer Zeit heimlich wieder in ihre überfüllten javanischen Kampongs zurück, heimwehgeplagt und enttäuscht von den harten Lebensbedingungen in einer neuen, feindlich gesonnenen Umwelt. Das Transmigrationsministerium war deshalb dazu übergegangen, ganze javanische Dorfgemeinschaften mit Transportflugzeugen an ihre neuen Siedlungsplätze zu verfrachten. Sie fanden dort auf primitiv gerodetem Boden eine Holzhütte, Werkzeug und Saatgut für das erste Jahr vor. Die Tagesreise im Flugzeug liess sie die Entfernung von der heimatlichen Desa weniger fühlen als bei der langen Schiffsreise. Wir hatten mehrere Transall-Maschinen aus Bundeswehrbeständen entmottet und liessen sie, wiederum gegen starke amerikanische Konkurrenz der »Herkules«, unter deutschen Besatzungen im Rahmen des Transmigrationsprogramms gegen beträchtliche Leasinggebühr fliegen. Almuth und ich flogen mehrere Einsätze mit, einmal nach Sumatra, ein anderes Mal nach Westkalimantan (Pontianak). Wir sassen vorne in der Kanzel hinter dem Piloten auf dem Bänkchen und sahen zu, wie Schlangen ärmlich gekleideter Javaner, durchweg jüngere Leute mit zahlreichen Kindern, die armseligen Bündel mit Kochtöpfen und etwas Hausrat auf dem Kopt balancierend, zögernd die Transall betraten. Es war der erste Flug ihres Lebens und führte in eine ungewisse Zukunft. Wenn die Transall dann holpernd auf der unebenen Zielpiste im Nirgendwo von Steppe oder Dschungel ausgerollt war, verliessen sie im Gänsemarsch, still und ohne zurückzuschauen, den fliegenden Käfig, der sie den Reisterrassen und Palmenhainen Javas entrissen hatte.

TAD fügte sich ein in das archipelweite Umsiedlungsprogramm. Wir hatten es übernommen, ein Waldgebiet von der Ausdehnung einer deutschen Provinz im Westen Kalimantans modellartig zu entwickeln. Dazu gehörte der Bau einer Strasse, entlang der zunächst 12000 Umsiedlerfamilien (6 SKPs zu je 2000 Familien) eine neue

Heimat finden sollten, ferner Plantagen, um diesen Menschen Arbeit zu verschaffen, Bildungszentren und medizinische Einrichtungen. Als wir in Indonesien eintrafen, waren Versuchsstationen zur Saatgutzucht im Hinterland bereits in Betrieb, die Strasse durch den Urwald von Sangkulirang nach Muara Wahau hatte man in Angriff genommen. Im Laufe der Zeit stellte es sich jedoch als immer problematischer heraus, dass – wie auch andernorts – im Wege der Brandrodung riesige Primär-Urwaldbestände vernichtet werden mussten, um den Siedlern Platz zu machen. Jedenfalls beschlossen Almuth und ich schon bald nach unserer Ankunft in Indonesien, uns an Ort und Stelle einen persönlichen Eindruck zu verschaffen, denn es lag auf der Hand, dass dieses integrierte Projekt noch manche Diskussion auszulösen drohte.

TAD war ein personalaufwendiges, gut ausgestattetes Vorhaben. Das Projektleitungsteam sass in Samarinda, der nächsten grösseren Stadt, Experten waren auf den Saatgutfarmen und bei den ersten Siedlungen im Einsatz. In Jakarta hielt sich ein Verbindungsstab auf. Mehrere grössere Flussboote und sogar ein zweimotoriges Flugzeug gehörten zur Ausstattung. Der Flug nach Samarinda am 12. Mai 1980 gestaltete sich problemlos. Seit 1966 hatten sich die Zeiten geändert. Am anderen Morgen bestiegen wir, zusammen mit Projektleiter May und einem unserer Experten, die kleine TAD-Maschine, um das TAD-Gebiet abzufliegen und die Saatzuchtfarmen zu besichtigen. Der Himmel war blau und wolkenlos. Unter uns dehnte sich in endlosen gleichförmigen Wellen das grüne Meer des Urwalds. Wir mochten eine halbe Stunde in der Luft gewesen sein, als kleine flockige Kumuluswolken den Himmel zu überziehen begannen. Sie nahmen rasch an Dichte zu und liessen bald nur noch hin und wieder wie durch ein Guckloch den Blick nach unten zu. Wir wunderten uns, dass wir immer noch nicht am Ziel angelangt waren. Die beiden jungen einheimischen Piloten vor uns vertieften sich angestrengt in ihre Karten. Almuth deutete nach unten, wo das silbrig glitzernde Band eines Flusses heraufschimmerte. Leichte Aufregung der Piloten. Es waren die Katarakte am Oberlauf des Mahakam, tief im Innern Borneos. Wir hatten uns verflogen. TAD und Saatzuchtstation lagen schon weit hinter uns. Das Flugzeug machte kehrt und folgte unter einer jetzt dichten Wolkendecke dem Flusslauf Richtung Meer. Almuth und ich sassen unmittelbar hinter den Piloten. Unsere Augen suchten den Benzinmesser. Die Nadel zeigte bedenklich nach unten und näherte sich immer rascher dem Nullstand. Der Urwald reichte bis dicht an den Flussrand. Für eine Notlandung war nirgendwo Platz. Eine Bruchlandung im Urwald wagten wir uns nicht auszudenken. Eine verfahrene – oder verflogene – Situation. Wir erwarteten jeden Moment den Stillstand unserer Propeller. Plötzlich zeigte May hinter uns aufgeregt auf eine lichtungsartige Öffnung des Urwalds. Es war ein Landestreifen, den die Japaner im 2. Weltkrieg aus dem Urwald gehauen hatten und der offenbar seitdem nicht mehr benutzt worden war. Die Maschine setzte zum Landungsanflug an. Die Piloten wiesen auf das Risiko dieser Landung hin, denn das Elefantengras stand hoch. Es bestand Gefahr, dass es sich um das Laufwerk schlingen und die Maschine zum Überschlagen bringen könne. Aber eine Alternative war nicht in Sicht. Wir schnallten die Sitzgurte sehr eng und klammerten uns an den Pilotensitz, als die Maschine in das hohe Gras eintauchte. Nach kurzem Holpern kamen wir ruckartig zum Stehen. Bleich und mit weichem Knie sprangen wir hinaus. Noch einmal gut gegangen. Der anschliessende Fussmarsch schien uns ein Kinderspiel. Irgendwann erreichten wir eine kleine Siedlung und von dort das Ufer des Flusses. Abends nahm uns das Wohnboot des TAD auf. Anderthalb Tage glitten wir gemütlich den eintönigen Fluss hinab, die alten Rattansessel an Bord luden ein zum Plaudern, Träumen und Nachdenken darüber, was hätte geschehen können, wenn …

Wie vorausgeahnt, sollte uns TAD in der Folgezeit noch viel Kopfzerbrechen bereiten. Eine Besuchsreise des zuständigen Abteilungsleiters des BMZ bestätigte, dass man daheim immer mehr kalte Füsse bekam ob der Urwaldvernichtung, die mit TAD zwangsläufig einherging. Auch auf indonesischer Seite zog man die Bremse. Allerdings war es nicht die Sorge um Umwelt und Waldbestand, sondern der fallende Holzpreis auf den Weltmärkten, der den Präsidenten veranlasste, den Holzeinschlag zu reduzieren und Neusiedlungen am und im Urwald zu beschränken. Als Botschaft mussten wir darauf bedacht sein sein, ein zeitgemässes und angepasstes TAD-Projekt zwischen neuen deutschen und indonesischen Bedenken hindurchzusteuern und auf alle Fälle zu verhindern, dass ein Scheitern des Projekts deutschen Vorbehalten zur Last gelegt werden konnte.

Carita

Kaum vier Wochen nach unserem Eintreffen stand plötzlich mein 50. Geburtstag vor der Tür. Wir waren noch dabei, unser neues Leben unter dem Äquator einzurichten, der Trubel hatte uns noch nicht zur Besinnung kommen lassen. Deshalb stand uns kein Sinn nach grossen

Feiern. Morgens ein grosser Blumenstrauss der Mitarbeiter in der Botschaft, abends zog ich mich mit Almuth zu einem gemütlichen Abendessen im nebenan gelegenen Mandarin zurück, um auf den 50sten anzustossen.

Wir mussten endlich anfangen, unser Privatleben in Indonesien zu organisieren. Es ging vor allem um die Kinder. Sie waren im unruhigen Alter von zehn und zwölf Jahren an Wochenenden nicht mehr zufrieden mit Dachwohnung und Löschteich, sie wollten endlich einmal richtig toben und schwimmen. Es traf sich gut, dass wir eine Strandhütte an der äussersten Küste Westjavas mieten konnten. Die Entfernung dorthin betrug keine zweihundert Kilometer. Trotzdem war die Strecke kaum unter fünf Stunden Autofahrt zu schaffen. Durch die überfüllten Vororte im Nordwesten Jakartas, durch ein Gewühl von Betjaks, Radfahrern, Karren, Motorrädern, Märkten, flatterndem Hühnervolk und endlos wimmelnden, den Autoverkehr ignorierenden Menschenmassen führte eine holprige Strasse von Dorf zu Dorf parallel zur Nordküste bis an den idyllischen Weststrand Javas. Hohe Kokospalmen säumten eine Bucht, deren weitgeschwungenes Halbrund von makellos weissem Sandstrand eingefasst war. Im Schatten der Palmwedel stand hier auf Stelzen unser Holzhäuschen – winzig, zwei kleine Schlafräume und eine Terrasse, ohne Strom und Wasser. Aber was konnte schöner sein als abends beim Schein der Kerosinlampe dem Rauschen der Brandung, dem Zirpen der Zikaden und den Rufen der Nachtvögel zu lauschen. In unserer Südsee-Idylle waren wir praktisch allein, ausser Sichtweite des nächsten Hauses, im Halbdunkel der Palmen, wo sich am Gegenhang nur noch die Wildschweine betätigten. Das Meer strömte in gleichmässiger sanfter Dünung in unsere Bucht. Nur bei

Sturm wuchsen die Brandungswogen zu furchterregender Grösse auf. Man konnte mit Mut darunter hindurchtauchen. Einmal wäre Almuth beim Wellenreiten beinahe von einem grossen Schwertfisch durchbohrt worden. Jenseits nach Westen liess sich die Küste Sumatras erahnen. Bei klarem Wetter sahen wir von der Spitze der Bucht den Krakatau, mitten in der Kleinen Sundastrasse zwischen Java und Sumatra.

Krakatau

Als wir zum ersten Mal nach Carita kamen, im April 1980, stand eine hohe Rauchsäule über dem Krakatau. Bei Nacht zeigte Feuerschein an, dass der Vulkan zu neuer Aktivität erwacht war. Niemand hatte hier den grossen Ausbruch vergessen, als vor hundert Jahren, im August 1883, die eine Hälfte der Vulkan-Insel nach einer gewaltigen Eruption in die Luft flog. In der nachfolgenden gewaltigen Flutwelle ertranken 40000 Menschen. Ich hatte siebzehn Jahre zuvor bei der Überfahrt nach Sumatra noch das Wrack eines Motorkutters gesehen, der fünfzehn Meter hoch in den Felsen hing, hinaufgeschleudert durch die unvorstellbare Wucht jener Flutwelle. Wir überredeten im nahegelegenen Fischerdorf den Kapitän eines Kutters, uns am folgenden Wochenende zum Krakatau hinauszufahren. Er zögerte lange, bis er endlich einwilligte. In vorsichtiger Entfernung umkreisten wir die Vulkaninsel. In regelmässigen Abständen, alle drei bis fünf Minuten, erschütterte eine Explosion die Luft, eine dichte Wolke stieg vom Krater auf und ergoss sich als Regen von Schlacke, Asche und Bimsstein in das Meer. Der Krakatau besass nur noch einen Bruchteil seines Umfangs vor hundert Jahren. Aber er hatte begonnen, eine zweite niedrige Insel aus Lava-Asche aufzubauen, den Anak Krakatau – das Krakataukind, wie die Malaien es nannten.

Unser Kutter setzte uns an der windabgewandten Seite des Vulkans ab und versprach, am nächsten Morgen wieder vorbeizukommen. Wir konnten es kaum erwarten, das Naturschauspiel endlich aus der Nähe zu verfolgen und kraxelten von unserem Lagerplatz mühsam fünfhundert Meter einen Hang aus loser Lava-Asche empor, bis wir schliesslich auf dem Rand des alten Kraters sassen. Drüben, einen Kilometer weiter, öffnete sich der rotglühende Schlund, in dem es rumorte und brodelte, wo regelmässig alle paar Minuten der Feuerstoss nach oben fuhr, gefolgt von bizarren Qualmwolken. Wir zuckten zusammen, als nach einer Weile eine besonders heftige Explosion die Luft erschütterte und uns plötzlich handtellergrosse, wild gezackte glühende Aschebrocken um die Ohren zischten. Schleunigst traten wir den Rückzug an. Am Lagerplatz begleitete uns noch lange das gewaltige Feuerwerk der Natur, bis wir in einen unruhigen Schlaf verfielen. Der Kapitän hielt Wort und kreuzte am nächsten Morgen pünktlich wieder bei uns auf.

Drei Jahre lang blieb Carita das besondere, nicht nur von den Kindern herbeigewünschte Wochenenderlebnis, sofern uns nicht dienstliche Verpflichtungen oder amtliche Besucher aus Deutschland von der Fahrt abhielten. Wenn es sich einrichten liess, setzten wir uns schon am frühen Freitagnachmittag mit vielen Kühltaschen in Bewegung, um mit Einbruch der tropischen Dämmerung in unserem Palmenhain einzutreffen. Es gelang uns, die Hütte gegen ein richtiges kleines Strandhaus zu tauschen, sodass uns oft eine unserer Babus begleiten konnte. Wir nahmen sie dann am nächsten Morgen mit zum nahen Fischmarkt. Hier wurden die nachts in der Sundastrasse gefangenen Fische angeboten – mächtige Ikan Merah, die beliebten Rotbarsche, aber auch Plattfische, Seezungen, Riesen-Rochen und Makrelen in jeder Grösse, bis hin zu allen möglichen Krebsen, Hummern und Langusten. Einmal brachten wir eine Baby-Hai nach Hause mit, sein fast grätenloses Fleisch passte gut zum roten Reis.

Beschwerlich war gewöhnlich die Rückfahrt. Am Sonntagnachmittag war auf unserer engen Strasse viel unterwegs. Aber Nachtfahrten waren noch gefährlicher. Bei Unfällen galten immer die Autofahrer als verantwortlich und unsere friedfertigen Malaien waren schnell bei der Hand mit dem *Parang,* dem gefürchteten Haumesser. Einmal passierte es mir, dass ich, abgelenkt durch das Überholmanöver eines Motorrads, nicht bemerkte, wie aus der seitlich grasenden Wasserbüffelherde sich ein Exemplar zur Strasse hin in Bewegung gesetzt hatte. Ein schwerer Aufprall erschütterte plötzlich unseren BMW. Vor der Windschutzscheibe erschien mit angstvoll aufgerissenen Augen das schwarze Haupt des Wasserbüffels, dessen riesige geschwungene Hörner im nächsten Moment die Scheibe zu durchbohren schienen. Das schwere Tier stürzte vom Kühler zur Seite, unser arg demolierter Wagen setzte sich gottlob wieder in Bewegung. Im Rückspiegel konnte ich sehen, wie der Büffel sein mächtiges Haupt schüttelte. Er hatte tatsächlich überlebt, so wie wir. Einige Kopfschmerzen dürften ihm zurückgeblieben sein.

Ich erinnere mich, wie wir in den ersten Januartagen nach einem fröhlichen Carita-Silvester nach Jakarta zurückfuhren. Die Regenzeit hatte früher als sonst eingesetzt und Jakarta praktisch von der Aussenwelt abgeschlossen. Alle Zufahrtswege von Westen waren überschwemmt. Wir standen auf halbem Wege vor einem grossen See, in dessen Wasser sich irgendwo unsere Strasse verlor. Eine Schar barfüssiger Dorfbewohner empfing uns mit lautem Hallo. Motor aus, Türen und Fenster dicht geschlossen, dann schoben uns zwanzig Arme durch die braune Flut. Einige Geldscheine wechselten den Besitzer. Alles schien in Ordnung, bis wir zu Hause merkten, dass die braunen Arme nicht nur den Wagen geschoben hatten. Sämtliche Radkappen fehlten, abmontiert unter Wasser während des Rettungsmanövers. Auch das gehörte zu Indonesien – den *orang putih,* den weissen Ausländer, pfiffig überlisten zu können.

Flüchtlingslager Galang

Als wir im Frühjahr 1980 nach Indonesien kamen, war der Massenexodus von Bootsflüchtlingen aus Vietnam noch in vollem Gange. Trotz hoher Verluste durch Seenot und Thai-Piraten überschwemmten Zehntausende von Flüchtlingen die Anrainerstaaten des Südchinesischen Meers – Thailand, Malaysia, die Philippinen und Singapur. Auch Indonesien hatte grosse Flüchtlingslager eingerichtet. Die beiden grössten befanden sich auf der dem Riau-Archipel zugehörigen, Singapur vorgelagerten Insel Bintan sowie ausserhalb von Jakarta.

Die Flüchtlinge waren in den ASEAN-Staaten alles andere als willkommen. Auch wenn die Lebensverhältnisse dort besser waren als unter der kommunistischen Herrschaft Vietnams, so herrschten doch auch hier, vor allem in ländlichen Gebieten, Überbevölkerung und Arbeitslosigkeit. Nur unter dem moralischen Druck einer aufgescheuchten Weltöffentlichkeit fanden sich ASEAN-Staaten, wenngleich widerwillig, bereit, Lager zur Aufnahme von Flüchtlingen aufzubauen. Ihre grosse Sorge bestand vor allem darin, auf den unerwünschten Flüchtlingen sitzenzubleiben. Sie waren deshalb bemüht, die Flüchtlinge so schnell wie möglich wieder loszuwerden, nach Nordamerika oder Europa. Die indonesische Regierung verfolgte strikt die Politik, nur Flüchtlinge aufzunehmen, die mit ihren gebrechlichen Booten unmittelbar auf indonesischem Territorium bei den Natunas, Anambas oder Riau-Inseln anlandeten. Auch reine Transit-Flüchtlinge konnten aus den überfüllten Lagern anderer ASEAN-Staaten vorübergehend übernommen werden, sofern die Aufnahmegarantie eines dritten Staates vorlag. Verweigert wurde dagegen die Aufnahme von Bootsflüchtlingen, die auf hoher See von vorbeikommenden Schiffen aufgefischt worden waren. Hier kam es immer wieder zu Reibereien und Auseinandersetzungen, weil Bonn wiederholt versuchte, Flüchtlinge von deutschen Schiffen, vor allem der Cap Anamur, in Indonesien loszuwerden, ohne gleichzeitig entsprechende Aufnahmegarantien abzugeben.

Am 8./9. Oktober 1980 flog ich nach Tanjungpinang auf Bintan, um die Verhältnisse im Lager Galang in Augenschein zu nehmen und mit den örtlichen Behörden über unsere Probleme zu sprechen. Von weitem machte das Lager einen trostlosen Eindruck – eintönige Grossbaracken, die sich in endlosen, eng aneinandergedrängten Reihen über primitiv gerodete Hügelrücken dahinzogen. Die 10000 Plätze im Lagerteil I waren zu dreiviertel belegt. Teil II war noch im Bau. 37 % der vietnamesischen Flüchtlinge waren ethnisch chinesischer Herkunft. Die Wasserversorgung auf der Insel gestaltete sich prekär.

Mit zwei Wasserfähren musste zusätzlich Wasser vom Festland herangeführt werden. Im Lager selbst herrschte munteres Gedränge. Es waren Läden und kleine Handwerksbetriebe zu sehen – Bäckerei, Friseur, Fotogeschäft, Obst- und Gemüsestände. Selbst einige einfache Restaurants und »Cafés« machten auf sich aufmerksam. Die Lagerverwaltung bemühte sich, die Flüchtlinge auf ihre neue Heimat vorzubereiten, vor allem durch englischen Sprachunterricht. Selbst einige Deutschstunden waren im Angebot, auch wenn die hierzu eingeteilte vietnamesische Kraft der deutschen Sprache praktisch nicht mächtig war. Aus dem Gefängnis wurde mir ein junger Vietnamese zugeführt, dessen letzte Hoffnung eine Aufnahme in Deutschland war. Alle anderen hatten ihn schon abgelehnt. Die Indonesier hatten ihn aus Verlegenheit im Gefängnis einquartiert. Ich bemühte mich später um eine persönliche Intervention des baden-württembergischen Ministerpräsidenten, um dem armen Menschen die letztmögliche Bleibe in unserem Land zu ermöglichen.

Der indonesische Kommandant, Oberst Said, teilte mir das Missfallen seiner Regierung über die Aktivitäten des deutschen Notärzte-Rettungsschiffs »Cap Anamur« unter Rupert Neudeck mit. Die Cap Anamur operiere in vietnamesischen Hoheitsgewässern und fahre in voller Beleuchtung direkt auf die Küste zu, um Flüchtlinge anzulocken. Auch ihr Hubschrauber bewege sich grossenteils über vietnamesischem Territorium. Es bestehe der Verdacht, dass per Funk das Kreuzen der Cap Anamur in bestimmten Planquadraten zum Festland gemeldet werde, um Flüchtlingsboote zum Herausfahren zu ermuntern. Die indonesische Regierung werde deshalb das Verbot für die Cap Anamur zum Einfahren in indonesische Hoheitsgewässer aufrechterhalten und allen Cap Anamur-Flüchtlingen die Aufnahme in indonesische Lager verweigern. Auch der Vertreter des Hohen Flüchtlingskommissars in Jakarta, ein Franzose, bestätigte mir, dass die Cap Anamur zwölf Meilen vor der vietnamesischen Küste, voll sichtbar, Flüchtlinge an Bord genommen habe; sie wirke wie ein Magnet für neue Flüchtlingsbewegungen.

Im Gegensatz zur Cap Anamur fand die Hilfstätigkeit des deutschen Rotkreuz-Schiffes »Flora« dankbare Anerkennung. Wir arbeiteten gut zusammen und es hat mich mehr als andere Medaillen bewegt, als mir im nächsten Heimaturlaub der Präsident des Deutschen Roten Kreuzes den Verdienstorden des Roten Kreuzes überreichte. Wie umstritten im übrigen die humanitären Bemühungen der indonesischen Regierung im eigenen Lande waren, zeigte eine Bitte Aussenminister Mochtars, wir möchten seiner Regierung für ihren Einsatz kein öffentliches Lob spenden; die indonesischen Moslems verfolgten eifersüchtig, wie diese Leistungen vor allem ethnischen Minderheiten, sprich Chinesen, zugute kämen.

Chinesenhass

Antichinesische Pogrome hatten in Indonesien bereits Tradition. Sie reichten bis in die Kolonialepoche zurück. Die im Inselreich seit Generationen ansässigen Chinesen waren zwar nur eine kleine Minderheit von rd. 3% der Bevölkerung. Aber Handel und Industrie, soweit nicht in staatlichem Besitz, befanden sich fest in chinesischer Hand. Denn sie waren an Handelsgeist und unternehmerischer Energie den *Pribumis,* den Söhnen des Landes, weit überlegen. Hass und Neid auf die erfolgreichere

Minderheit machten sich daher periodisch in Ausschreitungen Luft. Die letzten grossen Chinesenverfolgungen hatten wir 1963 und 1965 erlebt. Inzwischen hatten die »cukongs« Anschluss an die herrschende Militärkaste gefunden. Selbst mit der Präsidentenfamilie – der First Lady und ihren Söhnen – waren chinesische Grossunternehmer Geschäftsverbindungen eingegangen. In einem Land wie Indonesien, dessen an sich erfreuliche wirtschaftliche Entwicklung die Schere zwischen reich und arm immer weiter auseinanderklaffen liess, wuchs in der einfachen Bevölkerung die Misstimmung gegen die Chinesen. Sie richtete sich nicht nur gegen jene, die sich dank ihrer Beziehungen immer grösseren Wohlstands erfreuten, sondern auch gegen die grosse Masse der fleissigen chinesischen Handwerker und Kleinhändler.

Im November 1980 ging es wieder einmal los, diesmal im mitteljavanischen Solo. Aus nichtigem Anlass entstanden Schlägereien zwischen Malaien und Chinesen. Sie weiteten sich aus und griffen rasch über auf andere städtische Zentren Javas – Semarang, Klaten, Pekalongan und Tjirebon. Der Mob zog plündernd durch die Chinesenviertel, steckte Autos an und demolierte Fabriken, ohne dass sich vier Tage lang die Sicherheitskräfte rührten. Tote und Verletzte blieben auf der Strecke. Die Pressezensur unterdrückte eine klare Berichterstattung. Wie üblich machten daraufhin wilde Gerüchte die Runde. Wer hatte wem hier eins auswischen wollen? Fest stand, dass vor allem der Präsidentenfamilie nahestehende Chinesen mit ihren Fabriken gelitten hatten. Wollten Polizei und Militär durch ihr spätes Eingreifen ebenfalls eine Lektion erteilen? Pikant war, dass die Regierung gerade Anstrengungen unternommen hatte, die letzten 900.000 staatenlosen Chinesen im erleichterten Verwaltungsverfahren einzubürgern, um mit der Assimilierung Ernst zu machen und eine wichtige Vorbedingung für die Bereinigung des Verhältnisses zur Volksrepublik China zu schaffen. Denn Peking als Schutzpatron eines grösseren chinesischen Volksteils war für Jakarta nach den Erfahrungen der Grossen Kulturrevolution nicht mehr denkbar. Hatte, wie manche Stimmen flüsterten, etwa Moskau seine Hand im Spiel, um dem Ausgleich mit Peking einen Riegel vorzuschieben? Inwieweit hatte die Unzufriedenheit der »Pribumi« über die bevorstehende rechtliche Gleichstellung der Chinesen bei den Ausschreitungen eine Rolle gespielt?

Nach zwei Wochen war wieder Ruhe eingekehrt. Das Einbürgerungsverfahren für Chinesen wurde auf Eis gelegt. Es war zu bedauern, dass eine an sich weitsichtige, auf Beseitigung des Rassengegensatzes angelegte Politik der Regierung gerade das Gegenteil herausgefordert hatte.

Besucher

An amtlichen Besuchern aus der Heimat fehlte es in Indonesien nicht. Wir freuten uns, als wenige Wochen nach unserer Ankunft der Bundesliga-Fussballverein Bayer Leverkusen sein Kommen ankündigte. Die Nationalmannschaft Indonesiens fieberte dem Ereignis entgegen. Uns schwante an der Botschaft nichts Gutes und ich bat den hünenhaften Kapitän der deutschen Mannschaft in vorsichtigen Worten, den Gastgebern gegenüber spielerisch Milde walten zu lassen. Der Sinn dieses Freundschaftsspiels sollte nicht durch einen zu krassen Spielausgang in sein Gegenteil verkehrt werden. Meine

Worte fielen offenbar auf keinen fruchtbaren Boden. Leider liessen sich unsere kräftigen Landsleute doch vom spielerischen Eifer hinreissen und deklassierten ihre zierlichen indonesischen Gegener. Almuth und ich luden zum Trost alle Beteiligten zu einem Spanferkelessen in die Botschaft ein. Wir hatten Tische und Sonnenschirme auf dem schmalen Rasen zwischen Kanzlei und Aussenzaun aufgebaut. Als besondere Überraschung planten wir einen Auftritt von Pedro. Pedro war ein grosser zahmer Orang Utan und gehörte Kumpel Schneider, dem Chef unserer Hofwache. Während die Stimmung stieg und das Fest seinem Höhepunkt zustrebte, halfen wir drinnen Kumpel Schneider beim Einkleiden seines Lieblings. Das Vereinstrikot von Bayer Leverkusen liess sich der Menschenaffe noch gefallen, aber dem Überziehen des Fussballerhöschens setzte er entschiedenen Widerstand entgegen. Endlich war es soweit. Pedro mischte sich aufrechten Ganges, die Hand

Ohne unsere Küchenmannschaft hätten wir die Besucherscharen nicht betreuen können

seines Betreuers der vielen Menschen wegen ängstlich umklammernd, unter die Gäste. Grosses Aufsehen – hatte hier etwa jemand einem Einheimischen das deutsche Trikot übergezogen? Auf welche Insel gehörte dieser unbekannte Spieler? Schliesslich lautes Hallo, denn Pedro griff mit seiner freien Hand unbefangen nach rechts und links, leerte hier einen Bierkrug und gönnte sich dort ein knuspriges Brötchen. Er musste bald abgeführt werden, denn sein Gang wurde schwankend und es mehrten sich Anzeichen einer gewissen Trunkenheit. Schliesslich lagen sich deutsche und indonesische Spieler in den Armen und feierten Brüderschaft. Das Fest hatte seinen Zweck erreicht. Auch für die Firma Bayer Leverkusen als Sponsor der Reise dürfte sich der Einsatz werbemässig gelohnt haben.

Unser wichtigster Besucher war Mitte August 1981 der Bundeswirtschaftsminister. Graf Lambsdorff war seiner fachlichen Kompetenz wegen ein geschätzter Gesprächspartner vom Präsidenten herab bis zu seinem Freund Minister Habibie. Er wusste um das gewaltige wirtschaftliche Potential Indonesiens und verstand es, den empfindlichen Indonesiern stets das Gefühl gleichberechtigter Partnerschaft zu vermitteln. Wir organisierten im Vortragssaal der Botschaft ein grosses Abendessen für hundert Personen – Minister, Journalisten, deutsche und indonesische Geschäftsleute.

Da Graf Lambsdorff bei seinen Indonesienbesuchen Wert darauf legte, jedesmal einen neuen Teil des Landes kennenzulernen, hatten wir einen Besuch des Minangkabau-Gebiets auf *Sulawesi* (Celebes) vorgeschlagen. Nach kurzem Aufenthalt in der alten Provinzhauptstadt Makassar (Ujung Pandang) brachte uns eine von Habibies kleinen Tranportmaschinen in das unwegsame Berggebiet der Minangkabau im Innern der Insel. Der Minangkabau-Stamm ist berühmt für den Stil seiner Häuser – beide Giebelenden hochgeschwungen, aus der Ferne wie die Frontalansicht eines angreifenden Büffels. Wasserbüffel spielen eine grosse Rolle bei den tagelangen Totenfesten der Minangkabau, wenn sie in Scharen zeremoniell getötet werden. Die Reste der Toten setzt man in Holzverschlägen bei, verziert mit einem puppenhaften Abbild der Verstorbenen und unzugänglich in Galerien hoch am Rande einer Schlucht.

Die Begegnung mit der Minangkabau-Kultur fanden alle interessant, aber ich war froh, als wir uns am nächsten Morgen auf dem primitiven Landefeld versammelten, wo uns unsere Maschine wieder abholen sollte. Denn die Infrastruktur im Bergland Sulawesi war alles andere als zuverlässig. Und hier ereilte uns das Schicksal. Die versprochene Maschine kam nicht. Alle Augen richteten sich fragend auf den Botschafter, der schliesslich für den Ablauf des Besuchs verantwortlich zeichnete. Aber was konnte ich schon tun. Unter uns in der Ebene wogte dichter Nebel. Dies war wohl der Grund für das Ausbleiben des Flugzeugs. Man flog hier nur auf Sicht. Irgendwelche Navigationseinrichtungen am Boden fehlten. Telefon- oder Funkverbindung zur Aussenwelt gab es nicht. Die Unruhe in der Delegation wuchs. Die Ministergattin konnte es sich nicht verkneifen zu sticheln. Nur Lambsdorff blieb gelassen. »Seien Sie froh, dass Ihr Minister nicht hier an meiner Stelle steht!« Genscher war bekannt für seine Ungeduld. Als wir uns nach drei Stunden Wartens fast dazu durchgerungen hatten, den langen Weg ins Gästehaus zurückzufahren, liess sich von unten Motorengeräusch vernehmen. Die Maschine hatte es endlich geschafft.

Ausser Bundestagsdelegationen waren es häufig Politiker aus den Bundesländern, die den Weg nach Indonesien fanden – Wedemeier mit der Bremer Bürgerschaft, Wirtschaftsminister Westphal aus Schleswig-Holstein und viele andere. Am nachhaltigsten wirkte der Stuttgarter Ministerpräsident Lothar Späth. Sein Besuch wurde uns am 8. August 1980 aus Tokyo für den folgenden Tag angekündigt. Ich traute meinen Augen kaum, als ich ihn am Flugplatz in Empfang nahm: er war tatsächlich ganz allein – ohne Sicherheitsbeamten, persönlichen Referenten, Presse- und Ministerialbegleitung. Fröhlich sagte er mir: »Ich bin im Urlaub und wollte mir schon lange einmal Indonesien darauf ansehen, welche Möglichkeiten wirtschaftlicher Zusammenarbeit mit Firmen aus Baden-Württemberg bestehen.« Unkompliziert sass er mittags mit uns am Familientisch, denn zur Vorbereitung offizieller Veranstaltungen hatte die Zeit nicht mehr gereicht. – Er kehrte 1982 noch einmal nach Indonesien zurück, wiederum in den Sommerferien, diesmal in Begleitung zweier württembergischer Unternehmer. Wir brachten ihn mit mehreren Ministern und dem Leiter der Investitionsbehörde zusammen. Aus seinen Kontakten entwickelte sich ein Projekt der Berufsschulförderung durch das Land Baden-Württemberg; Messebeteiligungen, Investitionen und neue Niederlassungen süddeutscher Firmen folgten nach.

Das Auswärtige Amt nahm weniger von uns Notiz. Im Februar 1982 unternahm der Leiter der für Asien zuständigen politischen Abteilung eine Rundreise durch die wichtigsten Hauptstädte des Fernen Ostens. Ausser seinen Gesprächen im Aussenministerium und einem Sonntagsausflug in die Idylle von Carita steht mir nur noch sein Abflug am Montagvormittag in lebhafter Erinnerung. Ich hatte ihn zum Flugplatz hinausbegleitet, ohne weitere Mitarbeiter der Botschaft zu bemühen. Der Flugplatz war mir vertraut und ich hatte keine sprachlichen Probleme. Wir sassen im VIP-Raum und unterhielten uns, während drüben auf dem Rollfeld die Passagiere die grosse Maschine von Thai Airways bestiegen. Es war üblich, VIP's nach dem Boarding der Passagiere als letzte kurz vor dem Abflug an Bord zu bitten. Auf einmal sah ich durch das Fenster, wie die Einstiegstür verschlossen und die Gangway fortgerollt wurde. Ich lief zur Tür unseres VIP-Raums, die nach draussen führte. Sie war fest verschlossen. Man hatte uns offenbar vergessen. Als ein herbeigerufener Angestellter sie endlich öffnete, hatte das Flugzeug sich schon in Bewegung gesetzt und rollte in Richtung Startbahn. Ich verlangte, es sofort zum Halten zu bringen. Dies wurde als unmöglich bezeichnet. Also rannte ich hinterher und stellte mich mit ausgebreiteten Armen auf das Rollfeld vor die herannahende riesige Maschine. Kollege Gorenflos sass stumm im VIP-Raum und beobachtete, was hier vor sich ging. Als ich nicht aus dem Weg wich, blieb das Flugzeug tatsächlich stehen. In Windeseile erschien eine Gangway, die Tür oben öffnete sich wieder und ein bleicher Abteilungsleiter eilte nach oben. Er winkte nicht einmal mehr zurück.

Reisen:

Java und Bali

Es gibt kaum ein anderes Land, das sich für Entdeckungs- und Abenteuerreisen besser eignet als der indonesische Archipel. Wir waren in unseren drei Indone-

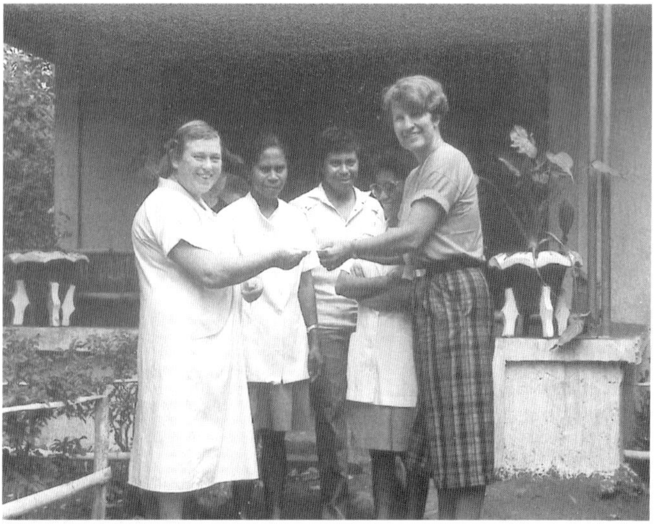

Auf der Sunda-Insel Alor überreicht Almuth Schwester Gisela Borowka einen Scheck aus Spendengeldern, die sie für die Errichtung eines Lepra-Krankenhauses gesammelt hat

sienjahren oft unterwegs, auf Dienstreisen und im Urlaub, fast immer ohne Luxus und Komfort, um Land und Leute kennenzulernen, persönliche Beziehungen zu knüpfen, deutsche Projekte und deren Mitarbeiter aufzusuchen und wo immer möglich über unsere politischen Vorstellungen zu informieren. Von den grösseren Reisen unternahmen Almuth und ich die meisten gemeinsam. Einmal im Jahr machte Almuth sich mit Ursula Müller und Ulla von Mengden allein auf den Weg. Sie war dann eine Zeitlang verschwunden, untergetaucht im Inselreich, geleitet von Missionsstation zu Missionsstation und kehrte nach einem Monat wieder zurück, meist einen neuen Papagei unter dem Arm. Unser Freund General Awaloeddin, der oberste Polizeichef, hielt diese Art des

Reisens alleinstehender Frauen für gefährlich und bot an, einen Polizisten zum Schutz mitzugeben. Diese gutgemeinte Geste hätte allerdings unbefangene Kontakte mit der einheimischen Bevölkerung empfindlich gestört. Als wir uns wieder einmal sahen und er an sein Angebot erinnerte, hörte er von Almuth, dass sie gerade wieder von einer längeren Reise zurückgekommen sei, diesmal von den Arau-Inseln in der Arafura-See. Er nahm uns dies eine Weile sehr übel.

Wir waren noch keine drei Monate im Lande, als wir uns aufmachten, dem befreundeten Ehepaar Janke aus Niederbachem Java und Bali zu zeigen. Vier Erwachsene und zwei Kinder samt Gepäck zwängen sich in unseren neuen BMW 525. Bereits in Bandung überfällt in der ersten Nacht nach einem chinesischen Abendessen im Hotel Homann Zeus' Rache die Freunde und Christoph. Leicht geschwächt treten sie mit uns die Weiterfahrt durch das malerische Bergland Westjavas an. Hinter Tasikmalaya schlägt das Schicksal erneut zu. Beim flotten Überholen eines schweren stinkenden Lastwagens bleibt der Wagen auf der Anfahrt zu einer neuen, im Bau befindlichen Brücke in einer grossen Pfütze mit heftigem Ruck stehen. Der Motor läuft weiter, aber das Auto rührt sich nicht mehr von der Stelle. Rückwärtsgang eingelegt, Vollgas und mit einem Satz springt der Wagen nach hinten. Es kracht, der Motorlärm wird auf einmal sehr laut. Der BMW hat sich mit den 100PS des eigenen Motors den Auspuff abgerissen, der in seiner ganzen Länge immer noch auf dem offenliegenden, durch die Pfütze unsichtbaren T-Träger des Brückenbodenteils steckt. Mein Fehler, denn ich hätte mich erst der Ursache vergewissern müssen, weswegen der Wagen plötzlich feststeckte.

Ein vorbeikommender Kleinbus nimmt unsere Wagenbesatzung auf, der Beifahrer hält das heisse, drei Meter lange Auspuffrohr des BMW zum Fenster hinaus und ich folge mit dem Getöse eines schweren Panzers. Im nächsten Ort gibt es zwar keine Autoreparatur-, wohl aber eine Schlosserwerkstatt, die über ein Schweissgerät in Form einer Lötlampe verfügt. Mangels Hebebühne wird der Wagen mit den beiden linken Rädern auf den Bordstein gefahren. Es reicht für den Schlossergesellen, sich unter den Wagen zu legen. Es ist Mittagszeit und die beiden Gesellen begeben sich sogleich an die Arbeit. Bis zum Nachmittag werde man es schaffen, sie sind ganz zuversichtlich. Bald hat sich der ganze Ort um uns versammelt, jung und alt, um das Schauspiel zu geniessen. Christoph und Cornelius werden am Haar gezupft, bis beide wild um sich schlagen. Es gibt kein Entkommen. Der Nachmittag verstreicht, der Abend bricht, wie in den Tropen üblich, rasch und unvermittelt herein. Die beiden Gesellen sind immer noch dabei, das Rohr wieder am Motorblock festzuschweissen und bis nach hinten unter dem Wagen zu befestigen. Als die Besitzerin des Handwerkbetriebs sieht, wie den Kindern die Augen zufallen, bietet sie ihnen das eigene Bett an. In der Schlafkammer ist es heiss und stickig, aber einer nach dem anderen legen sich auch Almuth und Ehepaar Janke zu den Kindern auf die Schlafstatt und den Boden davor. Eine halbe Stunde vor Mitternacht wird endlich das Ende der Schweissarbeiten verkündet. Jetzt kann auch der letzte die Grosschlafstelle aufsuchen. Irgendwie verbringen wir alle sechs die Nacht in der Schlafkammer der Werkstatt. Am Morgen bietet die Inhaberin Kaffee und Rosinenwecken zum Frühstück an. Wir sind echt gerührt. Wäre dergleichen bei uns daheim vorstellbar und möglich gewesen? Kaum. Die Reparaturrechnung fällt bescheiden aus. Für die Übernachtung werden wir kein Geld los. Wir hinterlassen als Gastgeschenk unseren Reisewecker.

Der Wagen setzt sich endlich wieder in Bewegung. Die Fahrt wird sehr viel geräuschvoller als vorher, aber das stört hier niemanden. Ein unangenehmer Nachteil macht sich bald bemerkbar: das Auspuffrohr hängt jetzt erheblich tiefer als zuvor und der Wagen, unter der Last der sechs Mitfahrer, schlägt auf jeder kleinen Bodenwelle auf. So hinken wir über die holprigen Strassen Mitteljavas, in steter Furcht, dass das nächste tiefe Schlagloch den Auspuff wieder abreissen könnte. Schlimm die häufigen Flussdurchfahrten, wenn Brücken weggerissen oder gerade wieder im Aufbau sind. Dann muss die ganze Besatzung bis auf den Fahrer aussteigen. Aber wir lassen uns die gute Stimmung nicht verderben.

In Jogjakarta hatte man uns ein nettes balinesischen Hotel empfohlen. Das Puri Artha verfügte sogar über Klimageräte. Im benachbarten Solo machen wir der alten Susuhunan-Sultanin unsere Aufwartung. Der Kraton wirkt noch verfallener als fünfzehn Jahre zuvor, aber immer noch rutschen die alten javanischen Diener auf Knien ins Audienzzimmer, um Süssigkeiten und Eis anzubieten. Christoph und Cornelius zeigen offen ihren Abscheu vor diesen Leckereien. Als Almuth ihnen zuzischelt, sich im Palast zu benehmen, tritt Cornelius seiner Mutter voller Verachtung mit Wucht ans Schienbein. Leider kann sie, wie der Knabe richtig berechnet hatte, die fällige Strafe in Gegenwart der freundlichen alten Sultanin nicht vollziehen. Dafür vergnügen sich die beiden bald mit den Instrumenten des kostbaren alten Gamelan-Orchesters nebenan. Wir sind peinlich berührt, ohne dass die Sultanin sich etwas anmerken lässt.

Von Solo fahren wir die enge, moosbewachsene alte Strasse empor, die auf die Höhe zu den Kraterseen des Gunung Lawu (3265 m) führt. Am Seeufer hatten die Holländer Serangan in kühler Höhenluft als kleinen Ferienort ausgebaut. Leider schaut alles inzwischen sehr heruntergekommen aus und wird kaum noch benutzt. Wir besichtigen die Tempelanlagen Javas, nicht nur den berühmten buddhistischen Borobudur und den hinduistischen Prambanan, sondern auch die abgelegenen und deshalb kaum bekannten Tjandis von Kidal und Djago aus dem 13. Jahrhundert mit zum Teil hervorragend erhaltenen hinduistischen Flachreliefs. In der Nähe liegt auch das kleine Mausoleum des Staatsgründers Sukarno, zu versteckt für einen Heldenkult, den sein Nachfolger sicher nicht geduldet hätte.

Den letzten Abend vor der Überfahrt nach Bali verbringen wir auf einer Gewürzplantage oberhalb Banyuwangis am Osthang des Vulkans Raung (3332 m). Der Gastpavillon bietet einen mächenhaften Rundblick über die bewaldeten Hänge hinunter zum Meer. Drüben liegt im Licht der Abendsonne, zum Greifen nahe, unser Ziel: Bali. Unser Gastgeber ist ein liebenswürdiger alter, schon vor Jahren demobilisierter indonesischer Offizier, der die von Holländern sequestrierte Plantage mit grosser Hingabe verwaltet. Am anderen Morgen führt er uns vor der Weiterfahrt über seine Felder – Pfeffer-, Nelken- und Muskatbäume, Zimtsträucher und Vanillestauden, niedrige Kakaobäume, die unter grossen Schattenbäumen ihre Früchte hervorbringen. Noch nie haben wir eine solche Vielfalt an Gewürzen nebeneinander gesehen. Hinter dem Haus streichen zwei Tiger und ein riesiger schwarzer Panther an ihren Käfiggittern entlang.

Die Überfahrt nach Bali ist zunächst ein Alptraum. Als Fähre dient ein primitives Landungsboot, das sich auf den Sandstrand schiebt. Man erreicht die Landungsklappe über ausgelegte Bretter, alles schwer zu überwindende Hindernisse für unseren lädierten tiefliegenden BMW. Aber wir schaffen es, ebenso wie die noch im Bau befindliche Strasse auf der anderen Seite in Bali.

Unser kleines Hotel mit dem italienisch klingenden Namen auf der Sanurseite bietet keinen Luxus, aber gemütliche klimatisierte Bungalows. Das Schwimmbad hat, wir sehen es zum ersten Mal, eine Cocktailbar im Wasser. Beim ersten Hahnenkampf wird mir im Gewühle unbemerkt das Portemonnaie aus der Gesässtasche gezogen, zum Glück mit nur mässigem Inhalt – Stoff für Erinnerungen, die ebenso wie die gemächliche Rückfahrt auf Jahrzehnte zusammenbinden.

Galunggung – der Vulkan brüllt

In jenen drei Jahren hat es uns oft zurück nach Mitteljava gezogen. Hier atmete das Zentrum javanischer Kultur, hier schlug das Herz Indonesiens. Hier lagen auch die ehrwürdigen Istanas, die Paläste und Grabstätten der uralten Sultansfamilien der Hamengkubuwono in Jogjakarta, der Mangkunegara und der Susuhunan – der vornehmsten Sultansfamilie, sie bezeichnete sich als »Nagel der Welt« – in Solo. Dieser Teil Javas war der Mittelpunkt der Batikherstellung, des Wayang-Schattenspiels und der Gamelan-Musik. Hier hatte die javanische Mystik ihre Heimat. In Kota Gedé hockten die Silberschmiede, nur mit einem Lendenschurz angetan, über ihrem kleinen Amboss am Boden und trieben geduldig wunderbare Schalen und Kannen in althergebrachter barocker Ornamentik aus den Barren. Auf den Höhen des stillen Dieng-Plateaus vor den Resten alter Tempel, in Höhlen und im Sprudeln heisser vulkanischer Quellen liess sich das Rauschen der Geister Javas vernehmen. Immer wieder ergaben sich Anlässe für offizielle oder private Reisen nach Mitteljava, wo die Zeit langsamer voranrückte als im Rest der Welt. Es liefen dort mehrere dörfliche Entwicklungsprojekte, die Kirche arbeitete dort mit Mitteln von Misereor im Bildungsbereich – Berufsschulen und Studentenbetreuung. Einmal besuchten wir einen *Pesantren,* ein islamisches Landschulheim unter der Leitung eines berühmten javanischen Ulemas.

Im Februar 1982 waren wir wieder einmal unterwegs nach Zentraljava, diesmal mit dem Dienstwagen, denn es standen offizielle Besprechungen an. In Bandung riet man dringend, die Küstenstrasse nach Semarang anstelle der gewohnten Landstrasse durch die Berge zu benutzen.

Der Aschenregen des Galunggung-Ausbruchs begräbt Dörfer und Palmhaine unter sich

Denn der Vulkan Galunggung (2168 m) bei Tasikmalaya hatte wieder eine rege Tätigkeit entfaltet. Fast täglich schleuderten heftige Eruptionen Berge von Asche und Schlacke in die Luft. Mehrere Dörfer waren vor dem niedergehenden Lavastrom geräumt worden. Zweimal bereits wäre es um ein weniges zu einer Flugzeugkatastrophe gekommen. Eine australische, wenige Tage später eine amerikanische Passagiermaschine gerieten in 10000 Meter Höhe in den Sog der Galunggung-Asche und die Triebwerke blieben stehen. Beide Male war die Notlandung in Jakarta knapp gewesen. Seitdem machten Flugzeuge einen grossen Bogen um diesen Teil Javas. In Erinnerung an den Krakatau zwei Jahre zuvor wollten wir uns dieses Schauspiel nicht entgehen lassen,

Es fiel eigentlich ganz unvermittelt über uns her. Eben noch waren wir im hellen Sonnenschein durch eine freundliche grüne Landschaft gefahren. Vor uns stand mit einem Mal eine grau-schwarze Wand, wie ein sich aufbäumendes Unwetter. Wir tauchten ein und die Hölle brach los. Der eben noch helle Tag hatte sich in Nacht verwandelt. Die Sicht war auf wenige Meter geschrumpft. Im Licht der Scheinwerfer schienen wir in einen gewaltigen Schneesturm hineingeraten. In Kaskaden tanzten Aschenwirbel wie Schneeflocken um uns nieder. Von Strasse und Strassenrand war nichts mehr zu sehen. Unser Fahrer Legoh stieg aus und watete durch knöchelhohe Lava-Asche, um sich zu orientieren. Während wir uns langsam weitertasteten, tauchten gespenstische Bilder auf. Die Landschaft war tot, abgestorben unter einer dicken Schicht grauer Asche, Bananenstauden und Büsche unter der Last zusammengebrochen, kahle Palmen reckten ihre verkohlten Stämme in stummer Anklage nach oben. Menschen standen auf den flachen Dächern ihrer Häuser und schaufelten verzweifelt Aschenberge herunter, um ein Einbrechen der Dächer zu verhindern. Flüsse und Bäche waren von frischer Lava und hohen Steinen verstopft. Es würde Jahre, vielleicht Jahrzehnte brauchen, bis sich aus dem toten Aschenboden wieder neues Leben entwickeln wird. Tausende von Bauern waren ruiniert. Sie würden die unfruchtbar gewordenen Felder aufgeben müssen. – Nach einer Stunde gerieten wir mit einem Mal wieder ins Helle. Der Spuk war so schnell vorüber wie er über uns hereingebrochen war. Die dunkle Wand stand in unserem Rücken. Der unsichtbare Galunggung schien seine Faust hinter uns her zu schütteln.

Irian Jaya

Die abenteuerlichste unserer Reisen führte uns am 24. November 1981 in den indonesischen Teil Neuguineas, nach Irian Jaya. Es war neben Osttimor die jüngste Provinz Indonesiens. Sukarno hatte sie in der ersten Hälfte der sechziger Jahre den Holländern als letzten Teil ihres ostindischen Kolonialreichs abgetrotzt. Es gab dort in steinzeitlichen Papuadörfern eine Reihe christlicher Missionsstationen, darunter auch Missionare amerikanischer Sekten. Ein deutsches Ethnologenteam war gerade aus dem Hochland ausgewiesen worden. Sie hatten den Papuas bedeutet, dass Zivilisierung nicht notwendig mit dem Tragen von Hosen verknüpft sei und waren daraufhin von radikaltheologischen amerikanischen Bibelpredigern bei den Behörden angeschwärzt worden. Man liess nicht gern Fremde nach Irian Jaya. Viele Papuas waren mit der indonesischen Herrschaft unzufrieden. Es gab mittlerweile eine Papua-Freiheitsbewegung. Ihre Guerillas versteckten sich im benachbarten unabhängigen Papua-Neuguinea. Sie überschritten gelegentlich die unübersichtliche Dschungelgrenze zu kleineren Operationen.

Nach zehnstündigem Flug erreichten wir die Provinzhauptstadt Jayapura im Norden, wo wir Unterkunft in einem Gästehaus der Regierung fanden. Am folgenden Tag Höflichkeitsbesuche bei zivilen, militärischen und kirchlichen Stellen. Unser erster Startversuch nach Süden ins Asmatgebiet scheitert. Der Himmel über dem Flugplatz Sentani ist dicht verhangen, tiefliegende Wolken machen einen Flug über das Gebirge im zentralen Bergland unmöglich. Erst am nächsten Morgen war die winzige Propellermaschine der AMA, die die Verbindung zu den katholischen Missionsstationen aufrechterhält, startbereit. Der kräftige junge Pilot schweizer Herkunft macht einen vertrauenerweckenden Eindruck. Er hatte seine einmotorige Maschine mit den vier Passagieren bisher noch immer sicher über das Gebirge gebracht – ein Gebirge, das sich im Südwesten mit dem Mount Carstensz auf über 5000 Meter in die Höhe reckt und das wir auf unserem Flug immer noch in 13000 Fuss Höhe überwinden müssen. Dies war schwierig, denn unsere Cessna schaffte nur 12000 Fuss. Der Pilot musste ein tiefeingeschnittenes Hochtal, das Pass Valley finden, um das Gebirge zu überlisten. Deshalb konnte nur bei gutem Wetter und auf Sicht geflogen werden. Wir kletterten in unseren engen Sitz und warfen noch einen Blick auf die schöne Humboldtbucht, während sich unser kleines Flugzeug in die Höhe schraubte. Bald befanden wir uns über der Hochebene des Baliem-Tals, von wo die Dörfer und die gerade abgeernteten Süsskartoffelfelder der Dani heraufgrüssten. Als die Bergwände links und rechts in immer greifbarere Nähe rückten, wussten wir, dass wir ins Pass Valley eingeflogen waren. Wir dachten gerade, jetzt schafft es unser Vogel nicht mehr, da fielen die Berge wieder nach unten ab. Über der Küstenlandschaft des Asmat lag dichter Nebel. Plötzlich tauchte der Pilot das Flugzeug in die Milchsuppe und nach wenigen Augenblicken standen wir auf der kleinen Wiesenpiste von Ewer. Wir wurden erwartet, denn eine kleine Schar wenig oder abenteuerlich bekleideter Papuas stürzte auf uns zu.

Ein kleines Motorboot brachte uns über die Flamingo Bay zum jenseits gelegenen Agats. Seit 1953 besteht hier eine katholische Missionsstation, der seit zwölf Jahren der amerikanische Bischof Sowada von der Croisier-Missionsgesellschaft vorsteht. Seine Diözese umfasst das gesamte Asmat-Gebiet, wo ein Dutzend Priester als Missionare im Einsatz sind. Der Küstenstrich und das Hinterland von Asmat bis zum Rand der Berge sind sumpfiges Schwemmland, von Urwäldern und riesigen Mangrovendickichten überwuchert. Auch die gewaltigen Kasuarinen, die dieser Küste ihren Namen geben, haben bisher überlebt. Eine Fortbewegung ist nur auf dem Ädernetz unzähliger grosser und kleiner Wasserstrassen möglich. Agats ist wie eigentlich alle Siedlungen in der Küstenzone auf Stelzen gebaut. Die Holzhäuser der wenigen hundert Einwohner, darunter auch des Regierungspostens, ruhen auf hohen Pfählen und sind durch ein Netzwerk von Holzstegen untereinander verbunden. Bei Ebbe steht der ganze Ort auf einem schmutzigen Schlicksumpf. Es gibt einige einfache Läden, die für teures Geld – es muss alles über See oder Luft herantransportiert werden – Grundbedarfsartikel wie Salz, Zucker, Reis, Streichhölzer und Kerosin anbieten. Die Missionsstation ist in einem Geviert errichtet. Die Zimmer öffnen sich balustradenförmig zu einem offenen Innenhof hin, in dem Blumen und bunte Schlingpflanzen wuchern.

Der Bischof freut sich ebenso wie die paar gerade anwesenden Missionare über den seltenen Besuch im abgeschiedenen Agats. Er möchte uns mitnehmen zu der abgelegenen Missionsstation von Basim am Fajit-Fluss im südlichen Teil der Kasuarinenküste. Am frühen Nachmittag soll es schon losgehen. Die Gezeiten spielen an dieser Küste eine grosse Rolle, denn sie verändern den Wasserstand um mehrere Meter. Wir verlassen Agats in zwei Booten. Es sind einfache, etwa fünf Meter lange Aluminiumschalen, die ausser drei Sitzquerbänken und einem Aussenbordmotor keinerlei Einrichtung aufweisen. Als wir die Mitte der Flamingo Bay erreicht haben, fällt der Motor des Bootes hinter uns aus. Er lässt sich nicht mehr in Gang bringen und wir schleppen das Boot nach Agats zurück. Es ist spät geworden, eigentlich zu spät für eine Ausfahrt. Mit anderthalb Stunden Verspätung, ohne zweites Boot und Begleiter, machen wir uns erneut auf den Weg – Bischof, Botschafter und Almuth. Die Ebbe hat schon eingesetzt und zieht das Wasser seewärts. Wir müssen uns weit draussen auf dem Meer halten, denn die Uferzone ist sehr seicht. Es bläst eine angenehme leichte Brise. Wir folgen der Küstenlinie am östlichen Horizont, wo das silbrige Grau des Strandschlicks übergeht in das Dunkelgrün des Urwaldsaums. Nach etwa zwei Stunden Fahrt lenkt Bischof Sowada das Boot wieder zur Küste hin. Er hat eine Flussmündung entdeckt, an deren Lauf einige Kilometer landeinwärts er Basim vermutet. Wir fahren in eine enge Flusschneise ein, der Urwald tritt unvermittelt an die Ufer, gelegentlich zeugen kleine Lichtungen von menschlicher Rodung. Aber zu sehen oder zu hören ist niemand, weder Mensch noch Tier. In beinahe unheimlicher Stille gleiten wir das grüne Wasser flussaufwärts. Nach einer Viertelstunde macht Sowada kehrt. Er hat sich geirrt, wir sind eine Flussmündung zu früh eingefahren. Während wir wieder die offene See gewinnen, fällt die Dämmerung über uns herein. Der Bischof macht sich Sorgen. Die Ebbe zwingt uns, weiten Abstand zur Küste zu halten, die allmählich ausser Sichtweite gerät und sich nur noch ahnen lässt. Wir schleifen immer wieder über Sandbänke – eine Warnung vor geringer Wassertiefe. Nochmals nimmt Sowada Kurs auf die Küste. Es dauert nicht lange und unser Boot steckt fest im Schlamm. Der Motor ist nicht mehr zu gebrauchen. Wir bewegen uns weder vorwärts noch rückwärts. Bischof und Botschafter ziehen sich bis auf die Unterhose aus und klettern über Bord. Wir stecken sofort bis zur Hüfte im Schlamm. Aber nach langem Schieben gelingt es wieder Wasser unter den Kiel zu bekommen. Sogar der Motor fängt wieder an zu husten.

Zurück zum offenen Meer, wo wir in pechschwarzer Dunkelheit Südkurs zu halten versuchen. Von der Küstenlinie ist nichts mehr zu sehen. Der Bischof scherzt: »Vielleicht sind wir schon auf Weg nach Australien.« Ohne Wasser, Proviant und navigatorische Ausrüstung ein riskantes Abenteuer mit ungewissem Ausgang. Die Meeresbrise lässt uns nach dem unfreiwilligen Bad frösteln. Gegen acht Uhr bricht Sowada in einen Freudenruf aus und deutet nach Osten, wo ein heller Punkt sichtbar wird. »Wir haben es geschafft!« Wir halten darauf zu, es ist ein grosses Feuer am Ufer. Pater van der Wouw in Basim war aus Agats über Sprechfunk von unserem Kommen unterrichtet. Als wir ausblieben, schickte er einige Männer an die Küste, um mit einem Feuer die Flussmündung des Fajit zu markieren. Seine Voraussicht war unsere Rettung. Eine Stunde später erwartet uns eine Menschenschar mit Fackeln am Landungssteg von Basim. Wir sehen wenig präsentabel aus. Hinter einer Bambuswand können wir uns im Mandi-Bad mit Wasser übergiessen und reinigen, während unsichtbare Zuschauer von draussen zischelnd das Ereignis begleiten. Wir schlafen fest und traumlos, auch das Schurren über der Decke – sind es Schlangen oder Ratten? – kann uns nicht stören.

Am anderen Morgen können wir Pater van der Wouw bei der Arbeit beobachten. Auf der Veranda haben sich schon viele Menschen eingefunden, kraushaarige dunkle Gestalten mit zerfurchtem Gesicht, Frauen im verblichenen Kattunröckchen, Männer meist in schmutzigen Shorts, einige auch oben und unten ganz ohne. Sie erwarten ärztliche Betreuung. Pater van der Wouw ist seit über zwanzig Jahren hier in Basim. Er kam als Missionar und wurde nach und nach Arzt, Lehrer, Mechaniker und Handwerksmeister. Der schmale, hagere Holländer erzählt, wie ihn die Hilflosigkeit der eingeborenen Papuas anrührte. Er wollte ihnen helfen, nicht nur als Geistlicher, sondern auch im praktischen Leben. Er brachte ihnen die Holzbearbeitung mit eisernen Werkzeugen bei. Seine medizinischen Kenntnisse waren am Anfang gering, aber er lernte schnell dazu. Einmal führte er eine Notoperation an einer jungen, vor dem Verbluten stehenden Papuafrau nach den Instruktionen durch, die er sich über Sprechfunk von Agats durchgeben liess. Er bestand auch nicht wie die amerikanischen Sektenprediger darauf, dass die Überwindung der Nacktheit der erste Schritt in die Zivilisation sei. Man könne Papuas zwar in Hosen kleiden, meinte er, sie aber nicht von der Notwendigkeit eines regelmässigen Waschens derselben überzeugen. Deshalb sind die schmutzstarrenden Shorts die erste Quelle von Geschwüren und Ekzemen am Unterleib.

Wir besuchen ein Dorf am Oberlauf des Flusses. Sowada und van der Wouw warnen uns vor Überraschungen. Wir sind gespannt. Eine Gruppe Papuas empfängt uns mit Lachen und Rufen an der Landestelle. Textilien sind inzwischen rar geworden. Ehe wir uns versehen, haben die martialischen Gestalten uns alle vier gepackt und emporgehoben. Wir liegen flach und hilflos auf ihren hoch erhobenen Händen. Eine Bewegung ist unmöglich. Allerlei Gedanken gehen durch den Kopf, denn bis vor wenigen Jahren gehörte die Kopfjagd hier noch zum täglichen Leben. Über einen verschlammten Pfad tragen sie uns so im Triumph zu ihrem Dorf. Die Körperdünste unter uns riechen recht streng. Grosse Fröhlichkeit bei Frauen und Kindern. Aus dem Männerhaus dürfen wir dann dem Begrüssungstanz zuschauen. Die Männer haben sich Köpfe und Arme bemalt – rot, weiss und schwarz. In der durchbohrten Nasenwurzel tragen sie in der Form von Eberhauern ausgesägte Muschelstücke. Während sie im Takt die Speere schwingen, tönen dumpf die mit Echsenhaut überzogenen Trommeln. Später sehen wir Holzschnitzer bei der Arbeit. Schöne Schnitzarbeiten liegen vor uns – bemalte Schilde, Speere, Holzschalen, Trommeln, mehrere Meter hohe Ahnenpfähle, aus denen die Symbole einer geheimnisvollen mythischen Ahnenwelt herausgearbeitet sind. Wir erkennen Schildkröten, Fische, Krokodile und die grossen Schnäbel des Nashornvogels. Im durchbrochenen Filigran einer Holzplatte wird der Kreislauf des Lebens sichtbar – von der Geburt über Fischfang, Wildschweinjagd und dem Auskernen der Sagopalme bis zum Tod. Ein erstaunliches Ausdrucksvermögen dieser kaum der Steinzeit entwachsenen Melanesier.

Bischof und Missionar sprechen über das Schicksal des im November 1961 hier im Asmat an der Kasuarinenküste spurlos verschwundenen Ethnologen Michael Rockefeller, Sohn des bekannten amerikanischen Politikers und Gouverneurs von New York. Rockfeller jr. war mit seinem holländischen Freund auf einem Katamaran von Agats in See gegangen, trotz der Warnungen des Bischofs. Er sollte der letzte sein, der ihn sehen und sprechen konnte. Die Jahreszeit war ungünstig, es bestand Sturmwarnung. Der Katamaran geriet in Seenot und wurde aufs Meer hinausgetrieben. Rockefeller versuchte, wie sein geretteter Freund später erzählte, mit zwei Hohlkanistern an Land zu schwimmen. Ob er es je erreicht hat, ist ungewiss. Der Bischof vermutete dies. Die Papuas hatten den entkräfteten Schiffbrüchigen wahrscheinlich erschlagen und verscharrt. Nicht um den Kopf ging es ihnen, sondern um Rache zu nehmen am weissen Mann. Eine holländische Patrouille hatte sechs Jahre zuvor, weil sie das stürmische Begrüssungszeremoniell der Papuas für einen Angriff hielt, das Feuer eröffnet und eine Reihe Krieger getötet. Als dann die Behörden erschienen und nach dem jungen Ethnologen forschten, packte die Dorfbewohner die Angst. Niemand wollte etwas gesehen oder gehört haben.

Wir verliessen das Asmat mit einer Reihe schöner Schnitzwerke. Die kleine Missionsmaschine holte uns auf der Graspiste von Basim wieder ab. Im Gebirge kamen wir in einen heftigen Regensturm. Böen packten das kleine Flugzeug und schüttelten es wie einen nassen Sack. Die Sicht war minutenlang bei null. Unser sympathischer schweizer Pilot lachte und schüttelte uns die Hand, als wir noch benommen in Sentani aus unseren Sitzen kletterten. Ein Jahr später war er tot. Die Berge hatten am Ende doch die Oberhand behalten.

Sumatra

Zu Recht gilt der türkisfarbene Tobasee in Nordsumatra als Juwel des Insulinde-Archipels. In früheren Kolonialzeiten verbrachten hier die frischgetrauten Ehepaare der Europäer aus Malaya, Singapur und Niederländisch-Ostindien ihre Flitterwochen. Umsäumt von grünen Bergketten des ehemaligen Kraterrands bot der auf tausend Meter Höhe gelegene riesige See ein sommerliches Refugium aus den ewig feuchten Dünsten der tropischen Niederungen. Der Tobasee lag mitten im Stammesgebiet der Bataker. Der untersetzte, im Vergleich zu den zierlichen Javanern etwas vierschrötig wirkende Menschenschlag der Bataker war noch vor hundert Jahren als Kopfjäger gefürchtet, bis sie im letzten Jahrhundert von dem deutschen Missionar Nommensen in grossen Teilen zum Protestantismus bekehrt worden waren. Auf der Insel Samosir im Tobasee zeugten noch Reste zyklopischer Steinaltäre von rituellen Menschenopfern, die einst hier stattgefunden hatten. In den simplen Cottages des Prapat-Hotels hatte ich als Junggeselle siebzehn Jahre zuvor erholsamen Urlaub verlebt. Zu Weihnachten 1981 nahmen wir eine Einladung unseres Honorarkonsuls Schneider in Medan an, einige Tage im Bungalow seiner Plantage auf der den See umgebenden Höhe zu verbringen. Seewasser und Bergluft waren vor allem für die beiden Kinder ein grosses Vergnügen. Der abendliche Blick von unserer Terrasse auf die Lichterketten des Sees und das über uns in ungewöhnlicher Klarheit strahlende Kreuz des Südens bleiben unvergesslich.

Die Sumatrareise drohte im letzten Moment zu scheitern, weil sich plötzlich der Bundestagsabgeordnete Gärtner ansagte, der zum Jahresende politische Gespräche führen und Entwicklungsprojekte besichtigen wollte. Wie ich später hörte, nahm man es in der FDP-Fraktion übel, dass ich an unseren Reiseplänen festhielt und den Abgeordneten durch meinen Vertreter betreuen liess. Denn an den Tobasee sollten sich offizielle Besuche bei den Gouverneuren der Provinzen Nordsumatra und Atjeh sowie bei den grossen, im Aufbau befindlichen Industrieprojekten anschliessen. Vor allem aber erwartete uns eine Gruppe deutscher Ingenieure mit ihren Familien, die in totaler Isolation an einer Strasse im unwegsamen Gelände Nordwestsumatras arbeiteten. Wir wogen den Abgeordneten gegen unsere Landsleute in der Abgeschiedenheit der Wildnis ab und fanden, dass wir die letzteren nicht enttäuschen durften.

Nordsumatra galt schon immer als der grosse Devisenbringer des Landes, dank der tropischen Produkte (Kautschuk, Palmöl, Tabak, Tee und Kaffee), die auf weiten Plantagen in ausländischem oder, soweit ehemals niederländisch, staatlichem Besitz erzeugt wurden. Wie wir uns jetzt überzeugen konnten, entstanden hier gewaltige Industrie- und Infrastrukturprojekte. Wir besichtigten die Anlage dreier Staudämme mit den beiden zugehörigen unterirdischen Kraftwerken in einer steilen Schlucht des Asahanflusses. Sie sollten 600 Megawatt Strom für eine 200 km entfernte Aluminiumschmelze liefern. Dämme, Kraftwerke und Aluhütte wurden von japanischen Firmen gebaut. An einem Palmenstrand im äussersten Norden Atjehs errichteten Japaner, teilweise mit deutschem

Entwicklungskapital, eine Zementfabrik mit einer vorgesehenen Jahresproduktion von 1 Mio Tonnen. Eine Piper der Mobil-Ölgesellschaft brachte Konsul Schneider und mich zur Erdgasverflüssigungsanlage bei Seumawe 300 km im Süden. Unter dem vorgelagerten Küstenmeer befindet sich im Arunfeld die, soweit bekannt, grösste zusammenhängende Gasblase der Welt (18 km Längenausdehnung). Das Gas wird aus 3000 m Tiefe gefördert, verflüssigt und auf Spezial-Tankschiffen nach Japan exportiert. Es handelte sich um eine der modernsten Anlagen der Welt. Interessant war auch die Besichtigung des Hafens von Belawan, des drittgrössten Hafens Indonesiens, der ebenso wie die Verbindungsstrasse vom Hafen zur Provinzhauptstadt Medan mit deutschen Entwicklungsgeldern von den Japanern ausgebaut wurde. Im Hafen war gerade ein nagelneuer, von einer deutschen Werft gebauter 18.000 to grosser Saugbagger eingetroffen.

Zum Abschluss flog die ganze Familie zusammen mit Konsul Schneider in einer kleinen Chartermaschine zum deutschen Strassenbauer-Camp in Blang Pidie in Südwest-Atjeh. Der Flug von Medan dauerte eine Stunde und ging über die endlosen Gebirgskämme und Urwälder Atjehs, wo sich die letzten Tiger und Elefanten Sumatras verstecken. Das Camp war nicht auf dem Landweg, sondern nur per Flugzeug oder Schiff um die Nordwestspitze Sumatras herum zu erreichen. Nachschub an Lebensmitteln kam mit gecharterten Kleinflugzeugen von Medan, Baugerät und Material wurde mit Schleppkähnen von Singapur herangeschafft. Die Regierung hatte beschlossen, die unzugängliche Westküstenregion Atjehs durch den Bau einer Strasse zu erschliessen. Für das Mittelstück (208 km) hatte die deutsche Baufirma Bilfinger & Berger den Zuschlag erhalten. Das Projekt wurde mit 82 Mio DM Finanzhilfe aus deutschen Entwicklungsgeldern gefördert. In drei Jahren Bauzeit sollten von dem deutschen Team ausser der Trasse u.a. 41 Brücken in Vollbetonweise erstellt werden. Brückenpfeiler mussten jeweils 30 m tief in den Untergrund getrieben werden. Der Gouverneur von Atjeh war von unseren Brückenbauern so beeindruckt, dass er mir anbot, auch die Brücken der nördlichen und südlichen Strassenstrecken, wo Kanadier bzw. Amerikaner bauten, von Deutschen errichten zu lassen. Aber dazu war leider kein Geld mehr vorhanden.

Im Camp hatten sich die 40 deutschen Ingenieure und Arbeiter, mit Frauen und Kindern zusammen 80 Personen, eingerichtet. Sie wohnten in einfachen Baracken, wo sie auch ihre Geselligkeit und die Betreuung der Kinder organisiert hatten. Wir waren die ersten Besucher und man hatte uns sehr erwartet, denn unser Besuch brachte etwas Abwechslung in den eintönigen Tagesablauf. Der gemeinsame Abend wurde lang, es wurden viele Nachrichten ausgetauscht. Viele Hände winkten uns nach, als unser kleiner Vogel sich mit uns am nächsten Morgen wieder in die Luft schwang.

Sunda-Inseln

Nusa Tenggara Timur, die sog. Kleinen Sunda-Inseln östlich Bali/Lombok mit den Hauptinseln Sumba, Flores und Timor gehören zu dem weniger bekannten Teil des indonesischen Archipels. Klimatologisch zählen sie bereits zur australischen Klimazone. Geringe Niederschläge, hohe Aridität und Erosion kennzeichnen die Lebensbedingungen. Die Kleinen Sunda-Inseln gelten als das Armenhaus Indonesiens. Es liegt auf der Hand, dass gerade die christlichen, insbesondere die katholischen Missionswerke dort Engagement zeigen. Flores soll zu einer katholischen Musterinsel entwickelt werden. Dies ist, zumindest punktell im Umkreis der Missionsstationen, auch durchaus gelungen.

Im Mai 1981 bereisten Almuth und ich eine Woche die Kleinen Sunda-Inseln. In Sumba beeindrucken die Reste einer monumentalen Totenkultur. Niemand weiss, wie die gewaltigen Steinblöcke für die Mausoleen einst bewegt wurden. Heute bietet die Insel über weite Flächen den Anblick einer pflanzenlosen Felswüste. Ihre Einwohner sind fabelhafte Reiter, die Pferdezucht steht auf einem hohen Niveau. Der Redemptoristen-Orden hat mehrere Niederlassungen auf Sumba. Mit den Patres besprachen wir das Pilotprojekt eines grossen Pumpvorhabens auf der Grundlage von Solarenergie. Wasser ist auf der von Dürre und Trockenheit geplagten Insel der Schlüssel für das Überleben der Inselbevölkerung.

Auf der Nachbarinsel Flores entfaltet die Steyler Mission eine rege Tätigkeit. Die Wiederaufforstung durch die Patres im östlichen Teil der Insel gilt als vorbildlich. Wir besichtigen Schulen, Krankenhäuser, Waisenanstalten, Behindertenheime und Kindertagesstätten, die von der Mission getragen werden. Die Städtchen Ende und Maumere machen einen für Indonesien gepflegten, sauberen Eindruck. Leider reichte die Zeit nicht aus, um von dem malerischen Larantuka im äussersten Osten auf die kleine Nachbarinsel überzusetzen, wo Schwester Gisela Borowka in eigener Initiative eine Leprastation aufgebaut hat.

Mit dem Gouverneur der Inselprovinz, Oberst Ben M´Boy, setzen wir über nach West-Timor, wo er in der

Provinzhauptstadt Kupang residiert. Der Oberst ist ebenso wie seine Frau Mediziner, katholischer Christ und wir werden mit der Zeit gute Freunde. Seine zupackende praktische Art wirkt anfeuernd auf seine Umgebung. Während wir den Hafen von Kupang besichtigen, geht ein Sekretär mit gezücktem Notizblock neben uns her, um die Ideen seines Chefs sofort schriftlich festzuhalten. M´Boy bemüht sich beinahe verzweifelt, erste bescheidene Industrien in Nusa Tenggara anzusiedeln. Denn von der Sandelholzgewinnung allein kann die Bevölkerung, wie er sagt, nicht mehr leben, zumal sich Sandelholz kaum noch finden lässt. Die Regierung hat ihm nur ein Klein-Zementwerk versprochen. Bei der vorgesehenen niedrigen Produktion wird der Sack Zement doppelt so teuer kommen wie importierter Zement. Wir bereden, wie sich ausländisches Investitionskapital anlocken lässt. Er hat uns als Hausgäste zu sich eingeladen. Abends treten Tanzgruppen auf, die einheimische Volkstänze aufführen. Besonders schön sind ihre Trachten – die Kains aus Sumba und Flores werden Faden für Faden in mühseliger monatelanger Arbeit nach alten Mustern eingefärbt. Ich verspreche Hilfe für ein Projekt, das Familien dafür gewinnen soll, die alte Handwerkskunst des Spinnens und der Herstellung von Naturfarben aus Wurzeln, Zweigen und Blättern wiederaufzunehmen.

Obwohl uns in Kupang, dem Verwaltungssitz von Westtimor, nur 250 km einer bescheidenen Landstrasse von der Grenze zu Osttimor trennen, war dort nichts Greifbares über die tatsächlichen Lebensbedingungen in der früheren portugiesischen Kolonie in Erfahrung zu bringen. M´Boy wurde auf Fragen recht einsilbig und wiederholte, was in den indonesischen Zeitungen zu lesen war. Osttimor war eines der wenigen politischen Probleme in unserem Verhältnis zu Indonesien. Jahrelang war Indonesien in der VN-Generalversammlung für seinen militärischen Einmarsch nach Osttimor mitten in einem unruhigen blutigen Dekolonisierungsprozess 1975 verurteilt worden. Die Führer der marxistischen Fretilin-Bewegung waren geflüchtet und verbreiteten von den ehemals portugiesischen Afrikaterritorien Mocambique und Angola Meldungen, die wir in Jakarta nur als Greuelpropaganda qualifizieren konnten, etwa dass ein Drittel der osttimoresischen Bevölkerung den indonesischen Gewaltmassnahmen zum Opfer gefallen sein sollte. Vor allem aber organisierten sie den afrikanischen Stimmblock in den VN, der sich Indonesiens Antrag widersetzte, das Thema Osttimor von der Tagesordnung abzusetzen. Wichtige westliche Staaten – USA, Kanada und Australien – stimmten hier bereits mit ja, während die Europäische Gemeinschaft sich unter dem Druck Portugals bisher nur auf eine Stimmenthaltung hatte einigen können.

Unsere Botschaft hatte unter Hinweis auf die weitgehende Befriedung Osttimors – es befanden sich nur noch Reste der Fretilin in den Wäldern – und die Bemühungen Indonesiens um die wirtschaftliche Entwicklung der von Portugal jahrhundertelang vernachlässigten Inselprovinz für eine Änderung des deutschen Stimmverhaltens plädiert, war aber damit bisher nicht durchgedrungen. Als Missionschef hatte ich eine »standing invitation« der indonesischen Regierung zu einem Besuch Osttimors, um einen persönlichen Eindruck zu gewinnen. Aber mit Rücksicht auf Portugal hatten wir in der EG bisher alles unterlassen, was als Anerkennungsakt für die indonesische Annexion hätte interpretiert werden können. Deshalb konnte ich nur einen nachgeordneten Beamten der

Botschaft eine von den indonesischen Behörden organisierte Informationstour Osttimors begleiten lassen. Er brachte nichts mit, was als Beweis fortlaufender schwerer Menschenrechtsverletzungen Indonesiens in Osttimor hätte gedeutet werden können. Gleichwohl wurde ich einige Wochen später, ein seltener Vorgang, in das Büro des Chefs des indonesischen Geheimdienstes Bakin gebeten. Der wenig sympathische General machte mir zu meinem Erstaunen Vorhaltungen über die nach seiner Ansicht unfreundliche Berichterstattung der Botschaft zu den Zuständen in Osttimor. Seine Kritik konnte sich nur auf den Bericht von Legationsrat Buchholz beziehen, dessen Besitz sich der Geheimdienst – ob in der Botschaft oder in Bonn blieb uns verborgen – offenbar verschafft hatte. Was wirklich in Osttimor vorging, wusste zu jener Zeit keiner der in Jakarta lebenden Ausländer. Auch die Katholische Kirche, die durch ihre Missionare immer bestens über landesinterne Vorgänge unterrichtet war, liess nichts nach aussen dringen. Sie wollte wohl ihre stets prekäre Lage in einem Moslemstaat nicht in Gefahr bringen. Es sollte elf Jahre dauern, bis Almuth und mir bei einer privaten Reise durch Osttimor die Augen aufgingen über das Ausmass an Gewalt, Unrecht und Leid, das die indonesische Besetzung über die Bevölkerung Osttimors gebracht hatte (vgl. unten S. 466).

Komodo-Warane

Wir kehrten bald noch einmal nach Flores zurück. Auf dem kleinen Flugfeld von Ruteng im Manggarai-Gebiet (Westflores), wo das letzte Erdbeben unübersehbare Spuren hinterlassen hatte, erwartete uns ein hochgewachsener Pater, in die weissgraue Kutte des Steyler

Missionars gekleidet, sehr zurückhaltend, beinahe zugeknöpft. Die Sprache verriet die bayrische Herkunft. Ein Jeep brachte uns am nächsten Tag in stundenlanger Fahrt über unmögliche Wege nach einer Zwischenübernachtung in sein Pfarrhaus im Westen der Insel bei Nunang. Es lag malerisch an einem Kratersee, der sechs Kilometer Umfang messen mochte und sicher mehrere hundert Meter tief war. Zur Grösse seines Sprengels konnte er nur angeben, dass er zu Pferd drei Tage brauche, um einmal seinen Gemeindebezirk zu umreiten. Das gute alte Pferd war das einzige Transportmittel, das die Unwegsamkeit dieses rückständigen Inselteils zu überwinden vermochte. Die Kinder liebten Pater Erwin Schmutz, er war stets von ihnen umgeben. Allmählich taute er auf. Beim Schein der Petroleumlampe begann er zu erzählen, von einsamen Jahrzehnten seines Missionarslebens, deren Eintönigkeit immer wieder von Malaria-Anfällen unterbrochen wurde. Er lebte in völliger Abgeschiedenheit und ganz auf sich allein gestellt. Andere Europäer sah er höchstens zweimal im Jahr, Urlaub in die Heimat gab es alle zehn Jahre. Seinen Lebensbedarf deckte er aus eigenem Anbau – Reis, Tapioka, Kaffee, Süsskartoffeln und Gemüse. Wie die meisten seiner Mitpatres beschränkte er sich nicht auf geistliche Betreuung, sondern half im praktischen Leben. Er hatte u. a. einer Gruppe Flores-Frauen das Nähen beigebracht. Ich versprach ihm Hilfe bei der Beschaffung eines Dutzend Nähmaschinen.

Drei Tage später setzten wir nach einer mehrstündigen Holperfahrt von Labuan Baju an der Westküste in einer nächtlichen Bootsfahrt zur kleinen Nachbarinsel Komodo über. Sie ist uns in Erinnerung als ein drohendes dunkles Felsengebirge, das sich 750 Meter nackt und kahl aus der See erhob. Die Sonne glühte unbarmherzig vom wolkenlosen Äquatorhimmel und die glänzenden schwarzen Berge schienen die Glut wieder zurückzuschleudern in die umgebende Atmosphäre. Von Leben in dieser trostlosen Felseneinöde keine Spur. Erst beim Näherkommen tauchten einige armselige Fischerhütten am inneren Rand einer Bucht auf. Es sollte aber noch ein anderes merkwürdiges Stück Tierleben geben, dessen Suche uns nach Komodo geführt hatte.

Durch glasklares Wasser wateten wir auf einen feinen Sandstrand, von dem ein Pfad durch ein dichtes Röhrichtdickicht führte. Es ging leicht bergan und nach einer halben Stunde landeten wir an der oberen Kante einer baumumstandenen Schlucht. Wir verhielten uns still, schauten hinunter und warteten. Auf einmal raschelte es hinter uns. Eine zwei Meter lange Echse wollte offenbar nachsehen, wer hier eingedrungen war. Unser Führer hatte ein totes Zicklein aus dem Fischerdorf an einem in die Schlucht hineinragenden Ast aufgehängt. Jetzt wurde es unten lebendig. Riesenechsen von drei bis vier Meter Länge krochen aus dem Unterholz und schnappten nach dem Ziegenköder. Es waren Warane, eine aussterbende Spezies drachenähnlicher Landechsen, deren letzte Exemplare hier auf der Insel Komodo beheimatet waren. Sie sahen furchterregend aus, ihre gespaltenen Zungen, wichtigstes Wahrnehmungs- und Sinnesorgan, züngelten unablässig vor dem krokodilähnlichen Riesenrachen. Im Nu hatten sie die Ziege vom Ast gerissen und balgten sich um den Kadaver. Die mittelalterlichen Fabelwesen vom Drachen schienen Wirklichkeit geworden, nur Flügel waren auch in Ansätzen nicht zu sehen. Tagsüber lauern sie im Gestrüpp auf Rotwild und Wildschweine, aber auch Menschen sollen sie gefährlich werden. Ein schwedischer Tierverhaltensforscher soll, wie Pater Schmutz uns erzählte, seine Forschungen mit dem Verlust beider Beine bezahlt haben, als er am Strand einschlief. Von einem schweizer Touristen hätte man sogar nur die Kamera wiedergefunden. Uns reichte jedenfalle die Begegnung mit den Ungeheuern in der Schlucht. Wir verliessen Komodo in einer beschwerlichen Nachtfahrt auf einem überfüllten kleinen Dampfer. Möge der internationale Tourismus, das war unsere Hoffnung, noch lange dies Stück Urleben auf Komodo verschonen. Zwei Tage später, nach einer Fahrt mit Schiff, Bus und Kleinflugzeug über Sumbawa und Lombok, hatte uns auf Bali die Zivilisation wieder eingeholt.

Nach drei Jahren ...

Insgesamt konnten wir, als das dritte Jahr unseres Aufenthalts in Jakarta sich rundete, mit der deutschen Stellung in Indonesien zufrieden sein. Wir erdrückten nicht wie die Japaner mit einer stets auf eigenen Vorteil bedachten wirtschaftlichen Präsenz. Es fehlte uns auch das koloniale Odium, wie es immer noch den Holländern anhing. Wir waren auch keiner politischen Ambitionen verdächtig, was ein Land wie Indonesien immer gegenüber den USA, der Sowjetunion und China Vorsicht walten liess. Die DDR hielt sich gegenüber dem antikommunistischen Regime Soehartos still im Winkel. Es unterliefen uns auch keine personalpolitischen Ungeschicklichkeiten wie Washington, das auf einem Agrément für einen neuen Botschafter beharrte, dem auf Voranfrage bereits in Manila, dann in Jakarta abgewinkt worden war.

Unsere Entwicklungshilfe war solide und willkommen. Dass wir sie wirklich ungebunden vergaben, zeigten mehrere Projekte mit amerikanischen und japanischen Unternehmen, die von uns finanziert worden waren. Natürlich krankte unsere Entwicklungshilfe auch an Mängeln. Aber dies war keineswegs auf Indonesien beschränkt. Es steigerte in Bonn nicht unsere Beliebtheit, dass die Berichterstattung der Botschaft die Dinge immer wieder beim Namen nannten. Es herrschte bei uns ein zu hohes Mass an administrativem Wildwuchs und an Aufwand. Dessen überproportionale Kosten schlugen sich nicht sichtbar nieder, weil sie – unsichtbar – den Projektkosten zugeschlagen wurden (Personal- und Reiseaufwand der mit Entwicklungshilfe befassten Institutionen, insbesondere GTZ, KfW, auch die politischen Stiftungen, permanente Inspektionen und Evaluierungen, Selbstverwaltung der GTZ-Experten) Der Beruf des Entwicklungshelfers und Experten hatte sich zu einer oft einträglichen Berufssparte entwickelt, bei gelegentlich zweifelhafter Qualifikation. Oft stand bei Experten das Selbstinteresse an der Verlängerung eines Beratungsprojekts im Vordergrund, nicht jedoch das Interesse des Entwicklungslandes. Auch an einer Kostensenkung der Entwicklungshilfeprojekte bestand wenig oder kein Interesse. Die GTZ mass ihren Geschäftserfolg am Umsatz, die Verwaltungskostenpauschale der politischen Stiftungen wuchs mit zunehmendem Projektvolumen! Die Kurzatmigkeit unserer administrativen Verfahren (Jährlichkeit des Budgets) und die Umständlichkeit vieler deutscher Entscheidungsabläufe waren misslich. Dies galt auch für die häufig anzutreffende Einstellung: »Was unser Partner im Entwicklungsland zu tun hat, bestimmen wir!« Eine Reform unseres entwicklungspolitischen Instrumentariums schien im Interesse grösserer Glaubwürdigkeit unserer Entwicklungshilfe dringend geboten.

Abschied

Ende 1982 wurde in Bangkok eine Konferenz der in Südostasien stationierten Missionschefs einberufen. Sie stand unter der Leitung des Staatssekretärs Bernd von Staden. Wir hatten in letzter Zeit immer wieder Gerüchte gehört, die von meiner Zurückberufung in die Bonner Zentrale wissen wollten, wo ich angeblich die Rechtsabteilung übernehmen sollte. Es überraschte mich deshalb nicht, als Herr von Staden mir zur Begrüssung sagte ich wisse wohl, was mir bevorstehe. »Ja«, sagte ich, »Rechtsabteilung.« »Keineswegs«, war die Antwort, »Sie übernehmen die Abteilung 1«. Also doch zurück zur Personalpolitik, dazu noch die ganze Verwaltung mit Organisation und Haushalt.

Der Abschied fiel uns diesmal besonders schwer. Es waren so viele Freunde, die wir zurücklassen mussten – die alten aus der bewegten Revolutionszeit wie den Pentol-Club, dazu viele neue aus allen Lagern und Kreisen. Dazu gehörten nicht nur das Establishment, sondern auch offene oder versteckte Gegner des Regimes wie General Ali Sadikin, der frühere Gouverneur von Jakarta, die Witwe Sukarnos, Madame Hartini oder bekannte Moslempolitiker. Die Abschiedsaudienz bei Präsident Soeharto konnte ich inzwischen ebenso wie die anschliessende Pressekonferenz auf indonesisch absolvieren. Das Ehepaar Habibie gab Almuth und mir ein Abschiedsessen im Mandarin; er war sehr froh darüber, dass ich ihm für seine Söhne kurzfristig Studienplätze in

München beschafft hatte, obwohl die Anmeldefrist längst abgelaufen war und nachdem man sich in USA unbegreiflicherweise mit der Aufnahme der beiden Söhne sehr geziert hatte. Auch das Farewell gegenüber den beiden treuen Honorarkonsuln fiel schwer – Prof. Holz in Bandung und Herrn Schneider in Medan. Zum Schluss häuften sich die Abschiedsveranstaltungen so sehr, dass wir in den letzten Tagen vor der Abreise mehrere Mittag- und Abendessen hintereinander einnehmen mussten. Es war fast wie an Lebaran. Am Vorabend der Abreise setzten wir uns nach dem letzten Empfang noch mit Freunden bei uns zusammen. Die Stimmung schlug so hohe Wellen, dass wir zuguterletzt beschlossen, die soeben eingerichtete Rettungsschleuse für Katastrophenfälle auf ihre Funktionstüchtigkeit zu überprüfen. Es war ein Schlauch, den wir aus dem Fenster des achten Stocks heraushängten und in dessen dunklem Innern ein Mensch nach unten gleiten konnte. Um dem freien Fall zu entgehen, musste man allerdings im Innern des engen Schlauchs mit Ellbogen und Knien bremsen. Dem – ebenfalls anwesenden – Kanzler Pröschel standen die Haare zu Berge. Das Strassenpublikum drunten war nicht schlecht erstaunt, was da alles von der deutschen Botschaft herunterkam. Am nächsten Morgen fuhren wieder die weissen Mäuse vor. Wir flogen zunächst nur bis Singapur. Abends bestiegen wir dann die Lufthansa-Maschine nach Frankfurt. Hunde und Papageien befanden sich – dank Kumpel Schneider – bereits an Bord.

Personalchef im AA (1983–86)

Weisungsgemäss trat ich am Montag, dem 21. Februar 1983 den Dienst in der Zentrale des Auswärtigen Amts an. Mir war, um es offen einzugestehen, nicht sehr wohl zumute. Dabei ging es nicht nur um die drückende Verantwortung, die die neue Aufgabe mit sich brachte. In der Zentralabteilung vereinigen sich die Zuständigkeiten für das gesamte Personalwesen und die Verwaltung des Auswärtigen Dienstes. Es gab noch einen anderen Aspekt. In der darauffolgenden Woche fanden Bundestagswahlen statt. Die Bürger waren aufgerufen, über den Koalitionswechsel vom sozial-liberalen zum Mitte-Rechts-Bündnis nach dem Sturz Helmut Schmidts am 1. Oktober 1982 zu entscheiden. Wie bei nahezu jeder Wahl war auch hier der Ausgang offen. Es konnte keinem Zweifel unterliegen, dass bei einer Niederlage Helmut Kohls oder einem Ausscheiden Genschers aus dem Amt des Aussenministers sofort mein eben bezogener Schreibtisch wieder hätte geräumt werden müssen.

Genscher war in der letzten Phase des Wahlkampfs verständlicherweise ungeheuer eingespannt. Er hatte keine Zeit, seinen neuen Personalchef zu empfangen. Erst in der Woche nach dem 6. März 1983, als alles gut gegangen war, rief mich Klaus Kinkel, nach wie vor Genschers engster Vertrauter, im Büro an. Ich könne am nächsten Tag um 14.25 Uhr in das Auto des Ministers zusteigen und mit ihm vom Amt zum Bundeshaus fahren, wo er um 14.30 einen Termin habe. Es sei bis auf weiteres die einzige Chance, mit Genscher zusammenzutreffen. Ich hatte nichts dagegen und hoffte nur, dass das Autotelefon in jenen fünf Minuten einen Moment stillstehen möge.

Mit Genschers Gepflogenheiten noch nicht so vertraut, wollte ich höflich vorn neben dem Fahrer Platz nehmen. Aber ich wurde in den Fond gescheucht. Der Beifahrersitz war Genschers angestammter Platz im Dienstwagen. Genscher war in aufgeräumter Stimmung. Er händigte mir mit einigen launigen Worten die Ernennungsurkunde zum Ministerialdirektor aus, deren Empfang ich mühsam quittierte, als der Wagen sich beim Tulpenfeld in die Kurve legte. Ich bedankte mich und bat ihn um seine persönliche Unterstützung, vor allem auch gegenüber dem Parlament, sonst werde es für mich schwierig. Genscher sagte alles bereitwillig zu, während er den Hörer schon wieder in der Hand hielt.

Mein Vorgänger Horst Röding war ein ungemein erfahrener Beamter, der seine gesamte Laufbahn, solange er im Ministerium eingesetzt war, in der Zentralabteilung verbracht hatte. Seine Einweisung für mich beschränkte sich auf einen gerafften Überblick der anstehenden Probleme. Er war auch schon ganz mit der Vorbereitung auf seinen neuen Posten Warschau beschäftigt. Es war nicht seine Schuld, dass die Probleme sich türmten.

Stellenplanbereinigung

Der Regierungswechsel im Herbst 1982 hatte mit dem Ausscheiden der Sozialdemokraten auch für den Auswärtigen Dienst Personalveränderungen mit sich gebracht. Vor allem war die Abteilung Aussen- und Europapolitik im Kanzleramt komplett »ausgeräumt« worden. Dort war Horst Teltschik als Vertrauter des Bundeskanzlers eingezogen. Das Auswärtige Amt hatte seine Beamten zurückgenommen, ihnen jedoch zum Teil noch keine neue Funktion übertragen können. Sie blockierten deshalb im Leitungsbereich eine Reihe von Planstellen und machten Beförderungen bei uns fast unmöglich. Mein alter Freund Franz Bertele hatte zur gleichen Zeit wie ich die Leitung einer Abteilung – der wichtigen Rechtsabteilung – übernommen, aber nur für einen von uns beiden stand eine B-9-Planstelle zur Verfügung. Franz meinte, die brauche der Personalchef zur Stärkung seiner Autorität. Es dauerte Monate, bis der Stellenplan im Auswärtigen Amt wieder stimmte und die »Fremdverplanungen« im Leitungsbereich korrigiert waren. Dazu mussten Kollegen überredet werden, niedriger eingestufte Posten im Ausland zu übernehmen, mit der Zusage, dass sie innerhalb bestimmter Fristen wieder in ihre alte Besoldungsstufe aufrücken könnten. Obwohl sich manche enttäuschten Kollegen in ihrer Trotzreaktion wenig kooperationsbereit zeigten, gelang uns diese Operation, ohne dass ein einziger Beamter in den Ruhestand versetzt werden musste – was an sich die für den Dienstherrn bequemste, wenn auch kostspieligste Lösung gewesen wäre.

Auswärtiges Amt und Bundestag

Als ich im Frühjahr 1983 die Leitung der Personalabteilung übernahm, war der Auswärtige Dienst auf weniger als 6000 Bedienstete – In- und Ausland zusammengenommen – zurückgeschrumpft. Wir hatten weniger Personal als der Bayrische oder der Westdeutsche Rundfunk. Sparaktionen des Finanzministers hatten den Bundesressorts während zweier aufeinanderfolgender Haushaltsjahre Stellenkürzungen von je 1 % des Sollbestands auferlegt. Der Auswärtige Dienst war von diesen »Rasenmäheroperationen« nicht ausgenommen worden. Es galt, den Stellenbestand unseres Dienstes wieder allmählich aufzustocken. Aber im Bundestag herrschte eine ausgesprochen negative Stimmung gegenüber dem Auswärtigen Amt. Die ersten Besuche im Haushaltsausschuss liessen dies deutlich spüren. Das Gespräch mit dem mächtigen Ausschussvorsitzenden Rudi Walther (SPD) verlief in mehr als frostiger Atmosphäre. Auch sein Stellvertreter Erich Riedel (CSU) sagte mir, wir könnten uns beide die Rollenspiele ersparen; das Auswärtige Amt solle zeigen, dass es die Abgeordneten ernst nehme, sonst werde Schlimmes geschehen.

Die Verstimmung des Haushaltsausschusses hatte einen Grund. Wenige Monate zuvor hatte Bundespräsident Carstens den Vereinigten Staaten einen Staatsbesuch abgestattet. In letzter Minute liess eine Gruppe Abgeordneter mitteilen, dass sie ebenfalls an dem Besuch teilnehmen wollten und in das Programm einbezogen zu werden wünschten. Trotz des Protestes der Botschaft Washington, dass es dafür zu spät sei, hielten sie an diesem Vorhaben fest. Der Zorn der Abgeordneten entlud sich anschliessend über Botschafter Peter Hermes und das ganze Auswärtige Amt, weil sich die Volksvertreter auf dem Rasen des Weissen Hauses schlecht plaziert und wahrgenommen fühlten.

Unsere erste operative Aufgabe musste deshalb darin bestehen, den Bundestag wieder günstiger für uns zu stimmen. Dies galt vor allem für den wichtigen Haushaltsausschuss. Denn ohne den Haushaltsausschuss lief nichts. Wir legten dem Staatssekretär einen Runderlass vor, der allen Auslandsvertretungen die Betreuung der Bundestags-Abgeordneten zur vorrangigen Pflicht machte. Es gelang uns, Genscher dazu zu überreden, Rudi Walther und den Haushaltsausschuss zu einem Gesprächsabend in das Gästehaus des Aussenministers auf dem Venusberg einzuladen. Das hatte es bisher noch nicht gegeben. Wenn wichtige Abgeordnete des Haushaltsausschusses, etwa unsere Berichterstatter – in der Unionsfraktion war dies Klaus Rose (CSU) – Auslandsreisen unternahmen, liessen wir sie vom Haushaltsbeauftragten des Auswärtigen Amts begleiten. Wie mir der Abgeordnete Hans-Günther Hoppe, der FDP-Obmann für den Haushalt des Auswärtigen Amts bald bestätigte, nahm der Ausschuss allmählich eine wohlwollendere Haltung gegenüber den »Diplomaten« ein. Man merkte, dass das Auswärtige Amt sich Mühe gab.

Bundesrechnungshof

Über dem Auswärtigen Amt schwebte im Frühjahr 1983 das Damoklesschwert einer Aktion des Bundesrechnungshofs. Die oberste Prüfungsbehörde glaubte nach einer monatelangen Erhebung in Italien und Spanien beweisen zu können, dass der Auswärtige Dienst für seine aktuellen Aufgaben personalmässig um 20–30 % überbesetzt sei. Als man in der FAZ am 18. Januar 1997 auf S. 41 die Überschrift lesen konnte »Die REFA-Zeiterfassung ist tot«, musste ich daran denken, dass sich diese Methode fünfzehn Jahre früher noch eines durchaus gesunden Lebens erfreute. Mit REFA-Zeiterfassungsmethoden, d. h. mit der Stoppuhr in der Hand wollten Mitarbeiter des Bundesrechnungshofs bei verschiedenen Auslandsvertretungen festgestellt haben, dass nicht nur die den Putzfrauen und Gärtnern zur Bearbeitung zugewiesenen Quadratmeterflächen viel zu klein seien, sondern dass auch in sämtlichen Laufbahnen vom mittleren bis zum höheren Dienst viel Leerlauf herrsche, der Personaleinsparungen um 20–30 % zulasse. Das Lächeln über diese »Milchmädchenrechnungen« verging uns bald, als der Bundesrechnungshof Ernst machte und ein förmliches Verfahren einleitete. Die Unruhe unter den Mitarbeitern im In- und Ausland wuchs. Es kam zu Protesten. Man fühlte sich, zu Recht, verkannt. Einsatz weit über die Dienststunden hinaus wurde nicht gewürdigt. Der Rechnungshof zeigte sich für Gegenvorstellungen uneinsichtig. Hier half nur eines – wir mussten bei den Abgeordneten des Haushaltsausschusses Überzeugungsarbeit leisten, denn im Rechnungsprüfungsausschuss würden sie das letzte Urteil in dieser Sache zu fällen haben. Wo immer Abgeordnete jetzt im Ausland auftauchten, wurden sie mit den Arbeitsmethoden und der Aufgabenbewältigung bei unseren Auslandsvertretungen vertraut gemacht. Als der Bundesrechnungshof im Sommer 1984 seine Vorwürfe gegen das Auswärtige Amt im Rechnungsprüfungsausschuss vortrug, entschied der Ausschuss, dass die Leistungen des Auswärtigen Dienstes nicht ausschliesslich mit der Stoppuhr erfasst werden können. Von Personalkürzungen war fortan keine Rede mehr. Es war wohl der wichtigste Erfolg, den wir in jenen Jahren an der Verwaltungsfront erringen konnten.

Haushaltsverhandlungen

Als schwierigsten Teil des neuen Geschäfts empfand ich die jährlichen Haushaltsverhandlungen. Von Geschick und Durchsetzungsfähigkeit des Verhandlungsführers hing für das Ressort viel ab. Es ging um finanzielle Bewegungsfähigkeit und Gestaltung des Stellenplans. Immer ruhten die kritischen Augen des Personalrats auf den Haushaltsergebnissen. Der Haushaltsentwurf der Regierung wurde in einem dreistufigen Verfahren zwischen den Ressorts erarbeitet. Zunächst setzte sich der zuständige Referatsleiter des Finanzministeriums mit dem Haushaltsreferenten des Ressorts zusammen. Was unerledigt blieb, verhandelte der Haushaltsdirektor des BMF mit dem Zentralabteilungsleiter. Worüber auch diese keine Einigung erzielen konnten, wurde den beiden Ministern vorgelegt.

Das Auswärtige Amt war bei diesen Verhandlungen meist in einer schwierigen Position. Denn wir verfügten selten über Haushaltsspezialisten in den entsprechenden Stellungen. Der Finanzminister konnte Beamte entsenden, die die Haushaltspläne seit Jahrzehnten im Detail kannten. Ihnen sassen oft aus dem Ausland zurückgekehrte Konsuln und Legationsräte gegenüber, die sich noch mühsam in die neue Materie einarbeiten mussten. Ich war ein solcher Fall. Wochenlang hockte ich bis in die Nacht über unserem Einzelplan 05, um mir die Einzelheiten einzuprägen und Prioritäten festzulegen. Leider dachten und handelten viele Kollegen in unserem Amt wenig haushaltstaktisch. Es war misslich, wenn sie plötzlich ohne zwingende Begründung für Einzelposten sehr viel mehr Geld als bisher anforderten oder der Haushaltsdirektor mir triumphierend entgegenhalten konnte, dass im letzten Jahr noch nicht einmal die für den beantragten Zweck bewilligten Mittel ausgegeben worden seien. »Meine« Verhandlungen auf Abteilungsleiterebene dauerten einen vollen Tag. Mein Gegenüber hatte einen Taschenrechner neben sich, auf dem er verstohlen Rechenoperationen vornahm. Ich kam dahinter, dass es um die Steigerungsrate des Haushalts ging, die wir zwar nicht kannten, die aber streng eingehalten wurde. Obwohl mich meine Mitarbeiter ausgelacht hatten, machte ich bei unserer ersten Verhandlung einen Vorstoss zur Erhöhung der Aufwandsentschädigung. Sie war seit zwanzig Jahren nicht mehr angehoben worden und galt als tabu. Ich konnte es selbst kaum glauben, dass uns nach längerer Diskussion schliesslich eine bescheidene Erhöhung des Aufwandstitels zugestanden wurde, womit wir unsere Abgeordneten im Ausland besser betreuen konnten. Mit der Zeit musste sich ein Fingerspitzengefühl dafür entwickeln, wo man nachgeben konnte, weil etwa ein anderer wechselseitig deckungsfähiger Titel bestand, oder wo es um das »Eingemachte« ging, das den Kampf forderte.

Noch unangenehmer war die dritte Verhandlungsstufe, das Chefgespräch. Genscher als Vollblutpolitiker interessierte sich nicht besonders für die spröde Materie und unterzog sich eher widerwillig dieser Prozedur. Er sass ungern vor seinem Kollegen Stoltenberg, um dies oder jenes zu erbitten. Wir hatten jedes Jahr grosse Mühe mit der Vorbereitung unseres Ministers auf das Chefgespräch. Zu dem erbetenen Termin am Vortag zwecks Vortrag kam es selten. Die Vorbereitung beschränkte sich auf zehn Minuten während der Fahrt im Ministerwagen zur Graurheindorfer Strasse. Denn die Chefgespräche fanden im Dienstzimmer des Bundesfinanzministers statt. Stoltenberg wirkte bei dieser Gelegenheit noch schulmeisterlicher als sonst. Er begann gewöhnlich mit dem Hinweis, die Haushaltssituation sei dieses Jahr besonders schwierig. Die überflüssige Ermahnung verdarb vollends Genschers Stimmung. Wir – Staatssekretär und Abteilungsleiter – mussten öfters sekundieren und waren gnadenlosen Blicken unseres Chefs ausgesetzt, wenn Fakten und Zahlen nicht wie aus der Pistole geschossen präsentiert werden konnten.

Hatte die Regierung nach Abschluss der Chefgespräche ihren Haushaltsentwurf im Juli dem Bundestag zugeleitet, so schloss sich nach der Sommerpause das parlamentarische Verfahren an. Es war ebenfalls ein dreistufiger Prozess – zunächst eine Sitzung im Ministerium mit den Berichterstattern des Haushaltsausschusses für unseren Einzelplan. Auf unserer Seite des Tisches sass auf Platz 1 ein beamteter oder parlamentarischer Staatssekretär. Es folgte einige Wochen später die Diskussion des Einzelplans im Haushaltsausschuss selbst. Der Hauptberichterstatter referierte Titel für Titel, während eine allgemeine Diskussion ihn begleitete. Der Ausschuss erwartete, dass die Leitung des Hauses, worunter er den Minister persönlich verstand, der Sitzung beiwohnte, um Rede und Antwort stehen zu können. Hier liess der Haushaltsausschuss die Ministerialen seine Macht spüren, auf deren Kosten so mancher Witz belacht wurde. Hier konnte ungehemmt Kritik geübt werden an der Unfähigkeit oder der Verschwendungssucht der Beamten. Auch diesem zweifelhaften Vergnügen setzte sich Genscher nur höchst ungern aus. Bekanntermassen war der Aussenminister das am meisten termingeplagte Regierungsmitglied. Aber Genscher nahm lieber jeden anderen Termin wahr als den Haushaltsausschuss. Es wurde höhnisch glossiert und erzeugte sogleich eine für uns ungünstige Stimmung, wenn das Auswärtige Amt wieder einmal »nur« mit einem Staatssekretär erschien. Ich erinnere mich an den Zwischenruf eines Abgeordneten, die

Herren Diplomaten bevorzugten wohl den – als vornehm geltenden – Auswärtigen Ausschuss. Wenn Genscher für ein paar Stunden im Haushaltsausschuss sass, waren wir als Mitarbeiter dafür verantwortlich, dass bei kritischen Fragen der Abgeordneten keine blamable Situation entstand. – Die Beratung des Haushalts im Bundestagsplenum in erster und zweiter Lesung bestand dagegen, wenn unser Einzelplan aufgerufen wurde, in einer Diskussion unserer Aussenpolitik. Hier fühlte sich Genscher zu Hause. Es gab keinen besseren aussenpolitischen Debattenredner als ihn.

Vor der dritten abschliessenden Lesung des Bundeshaushalts erledigte der Haushaltsausschuss in der sog. Bereinigungssitzung alle noch offenen Fragen. Dazu gehörten auch Entscheidungen über Personalstellen. Es war ein unwürdiges Gedränge der Bonner Beamtenelite im Langen Eugen, wo der Ausschuss hinter verschlossenen Türen im Kuhhandel über Stellenverschiebungen oder auch zusätzliche Planstellen entschied. Immerhin gelang es uns, nach Jahren der Dürre in den drei von mir mitverhandelten Haushalten wieder eine Reihe neuer Stellen in allen Laufbahnen bewilligt zu bekommen. Unser wichtigster Bundesgenosse war hierbei der Berliner Abgeordnete Hans-Günther Hoppe, ohne dessen taktisches Geschick und Erfahrung auf allen parlamentarischen Schleichpfaden wir kaum soweit gekommen wären.

Aussenminister

Hans-Dietrich Genscher führte im Auswärtigen Amt ein gestrenges Regiment. Dies war richtig, denn ein grosser

Apparat verfällt ohne straffe Führung in eine schwerfällige Gangart. Das Haus lebte in der Furcht des Herrn. Genschers Führungsstil mobilisierte alle Reserven und holte, wenn es darauf ankam, das Letzte aus dem Amt heraus. Gerechterweise muss hinzugefügt werden, dass der Minister mit bestem Beispiel voranging und sich keinerlei Schonung gönnte. Gegenüber Fehlern war er unerbittlich. Er umgab sich mit einem Team guter junger Beamter wie v. Braunmühl, v. Ploetz und Ischinger. Sie waren unter den vielen intelligenten und leistungsfähigen Beamten des Auswärtigen Amts eine Elite, handverlesen und erprobt. Hier begannen die ersten Probleme mit der Personalabteilung, jedenfalls solange ich die Verantwortung trug. Denn natürlich wollte der Minister den Tag- und Nachteinsatz seines persönlichen Stabes durch rasche Beförderungen belohnen. Ich musste dem Minister mehr als einmal bedeuten, dass zweifellos Leistung und Einsatz sich in der Karriere widerspiegeln sollten, dass aber Beförderungen nicht alle bisher üblichen Masstäbe unseres Dienstes sprengen dürften. Das Thema Beförderungspraxis im Leitungsbereich gehörte zu den ständigen gravamina des Personalrats. Es trug Unruhe und Frust in die Beamtenschaft, dass ungewöhnliche Leistungen, die auch anderswo erbracht wurden, im Umkreis des Ministers Blitzkarrieren eröffneten. Es war nicht angenehm, aus Gründen allgemeiner Gerechtigkeit immer wieder bremsen zu müssen. Vielleicht trug dies auch zu dem Misstrauen bei, das Genscher der Personalabteilung gegenüber oft an den Tag legte.

Genscher vertrug durchaus Widerspruch, solange dieser in angemessener Form und begründet vorgetragen wurde. Reine Ja-Sager kamen bei ihm nicht an. Er fand sogar, wenn er nicht gerade unter starkem Druck stand,

Gefallen am Streitgespräch. Dies war nicht einfach, denn er hatte eine blitzschnelle Auffassung, kannte alle Akten und Vorgänge und war dem Gedankengang seines Gegenübers immer einen Sprung voraus. Was mein Verhältnis zu Genscher bisweilen schwierig gestaltete, war das Gefühl, dass er uns häufig nicht traute. Er schien zu vermuten, dass die Personabteilung an seinen Intentionen vorbei oder sogar hinter seinem Rücken eigene Wege gehen wollte. Vergeblich habe ich ihn zu überzeugen versucht, dass wir loyal nur darauf bedacht waren, ihn zu decken und seine Absichten zu verwirklichen, soweit sie uns bekannt waren.

Es war nicht allein meine Erfahrung als Abteilungsleiter, dass grössere Nähe zum Minister nicht nur Ehre brachte, sondern auch exponierte. Unter Stress brachte es Genscher fertig, Staatssekretäre und Abteilungsleiter anzuherrschen, wie er dies mit nachgeordneten Beamten nie tat. Ich wurde wochenlang von ihm zitiert und vorgeführt, weil die Hausverwaltung in seinem Dienstzimmer ein neues moderneres Telefon installiert hatte, ohne vorher sein Placet einzuholen. Am Ende bekam er wieder sein altes Telefon, an das er sich gewöhnt hatte.

Einmal im Jahr wurde der gesamte Personalrat zu einem Gespräch beim Minister empfangen. Der Vorsitzende benutzte dies gern, den Abteilungsleiter in Anklagezustand zu versetzen. Es kam mich jedesmal hart an, Genscher dann auf der anderen Seite zu sehen. Etwa wenn der Personalratsvorsitzende Klage führte, dass die Personalabteilung sich immer wieder Wünschen der Belegschaft widersetze, beispielsweise bei der – von den Wiener Übereinkommen keineswegs gedeckten – Ausgabe von Diplomatenpässen an nicht-diplomatisches Geschäftspersonal. Genscher pflichtete dem Personalrat bei, sah seinen Personalchef gross an und wollte wissen, was uns zu dieser unverständlich harten Haltung veranlasse. Oder als der Personalrat ein andermal verlangte, die grossen Referate der Zentrale aufzulösen und stattdessen viele Kleinreferate zu schaffen; dies ergebe mehr Referatsleiterstellen und fördere Verantwortungsfreude. Der Minister schien unter den Blicken des Personalrats nicht verstehen zu wollen, als ich darauf beharrte, dass nur Referate mit mehr als drei Mitarbeitern einem Kriseneinsatz gewachsen seien. Der Politiker Genscher nahm eben gern für die Belegschaft gegen seine Personalabteilung Partei.

Personalgespräche

Unproblematisch war das Verhältnis zu den Staatssekretären, Meyer-Landrut und Lautenschlager. Sie unterstützten die Abteilung und mich, wo sie konnten. Dies galt auch für die Personalbesprechungen im engsten Kreis beim Minister, wo über Versetzungen und Beförderungen in den oberen Besoldungsstufen entschieden wurde. Dabei waren für Genscher ausschliesslich Leistung und Eignung ausschlaggebend. Die politische Orientierung spielte keine Rolle. Deshalb machte es ihm nichts aus, in der Zeit der sozial-liberalen Koalition einen der CDU nahestehenden Beamten zum Staatssekretär zu ernennen und in der Regierung Kohl mit einem SPD-Mitglied als Staatssekretär zusammenzuarbeiten. Wenn Genscher bestimmte Wünsche hatte, liess er uns dies oft vorher wissen. Er zog es vor, auf Grund eines Vorschlags der Personalabteilung zu entscheiden. Für uns kam es darauf an, auch solche Mitarbeiter in die Diskussion zu bringen, die der Leitung des Hauses weniger bekannt waren und nicht im Scheinwerferlicht standen. Ich betrachtete die Personalabteilung immer als Hüter einer allgemeinen Personalgerechtigkeit, bei der unter der Voraussetzung gleicher Leistung allen die gleichen Chancen offenstehen sollten.

Auf Wunsch bekam jeder Angehörige unseres Dienstes einen Gesprächstermin bei mir eingeräumt. Allerdings verlangte ich, dass er sein Anliegen zuvor bei dem Referatsleiter (101 oder 103) und dem Unterabteilungsleiter (Dg 10) vorgetragen hatte. Auf der Grundlage dieser Vorgespräche führte ich das Gespräch weiter. Ich stand in der Regel nicht länger als eine halbe Stunde zur Verfügung. Andernfalls wäre ich mit der Fülle der Gesprächswünsche nicht fertiggeworden. Über das Gespräch diktierte ich anschliessend einen kurzen Vermerk. Dies schien mir wichtig bei späterer Berufung auf tatsächliche oder angebliche Zusagen der Personalabteilung. Liess sich ein Wunsch nicht erfüllen, so musste dies dem Gesprächspartner zu verstehen gegeben werden. Ich hielt es immer für eine schlechte Praxis, Bittsteller mit vagen Erwartungen oder reinen Wohlwollensversicherungen abzuspeisen. Die spätere unvermeidliche Enttäuschung war dann umso grösser. Gelegentlich liessen sich Kollegen von ihren Ehefrauen begleiten, die dann oft auch das Wort übernahmen. Auch hier wurden Geduld und Freundlichkeit bewahrt.

Es liess mich unbeeindruckt, wenn Wünsche mit politischen Zugehörigkeiten begründet wurden. In der Regel war jedoch einer der beiden parlamentarischen Staatsminister die Anlaufstelle für solche Wünsche. Der CDU-Staatsminister im Auswärtigen Amt, Alois Mertes, selbst aus dem Auswärtigen Dienst hervorgegangen, bat mich mehrmals in solchen Personalangelegenheiten zu sich. Er zeigte sich durchaus verständig und aufgeschlossen, wenn ich ihm auseinandersetzte, was angesichts des Leistungsbildes des Bittstellers möglich war und wo die Grenzen lagen. Seine Partei hat Alois Mertes die ehrliche und aufopfernde Mittlertätigkeit nicht gut gelohnt. Eines Morgens hatte er mich schon um 7.15 Uhr in sein Büro gebeten, weil um 8.00 Uhr ein parlamentarischer Termin begann. Ich fand einen ungewöhnlich erregten, aufgewühlten Mertes vor. Er hatte in der Nacht kein Auge zugetan; verbittert erzählte er mir, am Abend zuvor habe Franz-Joseph Strauss ihm bei einem Treffen der CSU-Landesgruppe vor versammelter Mannschaft den Vorwurf gemacht, dass er die Interessen seiner Partei im Auswärtigen Amt ungenügend vertrete, er sei lau und durchsetzungsschwach. Der empfindliche Mertes war zutiefst getroffen. Fünf Stunden später traf ihn ein Gehirnschlag. Beim Staatsakt wenige Tage später sangen die versammelten Würdenträger unseres Staates und seiner Partei am Grab sein Loblied.

Am schwierigsten empfand ich das Personalgeschäft gegenüber Freunden, in erster Linie den Jahrgangsgenossen der Crew. Ich wusste, dass es nicht ausreichte, vor dem eigenen Gewissen Versetzungs- und Beförderungsvorschläge für Crew-Freunde verantworten zu können. Sie mussten auch vor den kritischen Augen der Kollegenschaft bestehen können, die schnell mit dem Verdacht einer Vorzugsbehandlung bei der Hand sein konnte. Es konnte nicht ausbleiben, dass dies zu Distanzhaltungen gegenüber Crew-Kameraden führte, die diese vielleicht nicht immer verstanden. Als wir am 5. Juni 1985 mit einem gemeinsamen Abendessen beim Godesberger Klopfwirt das 25-jährige Jubiläum unserer Crew feierten, fiel mir als Dienstältestem die fällige Ansprache zu. Ich liess darin diese Gedanken anklingen.

»Liebe Freunde und Kollegen, Liebe Standes-, Berufs-, Schicksals-, Jahrgangs- und Leidensgenossen – ich schliesse hier und gerade bei letzterem unsere Ehepartner ausdrücklich ein: Wenn ich der heutigen ausserordentlichen Gelegenheit eine – wie mir diskret nahegelegt wurde – kurze und eher unorthodoxe Betrachtung widme, so tue ich dies weder mit dem Anspruch des Alters, der Schönheit oder gar der Klugheit, auch nicht, weil ich heute abend besonders nett sein wollte – als nett gelten Menschen in meiner Branche ohnehin nur die ersten sechs Monate nach Dienstantritt und später dann, wenn sie einem Kollegen einen besonders unerfreulichen Dienstposten schmackhaft machen wollen. Ich rede schlicht als der Dienstälteste unter uns. Damit wären wir bei dem Dienst, dem wir vor etwas mehr als 25 Jahren beigetreten sind und der uns letztlich heute abend hier zusammenführt.

Die meisten unter uns kennen sich erst seit unserem Auswahlwettbewerb im Herbst 1959. Allerdings waren wir damals noch nicht, wie das heute gang und gäbe ist, bereits am zweiten Tag per Du miteinander. Am 2. April 1960 fanden wir uns dann wieder in der alten Villa am Rhein, etwas befangen und in diesem Gefühl der Befangenheit und dienstlichen Unterentwicklung ausgesprochen bestärkt durch die neue Ausbildungsleitung. Ich rufe die Namen Pfeiffer, Schwarzmann und Pritz zurück ins Gedächtnis. Es war der Zeitpunkt, von dem der alte Wilhelm Haas einmal gesagt haben soll, dass man sich selbst wundert, unter all den Hunderten von eindrucksvollen Bewerbern die Aufnahme in den Auswärtigen

Dienst geschafft zu haben. Ich möchte allerdings den zweiten Teil des Haas´schen Bonmots ausdrücklich nicht für unsere Crew in Anspruch nehmen; denn er soll weiter gesagt haben, dass man sich nach vier Wochen Einführungslehrgang darüber wundert, wieso es eigentlich die anderen geschafft haben.

Fünfundzwanzig Jahre 15. Crew. So eigentümlich der Crew-Begriff für unseren Dienst ist und so leicht eine elitäre Kategorie ihm anzuhaften scheint, so wenig wird man unserem Jahrgang einen hypertrophen Crew-Geist nachsagen können. Der Geist war immerhin stark genug, Crew-Mitglieder auch aus dem Ausland, aus Moskau und Kopenhagen bis Wien, zum heutigen Abend zusammenzuführen und mit Freund Clausen, Helgard Graham-Planken und Anneliese Scholl Crew-Mitglieder zusammenzurufen, deren Lebensweg inzwischen in ganz andere Richtungen gegangen ist. Leider fehlt aber auch in unserer Mitte einer, der immer dazugehört hat und heute hierher gehört hätte – Erwin Schacky.

Wenn wir vom Crew-Geist sprechen, möchte ich auch nicht verschweigen, dass gerade ein Personalmann das Spannungsverhältnis zwischen Crew-Bindung und Gleichbehandlung aller besonders deutlich empfindet. Ich wüsste übrigens von unserer Crew auch nicht zu sagen, dass sie sich in irgendeiner Beziehung zur Über-Crew entwickelt hätte. Wir sind jedenfalls keine eigentlich politische Crew, wie dies andere mit einem gewissen Recht für sich in Anspruch nehmen können – bei uns hat es bisher keiner zum Bundestagsabgeordneten, zum Landesminister, zum EG-Kommissar oder auch nur zum Prinzenstatus an einem ausländischen Fürstenhof gebracht. Wir sind eine relativ normale Crew geblieben, die sich laufbahnmässig in diesen 25 Jahren allerdings nicht schlecht geschlagen hat. Jedenfalls werden bei der 15. keine 25 % mit A 15 in den Ruhestand gehen, wie dies eine Statistik für unseren Dienst ausweist. Und dies, obwohl wir keineswegs ein Monopol auf die Abteilung 1 hatten, auch wenn eine ganze Anzahl von uns dort im Einsatz war oder ist. Ich möchte die Kausalität eher in umgekehrter Richtung sehen.

Im Gegensatz zum jüngeren Nachwuchs wird man uns vielleicht einen Schuss konservativer Gesinnung nachsagen, was möglicherweise schon daraus hervorgeht, dass wir überhaupt ein 25-jähriges Silberjubiläum begehen. Heute stehen bekanntlich andere Jubiläen im Vordergrunde, zum Beispiel 40. Jahrestage.

Die Frage, die ich heute stellen möchte, lautet: Was haben diese 25 Jahre uns gebracht und was haben wir in diesen 25 Jahren erbracht, ausser dem Mut, einen Vorgang zu den Akten zu schreiben, bevor sich die Angelegenheit erledigt hat. Da gibt es zunächst sicherlich einen persönlichen Zugewinn: Wir haben die Welt kennengelernt, in einer anderen Weise als Reisende dies in alten oder neueren Zeiten zu tun pflegten. Es gehört bei unseren Auswahlwettbewerben beinahe zum Ritual, die Motivation der Bewerber auf die Probe zu stellen. Wir fragen deshalb: Warum melden Sie sich bei uns? Dann kommen oft sehr gewundene Antworten, vor allem, wenn jemand offensichtlich zunächst Lehrer werden wollte und jetzt vor seelischem Exhibitionismus zurückschreckt. Am besten hat mir bisher die Antwort gefallen: Weil ich so viel Karl May gelesen habe. Die Antwort war wenigstens ehrlich und sie war gut.

Ich glaube, unser vielseitiges Metier hat jedem von uns auch ein gut Teil beruflicher Satisfaktion gebracht, ich meine die Befriedigung persönlichen Ehrgeizes. Ich weiss zwar aus meiner Erfahrung in Personaldingen – ich zitiere hier Kenneth Galbraith, der auch ein paar Jahre lang als Botschafter fungierte – dass man nie zugeben darf, zufrieden zu sein, um mit dem Anspruch auf unerfüllte Bedürfnisse weitere Zugeständnisse zu erlangen. Ich habe schon gesagt, dass unsere Crew nicht schlecht abgeschnitten hat. Die jüngeren Jahrgänge werden es sehr viel schwerer haben, zu amtlicher Würde und höherer Weihe zu gelangen.

Wir sollten auch die menschliche Bereicherung nicht unerwähnt lassen, zu der uns der Dienst verholfen hat. Das gilt für Bindungen, die die Crew selbst geschaffen hat ebenso wie für die Beziehungen, die wir draussen geknüpft haben, sowohl zu denen, die mit uns »auf Posten« waren wie zu den Menschen unserer Gastländer. Unser Beruf gewährt mehr als die meisten anderen Erfüllung in zwischenmenschlichen und persönlichen Kategorien. Jedenfalls empfinde ich dies so.

Sehr viel schwieriger erscheint es mir, eine Antwort auf die Frage zu geben: Was haben wir erbracht, was konnten wir erbringen? Es ist eine Frage, über die heute leider sehr wenig nachgedacht wird, weder bei den Anfängern noch bei den alten Platzhirschen. Auch hier drängt sich mir die Erfahrung jahrelanger Personalgespräche auf, wo wir uns immer wieder bemühen mussten, dem Wunsch nach vermeintlicher optimaler Selbsterfüllung die objektiven Bedürfnisse unseres Dienstes entgegenzustellen. Wir sind zeitgeschichtliche Beobachter, Statisten auf diplomatischer Bühne, wie es heisst. Doch ist damit wirklich schon alles gesagt? Gewiss, der Beitrag des Einzelnen ist kaum messbar und doch ergibt die Summe sicher eine Wirkung. Wir müssen sehen, dass alle unsere Einzelbeiträge in die gleiche Richtung weisen, auf ein friedliches Miteinander aller Völker unter dem Vorzeichen der Freiheit und Gerechtigkeit, mit fairen Entwicklungschancen für jeden. Anders werden wir mit den grossen Problemen nicht fertigwerden in einer Welt, in der die Ressourcen schwinden und die Verteilungsprobleme wachsen. Wir müssen uns davor hüten, dass die Summe unserer Einzelbeiträge, wenn diese gegenläufig werden, letztlich nicht sich selbst aufhebt und Null ergibt.

Wir wollen schliesslich auch mehr sein als ein diplomatischer Dienstleistungsbetrieb, der wir ohnehin sind. In Europa gewinnen Politiker in der Regel nicht mit aussenpolitischen Themen Wahlen und Stimmen. Deshalb liegt es an uns, Politikern unsere Erfahrungen nahezubringen und Beiträge zum grösseren Gesamtkonsens zu liefern. Dass wir dies als Beamte des Auswärtigen Dienstes von verschiedenen politischen Standorten aus in einheitlicher Weise zu tun vermögen, sollte die Möglichkeiten des grösseren aussenpolitischen Gesamtkonsenses für jeden aufgeschlossenen Mitbürger deutlich machen.

Als Auswärtiger Dienst stehen wir dem Machtträger Staat näher als andere Bereiche des öffentlichen Dienstes. Wir sind nicht nur, wenn auch im kleinen, Mitgestalter von Zeitgeschichte, sondern auch deren Opfer, eingeflochten in den Gang dieser Geschichte. Das Urteil über diese Geschichte ist meist zugleich das Urteil über die Vollstrecker aussenpolitischer geschichtlicher Entwicklung. Es hilft uns dabei wenig, dass die Sympathie der Regierenden für ihren Auswärtigen Dienst oft nicht sehr ausgeprägt ist – und auch umgekehrt, wenn ich hier an die Zeitläufte des Dritten Reichs denke. Auch heute sind die Beamten des Auswärtigen Dienstes nicht gerade die Lieblinge der Nation, obgleich ich mit meinen Mitarbeitern zur Zeit sehr um Verständniswerbung bei unseren Volksvertretern bemüht bin, weil wir anders eine Reihe drängender struktureller Probleme nicht werden lösen können. Selbst unser Verhältnis zu den Kollegen der sogenannten inneren Ressorts ist oft gebrochen. Wir müssen uns fragen: Haben wir in diesen 25 Jahren genug gesteuert, überredet, zu überzeugen versucht? Ich kann diese Frage nicht für Euch beantworten. Aber noch haben die meisten von uns zehn Jahre und mehr vor sich, um Unerfülltes der Erfüllung zumindest näherzubringen.

Ein letztes Wort denen, die vor 25 Jahren am 2. April nicht dabei waren, als wir sozusagen das Gelübde ablegten – entweder weil sie im Gegensatz zu heute zu dieser Zeremonie nicht zugelassen waren oder weil es sie, wie in vielen Fällen, so auch in meinem eigenen, noch gar nicht gab: ich meine unsere Ehefrauen. Ich habe vor einem Jahr der FAZ ein längeres Interview gegeben. Es ging dabei um die Rolle der Frauen, speziell der Ehefrauen in unserem Dienst. Als der Artikel dann endlich erschien, Monate später, wurde ich darin nur mit einem einzigen Satz zitiert: »50 % seines Erfolges verdankt der Diplomat seiner Frau.« Es war zugegebenermassen eine ausserordentlich verkürzte Form sehr differenzierter Tatbestände, die ich der Journalistin versucht hatte zu erklären. Aber ich stehe natürlich zu dem, was die FAZ mir in den Mund gelegt hat. Deshalb zum Schluss ein grosses Dankeschön nicht nur den Organisatoren des heutigen Abends, sondern vor allem auch denen, die uns bis zu 25 Jahre lang auf diesem Weg durch die Stationen eines auswärtigen Dienstes begleitet und zur Seite gestanden haben.«

Strukturprobleme

Die grösste Herausforderung lag in den Gestaltungsmöglichkeiten, die die Leitung der Zentralabteilung für den Auswärtigen Dienst im allgemeinen bot. Wechselnde Brennpunkte des Weltgeschehens, neue Prioritäten unserer Aussenpolitik verlangen eine stete Anpassung unserer administrativen Strukturen an eine veränderte äussere Lage. Das Beharrungsvermögen des Apparats war demgegenüber stets stets enorm. Es reicht nicht aus, immer neue Sonderstäbe als Antwort auf neue Einzelprobleme zu schaffen. Die Zuständigkeitsverschränkungen drohen alsdann in Kompetenzwirrwarr aufzugehen. Arbeitseinheiten, die in Zeiten ihrer Hochkonjunktur personell verstärkt worden waren, wehren sich dagegen, Personal wieder abzugeben, wenn die Schwerpunkte der Arbeit sich anderswohin verlagern. Unser Instrumentarium zur Herstellung eines permanenten Ausgleichs zwischen über- und unterbelasteten Arbeitseinheiten war schwach entwickelt. Bei den Auslandsvertretungen fanden Inspektionen in der Regel nur alle 4–5 Jahre statt, Geschäftsprüfungen der Referate in der Zentrale wurden ad hoc angeordnet. Die Bewilligung neuer Personalstellen durch den Bundestag geschah in der Regel nur unter sehr engen Voraussetzungen, etwa bei Neueröffnung einer Auslandsvertretung nach Aufnahme diplomatischer Beziehungen.

Es war bereits damals abzusehen, dass die Datenverarbeitung eine grosse Rolle auch in der öffentlichen Verwaltung spielen würde. Unsere Telekommunikationseinrichtungen hatten sich schon immer am technischen Fortschritt orientiert. Jetzt entwarfen wir Pläne für eine Vernetzung der Zentrale mit den Auslandsvertretungen. Ich stellte unsere Pläne in einer Pressekonferenz im Auswärtigen Amt vor. Wir planten u.a., einen Teil der Verwaltung, vor allem im Abrechnungswesen, von den Auslandsvertretungen in die Zentrale zu verlagern, wo alle Daten eingespeichert und von wo sie auf Bedarf aus dem Ausland wieder abgerufen werden konnten. Bei unserem letzten Haushalts-Chefgespräch plädierte ich gegenüber einem zugeknöpften Finanzminister Stoltenberg für eine grosszügigere Ausstattung des Auswärtigen Amts mit Computern. Auch die künftige Einrichtung einer neuen Unterabteilung für alle mit Datenverarbeitungstechnik zusammenhängenden Fragen, insbesondere auch der Schulung unseres Personals spielte damals schon eine Rolle.

Das Auswärtige Amt war für die Erfüllung seiner Aufgaben personell knapp ausgestattet. Die Personalausstattung einzelner Rundfunkanstalten – etwa WDR oder Bayrischer Rundfunk – übertraf ihn bei weitem. Es war eine Quelle ständiger – und berechtigter – Frustration, dass der Auswärtige Dienst nicht nur in der Zahl, sondern auch in der Rangstufe seiner Stellen hinter anderen Bundesressorts herhinkte. Unser Stellenkegel war ungünstiger, d.h. die Ausstattung mit leitenden Mitarbeiterstellen, vor allem im Besoldungsbereich B, im Verhältnis zu untergeordnetem Personal war geringer als in allen anderen Bundesministerien. Die Begründung war darin zu finden, dass der Haushaltsgesetzgeber die Auslandsvertretungen als nachgeordnete Behörden im Verhältnis zum eigentlichen Bundesressort betrachtete. Vergeblich hatten wir immer wieder auf die organisatorische Einheit des Auswärtigen Dienstes hingewiesen. Die Ungleichbehandlung von Ausland und Inland hinsichtlich der Stellenbewertung führte dazu, dass beispielsweise 3/4 der als Leitende Ministerialräte (B3) ausgewiesenen Referatsleiterstellen in der Zentrale geführt wurden. Viele Referatsleiter mussten sich daher bei einer Auslandsversetzung herunterstufen lassen, weil eine entsprechende B 3-Stelle draussen nicht vorhanden war. Ähnliches galt im gehobenen Dienst für Oberamtsräte (A 13), die im Ausland nur als Kanzler an Grossvertretungen eine Chance hatten. Die unvermeidbare Herunterstufung war ungerecht und verursachte viel böses Blut.

Wir betrachteten es deshalb als grossen Erfolg, als es uns endlich gelang, den Haushaltsausschuss zu einer Auflösung der bisherigen starren Trennung von Auslands- und Inlandsstellenplan zu bewegen. Künftig konnte also ein B 3- oder A 13-Beamter seine Planstelle sozusagen ins Ausland mitnehmen.

Um dem Image der Elfenbeinturm-Existenz unserer Zentralabteilung entgegenzuwirken, gaben wir unter der Redaktion meines Mitarbeiters Jürgen Kleiner, als Referatsleiter zuständig für die Laufbahnen unterhalb des höheren Dienstes, ein neues Informationsblatt heraus – den »Grünen Dienst – Neues aus der Personalabteilung«. Nach und nach sollte jedes Referat unserer Abteilung über seine Pläne, Vorhaben und Absichten berichten. Jeder Angehörige des Hauses sollte wissen, was auf ihn und was an Problemen auf unseren Dienst zukam.

Es war mir schon in der Unterabteilung 10 aufgefallen, dass viele Beamte unseres gehobenen Dienstes zum frühestmöglichen Zeitpunkt, offensichtlich aus Frustration, ihre Versetzung in den vorgezogenen Ruhestand beantragten. Wenn ich die Entlassungsurkunde aushändigte und nach den Gründen für diesen Entschluss fragte, kam immer wieder heraus, dass der gehobene Beamte sich unterfordert fühlte. Viele waren im Besoldungs- und Abrechnungswesen eingesetzt oder verrichteten als »Oberablichtungsräte« untergeordnete Tätigkeiten, oft nur Handlangerdienste in den politischen Referaten. Hier lag ein weites Feld qualifizierter und motivationsfähiger Mitarbeiter mit oft grosser Erfahrung brach. Warum sollten wir dieses Reservoir nicht nutzen, um die knappe Personaldecke unseres überbeanspruchten höheren Dienstes zu verbessern? Im Personalrat stiess unser Vorschlag ausnahmsweise auf volles Einverständnis; wir trafen uns jeden Monat einmal zu einem, meist kontroversen, Gespräch. Wir schlugen vor, qualifizierte Mitarbeiter des gehobenen Dienstes als »Länderreferenten« mit Zuständigkeit für einzelne Länder, für die sie besondere Erfahrungen mitbrachten, in den politischen Referaten einzusetzen. Bei Bewährung sollte eine Aufstiegsmöglichkeit in die Laufbahn des höheren Dienstes vorgesehen werden. Leider stiess dieser Vorstoss auf Widerstand gerade bei denjenigen, zu deren Entlastung er gedacht war – beim höheren Dienst. Jürgen Sudhoff, damals als Leiter der Abteilung 3 (Dritte Welt), erschien mit mehreren seiner Referatsleiter bei mir, um das Projekt zu Fall zu bringen. Wir blieben fest. Die einzige Konzession machten wir bei der Namensgebung – aus den Länderreferenten wurden Länderbearbeiter.

Hart waren die Auseinandersetzungen mit den Innenressorts – Finanz-und Innenministerium –, wenn es um punktuelle Erleichterungen dienstrechtlicher oder besoldungsmässiger Art für unsere Auslandskollegen ging, die unter besonderen Erschwernissen litten. Das vorgeschlagene Gesetz über eine Reform des Auswärtigen Dienstes zur Anpassung an die schwierigen Gegenwartsbedingungen lag noch in weiter Ferne. Aber Handeln war geboten. Kriegerische Auseinandersetzungen, bürgerkriegsähnliche Konflikte und ein gewaltiges Ansteigen der Kriminalität in weiten Teilen der Dritten Welt hatten manche Idylle in Afrika, Asien und Lateinamerika zum Verschwinden gebracht. Viele unserer Kollegen im Ausland lebten mit ihren Familien im Belagerungszustand und mussten sich daheim verschanzen. Wir erreichten eine flexiblere Entschädigungsregelung bei Personen- und Sachschäden im Ausland, Ersatz von Bewachungskosten, häufigere Familienheimreisen zum Besuch der Kinder und eine grosszügigere Abgeltung von Schulkosten beim Internatsbesuch im Inland. Trotzdem blieb mein Eindruck, dass es schwieriger war, Konzessionen von Kollegen anderer Ressorts als in internationalen Verhandlungen zu erlangen. An Bemühungen, zu Ressortkollegen ein gutes Arbeitsverhältnis herzustellen und sie über die Lebens- und Arbeitsbedingungen unseres Dienstes aufzuklären, haben wir es nicht fehlen lassen. Von Anfang an arbeitete ich als ordentliches Mitglied im Bundespersonalausschuss mit, der unter dem Vorsitz des Präsidenten des Bundesrechnungshofs über Abweichungen von der Bundeslaufbahnverordnung zu entscheiden hatte. Als einziger weiterer Abteilungsleiter der Bundesverwaltung sass dort der Leiter der Dienstrechtsabteilung im BMI, Ministerialdirektor Alfred Breier. Wir arbeiteten gut und vertrauensvoll zusammen.

Im Juni 1986 stand der Botschafterposten in Tokyo zur Neubesetzung an. Rechtzeitig zu Anfang des Jahres begann ich mit Personalvorschlägen für die Nachfolge von Walter Boss, der im Mai die Pensionsgrenze erreichte. Sie stiessen beim Minister aus diesen oder jenen Gründen auf keine Gegenliebe. Es lag auf der Hand, dass Asien-, möglichst auch Japan-Erfahrung mitgebracht werden sollte. Im März blieb während eines Pressevortrags der morgendlichen »Direktorenrunde«, dem traditionellen Entscheidungsgremium des Auswärtigen Amtes, neben mir der Platz meines Freundes Franz Bertele, Leiter der Rechtsabteilung, leer. Er war zum Minister gerufen worden. Meistens bedeutete das Zitat zum Minister am Morgen nichts Gutes. Es vergingen wenige Minuten, als die Tür sich öffnete und der Amtsbote dieses Mal mich herauswinkte. Ich spürte die mitfühlenden Blicke der Kollegen in meinem Rücken. Genscher begrüsste mich an der Tür zu meiner Überraschung jovial mit »Herr Botschafter«. Wie mir Franz später erzählte, hatte der Minister ihm gerade eröffnet, dass er die Leitung der Personalabteilung übernehmen solle. Als Franz meinte, das könne er seinem besten Freund Hallier nicht antun, liess Genscher mich rufen. Er sagte mir, dass in einem Gespräch beim Bundeskanzler über Tokyo am Vorabend Kohl mich als neuen Japan-Botschafter in Vorschlag gebracht habe. Ich habe nie herausbekommen, wie es dazu kam, denn der Bundeskanzler war mir bis dahin noch nicht persönlich begegnet.

Das Gespräch beim Minister dauerte nur wenige Minuten. Er war, wie gewöhnlich, in grosser Eile. Anschliessend stieg ich zur Rheinpromenade hinunter und ging spazieren. Ich musste mich sammeln. Alles war sehr überraschend gekommen. Natürlich trafen die Kriterien eines Japan-Botschafters auf mich zu. Aber ich hatte 1986 noch nicht mit unserem Weggang von Bonn gerechnet. Eigentlich kam alles zu früh. Christoph stand unmittelbar vor seinem Abitur und würde uns nicht begleiten können. Almuth hatte mit Barbara Stabreit eine gemeinsame Boutique in Bad Honnef aufgebaut, die sie jetzt im Stich lassen musste. Und dann wurde mir bewusst, dass es kein Zurück nach Bonn mehr geben würde, jedenfalls bis zum Rückzug aus dem aktiven Dienst in einem knappen Jahrzehnt. Viel stürmte auf mich ein.

Als die Staatssekretäre und die übrigen Mitglieder der Direktorenrunde Almuth und mich, wie das Brauch war, bei einem Abendessen verabschiedeten, versuchte ich ein Fazit zu ziehen. Ich erinnerte an Solschenyzin, der in seinem Roman Krebsstation den kleinen Funktionär sagen lässt, Personalverwaltung sei eigentlich das letzte Stück unentdeckter Poesie. Wir sind, sagte ich, ein Service-Betrieb, von dem niemand Notiz nimmt, solange alles glatt läuft. Geht irgendwo etwas schief, fallen alle über die Zentralabteilung her. Im übrigen ist Personalpolitik gar nicht so schwer, solange es darum geht, begabte Kollegen zu fördern. Dagegen gibt es wenig Widerstand. Die Schwierigkeit des Geschäfts besteht darin zu verhindern, dass die Falschen gefördert werden. – Wohltaten der Personalabteilung werden als solche selten anerkannt. Es entspricht offenbar der Natur des Menschen, sie als selbstverständlich anzusehen. Kaum hat ein Mensch erhalten, was er eben noch begehrte, baut er schon einen neuen Turm an Erwartungen, Wünschen und Forderungen auf. Ein neuer Personalchef wird zunächst überall freundlich und erwartungsvoll empfangen. Ist es dann nach einiger Zeit soweit, dass sich bei seinem Erscheinen alle abwenden, sollte er besser gehen. Meinem Nachfolger Franz Bertele konnte ich versichern, dass sein Job nie langweilig werde. Ich erinnerte aber auch an den ostpreussischen Hirtenjungen, der gesagt haben soll: »Man kommt aus der Angst nicht heraus. Im Sommer donnert's und blitzt's, im Winter musst Du in die Schule.«

Zum zweiten Mal: Tokyo (1986–90)

Bei einem kurzen Abschiedsgespräch frug mich Genscher: »Sie wissen doch, was Sie in Tokyo zu tun haben?« Meine Antwort: »Wirtschaft«. »Genau«, sagte der Minister, »Halten Sie mir die deutsche Wirtschaft zufrieden«. Bei dieser allgemeinen Instruktion für die neue Aufgabe in Japan blieb es.

Vorbereitung

Am 20. Mai 1986 traf das Agrément der japanischen Regierung ein. Ich dachte an die Reihe meiner Vorgänger; unter Franz Krapf hatte ich selbst noch als junger Legationsrat bis 1969 gedient und viel bei ihm gelernt. Ihm war Professor Wilhelm Grewe gefolgt, einer der Architekten unserer Deutschlandpolitik unter Konrad Adenauer. Später kamen der quirlig-geniale Günter Diehl, lange Chef des Bundespresseamtes und nach ihm Klaus Blech, dem anschliessend Weizsäcker als Staatssekretär die Leitung des Bundespräsidialamts anvertraute. Alle deren Schuhe waren gross.

Mir war klar, dass die Wirtschaftsaufgabe in Tokyo ein enges Einvernehmen mit unseren führenden Wirtschaftskreisen voraussetzte. Es lag mir daran, dies von meiner Seite aus schon frühzeitig zu signalisieren. Deshalb wanderte ich in den Wochen vor der Ausreise durch die Vorstandsetagen unserer Grossbanken – Dresdner, Deutsche, WestLB. In München erzählte mir Siemenschef Kraske von seinen beiden Jahren persönlicher Japan-Erfahrung. Im Merck-Haus in Darmstadt schilderte mir BDI – Präsident Langmann, alter Bekannter von Indonesien her, die Sorgen der deutschen Industrie auf dem japanischen Markt. Einen Tag ging es nach Bremen zu Bürgermeister Wedemeier, am andern zum Stuttgarter Ministerpräsidenten Lothar Späth. Der Vorsitzende des Ostasiatischen Vereins in Hamburg, HAPAG-Chef Kruse, veranstaltete ein Frühstück mit den führenden Hamburger Handelshäusern. Draguhn und alte Bekannte des Asien-Instituts versprachen ihre Mitarbeit. Begegnungen über Begegnungen, mit dem DIHT, den Verbänden für Maschinenbau, für Elektrotechnik und mit kulturellen Institutionen. Es war für mich erfreulich, überall Interesse und viel Aufgeschlossenheit für unsere Arbeit in Japan zu spüren. Es wurde registriert, dass der neue Botschafter von sich aus kam und das Gespräch eröffnete. Schliesslich flogen wir noch drei Tage nach Wien zu Botschafter Ryohei Murata, unserem alten Freund aus den sechziger Jahren. Er sollte demnächst Staatssekretär im Gaimusho, dem japanischen Aussenamt, werden und erzählte uns viel über die Stimmung in Japan, vor allem auch, auf wen es bei Kontakten dort ankam. Einen Abstecher ins schöne alte Prag auf dem Rückweg empfanden wir als Abschied von Europa, seiner Kultur und Geschichte.

Freund Elmar hatte die Liegenschaftsverwaltung des Auswärtigen Amts unter sich. Er brachte die Hiobsbotschaft, dass die Residenz in Tokyo von Grund auf überholungsbedürftig war. Ein Bewohnen kam für 5–6 Monate nicht in Betracht. Der Vorgänger hatte es – wie auf dem vorherigen Posten in Wien – so eingerichtet, dass die Bauarbeiten erst am Tag nach seinem Auszug beginnen sollten. Er nahm es sehr übel, dass das Auswärtige Amt die Bauarbeiten um einen Monat vorzog. Mir blieben dabei immer noch mindestens zwei Monate Hotel.

Tokyo – erste Eindrücke

Am 12. August 1986 landete ich, von Düsseldorf kommend, auf dem – für mich neuen – Flugplatz Narita zwei Autostunden nördlich vom Zentrum der Stadt – ein Weg, den ich noch einige hundert Male zur Begrüssung oder Verabschiedung unzähliger Japanbesucher zurücklegen sollte. Natürlich war ich begierig zu sehen, was noch übrig geblieben war vom alten Tokyo, das wir siebzehn Jahre zuvor verlassen hatten. Es war nicht viel. Abends verliess ich das Court Annex Hotel, meine »Residenz« der beiden nächsten Monate und wanderte durch das Dunkel einer schwülen Sommernacht, um Tamaki-Haus wiederzufinden, wo wir vor zwanzig Jahren unsere Ehe begonnen hatten. Es konnte eigentlich nicht weit sein, nur wenige Häuserblocks mussten uns trennen, aber es gelang mir nicht, die dunkelbraunen Umrisse des fünfstöckigen, damals so eleganten hochmodernen Apartmenthauses wiederzufinden. Ich kehrte einen Tag später bei Tageslicht zurück und schritt die Strassenfront gegenüber dem Rotkreuz-Hospital erneut ab, aber die Suche blieb vergeblich. Tamaki-Haus war samt Garten vom Erdboden verschwunden. Wo es gestanden haben müsste, erhob sich ein doppelt so hoher, breit gelagerter Wohnblock.

Das Schicksal von Tamaki-Haus war typisch für die urbanistische Entwicklung der japanischen Hauptstadt. Wir hatten vor siebzehn Jahren eine in ihrer Einförmigkeit eintönige Stadtlandschaft verlassen, mit vereinzelten Hochbauten, denen man wegen der häufigen Erdbeben immer noch nicht recht traute. Jetzt war aus dem grauen gesichtslosen Häusermeer eine moderne Metropole geworden. Wir bestaunten eine aufregend futuristische Architektur, in deren Glas, Chrom und Farben sich alle Attitüden einer westlichen Grosstadt widerspiegelten. Tokyo war nicht nur weiter in die Breite gewachsen, sondern hatte sich in die Höhe gereckt. Seine Hochhäuser übertrumpften einander in witzigen, bisweilen bizarren Einfällen. In Omote Sando hatte man damals neben dem Spielzeugparadies »Kiddyland« noch auf grossen Leerflächen parken können, heute flanierte dort die jeunesse dorée vor luxuriösen Boutiquen, Bars, Restaurants und Designer-Läden. Selbst der berühmte Bau des alten Imperial Hotel von Frank Lloyd Wright hatte einem schwarzschimmerndem Glasturm Platz gemacht. Die Kurzlebigkeit japanischer Häuser und Stadtgesichter war seit jeher ein Wesenszug des Inselreichs, vielleicht eine Folge der Holzbauweise. Wo der Mensch nicht einriss und neu baute, hatten regelmässig Grossfeuer für immerwährende Neuschöpfung gesorgt. Tokyo hatte sich in den letzten sechzig Jahren dreimal gehäutet, wie eine Echse – das grosse Erdbeben von 1923 hatte mit dem nachfolgenden Brandsturm das alte Edo vernichtet, die Brandbomben des 2. Weltkriegs hatten die nächste Feuerwalze besorgt und im Bauboom der siebziger Jahre war offenbar das Nachkriegstokyo auf der Strecke geblieben. Niemand empfand dies als Verlust. Die Grosskräne und Abrissbomben hatten eine Stadt entstehen lassen, in der es sich leben liess – aufregend, hektisch und heiter.

Ein neues Japan kam nicht nur in der Architektur, sondern auch im Verhalten und Auftreten seiner Menschen zum Vorschein. Mehr Japaner als früher sprachen englisch – oder zumindest Japlish, eine unerschöpfliche Quelle von Ausländerwitzen auf Kosten der Japaner. Ihr Selbstbewusstsein im Umgang mit Ausländern war deutlich gewachsen. Der Ton in den Ministerien hatte sich trotz aller Höflichkeit geändert. Japan hatte sich zum Wirtschaftsriesen entwickelt. Der Optimismus für weiteres Wachstum schien grenzenlos. Grundstückspreise und Aktienindex stiegen in schwindelnde Höhen. Die grossen Firmen schwammen im Geld. Sie veranstalteten Parties, deren Aufwand und Luxus den Atem verschlug. Es war die Periode, die später einmal als »bubble economy« in die Wirtschaftsgeschichte eingehen sollte. Aber in der soziologischen Landschaft zeichneten sich Veränderungen ab, die langfristig das soziale Gefüge und damit auch das politische System beeinflussen sollten. In einer bisher als klassenlos geltenden Gesellschaft traten soziale Differenzierungen zutage. Obwohl die Bevölkerung wie Generationen vor ihr weiterhin hart arbeitete, musste sie sich mit einer Lebensqualität begnügen, die weit unter der aller anderen westlichen Industrienationen lag. Sie nahm auch allmählich eine durch Grund- und Effektenbesitz zu schnellem Reichtum gelangte Minderheit wahr, die sich nicht scheute, ihren neuen Reichtum zur Schau zu stellen. Es drang nach und nach in das öffentliche Bewusstsein ein, dass das japanische Wirtschaftssystem einseitig den Produzenten zu Lasten des Konsumenten bevorzugte. Hohe Preise hatten kräftige Kapitalrenditen erbracht, die nicht über Löhne oder Dividenden zur Ausschüttung gelangten, sondern im Unternehmen zurückgehalten wurden, um ihm eine breite Kapitaldecke und hohe Liquidität zu verschaffen. »Japan Incorporated« war zum Rückgrat der japanischen Wirtschaftsmacht geworden. Aber auch in der ländlichen Bevölkerung begann sich Unruhe zu regen. Ein rigoroser Agrarprotektionismus hatte bisher die Strukturschwächen der japanischen Landwirtschaft verdeckt, die jetzt offen zutage traten, als Amerika die Öffnung des japanischen

Agrarmarkts erzwang. Über Jahrzehnte hinweg hatte Japan erfolgreich eine Politik betrieben, mit einer starken Industrie die offenen Märkte des Westens zu durchdringen, gleichzeitig aber die strukturschwachen eigenen Bereiche (Landwirtschaft, Verteilungssystem) gegen Konkurrenz von aussen abzuschotten und ausländischen Wettbewerbern den Marktzugang nach allen Regeln der Kunst zu erschweren. Die Augenschein-Analyse des Neuankömmlings enthielt zugleich das künftige Arbeitsprogramm. Marktöffnung hiess die Devise, unter der die Arbeit der Botschaft stand und mit der immer mehr Politiker und Wirtschaftsführer nach Japan pilgerten.

Wohnungsprovisorium

Die ersten Wochen vergingen im Fluge. Nach und nach traf die Familie ein – zunächst am 6. September Cornelius, ausgehungert, aber mit seinen mittlerweile sechzehn Jahren erfüllt von den Erlebnissen im Hunza-Tal und in Kashgar, acht Tage später Almuth, begleitet von der blonden Shiva. Es wurde langsam eng den beiden Zimmerchen der Court Annex – Residenz. Die elegante Afghanenhündin Shiva führte in Tokyo überhaupt eine total illegale Existenz. Eigentlich hätte sie draussen am Flughafen Narita drei Wochen in Quarantäne verbringen müssen. Wir hatten stattdessen für sie eine »Hausquarantäne« erreicht – in der noch unbewohnbaren Residenz. Aber auch im Court Annex waren Hunde nicht erlaubt. Also schlichen wir mit ihr die sechs Stockwerke verstohlen auf der Feuertreppe hinauf und herunter. Wenn es abends ruhig schien, benutzten wir auch schon einmal den Aufzug. Einmal öffnete sich bei einem solchen Spätausgang die Aufzugstür vor einem entsetzten Japaner, der beim Anblick des grossen Hundes beinahe in Panik geriet. Eine weitere Kalamität für Shiva war der – für Tokyo typische – baumlose Charakter des kleinen Stadtviertels Nishi Azabu. Wie soll schon ein armer Hund seine Pflichten erfüllen ohne irgendeinen Baumstamm weit und breit. Eine einzige Ausnahme gab es, zwei Strässchen weiter, ein kümmerliches Bäumchen im drei Meter breiten Gässchen. Hier drückten wir uns immer wieder vorbei, kamen zurück, probierten es noch einmal, verwünschten leise und laut das Tier, das eben Zeit brauchte, bis es soweit war.

Das Provisorium im Court Annex brachte auch andere Schwierigkeiten mit sich. Wir konnten dort Gastgeberpflichten nur sehr unvollkommen erfüllen. Höchstens zwei Gäste hatten an unserem Tischchen noch Platz. Dann kam der treue Inagaki-San, die hohe Kochmütze immer verwegen schief auf dem Kopf und brutzelte in der Kochnische ein leckeres Menu. Unsere Gastlichkeit trug dort wirklich einen intimen Charakter. Für grössere Essen hatte der Gesandte Rolf Jung seine schöne grosse Wohnung in King Homes angeboten. Wir machten oft von diesem freundschaftlichen, keineswegs selbstverständlichen Hilfserbieten Gebrauch. Es ersparte uns die Inanspruchnahme der Tokyoter Hotelfazilitäten, die schon damals astronomische Kosten verursachten. Mit Rolf Jung – einem Vertreter, wie ich ihn mir besser und verlässlicher nicht wünschen konnte – und seiner Frau Hella fühlten wir uns seit langem freundschaftlich verbunden.

Währenddessen schritten die Arbeiten an der Residenz voran. Wir konnten das Bauunternehmen Takenaka dazu überreden, die Arbeiten zwei Wochen früher als ursprünglich vorgesehen abzuschliessen. Seitdem tummelten sich die Arbeiter dort Tag und Nacht. Eigentlich blieb nur die Aussenfassade erhalten, alles andere einschliesslich der Decken und sämtlicher Installationen wurde abgerissen und erneuert. Ende September war es endlich soweit. Wir konnten einziehen. Wieder einmal begann das grosse Auspacken. Zum Glück war es ein Wochenende. Am Montagmorgen stand schon der rheinland-pfälzische Landwirtschaftsminister Ziegler vor uns, abends grosse Weinprobe für hundert Gäste. Zwei Tage später das erste grosse Abendessen für den Präsidenten des BDI, Dr. Langmann, mit einer umfangreichen Delegation. Die eigentliche Einweihung der Residenz kam aber eine Woche später. Maestro Celibidache hatte mit den Münchner Philharmonikern Einzug in Japan gehalten.

Maestro Celebidache gastiert in Tokyo mit den Münchner Philharmonikern

Wir veranstalteten ein grosses Fest, Haus und Terrasse wurden illuminiert, Girlanden und Lampions verwandelten unseren klassischen japanischen Garten in eine Märchenlandschaft, in der Teehaus, Glockenturm, Samurai-Tor und die alten Steinlaternen unter dem gewaltigen Gingkobaum neue geheimnisvolle Gestalt angenommen zu haben schienen.

Der alte Tenno

Die Chefs unserer Grossbanken gaben in jenen ersten Wochen einander die Klinke in die Hand – Christians von der Deutschen, Friedel Neubert von der West-LB, der Hoechst-Vorstand und viele andere. Jede Delegation traf unter unserem Dach mit Gesprächspartnern aus dem Lande zusammen, Japanern und Deutschen; unsere Küche arbeitete auf Hochbetrieb. Aber noch immer wartete ich auf meine offizielle Akkreditierung. Der alte Kaiser war zwar im September aus den Sommerferien zurückgekehrt, die er teils in den Bergen, teils in Hayama an der See bei seinen geliebten meeresbiologischen Studien zu verbringen pflegte. In den zwei Monaten seiner Abwesenheit reihten sich die Neuankömmlinge des Diplomatischen Corps in eine Schlange ein um zu warten, bis sie mit der Akkreditierung an der Reihe waren. Mitte Oktober liess sich das Kaiserliche Hofamt Kunaicho endlich vernehmen: am 22. Oktober würde der Tenno den deutschen Botschafter empfangen. In der Regel wurden an einem Tag nicht mehr als zwei neue Missionschefs akkreditiert. Der erste der beiden – dies richtete sich nach der Ankunft in Japan – konnte wählen, ob er in der Equipage oder im Automobil beim Kaiserpalast vorfahren wollte. Ich hatte Glück und durfte wählen – natürlich die Pferdekutsche.

Eine Kutschenfahrt quer durch ganz Tokyo war nicht vorgesehen. Wir bestiegen unseren Achtspänner vor dem Grand Palace Hotel, am Rande von Marunouchi gegenüber dem durch mittelalterliche Mauern und Drachentore abgeschirmten Park des Kaiserpalastes. Leider konnte uns Almuth nur zuwinken, als ich mit einem Hofmarschall die goldene Equipage bestieg. Ehefrauen begaben sich zwar ebenfalls zum Palast, waren aber nach den strengen Regeln des Hofzeremoniells nur zu einem Eintrag in des Gästebuch der Kaiserin zugelassen. Anstelle weisser Mäuse trabten einige bunte Reiter vor unserer Kutsche her, auf deren hinterem Trittbrett zwei Lakaien im Dreispitz und weissen Kniestrümpfen standen. Trappelnd überquerten wir den weiten Platz vor dem Torturm des Kaiserpalastes, der tobende Autoverkehr, der sich auf zwölf Bahnen hier vorbeiwälzte, stand dank einer Polizi-

Die kaiserliche Kutsche

stenkette für einige Minuten still. Schaukelnd bewegte sich die von quietschenden alten Ledergurten gehaltene Kutsche, deren moderiger Geruch im Innern seltenen Gebrauch und ein muffiges Kutschenhaus verriet. Wir fuhren durch das den Staatszeremonien vorbehaltene Tor, überquerten den Wallgraben und bogen ein in den weiten kiesbestreuten Hof. Das Gelände des Kaiserpalasts mit dem herrlichen alten Park war als einziges Überbleibsel der alten Edo-Zeit erhalten geblieben. Die Palastgebäude aus Nachkriegsjahrzehnten wahrten trotz ausgedehnter Dimensionen Mass und Proportion. Wenige Dekorationsstücke – ein grosser Busch oder ein Bonsai vor den Schiebetüren – setzten Akzente, das Ensemble strahlte Ruhe und Harmonie aus. In einem der Wartesäle empfing mich Postminister Karasawa – die Anwesenheit eines Kabinettmitglieds war vorgeschrieben. Wenige Minuten später traten wir vor den alten Tenno. Er stand im 86. Lebensjahr und wirkte im Gegenüber noch kleiner und zierlicher als wir es von Bildern her gewohnt waren. Er war eine historische Figur. Sein Machtwort hatte im Sommer 1945 nach den Atombomben von Hiroshima und Nagasaki gegen den Widerstand der Generalität den Krieg beendet, der von einer militaristischen politischen Führung 1941 trotz seines Widerstrebens vom Zaum gebrochen worden war. Die Nachkriegsverfassung hatte ihn zwar seiner gottähnlichen Natur entkleidet. Seine Verehrung im japanischen Volk hatte aber nicht darunter gelitten. Er stand aufrecht vor einem grossen goldenen Wandschirm mit dem Zeichen des Phönix, dem einzigen Schmuck des ausgedehnten Empfangszimmers. Ausser dem Minister, dem Zeremonienmeister und einem jungen Gaimusho-Beamten als Dolmetscher war niemand zugegen. Nach kurzem Höflichkeitsaustausch erzählte ich dem Tenno von unseren Bindungen an Japan – dass wir hier vor zwanzig Jahren unsere Ehe begonnen hatten, dass hier unser erster Sohn geboren wurde. In seiner schlichten Art entgegnete der Kaiser: »Ich heisse Sie und Ihre Familie als Kinder Japans willkommen.«

Noch zwei weitere persönliche Begegnungen mit dem legendären Tenno waren uns vergönnt. Die erste schon eine Woche nach der Akkreditierung bei der Imperial Garden Party, dem jährlichen Herbstempfang in den Kaiserlichen Gärten von Akasaka. Hermann Josef Abs, der Patriarch der deutschen Bankierszene, hielt sich gerade mit den Führungsgremien des Japanisch-Deutschen Zentrums Berlin in Tokyo auf. Es war mit dem Kaiserlichen Hofamt verabredet, dass wir an einer bestimmten Stelle des Parks warten sollten, bis der Kaiser auf seinem Rundgang dort vorbeikäme. Ich hatte gewisse Zweifel am Gelingen des Plans, denn es schienen sich Tausende von Menschen im Park zu drängen. Aber auf unsere Japaner war Verlass. Der Kaiser trippelte am Spalier seiner japanischen Gartengäste vorbei, richtete immer wieder das Wort an sie und näherte sich langsam unserem Standort. Es war rührend zu sehen, welche Verehrung und Dankbarkeit ihm gerade von Leuten aus dem einfachen Volk entgegenschlug. Ich trat vor und stellte Almuth und Abs vor. Der weltmännische Banker war gerührt, als der Tenno sich nach dem Ergehen seiner kranken Frau und den Fortschritten des Bonner Beethovenhauses erkundigte.

Zur letzten Begegnung mit dem alten Tenno kam es im Juni 1988, als er einige Missionschefs zum Lunch in den Palast einlud. Trotz seiner Hinfälligkeit empfing er die Botschafterpaare aufrecht stehend vor dem Essen zu einem Gespräch. Danach sprang der Kronprinz für ihn ein.

Es war die letzte Einladung des Showa – Tenno für ausländische Botschafter.

Tod eines Kaisers

Kurz danach, im September 1988, trat sein Pankreas – Tumor in ein akutes Stadium. Es begann die lange Agonie, die mit seinem Ableben enden sollte. Unvergessen bleiben uns die stummen Menschenmassen, die sich wochenlang täglich im Palasthof versammelten, um das neueste Ärztebulletin zu erwarten. Überall in Japan trugen sich Hunderttausende in ausgelegte Bücher ein und drückten Genesungswünsche für ihren Tenno aus. Das gesamte Volksleben nahm in den Wochen vor Weihnachten gedämpfte Töne an, selbst Reklamesendungen im Fernsehen wurden eingestellt. Während Links- und Rechtsgruppen sich wieder einmal um die verfassungsmässige Stellung des Tenno zu streiten begannen, legte sich eine allgemeine Volkstrauer über das Land. Öffentliche Veranstaltungen und Kundgebungen wurden abgesagt, selbst Hochzeiten und Familienfeiern verschoben. Hinter allerlei Diskussionen und manchen Aufgeregtheiten wurde die stumme Haltung der japanischen Volksmassen sichtbar, in der sich Ehrfurcht vor dem Kaiser, Mitgefühl mit seinem Leiden und vorweggenommene Trauer mischten – Anhänglichkeit an ein nationales Symbol, das nach wie vor das Zentrum des Japanertums und seiner nationalen Identifikation ausmachte.

Auch wir waren von dem Geschehen um den Tenno in ganz unmittelbarer Weise betroffen. Als der Zustand des Kaisers sich plötzlich verschlimmerte, stand der Besuch unseres Aussenministers vor der Tür. Aussenministerkonsultationen sollten zwischen unseren Regierungen an sich jedes Jahr stattfinden. Genschers Besuch in Japan war längst fällig und unter grossen Mühen nach wiederholten Verschiebungen endlich für die Zeit vom 9. bis 14. Oktober 1988 festgesetzt worden. Das Programm für Herrn und Frau Genscher – einschliesslich Kansai-Besuch und eines Vortrags vor der Deutsch-Japanischen Gesellschaft – stand bis in alle Einzelheiten fest. Es lag auf der Hand, dass die Konsultationen nicht in den allgemeinen Stillstand des Trauerfalles fallen durften. Aufgeregte Fernschreiben der Ministerdelegation aus New York, wo Genscher an der jährlichen VN-Generalversammlung teilnahm, verlangten von mir Klarheit, die ich naturgemäss nicht verschaffen konnte. Es begann ein diplomatisches Menuett, wie Kissinger gesagt haben würde, mit dem Gaimusho, dem japanischen Aussenministerium. Keine Seite wollte die Initiative zu einer Absage ergreifen und die Lage dramatisieren, solange noch eine Möglichkeit bestand, die Konsultationen abzuhalten. Andererseits war mir klar, dass Genscher nicht bereits im Flugzeug sein durfte, wenn der Ablebensfall eintrat. Das hätte grossen Ärger eingebracht. Am 5. Oktober einigte ich mich mit Vizeaussenminister Murata auf eine Verschiebung unserer Konsultationen. Mittlerweile waren auch alle anderen ausländischen Besuche für den Rest des Jahres abgesagt worden.

Ärztliche Kunst hielt das Herz des Kaisers noch bis zum 7. Januar 1989 am Schlagen. Es war wichtig, dass die Harmonie des Neujahrstages nicht durch den Untergang der *Showa* – Herrscherperiode getrübt wurde. Nach 62 Jahren Regierung des Showa – Tenno begann jetzt die neue Zeitrechnung der *Heisei* – Periode (Friedensschaffung) des Kaisers Akihito. Bis zur Krönung des Heisei-

Kaisers Akihito sollte allerdings noch ein Jahr vergehen – ein Reifezyklus des Reis auf einem kaiserlichen Beet von der Aussaat bis zur Ernte. Es war angefüllt mit exotischen, teilweise ausgefallenen Shinto-Riten.

Die Beerdigung des alten Tenno wurde auf den 24. Februar 1989 festgesetzt. Die komplizierten mittelalterlichen Rituale sollten 13 Stunden 20 Minuten in Anspruch nehmen. Man erwartete mindestens 120 Trauerdelegationen aus aller Welt – gekrönte und ungekrönte Häupter, Herrscher und Präsidenten, Regierungschefs und Generalgouverneure. Nur die Niederlande taten sich schwer. Sie konnten auch dem toten Tenno nicht vergessen, was während des 2. Weltkriegs in Niederländisch-Ostindien geschehen war.

Eine gewaltige administrative Maschinerie lief an, um Japans Jahrhundertereignis zu organisieren. Nichts durfte übersehen, kein zeremonielles Detail verletzt werden. Vor allem die Sicherheitsprobleme bereiteten der japanischen Regierung grösstes Kopfzerbrechen. Nach und nach wurden 32.000 Sicherheitskräfte in und um Tokyo zusammengezogen, das grösste Polizeiaufgebot seit Menschengedenken. Die Dimensionen der polizeilichen Vorkehrungen nahmen teilweise groteske Züge an. Absolute Sicherheit zu Lande, zu Wasser und in der Luft war die Maxime. 75 Patrouillenboote schirmten die Tokyobucht ab, während Froschmänner laufend die Gewässer in Küstennähe untersuchten und Hubschrauber dröhnend über dem Stadtzentrum kreisten. 2000 Kanaldeckel mussten verschlossen und versiegelt werden, um ein Eindringen linksradikaler Elemente in die unterirdischen Abwässer zu vereiteln. Tokyo wurde in Belagerungszustand versetzt, die fünf Hotels für die ausländischen Trauerdelegationen verwandelten sich in Festungen. Die Polizisten vor allem aus den ländlichen Regionen waren nervös, wie wir am eigenen Leib verspüren sollten. An einem Sonntagvormittag im Februar fuhr Christoph uns in einem geliehenen Wagen ohne CD-Nummernschild um den Palastbezirk. Als er einige Minuten anhielt, waren wir im Handumdrehen von Polizei umringt, die seine Papiere und Führerschein sehen wollten. Leider hatte er nichts dabei. Höchst verdächtig. Es fehlte nicht viel und wir wären abgeführt worden. Wenig später wurde Almuth barsch angefahren, als die harmlose schöne Shiva den weissen off-limits-Strich vor den Wallanlagen um zehn Zentimeter überschritt.

Aus Bonn trafen am 22. Februar 1989 Bundespräsident und Bundesaussenminister mit einer grossen Delegation ein. Beide Herren waren bekannt dafür, dass sie sich gegenseitig schätzten und gut miteinander auskamen. Gleichwohl war es für den Missionschef immer ein Problem, seine Aufmerksamkeit zwischen beiden hohen Herren in einer Weise zu teilen, dass keiner sich vom Botschafter vernachlässigt fühlte. Ich hatte nach der Landung der Bundeswehrmaschine in Haneda als erster die Kabine bestiegen, um den Bundespräsidenten zu begrüssen, als mir Genscher schon von hinten auf die Schulter klopfte. Bei der Fahrt in die Stadt bat mich Herr v. Weizsäcker in seinen Wagen, um sich über die letzten Ereignisse vortragen zu lassen. Als engagierter evangelischer Christ musste er vor allem wissen, dass japanische Protestanten eine Diskussion über Vergangenheitsbewältigung und Kriegsschuld des toten Tenno losgetreten hatten, in die sie auch ausländische Gäste zu verwickeln suchten. Ein entsprechender Brief war bereits eingetroffen. Zum Abendessen begleitete ich Genscher in ein kleines japanisches Restaurant, wo wir mit dem Generalsekretär der

Bundespräsident Richard von Weizsäcker besucht den Meiji-Schrein

Regierungspartei LDP zusammentrafen. Shintaro Abe war ein alter Bekannter Genschers aus seiner Aussenministerzeit und besass damals die grössten Aussichten, dereinst Ministerpräsident Takeshita in der Führung der Regierung nachzufolgen. Ein Abendessen in der Residenz am folgenden Tag nach einer Vorstellung aller Botschaftsangehörigen in der Kanzlei und ein Empfang für Japaner und Deutsche am 25. Februar unmittelbar vor dem Heimflug hielten uns in Atem.

Die japanische Regierung hatte gebeten, die Trauerfeierlichkeiten aus Respekt für den Verschiedenen nicht in ein »working funeral« zu verwandeln. Aber es schien unvermeidbar, dass die gleichzeitige Anwesenheit so zahlreicher Staats- und Regierungschefs zu möglichst vielen Begegnungen untereinander einlud. Es kam also doch zu einem verwirrenden Netzwerk sich überkreuzender bilateraler Treffs. Vor allem die Anwesenheit des gerade in sein Amt eingeführten George Bush führte zu einem Gerangel um einige Minuten mit dem amerikanischen Präsidenten. Auch wir hatten grösste Mühe, hier zum Zuge zu kommen. Interessanterweise schien die Gewerkschaft der Monarchen dieser Welt Freude daran zu finden, sich endlich wieder einmal begrüssen zu können. Mir brachte dies leider Ärger ein. Denn König Hussein von Jordanien liess einen Termin mit Genscher kurzfristig platzen, um sich mit dem belgischen König zu treffen. Dem deutschen ZDF-Team, das sich vor der Suite Husseins aufbaute, erklärte die jordanische Sicherheitswache, Genscher habe den Termin mit dem König wegen Krankheit abgesagt. Auf weniges reagierte Genscher so empfindlich wie auf Meldungen über seine Gesundheit. Er verlangte, die Sache umgehend wieder in die Reihe zu bringen. Also setzte ich meinem Freund, dem jordanischen Botschafter, wegen einer Richtigstellung zu. Aber der zitterte vor seinem König. Es war klar, dass die jordanische Zimmerwache einen Vorwand erfunden hatte, um das deutsche Fernsehteam abzuwimmeln. Übrigens musste Genscher dann wenige Tage nach der Rückkehr wegen einer Nierengeschichte tatsächlich in ein Bonner Krankenhaus. – Die Rendezvous setzten sich bei einem Empfang des Ministerpräsidenten im Gästehaus der Regierung fort. Ich erinnere mich noch an den König von Bhutan, der frierend in seiner Nationaltracht mit entblössten Beinen vor mir stand, um den deutschen Bundespräsidenten begrüssen zu können.

Unseligerweise hatte es der Wettergott so eingerichtet, dass ausgerechnet am Begräbnistag des 24. Februar 1989 die kälteste Temperatur des Jahres herrschte. Das Barometer sank fast bis auf den Gefrierpunkt. Wir würden zwar ein Dach über dem Kopf haben, mussten aber während der Hauptzeremonie drei Stunden im Freien sitzen. Mäntel waren nicht erlaubt, schon gar nicht Pelzmäntel für die Damen, denn das Fell getöteter Tiere war während des Totenrituals undenkbar. Wir bestiegen also morgens vor dem Aussenministerium den Bus, der das Diplomatische Corps zum Shinjuku-Park beförderte. Autos waren den VIP's vorbehalten. Durch Matsch und Schlamm wateten wir zu unseren Bänken im offenen Trauerzelt und warteten. Almuth und ich sassen am Rand, wo wir zwar den herannahenden Trauerzug aus nächster Nähe mitverfolgen konnten, der Wind uns aber ungeschützt um die Ohren pfiff. Wir hatten Wärmechemikalien in Schuhe und Rocktaschen gesteckt. Sie halfen aber weniger als die beiden Bommerlunder Flachmänner, die ich vorsichtshalber mitgenommen hatte und die in dankbarer Kollegenrunde kreisten. Monarchen und Staatsmänner sassen ganz vorne, zwar ebenfalls ungeschützt, aber jeder ein wärmendes Öfchen unter dem Sitz. Die Sitzordnung war eine Meisterleistung des japanischen Protokolls. Das Problem war Präsident Bush, der, gerade vier Wochen im Amt, nach den üblichen Anciennitätsregeln eigentlich in der letzten Reihe hätte Platz nehmen müssen. Aber Murata war auf die geniale Lösung verfallen, Staatsoberhäupter entsprechend der Dauer der diplomatischen Beziehungen mit Japan zu placieren. So gelangte Georgie in die erste Reihe. Weizsäcker sass ebenfalls dort vorne, zwischen George Bush und François Mitterand. Wir konnten zufrieden sein.

Von hinten näherte sich langsam der Trauerzug, geführt von dem barhäuptigen »jungen« Kaiser im Cut – Akihito stand bereits im 55. Lebensjahr –, zwei Schritte hinter ihm Kaiserin Michiko im langen Kleid und trotz der beissenden Kälte ohne Mantel. Den Katafalk trugen 51 Männer in klassischer schwarzer Hoftracht, Stirnband mit aufrechter Pritsche am Hinterkopf, auf einer riesigen, von herabgelassenen Shojis verhängten Sänfte. *Taiso-no-Re,* eine uralte Zeremonie, fremdartig und unwirklich wie eine verhuschte Klangfolge traditioneller japanischer Musik, verlorene Töne der Shakuhachi-Flöte und des Shamisen, jenseits unserer Harmonie- und Kadenzvorstellungen, eingebettet in den Shintoglauben des Alles-Lebendigen und der Sonnengöttin Amaterasu, von der auch der tote 124. Tenno, was immer die oktroyierte Nachkriegsverfassung über seine staatsrechtliche Stellung aussagen mochte, wie seine Vorfahren seit mehr als zweitausend Jahren auf den Thron gehoben worden war.

Kaiserliche Familie

Das Diplomatische Corps stand dem Kaiserhaus traditionellermassen nahe. Akihito und Michiko hatten uns, noch als Kronprinzen, ein paarmal zum Tee gebeten, Geste des Danks für deutsche Gastfreundschaft während des Aufenthalts ihres ältesten Sohnes Naruhito in Bonn und Berlin. Hinterher liess die Kronprinzessin Almuth durch eine Hofdame um deutsche Rezepte bitten, da Naruhito Begeisterung für deutsche Küche mitgebracht hatte. Nach der Thronbesteigung durfte ich dem Kaiser den Kölner Erzbischof Kardinal Meisner vorstellen, denn seit Kardinal Frings' Zeiten bestand eine enge Verbindung zwischen den Erzdiözesen Tokyo und Köln. Als Osaka im April 1990 eine internationale Gartenausstellung beherbergte, bat das Kaiserliche Hofamt mich zusammen mit Almuth kurzfristig dorthin, weil der Kaiser den Wunsch geäussert hatte, auch die holländischen, englischen und deutschen Gartenanlagen zu sehen. Uns rührte fast der Schlag, als wir den Zustand unserer beiden kleinen, von Bayern und

Das Kaiserpaar besucht den deutschen Garten auf der Internationalen Garten-Ausstellung in Osaka (23. 4. 90)

Hamburg ausgerichteten Gartenparzellen sahen – vertrocknet, verkrautet und alles in allem vernachlässigt. Wir hatten noch 25 Minuten Zeit bis zum Eintreffen des Kaiserpaares. Unter den teils mitleidigen, teils schadenfrohen Blicken der Kollegen machten wir uns in fieberhafter Eile ans Jäten und Giessen, denn wir sollten das hohe Paar führen und alles erläutern. Es wurde eine peinliche Viertelstunde, die sich endlos in die Länge zog, obwohl Kaiser und Kaiserin sich freundlichst verhielten und nichts anmerken liessen.

Typisch für Japan war es immer wieder die Musik, die uns mit dem Hof zusammenbrachte. Bundespräsident v.Weizsäcker hatte die Idee, dem Kaiser als persönliches Geschenk ein Palastkonzert der Cellistenvereinigung der Berliner Philharmoniker zu offerieren. Jedes Mitglied der kaiserlichen Familie übte ein Instrument aus, Akihito spielte im Familienkreis Cello. Das Kaiserliche Hofamt, sicherlich die konservativste Behörde im konservativen Japan, war erstaunt. Ein solches Anerbieten hatte es noch nie gegeben. Der Kaiserliche Oberzeremonienmeister Abe, mit dem wir inzwischen ebenso wie mit seiner Frau Tessie, kaiserlicher Hofdame, Freundschaft geschlossen hatten, legte freundliche, aber deutlich spürbare Zurückhaltung an den Tag. Es bestand äusserste Empfindlichkeit, wenn man Reklame mit dem Kaiserhaus zu wittern vermeinte. Die Sache zog sich über ein Jahr hin. Aus der Villa Hammerschmidt drangen bereits Anzeichen erster Ungeduld. Endlich hatte ich Abe überzeugt. Die acht Cellisten durften anreisen. Es wurde eines der schönsten musikalischen Erlebnisse unserer vier an Musik reichen Japanjahre. Ausser der kaiserlichen Familie waren nur wenige Gäste vom Hof zugegen. Das Kaiserpaar hatte Almuth und mich neben sich gezogen. Die Berliner Cellisten spielten warm und virtuos, Akihito und Michiko waren tief bewegt.

Der Pianist und Dirigent Christoph Eschenbach war mehrfach bei uns zu Gast. Nach einem ersten Hauskonzert, vierhändiges Spiel zusammen mit seinem Freund Timon Barto, liess er den Kaiserlichen Hof seine Anwesenheit wissen. Im kaiserlichen Familienensemble hatte Michiko den Klavierpart inne. Er hatte ihr vor Jahren einmal vorspielen dürfen. Monate später wurde uns bedeutet, dass nicht die Kronprinzessin, wohl aber der künftige Thronfolger Naruhito für ein Hauskonzert zur Verfügung stünde. Es war ein seltenes Ereignis, dass der künftige Kronprinz zu Gast in einer ausländischen Residenz erschien. Das Hofamt überprüfte unsere Gästeliste. Es waren, Naruhitos Wunsch entsprechend, zumeist seine früheren Mitstudenten von der Gakushuin-Universität.

Kronprinz Naruhito beim Betreten der Residenz der Botschaft zum Hauskonzert am 5. 10. 1987

Als ich am Nachmittag des Konzerttages Shiva noch einmal ums Haus führte, fiel mir auf, dass draussen Veränderungen vor sich gegangen waren. Die gewöhnlich von Autos dicht vollgeparkten Strassen um die Residenz waren von unsichtbarer Hand leergefegt worden. Unauffällige Männer in grauen Anzügen gingen scheinbar achtlos auf und ab. Der alte Tenno lag krank, während Kronprinz und Kronprinzessin auf Staatsbesuch in USA weilten. Naruhito fungierte also als amtierendes Staatsoberhaupt. Pünktlich um 19.00 Uhr schwangen fünf riesige schwarze Limousinen in unsere Einfahrt. Almuth und ich empfingen den Prinzen auf den Stufen des Hauses. Wir hatten morgens im Hofamt angefragt, ob der Kronprinz sich in unser Gästebuch eintragen dürfe. Antwort: ausgeschlossen! Tamura-San, unersetzliche Protokolldame der Botschaft, meinte, wir sollten ihr das überlassen. In ihrem schönsten Feiertagskimono kniete sie am Eingang vor dem Prinzen und drückte ihm einen Tuschpinsel in die Hand. Gehorsam, wie er auf Weisungen zu reagieren gewohnt war, malte Naruhito seinen Namen in unser Gästebuch. Niemand aus der Hofbegleitung wagte ihm in den Pinsel zu fallen. Nach dem Konzert – Beethovens Mondscheinsonate schien nie ihren Eindruck zu verfehlen – begaben wir uns mitsamt den fünfzig geladenen Gästen zu Tisch. Der gewöhnlich stille, scheu in sich zurückgezogene Naruhito lebte auf. Er scherzte und alberte mit seinen alten Freunden. Vergeblich deutete der begleitende Hofmarschall immer wieder auf seine Uhr. Bereitwillig liess er sich von mir den Garten, das Teehaus und den Fuchsschrein zeigen. Das Hallen der grossen Bronzeglocke im Glockenturm zeugte vom Übermut des ausgelassenen Prinzen. Gegen 23.00 Uhr, lange nach der festgesetzten Zeit, riss er sich von seinen Freunden los. Wir glaubten seinem Abschiedsdank, er habe sich amüsiert wie lange nicht mehr.

Das Instrument des Kronprinzen in spe war die Geige. Seine Eltern luden uns einmal ein zu einem Studentenkonzert und waren stolz auf seinen kurzen Solopart. Wir wissen nicht, wie die Berliner Philharmoniker darüber dachten, als sie ihn während seines Berlinbesuchs zum Mitspielen bei der Probe einluden. Die kaiserliche Familie fühlte sich jedenfalls sehr geehrt. Als Götz Friedrich mit der Deutschen Oper nach Tokyo / Yokohama kam und erstmals in Japan den kompletten Zyklus des Nibelungen – Ringes aufführte, wohnte Naruhito, jetzt als Kronprinz, sämtlichen Aufführungen bei. Botschafter und Botschafterin waren vom Hofamt eingeladen worden, der Kaiserlichen Hoheit in der Loge Gesellschaft zu leisten. Es raubte uns viel Zeit, immer rechtzeitig vor dem Prinzen im dichtesten Tokyoter Verkehrsgewühle die Bunka Kaikan – Konzerthalle zu erreichen, verschaffte uns mit der wundervollen Inszenierung aber auch einen einmaligen Kunstgenuss.

Der Umgang mit den übrigen Mitgliedern des Kaiserhauses war weniger kompliziert. Das Hofamt erwartete von den Botschaftern, dass sie sie von Zeit zu Zeit in ihre gesellschaftlichen Veranstaltungen einbezogen. Am umgänglichsten war die Schwester des jungen Kaisers, Prinzessin Shimasu. Sie trat sehr unabhängig auf, hatte einen Sony-Angestellten aus ehemals adliger Familie geheiratet und war überall anzutreffen. Der Bruder des Kaisers, Prinz Hitachi, stets freundlich, aber etwas linkisch und unbeholfen. Auch hochmögende Japaner rechneten es sich als besondere Ehre an, mit ihm und der charmanten Prinzessin Hitachi zum Diner eingeladen zu werden. Die engsten Beziehungen unterhielten wir zu den beiden

Vettern des Kaisers. Der ältere, Prinz Tomohito, war mit einer Enkelin des japanischen Adenauer, Ministerpräsident Yoshida, verheiratet. Wir veranstalteten für sie im Karneval einen Maskenball, der uns der Zwänge des Hofzeremoniells enthob. Am nächsten stand uns sein jüngerer Bruder, Prinz Takamado, ebenfalls mit einer Bürgerlichen aus gutem, uns befreundetem Hause verheiratet. Er war im Kaiserhaus sozusagen für die schönen Künste verantwortlich. Er arbeitete ehrenamtlich in der mit grossen Dotationen ausgestatteten Japan-Foundation, die Künstlern und Gastspielen grosszügige Unterstützung zukommen liess. Prinz Takamado war unter anderem Schirmherr der Gilde japanischer Netsuke-Schnitzer, jener Miniaturen aus Elfenbein, Horn oder Buchsbaumholz, die früher am traditionellen Umhang des Japaners den Tabaksbeutel zusammengehalten hatten. Takamado bemühte sich, die mit dem Einzug westlicher Kleidung in Vergessenheit geratene Netsuke-Kunst wiederzubeleben. Er bat uns, neben ihm sozusagen die ausländische Patronage zu übernehmen. Zweimal hatten wir, zusammen mit ihm, die Netsukeschnitzer aus ganz Japan – 70–80 Personen – bei uns zu Gast, wo sie Erfahrungen austauschten und sich gegenseitig ihre herrlichen kleinen Kunstwerke zeigten, bei denen das Elfenbein allerdings immer mehr zurückging. Aber auch der Bierkeller der Residenz war für Prinz und Prinzessin Takamado stets eine grosse Attraktion. Sie waren die einzigen, die uns, zusammen mit einigen Kollegen, in ihr kleines Haus innerhalb des Akasaka-Palastgeländes zu einem Abendessen einluden.

Musikleben

Tokyo hatte sich seit den siebziger Jahren immer mehr zu einer Weltmetropole der Musik entwickelt. Es gab weltweit kaum ein Orchester von Rang, das nicht von Zeit zu Zeit in Japan gastierte. Daran waren nicht nur der starke Yen und hohe Gagen schuld. Musiker erzählten uns immer wieder von dem Erlebnis, das der Umgang mit japanischem Publikum bedeutete – andächtig lauschend, konzentriert über Partituren und Klavierauszüge gebeugt, auch nicht mit leisestem Räuspern den Musikvortrag störend. In keinem Land Asiens hatte westliche Musik so stark Fuss gefasst wie in Japan. In Tokyo florierten mehr als ein halbes Dutzend Musikhochschulen. Statistisch erlernten sieben von zehn jungen Japanerinnen das Klavierspiel – volkswirtschaftlich ein bedeutsamer Faktor, wenn man den Umsatz an Instrumenten und die Ausbildungskapazitäten für Klavierlehrerinnen bedachte. Ein hoch entwickeltes Mäzenatentum hatte sich herausgebildet und machte teure Gasttournéen ausländischer Orchester- und Opern-Ensembles möglich. Die Musikkultur erstreckte sich bis in die Vorstandsetagen der japanischen Grossunternehmen. Sony's Akio Morita hatte den – in Berlin ausgebildeten – Opernsänger Norio Ohga in die Unternehmensführung geholt; er sollte seine Nachfolge antreten. Der Chef des riesigen Suntory-Konzerns, Keizo Saji, Schwiegervater eines bekannten Cello-Solisten, wurde Begründer der von Sawallisch initiierten Richard-Strauss-Gesellschaft in Japan. Herbert von Karajan kam seit Jahrzehnten mit seinen Berliner Philharmonikern nach Japan. Er wurde dort wie ein Guru verehrt. Unvergesslich ein Probenbesuch, als der Meister in der Pause Hof hielt und japanische Besucher sich auf

Maestro Wolfgang Sawallisch stellt in der Residenz die japanische Fassung seiner Autobiographie »Im Interesse der Deutlichkeit« vor. Neben den Ehepaaren Sawallisch und Hallier Sony-Chef Norio Ohga

den Knien rutschend zu ihm hinbewegten. Wolfgang Sawallisch war zum Ehrendirigenten des NHK-Orchesters – Nr. 1 in Japan – berufen worden und dirigierte dort regelmässig in jeder Saison. Ein Jahr nach dem Ring-Zyklus der Deutschen Oper Berlin brachte Sawallisch mit Unterstützung einer grossen Fernsehgesellschaft aus Osaka und, durch uns vermittelt, von BMW / Japan die Bayerische Staatsoper für einen Monat nach Japan.

Nur einmal drohte eine mittlere Katastrophe. Am Morgen nach der Ankunft des Hessischen Radio Symphonie Orchesters rief mich ihr Begleiter aus dem Frankfurter Funkhaus, Horst Enke, aufgeregt an. »Unsere Konzerttour ist gescheitert. Der japanische Zoll hat alle Instrumente beschlagnahmt.« Was war geschehen. Man hatte stichprobenweise einen Cellokasten geöffnet, dem der liebliche Duft einer Salami entströmte. Als daraufhin alle Instrumentenkästen offengelegt werden mussten, kam eine ganze Metzgerauslage an Schinken, Würsten und Pressköpfen zum Vorschein. Die braven hessischen Musiker hatten von der japanischen Vorliebe für rohen Fisch gehört und gegen eine ungewohnte Nahrungskultur Vorsorge treffen wollen. Leider kollidierte diese Vorsichtsmassnahme mit der geradezu panischen Angst der Japaner, Ausländer könnten mittels Fleischwaren oder Pflanzen Keime, Bazillen, Viren oder Schädlinge, womöglich gar die Tollwut in ihr Inselreich einschleppen. Es gelang der Botschaft, die Instrumente bis zum Konzert am Abend wieder freizubekommen.

Nie wieder sollten wir so sehr in Musik schwelgen, nie gingen Künstler und ganze Orchester bei uns ein und aus wie in jenen Jahren in Tokyo. Selbst DDR-Künstler wie Theo Adam und Peter Schreier wagten sich an den Tisch des westdeutschen Botschafters, damals noch alles andere als selbstverständlich.

Kulturarbeit

Neben Wirtschaft wurde Kultur der operative Schwerpunkt der Botschaftsarbeit. Unser besonderes Augenmerk galt den deutsch-japanischen Freundschaftsgesellschaften. Wir fanden bei unserem Eintreffen 28 über ganz Japan verteilte Gesellschaften vor. Als wir Japan vier Jahre später wieder verliessen, war ihre Zahl auf 34 angewachsen. Eine Freundschaftskultur konnte zwischen zwei Völkern nur entstehen, wenn sie sich nicht auf freundlichen Umgang der Regierungen miteinander beschränkte, sondern von unten wuchs und breite Kreise der Bevölkerung ein-

In der Provinz: Eröffnung des neuen Sieboldt-Museums in Nagasaki

schloss. Um sich verstehen zu können – gerade bei Japanern auf dem Hintergrund unwestlicher Gewohnheiten, Verhaltensweisen und Wertvorstellungen eine schwierige Sache –, musste man sich kennenlernen. Deutsche verfügten bei aller Zurückhaltung der Japaner gegenüber Ausländern über einen grossen Sympathiebonus. Deutsche Wissenschaftler hatten bei der Öffnung des Landes vor 120 Jahren uneigennützig am Aufbau eines modernen Staatswesens mitgeholfen. Die vorübergehende Kriegsgegnerschaft im 1. Weltkrieg war aus dem Bewusstsein geschwunden; dass man den 2. Weltkrieg gemeinsam verloren hatte, auch wenn dies alles andere als eine Waffenbrüderschaft gewesen war, haftete noch in der Erinnerung.

Almuth und ich reisten gern und oft in die Provinz, um den Zusammenhalt der japanisch-deutschen Freundschaftsgesellschaften zu ermutigen. Wir verschlossen uns keinem Wunsch aus noch so entlegenen Ecken des Inselreichs nach Jubiläumsreden und Gründungsansprachen. Es ging dort immer sehr feierlich zu. Dunkelgekleidete Herren mit der grossen Papierrosette im Knopfloch kamen auf uns zu, Damen in ihren schönsten Feiertagskimonos, Mediziner (die unseren Vorgänger einmal mit dem Grusswort »Verbeugen ist besser als Heilen« empfingen) und Juristen, die oft noch persönliche Beziehungen zu deutschen Universitäten pflegten, auch örtliche Honoratioren wie Bürgermeister und Gouverneure. Die Reisen in die Provinz boten jedesmal Gelegenheit zu zahlreichen Kontakten – ausser den Höflichkeitsvisiten bei den Spitzen der örtlichen Verwaltung Besuche bei Universitäten, Zeitungsredaktionen und Fernsehstationen, Handelskammern und Wirtschaftsbetrieben. Wir hatten tüchtige japanische Honorarkonsuln in Sapporo auf Hokkaido und in Fukuoka auf Kyushu. Sie waren, vor Jahren von meinem Vorgänger Günter Diehl eingesetzt, Direktoren der örtlichen Gasgesellschaft und hervorragend eingeführt.

Vor allem die Universitäten liessen wir uns angelegen sein. Wenn mir der Rektor stolz berichtet hatte, wieviele seiner Studenten und Dozenten im Ausland studierten, kam unweigerlich meine Gegenfrage, wieviele Ausländer seine Uni beherberge. Es schien eine unerwartete Frage zu sein, denn als Antwort zog mein Gegenüber meist geräuschvoll Luft durch seine Zähne ein, Zeichen japanischer Verlegenheit. Was konnte man schon von Japan lernen, wer konnte im Westen schon genügend japanisch. Es war alles andere als einfach, in japanischen Köpfen ein Gefühl für Gegenseitigkeit zu erzeugen, für Geben und Nehmen, für Lernen und Lernen-lassen. Noch schwieriger als gegenüber dem abgeschotteten

Binnenmarkt gestaltete sich die Überwindung der administrativen Barrieren, die japanische Universitäten gegen die Immatrikulation ausländischer Studenten errichtet hatten. Es war schwer, ihre wenigen Stipendien der strengen Bedingungen und Auflagen wegen an den Mann zu bringen. Vielleicht herrschte der Hintergedanke vor, auf diese Weise den unruhigen aufrührerischen Geist der westlichen 68er Generation und ihrer Nachkommen von den ruhigen Universitäten des Landes fernhalten zu können.

Mehrere Goethe-Institute beteiligten sich tatkräftig und voller Ideen, aber stets auf ihre Eigenständigkeit bedacht an der deutschen Kulturarbeit. Eines Samstagsmorgens rief mich ein befreundeter Journalist an und wollte wissen, ob ich mir die zur Eröffnung anstehende Ausstellung im Goethe-Institut schon einmal angeschaut hätte. Ich verneinte. Als der Name Ulrike Meinhof fiel, sprang ich in unseren Golf und raste ins Institut. Dort befand sich unter einer Sammlung dessen, was man heutzutage unter moderner Plastik versteht, ein in Sackleinen gehülltes Bündel mit der Widmung »Ode an Ulrike Meinhof«. Es war gerade eine Woche her, dass Bader-Meinhof-Terroristen unseren Kollegen Gerold von Braunmühl, den Politischen Direktor des AA, auf dem Heimweg vom Büro nachts vor seinem Haus aus dem Hinterhalt erschossen hatten. Es lief mir heiss und kalt über den Rücken bei dem Gedanken, dass die Meldung über eine Meinhof-Verherrlichung in einer offiziellen deutschen Kulturveranstaltung ihren Weg in die Presse finden könnte. Ich verlangte, das Stück nebst Widmung sofort aus der Ausstellung zu entfernen. Als der Diensthabende des Instituts sich weigerte, schritt ich über seinen Protest hinweg zur Tat. Weder der Institutsdirektor noch unser Kulturreferent waren wegen des Wochenendes telefonisch erreichbar. Letzterer war am Montagmorgen sichtlich beleidigt, als ich ihn wenig sanft zur Rede stellte. Er hatte sich bei der »Meinhof-Ode« nichts gedacht, auch mich zu informieren nicht für nötig gehalten. Der Journalist, der mich auf die Sache aufmerksam gemacht hatte, war glücklicherweise bereit, kein Aufhebens davon zu machen.

Einige Wochen später befand sich im Posteingang ein unscheinbarer, an mich adressierter Brief – ohne Absender, nachgestempelt im Frankfurter Flughafen. Der Inhalt bestand aus drei lakonischen Zeilen: »Nach Braunmühl bist Du der Nächste, der dran glauben wird. Wir kriegen Dich. RAF – Rote Armee Fraktion.« Dann das bekannte Wappen mit den gekreuzten Maschinenpistolen. Um den Absende-Ort zu verschleiern, war der Brief in Deutschland offenbar in den allgemeinen Posteingang geschmuggelt worden, bis am Frankfurter Flughafen das Fehlen des Poststempels auffiel. Auswärtiges Amt und Bundeskriminalamt empfahlen erhöhte Wachsamkeit. Was sollte das bedeuten? Meinen Tageslauf konnte ich deswegen schwerlich ändern. Wir sagten uns auch, dass es mitteleuropäischen Terroristen schwerfallen dürfte, ohne aufzufallen in der japanischen Szene unterzutauchen. Es geschah nichts weiter. Wir haben nie herausbekommen, wer oder was dahintersteckte.

Schulneubau

Die Deutsche Schule in Tokyo blickt auf eine alte Tradition zurück. Sie gehört zu den wenigen deutschen Auslandsschulen, die vom Kindergarten bis zur Abiturreife führen. Die Schule lag im Stadtteil Omori, etwa eine Dreiviertelstunde im Auto von der Botschaft entfernt. In ihrer Umgebung hatte sich ein Grossteil der deutschen Kolonie niedergelassen. Leider spielte sich der Unterricht unter extrem beengten Verhältnissen ab. Sport konnte praktisch überhaupt nicht betrieben werden. Für den Hundertmeterlauf musste die Strasse vor der Schule gesperrt werden. Eine Schulerweiterung war wegen der engen Bebauung Omoris und exorbitanter Grundstückskosten ausgeschlossen. Längst war man sich darüber im klaren, dass der Schulbetrieb so nicht weitergehen konnte. Als die Feuerwehr – berechtigterweise – die Erneuerung sämtlicher elektrischer Leitungsanlagen verlangte und mit anderen Sanierungsmassnahmen Rechnungen über 800.000 Mark auf die Schule zukamen, bestärkte ich den Schulvorstand in dem allmählich reifenden Entschluss, an einem anderen Standort Tokyos eine neue Schule zu bauen. Eine Schulversammlung folgte der anderen. Es gab natürlich eine starke Partei jener, die eine Veränderung nicht wünschten, weil sie ihren Wohnort Omori nicht verlassen wollten.

Es ging um eine Investition in beträchtlicher Millionenhöhe. Rechnerisch war diese Summe durchaus auf die Beine stellen. Für das alte Grundstück in Omori liess sich ein hoher Preis erzielen. Der Rest musste von der Industrie und bei der Bundesregierung eingeworben werden. Das Problem lag in der Beschaffung eines geeigneten Grundstücks. In Tokyo herrschte extreme Landknappheit. Nur ein gutes Wort und ein Wink von politischer Seite konnten uns weiterhelfen. Ich führte eine Delegation des Schulvorstands zum Aussenminister, dann zu Ministerpräsident Takeshita, schliesslich zum mächtigen Ex-Ministerpräsidenten Nakasone. Wir wurden überall freundlich angehört. Es wirkte. Allmählich kam Bewegung in die Grundstückssuche. Das erste Angebot lag am Wasser der Tokyo-Bucht, in der Nähe des alten Fischmarkts. Plötzlich waren auch die Franzosen an unserem Projekt interessiert und schlugen eine gemeinsame deutsch-französische Schule vor. Ich hielt dies für eine gute, wahrhaft europäische Idee. Aber Paris zog nicht mit. Dann setzten sich bei uns die Gegner der Schulverlegung mit dem Argument durch, das aufgeschwemmte Küstenland biete nicht genügend Erdbebensicherheit.

Ein neues Grundstück wurde von Yokohama in Aussicht gestellt. Die Stadt bot an, eine grosszügige Schulfläche mit Sportanlagen – fast fünfmal so gross wie in Omori – in den neuen Stadtteil Kohoku an der Stadtgrenze zu Tokyo einzuplanen. Alle Verkehrsanschlüsse – Autobahn, U- und S-Bahn – waren vorgesehen. Wir schlugen zu. Es gab noch eine Schlammschlacht im eigenen Lager, selbst Ehefrauen von Botschaftsangehörigen ohne eigene Schulkinder agitierten gegen die Schulverlegung. Die Gegner einer Standortveränderung beriefen sich auf die weite Entfernung der Schule. Wir hielten dagegen, dass der Zeitaufwand zum Erreichen der Schule der besseren Verkehrsanbindung wegen gleich bleiben würde. Als der Bundesfinanzminister im September 1989 Tokyo in seiner Eigenschaft als CSU-Vorsitzender besuchte, nahm ich ihm das Versprechen ab, die Schule nicht im Stich zu lassen. Theo Waigel hielt Wort. Wir konnten mit dem Bau beginnen. Die schöne neue Schule wurde zur allgemeinen Zufriedenheit im September 1991 bezogen – ein Jahr nach unserem Weggang von Japan.

Hausleben

Die Deutsche Botschaft galt in der japanischen Hauptstadt seit jeher als eine der grossen Botschaften. Bis zu ihrer Zerstörung im Bombenhagel des 2. Weltkriegs befand sie sich an herausragender Stelle im Stadtzentrum, auf einem kleinen Hügel neben dem Reichstag, von wo sie über den Grüngürtel in den Park des Kaiserpalastes hinüberschaute. Nur die Britische Botschaft nebenan konnte sich einer ähnlich prominenten Lage erfreuen. Als das Parlament nach dem Kriege unser Grundstück für einen erweiterten Neubau der Parlamentsbibliothek heranziehen wollte, bot man uns zum Tausch für die Ruine ein grosszügiges, mehrere Hektar umfassendes Grundstück im vornehmen Stadtteil Azabu an. Es hatte einstmals als Residenz eines hochgestellten Daimyo gedient. Diese Feudalherren waren zur Edo-Zeit von den Tokugawa-Shogun gezwungen worden, eine Stadtresidenz mit einigen Familienangehörigen in Edo zu unterhalten, eine damals beliebte Art der Geiselhaltung zwecks politischen Wohlverhaltens. Der klassische Garten wurde an Schönheit allein von dem der italienischen Botschaft übertroffen – er enthielt ein pagodenartig geschwungenes grosses zeremonielles Tor, ein altes Teehaus zum Zelebrieren der Teezeremonie, einen dem Fuchsgott gewidmeten kleinen roten Schrein und neben zahlreichen steinernen Laternen und Gedenksteinen einen hölzernen Turm, zu dem der Besitzer von Yanmar-Diesel aus Dankbarkeit gegenüber dem Erfinder des Dieselmotors eine grosse bronzene Glocke hatte giessen lassen. Als Inschrift trug sie das schöne Goethe-Wort: »Der Ton verklingt, aber die Harmonie bleibt.« Sie wurde wie eine Tempelglocke mit einem gewaltigen Stossbalken von aussen in Schwingung versetzt. Das Grundstück besass in jenen Zeiten der »bubble-economy« einen Verkehrswert von mehreren Milliarden D-Mark. Als Ministerpräsident Takeshita bei seinem Bonn-Besuch im Mai 1988 an der kleinen Mittagstafel im Kanzleramt nach Erschöpfung anderer Gesprächsthemen dem Bundeskanzler von unserer schönen und wertvollen Residenz in Tokyo zu schwärmen begann, wollte Helmut Kohl vom Botschafter wissen, wieviel unser Grundstück wert sei. Ich verweigerte zum Missfallen des Bundeskanzlers die Antwort, um der Versuchung vorzubeugen, den Bundeshaushalt auf Kosten unserer Botschaft in Tokyo zu sanieren.

Jeder kam gern in dieses Haus. Wir wollten es mit Leben erfüllen. Unter seinem Dach sollten sich Japaner und Deutsche begegnen. Es verging kaum ein Tag ohne eine grössere oder kleinere Veranstaltung in der Residenz –

Die künftigen Ministerpräsidenten Kaifu (links) und Hata begrüssen sich in der Botschaft

Steffi Graf in der Botschaft (26. 9. 89)

Essen, Empfänge, Präsentationen. Als Steffi Graf in Tokyo um den Federation-Cup kämpfte, drängte sich die ganze deutsche Kolonie mit Film- und Foto-Apparaten in unserem Garten um den berühmten Tennisstar, bis eine entnervte Steffi von Almuth in den hintersten Winkel zum Fuchsschrein entführt wurde. Bei Ordensverleihungen an einen der Ihren traf sich hier die Creme von Japans Wirtschaftsbossen, an die sonst praktisch nicht heranzukommen war. Der treue Inagaki-San hatte in seiner grossen Küche immer alle Hände voll zu tun. Jedes Orchester, jede deutsche Delegation bekam ihren Empfang in der Residenz, sofern wir nicht, wie bei der Bayerischen Staatsoper, auf das grössere Gästehaus des Gouverneurs von Tokyo, den Geihinkan, auswichen. Die japanischen Abgeordneten der Freundschaftsgruppe unserer beiden Parlamente mit ihrem Vorsitzenden, dem späteren Ministerpräsidenten Kaifu, waren regelmässige Gäste und bevorzugten unseren von Franz Krapf eingerich-

Schulschiff »Deutschland« auf Freundschaftsbesuch in Yokohama

teten Bierkeller, von wo bald fröhliche deutsche Gesänge erschollen.

Wir beschränkten uns nicht auf die Ausgabe von Speisen und Getränken. Zweimal im Jahr veranstalteten wir ein Hauskonzert, Kammermusik mit japanischen und deutschen Musikern, wobei die Bratsche unseres Pressereferenten und die Violine seiner Frau nie fehlten. Zum Abschied unseres spanischen Kollegen konnten wir den Direktor des Tokyo-Balletts, Sasaki-San, überreden, unsere Gäste mit einer Ballettaufführung zu überraschen. Der Dittmann-Fonds veranstaltete zugunsten hilfsbedürftiger Deutscher jeden Sommer in der Residenz einen Ball, der von der deutschen Kolonie gern besucht wurde. Mehrere Bücher wurden in der Residenz der Öffentlichkeit vorgestellt – der von Kai Werhan-Maes herausgegebene Sammelband »Japan und der Westen«, später Sawallischs japanische Autobiographie und am 18. September 1989 der grossartige Werkband des deutschen Keramikers Gerd Knäpper. Auch eine Schmuckausstellung in Gegenwart eines kaiserlichen Prinzen reihte sich in den bunten Reigen ein. Ausser den Netsuke-Schnitzern trafen sich bei uns ein Jahr lang die Damen der High Society, als Almuth den Vorsitz für die Ausrichtung des jährlichen Chrysenthemen-Balls, der grössten mit Ausländern organisierten Wohltätigkeitsveranstaltung übernommen hatte.

Geselligkeit fand natürlich nicht nur im eigenen Haus statt. Tokyo bot eine Überfülle von Veranstaltungen, zu denen die ausländischen Botschafter hinzugebeten wurden. Dies galt zum Beispiel für die Modeschauen, die von den Häusern der europäischen Haute Couture regelmässig in Japan präsentiert wurden. Die Fendi-Schwestern aus Italien charterten ein ganzes Schiff, in dem die Gäste vor der eigentlichen Pelzschau bei einer Fahrt über die abendliche Tokyo-Bay regaliert wurden. Als die Queen Elizabeth einen Monat lang in Yokohama vor Anker lag, lud Japans Eisenbahn- und Kaufhauskönig Tsutsumi mit vielen illustren Gästen auch eine Reihe Botschafter zu einer rauschenden Ballnacht auf dem Luxusschiff ein. Eine Kabine für die Nacht gehörte selbstredend dazu. Das Geld sass in jenen Jahren bei grossen japanischen Firmen locker. Die Empfänge überboten einander an Luxus. Am berühmtesten war das Jahresfest der grössten japanischen PR-Firma Denso. Es dauerte drei Tage und spielte sich in mehreren Stockwerken des Okura-Hotels ab. Wir liebten es auch, in der grossen Sumo-Halle des Stadtteils Sumida den Ringkämpfen der Fleischgebirge zuzusehen und uns von der Stimmung der Bier- und Sake-belebten Volksmenge anstecken zu lassen. Es waren die Jahre, als das hawaianische Schlachtschiff Konishiki vergeblich versuchte, an den begehrten Meistertitel heranzukommen. Einmal sassen wir in der Sumo-Halle nicht des Sumosports wegen, sondern um Beethovens Neunter Symphonie zu lauschen, deren »Freude schöner Götterfunken« diesmal ein Chor von fünftausend Stimmen einschliesslich der örtlichen Abgeordneten sang.

Besucher

Japan war ein beliebtes Reiseziel für deutsche Besucher aus allen Bereichen von Politik, Wirtschaft und Kultur. Schon aus sprachlichen Gründen war es unumgänglich, die Botschaft in die Besuchsvorbereitung einzuschalten. Unsere Dolmetscher Wilfried Schulte und Frau Sasaki

Ministerpräsident Lothar Späth beim Empfang in der Botschaft, zusammen mit Alt-Ministerpräsident Nakasone

waren einsame Klasse und in jeder Beziehung unverzichtbar. Einen Höhepunkt erlebte die Besucherwelle im Herbst 1989, als nach dem Blutbad auf dem Tien-An-Men-Platz in Peking China für offizielle Besuche aus dem Westen plötzlich gesperrt wurde. Viele, vor allem Politiker, buchten ihre bereits genehmigten Fernostreisen kurzerhand auf Japan um. Innerhalb weniger Wochen sagten sich mehrere Ministerpräsidenten (Späth, Lafontaine), Bundes-, Landes- und Staatsminister (Waigel, Brüderle, Tandler, Adam-Schwätzer), Partei- und stellvertretende Fraktionsvorsitzende (Vogel, Dressler, Schäfer, Rühe) und eine ganze Reihe von Bundestagsdelegationen, schliesslich auch der DGB-Vorsitzende Breit an. Auch den Vorsitzenden des Haushaltsausschusses, Rudi Walther, sahen wir in Tokyo wieder. Zusammen mit einem Kollegen kam er im Superschnellzug Shinkansen aus Osaka. Etwas verloren ragte er aus der Menge der japanischen Zuggäste hervor und fiel mir buchstäblich um den Hals, als er mich auf dem Bahnsteig erspähte. Wie hatte sich unser persönliches Verhältnis gewandelt seit der kühlen Aufnahme bei meinem Antrittsbesuch im Bonner Langen Eugen wenige Jahre zuvor.

Zu den regelmässigen Besuchern Japans gehörte Altbundeskanzler Helmut Schmidt. Obwohl er in bekannter Manier mit seiner Meinung nicht hinter dem Berg hielt und gänzlich unjapanisch seinen Gastgebern kräftig die Leviten las, sammelte sich immer eine Gemeinde treuer Verehrer um den elder statesman und lauschte seiner Weisheit. Er schalt die Japaner, dass sie sich zuwenig um Freunde in der Welt bemühten und in der Region nur auf Ablehnung stiessen. Oder er prophezeite einen Niedergang des Dollar auf 130 oder gar 120 Yen, was den Japanern damals einen Schauder über den Rücken jagte, von der Wirklichkeit später aber noch weit übertroffen wurde. Er kam entweder in seiner Eigenschaft als Berater der grossen Daiwa Securities Gesellschaft oder als Preisrichter des Premium Imperiale, wo er zusammen mit Edward Heath und Giscard d´Estaing die Preisträger aus dem Feld der schönen Künste auswählte. Unser anfangs kühles Verhältnis verlor mit jedem Besuch mehr an Distanz. Zum Schluss gab er mir im Auto auf dem langen Weg vom Flugplatz in die Stadt sein Redemanuskript und forderte zur kritischen Durchsicht auf. Er hörte sich an, was ich kritisch anzumerken hatte, nickte mit dem Kopf und trug später doch den vorbereiteten Text vor. Seiner Frau Loki gelang immer wieder der Ausgleich wechselnder Stimmungen des alten Politmeisters. Es war manchmal nicht einfach, seinen Wünschen gerecht zu werden, zumal sein Büro in Bonn uns selten informierte und wir oft erst in letzter Minute durch ein Fernschrei-

Altbundeskanzler Helmut Schmidt in Tokyo

ben des Bundeskriminalamts von seiner Ankunft unterrichtet wurden. Aber das war nichts Besonderes. Dass die Bundestagspräsidentin eine Japanreise plante, erfuhren wir durch eine Information der Lufthansa, wo sie den Druck japanischer Visitenkarten in Auftrag gegeben hatte.

Der Bundesaussenminister liess sich in unseren vier Jahren nur einmal in Tokyo sehen, als der alte Tenno zu Grabe getragen wurde. Sicher lag einer der Gründe hierfür in der Problemlosigkeit unserer bilateralen Beziehungen. Es kam hinzu, dass traditionelle Zurückhaltung Japan zögern liess, sich an politischen Initiativen anderer westlicher Staaten zu beteiligen. Besonders ausgeprägt war die japanische Rücksicht auf den amerikanischen Verbündeten. Was immer ein Stirnrunzeln in Washington hätte hervorrufen können, unterblieb oder wurde überhaupt nicht erst aufgenommen. Dies galt leider auch für das Feld engerer industrieller Kooperation, wo alle unsere Initiativen ins Leere stiessen. Umso erfreulicher war der enge Kontakt des Bundeswirtschaftsministers mit seinen japanischen Kollegen. Die Minister Bangemann und Hausmann ebenso wie ihre Vorgänger Graf Lambsdorff und Staatssekretär von Würtzen kamen als regelmässige und geschätzte Gesprächspartner nach Japan. Bangemann und sein Miti-Kollege Tamura, eine klassische Samurai-Figur, wurden gute Freunde, nachdem Bangemann ihm auf unsere Anregung in der Residenz das Grosse Verdienstkreuz mit Stern und Schulterband überreicht hatte. Als Redner kam der temperamentvolle Bangemann in Japan weniger an. Er war bei den Dolmetschern gefürchtet, weil er sich oft hinreissen liess, vom Redetext abzuweichen und seinem Temperament dann in endlosen raschen Wortkaskaden freien Lauf zu lassen. Vergeblich hatte ich den Minister vorher gewarnt. Ich hatte ihm klarzumachen versucht, dass die schwierige Umschreibung präziser Gedankengänge in die sehr viel unverbindlichere japanische Sprache einen um 30 % höheren Zeitaufwand erfordert und deshalb einen langsamen Vortrag verlangt. Ich sehe noch den Ehrengast Tamura neben mir, wie er ärgerlich an seinen Mikrofonmuscheln riss, als die Simultandolmetscher bei Bangemanns extemporierten Ausbrüchen nicht mehr mitkamen.

Auch wenn die Organisation der gehäuften Politikerbesuche eine starke Arbeitsbelastung für die Botschaft darstellte, empfand ich sie doch immer als willkommene Gelegenheit, eine gewisse Nachdenklichkeit unserer Besucher über die vermeintliche Vollkommenheit des Gesellschaftsmodells Deutschland und den Stand unseres technischen Fortschritts hervorzurufen. Oft begann es schon bei den Gastgeschenken, wenn wir deutschen Besuchern bedeuten mussten, die schön verpackten Schallplatten wieder nach Hause mitzunehmen, weil in Japan längst der CD-Player das letzte Grammophon verdrängt hatte. Annemarie Renger traf als Vizepräsidentin des Deutschen Bundestags sonntagsvormittags in Tokyo ein. Ich liess den Fahrer den Weg ins Imperial Hotel über die um diese Zeit besonders belebte Ginza nehmen. Als sich Frau Renger erwartungsgemäss über die dichten sonntäglichen Menschenmassen im Einkaufsviertel wunderte, konnte ich ihr sagen, dass der Sonntagvormittag zum Einkaufen besonders beliebt ist. Alle Kaufhäuser seien deshalb geöffnet. Für die deutsche Politikerin – achtziger Jahre – war dies ein echtes Aha-Erlebnis. – Den Präsidenten des Bundesgesundheits- und des Bundespatentamts versuchte ich zu erklären, dass sich nach meinem Eindruck unsere Forschung daheim in sensiblen Bereichen, etwa Gentechnik, durch zahlreiche Beschränkungen gehindert sieht – strenge Auflagen, langwierige Genehmigungs-, Verwaltungs- und Gerichtsverfahren, eine technologiefeindliche Einstellung weiter Bevölkerungskreise, die in ihrem Misstrauen von den Medien noch bestärkt würden. In Tokyo liess sich beobachten, dass eine völlig ungehinderte Entfaltung der Forschung in Ländern wie Japan und USA unsere Industrie mehr und mehr dazu verleitet, grosse Forschungskapazitäten nach hier zu verlegen. Als Beispiel konnte ich den Chemiekonzern Hoechst anführen, der in Kawagoe vor den Toren Tokyos einen grossen Forschungskomplex mit zahlreichen Instituten und deutschen Wissenschaftlern aufgebaut hatte. Dort wurde z. B. die Arbeit an der Herstellung synthetischen Insulins, für die die Firma wegen angeblicher gentechnologischer Probleme sechs Jahre lang vergeblich am Main auf die Genehmigung gewartet hatte, vorangetrieben.

Reformwerk

Japan war während der 80er Jahre in der Tat ein Land, das Anschauungsunterricht liefern konnte für die Art, wie sich notwendige Strukturanpassungsprozesse in einer westlichen Industriegesellschaft durchsetzen lassen. Das japanische Postministerium hatte den Telekommunikationssektor lange vor uns und in sehr viel durchgreifenderer Form liberalisiert, mit der Folge eines hohen privaten Innovations- und Investitionsschubs. – Das japanische Eisenbahnwesen krankte an den gleichen Gebrechen wie die Bundesbahn und schob einen Berg wachsender Altschulden in zweistelliger Milliardenhöhe vor sich her. In einer Radikalkur wurde die staatliche Eisenbahn in fünf privater Bahngesellschaften zerlegt, die teilweise schon ein Jahr später Gewinne abzuwerfen begannen. – Kohlebergwerke wurden in zügigen Schritten stillgelegt und Stahlkonzerne in Gesellschaften mit Zukunftstechnologie umgewandelt. Hunderttausende von Kumpeln, Eisenbahnern und Stahlkochern blieben auf der Strecke. Es gab keinen nationalen Aufstand, die Betriebsgewerkschaften zogen mit, das soziale Auffangnetz war schmal. Das Industrieministerium Miti gab den betroffenen Industrien Strukturanpassungsbeihilfen, die aus der Bahn geworfenen Arbeitnehmer versuchten anderswo, oft in der Landwirtschaft, Unterschlupf zu finden. Auch wenn genügend Restaufgaben, etwa im Finanzsektor, verblieben, so hatte Japan doch seine Hausaufgaben gesellschaftlicher Reformen entschlossen angegangen und wunderte sich, wie langsam die Deregulierung der Deutschen vorankam.

Innenpolitik

Für die japanische Innenpolitik brachten unsere Besucher weniger Interesse auf. Dies war verständlich. Dem oberflächlichen Blick zeigten die Nachkriegsjahrzehnte eine nahezu ungebrochene Kontinuität konservativer LDP-Regierungsherrschaft. Aber diese Fassade der Stabilität täuschte. Es fanden zwar keine Richtungskämpfe statt zwischen LDP und den nichtkonservativen Oppositionsparteien – Sozialisten, Sozialdemokraten und neobuddhistische Komeito. Wahlsystem und -verhalten verurteilten diese Opposition zu einer Minderheitsrolle ohne Chance auf Wechsel und Regierungsteilhabe. Die innenpolitischen Auseinandersetzungen fanden innerhalb des konservativen Mehrheitslagers selbst statt. Die LDP zerfiel in vier grössere und mehrere kleinere Faktionen, die miteinander rivalisierten und um die Macht rangen, ohne durch gegensätzliche ideologische Positionen getrennt zu sein. Alle zwei Jahre wählte die LDP ihren Vorsitzenden, dem automatisch dann auch das Amt des Ministerpräsidenten zufiel. Die Abgeordneten einer *»habatsu«* (Faktion) scharten sich um ihren Chef wie in früheren Feudalzeiten die Samurai eines grossen Clans um ihren Daimyo. Hinter einer scheindemokratischen Fassade hatten sich, wie auch anderswo in Japan, die alten quasifeudalen Strukturen erhalten. Der Abgeordnete schuldete seinem Faktionschef Loyalität, dieser verschaffte ihm politische Ämter und vor allem Geld. Denn Geld spielte in der japanischen Politik eine grosse Rolle. Es wanderten beträchtliche Summen von Unternehmen, Industrieverbänden und Vermögensinhabern an Politiker, weniger um sie zu einem konkreten Verhalten zu veranlassen als um allgemeines Wohlwollen zu werben. Gewöhnlich flossen die Gelder beim Faktionschef zusammen, der sie an seine auf ihn eingeschworenen Abgeordneten verteilte.

Dass japanische Wahlkreise in der Regel mehrere Abgeordnete stellten, unterstützte dieses System. Die Konkurrenz der verschiedenen konservativen habatsu untereinander in einem Wahlkreis war oft heftiger als mit dem gleichzeitig sich bewerbenden Oppositionskandidaten. Sehr oft wurden diese Parlamentssitze vom Vater auf den Sohn vererbt. Denn der japanische Wähler gab seine Stimme am liebsten der ihm bekannten und durch mancherlei Aufmerksamkeiten und Wohltaten verbundenen Politikerfamilie, ebenfalls ein Rest feudalen Verhaltens.

Eine Reihe japanischer Abgeordneter vertrat im Unterhaus ihren Wahlkreis bereits in dritter Generation.

Lange vor der Wahl zum Parteivorsitz setzte in der LDP ein schwer durchschaubares Verwirrspiel wechselnder Koalitionen und Allianzen zwischen den Faktionsführern ein. Man scheute eine demokratische Abstimmung, die ein klares numerisches Mehrheitsergebnis erbracht hätte. Gang und gäbe war das traditionelle *»nemawashi«,* das Sich-Zusammenreden, mit unendlich fintenreichen Winkel- und Schachzügen. Da nur einer der vier oder fünf Hauptkandidaten Vorsitzender der Gesamtpartei werden konnte, schlossen sich entweder die anderen gegen den aussichtsreichsten Bewerber zusammen oder sie trafen mit ihm oder auch untereinander Absprachen, in welcher Reihenfolge der Parteivorsitz später übernommen werden sollte. Als ich einmal im Gespräch mit Kiichi Miyazawa diese Szene mit einem Kabuki-Spiel verglich, widersprach mir der Politiker: »Es ist ein Sumo-Kampf, die geringste falsche Körperbewegung kann den Ausgang besiegeln.« Es war im September 1987 und wir sassen auf Tatami-Matten des feinsten Teehauses von Tsukiji im kleinen Kreis zusammen mit Helmut Schmidt, den eigentlich ganz andere Dinge interessierten. Es ging um die Nachfolge Nakasones. Finanzminister Miyazawa war als einer der drei New Leaders ernsthafter Prätendent. Aber erst sollten noch drei andere Kronprinzen Nakasone nachfolgen, bis die Reihe an ihn kam. 1991 hatte er es endlich geschafft und wurde Ministerpräsident.

In unseren vier Japanjahren hatten wir es mit vier Ministerpräsidenten zu tun. Die Rotationshäufigkeit deutete an, dass es mit der vielgerühmten Stabilität Japans langsam zu Ende ging. Als wir 1986 nach Japan kamen, amtierte Yasuhiro Nakasone bereits in seinem fünften Jahr.

Hochgewachsen, selbstbewusst, eine echte Samuraifigur, strahlte er die Zuversicht einer Führerpersönlichkeit aus. Seinen Landsleuten wusste er sich innenpolitisch als Reformer und auf aussenpolitischem Parkett als Staatsmann und ebenbürtiger Partner der Grossen dieser Welt zu präsentieren – eine Rolle, die japanischen Regierungschefs nie leicht gefallen ist und die ihre Wirkung auf Japaner selten verfehlte. Der Weltwirtschaftsgipfel in Williamsburg bot Nakasone einen grossen Auftritt, als er sich für Japan erstmals zur Sicherheitspartnerschaft mit dem Westen bekannte. Obwohl er das Risiko einer gleichzeitigen Unter- und Oberhauswahl in einen glänzenden Sieg der LDP verwandelte, musste er im Oktober 1987 abtreten. Er stolperte, weil er unterschätzt hatte, was die Einführung der Mehrwertsteuer für Japaner bedeutete.

Sein Nachfolger, LDP-Generalsekretär Takeshita, war in vielem das genaue Gegenteil Nakasones – ein eher unauffälliger kleiner Mann, stets freundlich und bescheiden, bar jedweder intellektueller Brillanz. Dreissig Jahre früher, vor seinem Eintritt in die Politik, hatte er an einer Mittelschule englisch gelehrt, doch gab es niemanden in Tokyo, der ihn je englisch sprechen gehört hätte. Einfachere japanische Bevölkerungskreise wusste er sicher besser für sich einzunehmen als sein hochmütig wirkender Vorgänger. Sein Feld war die Innenpolitik. Er kannte sich in allen Schlupfwinkeln des Parteibetriebs aus, galt als schlau und pragmatisch. Er musste noch vor Ablauf von zwei Jahren abtreten, als die Wogen des Parteifinanzierungsskandals der Firma Recruit über ihm zusammenschlugen. Als seinen Nachfolger und Übergangspremier lancierte er den unbedeutenden anhanglosen Aussenminister Uno, der schon nach wenigen Monaten zurücktrat, als eine frühere Geliebte ihn durch die Gazetten zog.

Das Uno-Desaster beförderte die LDP auf einen Tiefpunkt ihrer Popularität. Im Medienbild lieferte das Scheitern zweier Ministerpräsidenten kurz hintereinander den Beweis, dass die konservative Partei in einem Morast von Geld und Sex versank. Den Kurfürsten der LDP wurde klar, dass dringend etwas für das Image der Partei getan werden musste. Für jedermann überraschend hoben sie deshalb Toshiki Kaifu auf den Schild, den Führer der kleinsten habatsu. Kaifu hätte im normalen politischen Poker niemals eine Chance auf den Parteivorsitz gehabt. Aber er besass eine saubere Weste und war seit langem für Reformen eingetreten. Er trat an, um seine Reformideen in die Tat umzusetzen. Er wollte Japan endlich anstelle von Rotation und Pfründenjagd ein modernes, auf Kontinuität und Effizienz angelegtes Regierungssystem verschaffen. Kaifu war als Vorsitzender der Japanisch-Deutschen Parlamentarier-Freundschaftsgruppe ein alter persönlicher Freund, der oft in unserem Bierkeller deutsche Volkslieder gesungen hatte. Wir begleiteten ihn und seine charmante Frau im Januar 1990 auf ihren Besuch nach Bonn und Berlin, wo wir Zeuge erster Durchlässigkeit der Berliner Mauer wurden. Kaifus Kabinett war nur ein kurzes Leben vorausgesagt worden. Er hielt sich sehr viel länger, gewann unter ungünstigen Vorzeichen eine Unterhauswahl, verteidigte die Steuerreform und führte erfolgreiche Verhandlungen mit den USA. Doch als er mit Partei- und Wahlreform Ernst machte, liess die LDP ihn fallen. Auch wenn nach ihm mit Kiichi Miyazawa noch einmal einer der alten Parteibosse ans Ruder kam, so wurde doch deutlich, dass eine innenpolitische Ära zu Ende ging. Die Einheit der konservativen LDP löste sich auf, der Reformflügel um Hosokawa und Hata spaltete sich ab und ging schliesslich mit der sozialistischen Opposition ein Regierungsbündnis ein, das der Alleinherrschaft der LDP ein Ende bereitete.

Japaner und Deutsche – Konsulmord in Hakodate

Für Deutschland und alles Deutsche hegen viele Japaner eine sentimental-nostalgische Sympathie. Dass wir im Ersten Weltkrieg dank der Staatskunst Wilhelms II. einmal die Klingen gekreuzt haben, ist aus dem Bewusstsein gewichen. Japaner erinnern sich Deutschlands als des uneigennützigen Helfers beim Aufbau eines modernen Staatswesens während der *Meiji*-Epoche (1868–1912). Jenes frühe Kapitel deutsch-japanischer Beziehungen ist noch heute im Bewusstsein vieler Japaner lebendig. Typisch hierfür ist der Konsulmord in Hakodate vor mehr als hundert Jahren, bei uns längst in Vergessenheit geraten. Nicht so in Japan. Ich sandte hierüber am 30. August 1989 den folgenden Bericht an das Auswärtige Amt:

»Am 19. August 1989 gedachte die nordjapanische Hafenstadt Hakodate feierlich eines Ereignisses, das vor 115 Jahren die noch jungen japanisch-deutschen Beziehungen einer ernsten Belastungsprobe ausgesetzt hatte: des Mordes an dem deutschen Konsulatsverweser Vizekonsul Ludwig Haber – eines Zwischenfalls, in Deutschland längst vergessen und in den Akten begraben, in Japan aber so lebendig wie eh zuvor und alljährlich am Todestag Anlass zu Gedächtnisfeiern.

Der Vorfall führt zurück in die Zeiten des Umbruchs, als Japan sich anschickte, binnen weniger Jahre den Sprung vom mittelalterlichen Feudalstaat in eine moderne Industriegesellschaft zu vollenden. Nicht alle waren

Mit dem ältesten, in Japan lebenden deutschen Landsmann am Grab des ermordeten Vizekonsuls Haber in Hakodate

damals mit dieser Entwicklung zufrieden. Es gab in den ersten Jahren der Meiji-Restauration nationalistisch gesinnte Elemente, die sich widersetzten und die die allmählich ins Land kommenden Fremden als Ursache allen Übels der Verwestlichung ansahen. Es kam zu Übergriffen gegen Ausländer. Viele endeten tödlich. Was heute der von Terroristen durchseuchte Libanon ist, hiess damals Japan.

Eines der Opfer wurde auch Ludwig Haber. Er war, 34 Jahre alt, im Frühjahr 1874 von Mittelamerika nach Hakodate versetzt worden, einer der vier soeben für die ausländische Schiffahrt »geöffneten« Häfen und aufstrebende Stadt der Nordinsel Hokkaido. Malariakrank war er in Hakodate eingetroffen. Bei einem mittäglichen Spaziergang im August 1874 erreichte ihn unterhalb eines buddhistischen Tempels sein Schicksal. Ein junger Samurai, der auf einen beliebigen Ausländer gelauert hatte, fiel über ihn her und hackte ihn förmlich in Stücke. Danach stellte er sich im nächsten Polizeirevier, händigte – wie es bei Attentaten behördliche Vorschrift war – einen bereits vorher gefertigten Bekennerbrief aus und überantwortete sich der japanischen Justiz.

Hakodate geriet ob dieser Tat in grosse Aufregung. Erst wenige Jahre zuvor war nach einem Attentat auf einen britischen Kaufmann ein britisches Flottengeschwader erschienen und hatte Kagoshima, die Hauptstadt des Attentäter-Clans, bombardiert. Man befürchtete eine ähnliche Reaktion des Deutschen Kaiserreichs. Es war bekanntlich die Zeit der Kanonenboot-Diplomatie.

Der Attentäter wurde binnen eines Monats vor Gericht gestellt, zum Tode verurteilt und hingerichtet. Die kaiserliche Regierung in Berlin gab sich damit zufrieden. Sie verzichtete auf ihren Vergeltungsanspruch. Hakodate war erleichtert und jubelte.

Der ermordete Vizekonsul wurde auf dem Ausländerfriedhof beigesetzt. Um das Andenken nicht nur an das Opfer, sondern auch an die Grossmut des deutschen Reichs wachzuhalten, wurde eine Ludwig-Haber-Gedächtnis-Gesellschaft gegründet. Alle Honoratioren der Stadt gehören ihr an. Sie setzte dem Verstorbenen nicht nur einen schönen Grabstein, sondern veranstaltet jährlich zum Todestag eine vielbesuchte Gedächtnisfeier. Zum 50. Todestag 1924 erschien der Neffe des Verstorbenen, der deutsche Nobelpreisträger Professor Fritz Haber, zum 100. Todestag der deutsche Geschäftsträger. Zum 115. Todestag hatte man erstmals den deutschen Botschafter aus Tokyo eingeladen.

Hakodate ist heute in ein beschauliches Provinzdasein zurückgesunken. Die Provinzhauptstadt Sapporo, vor wenigen Jahren Veranstalterin der Olympischen Winterspiele, hat ihr längst den Rang abgelaufen. Eine russisch-orthodoxe Kirche, eine Pferderennbahn und Lagerhäuser der Meiji-Zeit sind heute Zeugen einer grösseren, von Ausländern mitgeprägten Vergangenheit.

Zunächst Blumenniederlegung an der Mordstätte, wo der alte Gedenkstein wiederaufgestellt ist. Er war 1945, um durch das Andenken an einen deutschen Vizekonsul nicht den möglichen Unwillen der herannahenden Besatzungsmacht herauszufordern, von Ludwig-Haber-Freunden in der Erde versteckt und erst nach Jahren wieder herausgebuddelt worden. Nebenan kündet eine Tafel auf japanisch von dem damaligen Geschehen, allerdings in höflich-japanischer, das (eigene) Gesicht wahrender Darstellung. So wird die Zerstückelung des Ausländers als Unglücksfall (sonan) bezeichnet. Es ist psychologisch aufschlussreich und entspricht japanischer Denkweise, dass eigenes Unrecht in der Öffentlichkeit nicht eingestanden, die Mordtat beschönigt, das Andenken an den Ermordeten aber in nunmehr vierter Generation jährlich beschworen und wachgehalten wird.

Auf dem alten, längst verlassenen Ausländerfriedhof mit herrlichem Ausblick auf die Bucht von Hakodate, dem Neapel des japanischen Nordens, wird unter grosser Beteiligung der Öffentlichkeit am Grab ein Kranz niedergelegt. Schweigeminute. Danach das obligatorische Erinnerungsfoto. Jeder möchte neben dem Botschafter stehen, sitzen, liegen. Die Aufregung vom Morgen ist verklungen. Man hatte festgestellt, dass Vertreter aus Akita, der Heimatstadt des Mörders auf dem benachbarten Honshu, als erste heimlich Blumen am Grab niedergelegt hatten –

Kollektivscham ebenfalls in vierter Generation. Nebenan einige eingesunkene Gräber, deren Inhaber einst aus allen Windrichtungen nach Japan gekommen waren. Darunter auch das Grab eines kaiserlichen deutschen Maschinisten, von seinen Kameraden im Jahre 1892 gestiftet.

Die eigentliche Feierstunde anschliessend in einem der grössten Säle der Stadt. In einer riesigen Blumenwand ein grossformatiges Foto Ludwig Habers. Beide Nationalhymnen erklingen. Bürgermeister, Botschafter, Vertreter des Gouverneurs und der Bürgerschaft halten, das Gesicht dem Verstorbenen, dem Auditorium den Rücken zugewandt, ihre Gedächtnisansprachen. In allen japanischen Reden wiederkehrendes Thema der Dank an die damalige Reichsregierung, die die Stadt verschont und ihr aus Grossmut ein schreckliches Schicksal erspart hat. Danach legt unter den Klängen der Feuerwehrkapelle – dem deutschen Anlass entsprechend werden nur Volkslieder gespielt, von »Röslein, Röslein« bis »Am Brunnen vor dem Tore« – jeder eine weisse Nelke unter dem Bild des Verstorbenen nieder.

Anschliessend Abschiedsessen im kleineren Kreis. Der Botschafter wird nicht des herrlichen Ausblicks aus dem Fenster teilhaftig, auf Bucht und »Liegende Kuh«, den erloschenen Vulkan, der an den heimatlichen Bonner Venusberg erinnert. Er sitzt vielmehr, japanischer Tradition gemäss, mit dem Rücken zum Fenster und verschönt auf diese Weise für die übrigen Gäste als Teil des Panoramas den Gesamtanblick. Abschliessendes Gesprächsthema: Wie aus einer Mordtat durch Grossmut und Verzicht eine Generationen überdauernde Freundschaft entstehen kann. Sind wir fähig, aus der Geschichte zu lernen? Lassen uns jüngste Entwicklungen im Osten Europas hoffen?«

Viele Mediziner, Juristen und Germanisten pflegen noch heute Beziehungen zu deutschen Universitäten, wo sie häufig einen Teil ihrer akademischen Ausbildung empfangen haben. Deutschland gilt im Land der aufgehenden Sonne immer noch als die Heimat der Wissenschaft und der klassischen Musik von Beethoven bis Brahms. Dass viele japanische Germanisten und Künstler in ihrer Deutschlandbegeisterung nicht recht zwischen deutscher Kultur in Ost und West unterscheiden konnten, wusste die DDR in ihrer Kulturarbeit geschickt auszunutzen. Mit der Entsendung renommierter Orchester und grosszügigen Museumsleihgaben versuchte Ostberlin, als Verwalter deutschen Kulturerbes die Japaner zu beeindrucken. Aber noch ein anderer Aspekt gab uns Grund zur Beunruhigung. Deutsche Stipendien wurden vor allem von japanischen Musikstudenten in Anspruch genommen. Junge Naturwissenschaftler blieben dagegen aus. Arthur Nussbaum´s »Decline of Europe« fand in Japan eifrige Leser. Als Partner bei der Bewältigung von Zukunftstechnologien hatte man Deutschland seit den siebziger Jahren ebenso abgeschrieben wie den Rest Europas. Wenn wir uns nicht mit der Rolle als abendländisches Museum zufrieden geben wollten, musste etwas getan werden. Mein Vorvorgänger Klaus Blech hatte mit einer »Leistungsschau der deutschen Industrie« 1984 Aufsehen erregt. Wir mussten in unserer Öffentlichkeitsarbeit Akzente auf unsere Selbstdarstellung als moderne, sozial und technisch fortgeschrittene Industriegesellschaft legen. Als Modell initiierten wir im November 1987 mit führenden deutschen Wissenschaftlern und eingeführt vom baden-württembergischen Ministerpräsidenten Späth ein Symposium über den Stand unserer Grundlagenforschung.

Marktöffnung und industrielle Kooperation

Vor allem lag mir daran, die bereits stark auf die USA ausgerichtete japanische Industrie in bestimmten, für beide Seiten interessanten Feldern der Zukunftstechnologie für eine Zusammenarbeit mit unseren Unternehmen zu gewinnen. Dass wir uns in weiten Teilen der Welt als scharfe Konkurrenten gegenüberstanden, dass auch deutscher Maschinenbau und Unterhaltungselektronik in manchen Bereichen gegenüber der japanischen »Laser-Technik«-Exportstrategie ums Überleben kämpften, sollte Kooperationen auf anderen Gebieten nicht ausschliessen. In der Flugzeug-Industrie – Entwicklung eines Regionaljets – ebenso wie beim Bau von Druckwasser-Reaktoren und der Kernbrennstoffherstellung im Gasultrazentrifugenverfahren lagen durchaus solche Möglichkeiten. Wenn wir davon ausgingen, dass unsere Offerten den Japanern eine gewisse Befreiung aus einseitigen Abhängigkeiten von der amerikanischen Industrie boten, so mussten wir leider bald feststellen, dass der Handelsdruck der US-Seite und die Sorge um Offenhaltung des amerikanischen Markts MITI und japanische Industrie zu grösster Vorsicht gegenüber Avancen der Europäer und Deutschen bewog. Ein hoffnungsvoller Ansatz von Gesprächen zwischen den Technologie-Riesen Mitsubishi und Daimler-Benz lief sich unter den misstrauischen Blicken der Amerikaner bald fest. So blieb im wirtschaftlich-politischen Dreieck USA – Japan – Europa auf der japanisch-europäischen Achse vieles offen.

Der Alltag unserer Wirtschaftsarbeit bestand grossenteils darin, zusammen mit Amerikanern und den übrigen Europäern auf eine weitere Marktöffnung Japans zu drängen und unsere Industrie bei ihren Versuchen zu unterstützen, auf dem japanischen Markt gegen ausgeklügelten administrativen Widerstand Fuss zu fassen. Die japanische Bürokratie begründete ihre Marktblockade immer mit der Notwendigkeit, den Verbraucher vor gefährlichen, riskanten und die Gesundheit der Japaner bedrohenden Produkten aus dem Ausland schützen zu müssen. Es waren nicht Zölle und quantitative Beschränkungen, sondern die subtilen »unsichtbaren« Handelshindernisse, die den Marktzugang beschränkten. Als ich mich in meiner ersten Intervention bei MITI-Vizeminister Kuroda über jene unsichtbaren Hindernisse beschwerte, hielt er mir entgegen, dass Unsichtbares für ihn nicht existiere. Ein typisches Beispiel war unser, gemeinsam mit den Holländern geführter Kampf um Zugang zum japanischen Schnittblumenmarkt. Obwohl Blumen wie alle pflanzlichen Erzeugnisse extrem teuer waren, gaben die blumenfreudigen Japaner jedes Jahr Milliardenbeträge für Blumen aus. Es war ein interessanter Markt, den wir ebenso wie die Holländer auf dem Luftwege leicht hätten bedienen können. Aber die Handhabung der pflanzensanitären Bestimmungen vereitelte jedes Geschäft. Kurz nach Eintreffen unserer Maschinen schloss jeweils der einzige Kontrollschalter am Flugplatz. Die eingeflogenen Blumen mussten tagelang, oft über das Wochenende auf ihre Inspektion warten und waren dann unansehnlich geworden. Oder der Inspektor beeilte sich ausnahmsweise, fand dann aber unter den Tausenden von Nelken ein harmloses winziges Insekt. Alle Blumen mussten daraufhin in die Gaskammer zur Desinfizierung und verliessen diese in einem Zustand, in dem sie ebenfalls nicht mehr auf dem anspruchsvollen japanischen Blumenmarkt angeboten werden konnten. Es war ein schier hoffnungsloses frustrierendes Unterfangen. Für die Holländer gab es am Ende einen beschränkten Erfolg, als ihr Angebot angenommen wurde, zwei japanische Inspektoren in den Niederlanden – auf niederländische Kosten – zu postieren und die Inspektion dort vor Anlieferung an die Frachtmaschine vorzunehmen.

In anderen Fällen führte die jahrelange Verschleppung des technischen Prüfverfahrens dazu, dass der deutsche Exporteur nach endlich erteilter Zulassung feststellen musste, dass clevere japanische Geschäftsleute sein Produkt inzwischen selbst in Japan herstellten. Mehrere solche Fälle waren bei der Botschaft aktenkundig (Kochtöpfe und Feuerwehrschläuche).

Der längste Kampf war um die Zulassung ausländischer PKW's auf japanischen Strassen geführt worden. Jahrzehntelang hatte das japanische Transportministerium darauf bestanden, jedes einzelne eingeführte Fahrzeug technisch zu überprüfen. Dies kostete Zeit und Geld (jeweils einen vierstelligen Betrag) und brachte die Importeure von Volkswagen und Mercedes in eine hoffnungslose Konkurrenzsituation. Kurz vor unserem Eintreffen war endlich der Durchbruch gelungen. Von jeder Serie Importwagen brauchte jeweils nur ein Prototyp der strengen technischen Kontrolle unterworfen zu werden. Kein Wunder, dass der Schiffstransport unseres Golf nach Japan spottbillig war; die japanischen Autotransportschiffe liefen voll beladen nach Europa aus und kehrten praktisch leer zurück. Das dicke Ende für unseren rechtsgesteuerten Golf kam nach vier Jahren, als wir ihn vor unserer Heimkehr in Japan verkaufen wollten. Nach Verlust seines Diplomatenstatus musste er für rd. 1.000,– DM erst wieder überprüft werden, um für den japanischen Strassenverkehr zugelassen zu werden. Unserem in Japan gekauften Mercedes blieb dieses Schicksal erspart.

Auch im Gesundheitsministerium musste ich, zusammen mit dem Leiter der Hoechst-Vertretung, persönlich vorstellig werden. Dort wurden die Preise festgesetzt, zu denen Pharmazeutika auf den Markt gebracht werden durften. Die Höhe des Verkaufspreises sollte sich nach dem Innovationselement und den Forschungsinvestitionen richten. Hoechst hatte vergeblich Beschwerde geführt, dass ihm ein viel niedrigerer Preis für ein neues Geriatricon zuerkannt wurde als dem japanischen Konkurrenzprodukt. Das Erscheinen des Botschafters löste im Ministerium zunächst Verwirrung aus, führte aber letztlich zu dem gewünschten Ergebnis.

Hinhaltender Widerstand der Bürokratie konnte nicht verhindern, dass japanische Märkte sich schrittweise öffneten. Jahrzehntelang war es japanischen Regierungen gelungen, ein ungeduldiger werdendes Ausland mit Versprechen von Marktöffnung, Exportmässigung und Auslandsinvestitionen hinzuhalten, es jedoch bei verbalen Konzessionen und kosmetischen Operationen zu belassen. Wachsender Druck von aussen zwang Japan, sich allmählich in die internationale Arbeitsteilung einzufügen. Die damit einhergehenden Strukturveränderungen trafen manche Sektoren der japanischen Wirtschaft hart. Eine paternalistische Staatsbürokratie konnte nicht länger strukturell schwache Wirtschaftsbereiche schützen – die Landwirtschaft, einen wenig effizienten Verteilungsapparat, marginale Betriebe. In unseren beiden ersten Jahren konnten wir deutsche Besucher noch ins Kaufhaus Mitsukoshi führen, um die japanische Melone für 150 DM oder das japanische Edelsteak für 120 DM bewundern zu lassen. Kirschen wurden einzeln für 2 bis 3 Mark verkauft, immerhin waren sie im Stück noch billiger als die in Watte gepackten, als Kunstwerke der Natur präsentierten japanischen Äpfel. Nur gegen die Einfuhr ausländischen Reises wehrte sich die Landwirtschaftslobby verzweifelt. Die Bemühungen der Regierung, ihre Bevölkerung über die Notwendigkeit struktureller Veränderungen aufzuklären, waren halbherzig und legten den Keim für die spätere Abwendung von den Konservativen. Der Durchschnittsjapaner konnte nicht verstehen, warum das Ausland ihn dafür kritisierte, dass er lange und hart arbeitete, seine Ferien dem Betrieb opferte, unter bescheidensten Verhältnissen wohnte (im Durchschnitt belegte ein Japaner zwölf qm Wohnraum, in Tokyo sogar nur acht – eine fünfköpfige Familie am Rande der Hauptstadt lebte in einer 40-qm-Wohnung) und zwanzig Prozent seines Einkommens auf die hohe Kante legte – für die teure Ausbildung der Kinder, ein bescheidenes Heim und die eigene Altersvorsorge. Die Aufwertung des Yen gegenüber dem Dollar nach dem Plaza-Abkommenvon 1985 zwang die japanische Industrie, ganze Fertigungsbereiche ins Ausland zu verlagern. Bei der Eisen- und Stahlerzeugung, im Schiffs- und Maschinenbau liefen die »Kleinen Tiger« Korea und Taiwan Japan den Rang ab. Der Druck auf den Arbeitsmarkt nahm zu. Das geheiligte Prinzip der Anstellung auf Lebenszeit geriet ins Wanken. Für die Japaner begann die Welt sich zu verändern.

Deutsche Einheit

Am 19. Februar 1987 machte ich meinen Antrittsbesuch bei Yosoji Kobayashi, einem der grossen Pressezaren Japans. Hinter ihm standen mit Yomiuri Shimbun (11 Millionen Tagesauflage) die grösste Tageszeitung Japans und die Fernsehanstalten, die die Restaurierung von Michelangelos »Jüngstem Gericht« in der Sixtinischen Kapelle in Rom finanzierten. Unser Gespräch führte uns in die Tiefen der Geschichte unserer Völker. Japaner hatten stets ein anderes Verhältnis zur eigenen Geschichte als wir. Dem Begriff der Vergangenheitsbewältigung standen sie verständnislos gegenüber. Schuld einzugestehen für die im 2. Weltkrieg von japanischen Soldaten in China und Südostasien begangenen Greuel kam ihnen nicht in den Sinn. In japanischen Schulbüchern wurden Untaten von der Schülergeneration geflissentlich ferngehalten. Es erregte im benachbarten Korea und in China immer wieder Stürme der Entrüstung, wenn neue japanische Minister nach ihrer Vereidigung zunächst im Yasukuni-Schrein zu den Kriegstoten beteten, denn die Heldenverehrung in Yasukuni-Schrein schloss auch die dort eingeschreinten, vom Internationalen Tribunal verurteilten und hingerichteten Kriegsverbrecher ein. Die Atombomben von Hiroshima und Nagasaki hatten bewirkt, dass Japaner sich als die eigentlichen Opfer des grossen Krieges fühlten und darüber verdrängten, dass sie diesen Krieg auf der östlichen Hälfte unseres Globus vom Zaum gebrochen hatten. In unserem Gespräch hatte ich Herrn Kobayashi auf den positiven Umstand hingewiesen, dass das Schreckensereignis der Atombomben jedenfalls am 15. August 1945 ein schnelles Kriegsende bewirkte. Ein weiterer Kriegsverlauf hätte nämlich nach dem Eingreifen der Sowjetunion wahrscheinlich zur Besetzung grosser Teile Japans durch die Sowjets geführt und Japan damit das Schicksal einer Teilung des Landes ebenfalls nicht erspart. In einem Brief vom 23. Juni 1987 erinnerte ich Herrn Kobayashi an unser Gespräch. Die englische Ausgabe von Yomiuri hatte am Vortag einen Artikel von

Frank Getlein mit der Überschrift »Divided Germany means Peace for Europe« gebracht. Ich frug ihn, welche Gefühle wohl einen Japaner in der damals von mir geschilderten, glücklicherweise nur hypothetischen Situation bewegt haben würden, wenn sein Wunsch nach Wiedervereinigung des eigenen Volkes als Gefahr für den Weltfrieden bezeichnet worden wäre.

Im diplomatischen Alltag trat die deutsche Teilung immer wieder durch die Anwesenheit eines DDR-Botschafters in Erscheinung. Er hatte seine Residenz ganz in unserer Nähe, in einer Entfernung von wenigen Minuten zu Fuss. Haus und Garten waren sehr viel kleiner und bescheidener als bei uns. Überhaupt gab sich die DDR als kommunistischer Staat, abgesehen von gelegentlichen Grosskulturveranstaltungen, recht unauffällig. Unser persönliches Verhältnis zum DDR-Botschafter war freundlich, aber unverbindlich. Es war, auch wenn der Kollege von der anderen Seite sich nichts anmerken liess, häufig Belastungen ausgesetzt, wenn wieder einmal ein DDR-Bürger in Tokyo abgesprungen und von uns mit der nächsten Lufthansamaschine in die Bundesrepublik ausgeflogen worden war. Die Japaner hatten dieses Verfahren auf Grund einer Absprache mit der Botschaft akzeptiert. Gelegentlich gab es allerdings Gerangel, weil sie auf einer Vernehmung des Flüchtlings bestanden, um sich von der Freiwilligkeit dieses Entschlusses zu überzeugen. Vor allem liefen DDR-Musiker regelmässig zu uns über. Wir hatten es uns zur Gewohnheit gemacht, bei der Ankündigung von DDR-Gastspielen sogleich einen Sonderbereitschaftsdienst in der Botschaft ausserhalb der Dienststunden einzurichten. Einmal stellte mich ein Repatriierungsfall vor schwierige Entscheidungen. Einen Tag vor dem Rückflug eines bekannten ostdeutschen

Knabenchors meldeten sich abends drei junge Leute mit der bekannten Bitte. Sie waren noch nicht volljährig und wollten zu Verwandten nach Düsseldorf »ausreisen«. Durfte ich diesen Wunsch, an dem ein ganzes Leben hing, an den wenigen Monaten scheitern lassen, die die drei noch vom 18. Lebensjahr trennten? Der Chorleiter, ein älterer Professor, beschwor mich telefonisch von der DDR-Residenz aus, die ihm anvertrauten Jugendlichen wieder zurückzusenden: Ich entschied mich für die jungen Leute – ein Entschluss, der nachträglich vom Auswärtigen Amt, von dem ich wegen der Eilbedürftigkeit keine Weisung einholen konnte, gebilligt wurde. Aber das »Neue Deutschland« prangerte mich einige Tage danach als Menschenräuber an. Und DDR-Botschafter Jäger verschwand auf Monate zu »Konsultationen« nach Ostberlin.

Einmal wurden Almuth und ich hautnah in einen Flüchtlingsfall einbezogen. Es ereignete sich später, wenige Wochen vor der Öffnung der Berliner Mauer. Mitternacht war vorüber, wir waren bereits zu Bett gegangen und lasen noch etwas vor dem Einschlafen, wie dies unsere Gewohnheit geworden war, als Almuth den Summer vom Einfahrttor hörte. Über die Rufanlage meldete sich ein DDR-Bürger mit der Bitte, aufgenommen und in die Bundesrepublik gebracht zu werden. Er hatte ohne Adressenangabe den Taxifahrer gebeten, ihn bei der Deutschen Botschaft abzusetzen. Das hätte auch schiefgehen können. Glücklicherweise war er nicht um die Ecke beim DDR-Kollegen gelandet. Er war Bratschist der Dresdner Staatskapelle, die gerade mit Kurt Masur eine Japan-Tournée veranstaltete. Nachdem er verschlüsselt mit Dresdner Nachbarn telefoniert hatte, brach er unter einem Weinkrampf zusammen. Er erzählte, dass kurz vor dem Abflug des Orchesters aus der DDR der Zug mit den Flüchtlingen aus unserer Prager Botschaft Dresden passiert habe. Dieses Ereignis und das Verhalten der Volkspolizei auf dem Dresdner Bahnhof hätten in ihm den Entschluss reifen lassen, in Japan »abzuspringen«. Wir brachten ihn in unserem Gästezimmer unter. Zum Frühstück erschien er schon wesentlich gefasster. Abends nahm die Lufthansa ihn mit nach Frankfurt.

Die politische Entwicklung in Osteuropa unter dem Vorzeichen von Gorbatschows Perestroika stiess in Japan auf grosses Interesse. Man hoffte nicht nur auf ein Arrangement mit den Sowjets, das eine Rückkehr der vier bei Kriegsende besetzten südlichen Kurilen-Inseln an Japan ermöglichen würde. Man witterte auch grosse wirtschaftliche Chancen auf freieren osteuropäischen Märkten. Ich wurde seit Ende 1989 unverhofft zu einem gesuchten Redner, der vor wechselndem japanischem Publikum mehr als zweidutzendmal die Bedeutung der osteuropäischen Entwicklung interpretieren konnte. Allerdings war mir klar, dass eine Öffnung Osteuropas auch für die deutsche Wirtschaft von grösstem Interesse war. Im Anschluss an den Besuch Ministerpräsident Kaifus im Januar 1990 bewilligte mir das Auswärtige Amt eine zweiwöchige Vortragsreise. Mein Thema vor Handelskammern und Verbänden in allen Teilen der Bundesrepublik war immer das gleiche: Den zugegebenermassen schwierigen, aber zukunftsträchtigen ostasiatischen Markt nicht zugunsten leichterer, aber technologisch weniger anspruchsvoller Exportmöglichkeiten in die osteuropäischen Länder zu vernachlässigen.

Der Botschafter wirkte traditionsgemäss im Vorstand der Deutschen Schule mit und pflegte eingeladen zu werden, bei der jährlichen Abiturfeier eine Rede zu halten.

Am 2. Juni 1989 sass unser Cornelius unter den Abiturienten. Es war ein aufregendes Jahr und ich überlegte, was ich unserem Sohn und seinen Mitschülern mit auf den Weg geben könnte. Die Rede fiel so aus:

»Liebe Abiturienten und Abiturientinnen, Liebe Eltern und Verwandte, Verehrtes Lehrerkollegium, Zunächst möchte ich den Hauptbeteiligten an dieser Feier, den Abiturientinnen und Abiturienten der Jahrgangsstufe 13 sehr herzlich zum erfolgreich bestandenen Abitur gratulieren. Ich vermute, dass nicht nur unsere Abiturienten, sondern auch die anderen Beteiligten, nämlich Eltern und Lehrerschaft dieses Ereignis mit einem Gefühl grosser Erleichterung begehen. Dem Glückwunsch an die Abiturienten möchte ich den Dank an Eltern und Lehrer beifügen, denn beide Teile haben, wie ich aus eigener Erfahrung bestätigen darf, seit Jahren auf dieses Ereignis hingearbeitet und viel Zeit und Mühe darin investiert.

Das Abiturjahr 1989 ist in mehrfacher Hinsicht ein bemerkenswertes Jahr. Es ist genau 200 Jahre her, dass mit dem Sturm auf die Bastille in Paris eine europäische Gesellschaftsordnung zum Einsturz kam. 150 Jahre später marschierten deutsche Truppen in Polen ein. Der 2. Weltkrieg liess bekanntlich ebenfalls eine Weltordnung zusammenbrechen. Und vor wenigen Tagen haben wir des 40. Geburtstags der Bundesrepublik Deutschland gedacht. Französische Revolution, 2.Weltkrieg und Gründung unseres Staates – ich habe mich gefragt, ob es sich lohnt, in einer Abiturrede gleich auf drei historische Jubiläen zu verweisen. Es war eigentlich die Lektüre der Abiturzeitung, die mich hierin bestärkt hat. Ich fand nämlich darin eine Umfrage zum Meinungsbild der Jahrgangsstufe 13. Dieses Meinungsbild finde ich ausserordentlich interessant. Wenn man einmal absieht vom Interesse am wohlverdienten Urlaub – das ist etwas allgemein-menschlich Verständliches, selbst in Japan – und von der Attraktivität der japanischen Küche – hier in Japan ebenfalls nichts Verwunderliches (beides 85 %) – und wenn man sich von den Schrecken erholt hat, wie wenig eine richtige Geisha unseren Söhnen und Töchtern offenbar bedeutet (15 %), nur noch unterboten vom Desinteresse an der Bundeswehr (12 %), dann fällt auf, das die höchsten Pluspunktzahlen den Fragen Umwelt und Umweltbewusstsein (80 %) und Gorbatschow (68 %) zufallen, mehr noch als dem Sport (65 %). Ich meine, wer sich vor vielen anderen Fragen für Probleme der Umwelt und für die Entwicklung in der Sowjetunion interessiert, der zeigt Bereitschaft, in geschichtlichen und aktuellen politischen Kategorien zu denken.

Liebe Abiturientinnen und Abiturienten – ich möchte nicht in den Verdacht geraten, der Gorbimanie zu verfallen, wenn ich Euch zurufe: Wir leben in einer aufregenden Zeit! Es sind in den letzten Monaten Entwicklungen in Bewegung geraten, die vor wenigen Jahren noch für unvorstellbar gehalten worden wären – Entwicklungen, die spätere Generationen einmal als historisch bezeichnen werden. Es ist noch nicht lange her, dass sich Ost und West hochgerüstet und über längere Phasen hinweg durchaus konfrontativ gegenüberstanden. Heute spricht man über Abrüstung, Vertrauensbildung, Kooperation. Wenn der sowjetische Aussenminister Shewardnadse vor wenigen Wochen in Wien erklärt hat, der »Eiserne Vorhang« sei rostig geworden, so tritt damit, erstmals seit dem Ende des Grossen Krieges, die Bereitschaft zum Dialog und der Auflockerung der Fronten zutage. Die ersten Abrüstungsschritte werden gerade vollzogen. Dieser

Abrüstungsprozess muss weitergehen. Der Wunsch nach einer friedlicheren und sichereren Welt ist ein Grundbedürfnis aller Menschen, im Osten ebenso wie im Westen.

In Osteuropa wird in einem geradezu dramatischen Tempo über Pluralismus, Demokratisierung, Menschenrechte, Rechtsstaatlichkeit und offene Gesellschaften diskutiert. In der Sowjetunion wird auf einmal gewählt und viele Parteifunktionäre stellen fest, dass das Volk sie nicht mehr haben will. In Ungarn gibt die Kommunistische Partei ihr Einparteienmonopol auf und in Polen setzt sich die freiheitliche Gewerkschaftsbewegung Solidarität durch. Aber diese Bewegung beschränkt sich keineswegs auf Europa. In unserer unmittelbaren Nachbarschaft, in China, demonstrieren Hunderttausende von Studenten für mehr Freiheit und Demokratie. Für eine junge Generation, die die Schule gerade hinter sich lässt, die sich anschickt, ihren Platz in dieser Welt einzunehmen, muss dies alles sehr ermutigend sein. Das Schlagwort von der Freiheit hat den Sturm auf die Bastille vor 200 Jahren beflügelt. Es ist in den beiden Jahrhunderten seitdem oft genug missbraucht worden. Heute wird Freiheit, gerade auch von der jungen Generation, dort eingefordert, wo man sie ihr lange genug vorenthalten hat. Freiheit braucht der Mensch nicht zu lernen, weil der Freiheitswille ihm angeboren ist.

In einer freieren Welt werden gerade die Jungen mehr Möglichkeiten haben, das politische und gesellschaftliche Umfeld nach eigenen Vorstellungen umzugestalten. In unserer unvollkommenen Welt gibt es genug zu tun. Freiheit allein macht aber die Menschen nicht satt. Gerade hier in Asien, selbst auf der Wohlstandsinsel Japan wird uns bewusst, dass unsere Welt mehr an sozialer Gerechtigkeit und wirtschaftlicher Chancengleichheit braucht. Auch unsere vierzigjährige Bundesrepublik ist auf den Gestaltungswillen der Nachwuchsgeneration angewiesen.

Es ist wichtig, dass diese junge Generation unsere Welt auch als ihre eigene betrachtet, dass sie sich in ihr engagiert. Nochmals einen Blick in die umfangreiche Abiturzeitung: Nicht nur Bundespräsident, Bundeskanzler und Vizekanzler, sondern selbst der Staatsratsvorsitzende der DDR haben der Abiturklasse der DST ihre Grüsse und guten Wünsche übermittelt. Ich möchte hier nicht wiederholen, was Euch an gutgemeinten Ratschlägen auf den Weg gegeben worden ist, sondern nur die eindringliche Bitte des Bundeskanzlers unterstreichen, wenn er am Ende seines Briefs sagt: »Ich bitte Sie, übernehmen Sie auch für andere, für unser Gemeinwesen Verantwortung. Helfen Sie mit, die Probleme unseres Gemeinwesens zu lösen und die Zukunft unseres Landes zu sichern.«

Das Lernen in der Schule ist mit dem Abitur vorbei. Aber das Lernen an sich – in der Berufsvorbereitung, in der Hochschule, im Leben – geht weiter. Ich kann es mir nicht verkneifen, Euch zum Abschluss doch noch einen Ratschlag mit auf den Weg zu geben. Es ist eine alte englische Spruchweisheit, die sagt: »Lernt, als ob Ihr ewig lebt; lebt, als ob Ihr schon nächstes Jahr sterben müsstet.« Ich wünsche Euch in diesem Sinne eine glückliche und erfolgreiche Zukunft.«

Als die Verhandlungen über eine Vereinigung der beiden deutschen Staaten in immer rascheres Tempo fielen, änderte sich auch unser Verhältnis zur DDR-Vertretung. DDR-Botschafter Manfred Schmidt, der Werner Jäger nachgefolgt war, begann über persönliche Erwartungen und Sorgen zu sprechen, die er mit der herannahenden

Einigung auf sich zukommen sah. Auch wenn er für sich keine allzu grossen Chancen ausrechnete, hegte er doch Hoffnungen für seinen Sohn, der erst seit wenigen Jahren im MfA tätig war. Wir stellten uns einer gemeinsamen öffentlichen Podiumsdiskussion zu Wiedervereinigungsfragen im Goethe-Institut. Manfred Schmidt strich heraus, dass aus ihrer Sicht wichtigstes Kriterium für den guten Willen der Westdeutschen sei, ob die angesammelten Sparguthaben in der DDR, Ergebnisse harter Lebensarbeit, bei einer Einführung der D-Mark honoriert würden.

Selbst die technische Ausstattung unserer Botschaft erfuhr durch den Wiedervereinigungsprozess eine Verbesserung. Da Schmidt immer schneller als wir über die letzten innerdeutschen Verhandlungsergebnisse unterrichtet war, bewilligte das sparsame Auswärtige Amt die Anschaffung einer Parabol-Antenne. So konnten wir jedenfalls in der Schlussphase der DDR informationstechnisch mit dieser gleichziehen. Als unsere Abreise näherrückte, fragte Manfred Schmidt, ob er mit seiner Frau ein Abschiedsessen für uns organisieren dürfe. Es wurde, in Gegenwart aller osteuropäischen Missionschefs, eine symbolträchtige und sehr emotionale Veranstaltung, die auch unseren Gastgebern das Wasser in die Augen steigen liess. Eigentlich, so Manfred Schmidt, sei er immer davon ausgegangen, dass wir ihn im Herbst verabschieden würden. Denn nach dem Gang der Geschichte, deren Urteil er gefasst entgegensehe, müsse die DDR das Feld räumen. Jetzt sei es, wie es in unserem Beruf nun einmal oft gehe, umgekehrt gekommen. – Es traf uns hart, als er einige Monate später schrieb, dass sein Sohn, für den er eine neue Zukunft erhoffte, sich das Leben genommen hatte.

Demnächst wieder Abschied

Das letzte halbe Jahr in Tokyo gab uns noch Gelegenheit mitzuhelfen, einiges von Bestand für den Ausbau der deutsch-japanischen Beziehungen aufzurichten. Nach jahrelangen Bemühungen konnte im Frühjahr 1990 in Gegenwart des Kronprinzen das lang ersehnte Japan-Institut aus der Taufe gehoben werden. In den bewährten Händen des Gründungsdirektors Josef Kreiner versprach es, neben der altetablierten OAG ein neues wissenschaftliches Fundament für zeitnahe Japanstudien zu legen.

Eine Dachgesellschaft für die mittlerweile 34 Freundschaftsgesellschaften war in Tokyo gegründet worden und hatte sich als lebensfähig erwiesen. Unter der Ägide des DAAD hatte sich mit Professor Yoshida eine Gruppe Japaner in der *Tomo-no-Kai* zusammengefunden, die den Austausch junger Japaner und Deutscher und den Aufenthalt in japanischen Familien vermittelte. Nicht zuletzt war der Neubau der Deutschen Schule endlich auf gutem Wege. Auch die Botschaft stand vor baulichen Neuerungen. Der Bau eines Wohnhauses für den Gesandten und einige Dienstwohnungen auf einer Parzelle neben dem Residenzgarten war endlich bewilligt worden. Die Residenz selbst sollte eine Erweiterung des Esszimmers erhalten. So würden wir, wie sich dies jeder Botschafter wünscht, nach uns einige Spuren im Sand hinterlassen.

Anfang Juni 1990 kam der Anruf aus Bonn: sofort packen! Wie üblich sollte plötzlich alles sehr schnell gehen. Wieder einmal mussten Wurzeln ausgerissen werden aus einem Boden, auf dem wir sieben Jahre unseres Lebens verbracht hatten. Es waren nicht nur die Menschen, mit denen wir zusammen gelebt, gelacht, gearbeitet, gefeiert, Gespräche geführt und auch gestritten hatten und die wir am 17. Juli 1990 zum letzten Mal in unser Haus einluden. Sie kamen alle, Japaner und Deutsche – voran die Old Japan Hands wie der jüdische Emigrant und Perlenhändler Rudolf Voll, Thomas Manns Grossneffe Hans Pringsheim, die Jesuiten der Sophia-Universität und viele andere. Wir suchten auch unseren persönlichen Abschied von den Stätten Japans, die uns in jenen Jahren ans Herz gewachsen waren – das Gebirgsstädtchen Takayama, mit dem uns unsere ersten Ryukan-Erlebnisse verbanden, Chacos bezaubernde Pferdefarm bei Obihiro auf der Nordinsel Hokkaido, wo zuguterletzt um ein Haar Sauna und Haus in Flammen aufgegangen wären, vor allem aber Kyoto, wo Geist und Seele des alten Japan noch in ihrer ursprünglichen Form zu spüren waren. Es mögen zwanzig Besuche gewesen sein, die uns im Lauf von insgesamt sieben Jahren nach Kyoto geführt haben. In letzter Zeit waren wir immer in »unserem« Ryukan in Arashiyama abgestiegen und hatten dann zwei Tempel aufgesucht, die wir bis dahin noch nicht kannten – jedesmal eine neue Entdeckung mit ungeahnten Überraschungen. Wir schafften es zum Schluss nicht mehr, auch der Südinsel Kyushu Lebewohl zu sagen und auf dem Weg eine Stunde Besinnung an der Gedenkstätte von Hiroshima einzulegen, wie wir dies mit unseren Kindern und manchen Freunden getan hatten.

Ministerpräsident Kaifu und die Kaiserliche Familie empfingen uns freundlich zu Abschiedsvisiten. Kaiser und Kaiserin sprachen von ihrem Wunsch, Deutschland bald wiedersehen zu können. Das bescheidene Haus des Kronprinzen überraschte uns durch seine Schmucklosigkeit – kahle Räume ohne Dekoration und persönliche Handschrift. Bei den jungen Prinzen ging es lockerer zu. Takamado platzte mitten in die Packerei unseres Hauses.

Prinz und Prinzessin wollten noch einmal im Bierkeller der Residenz ein zünftiges Raclette probieren, mit reichlich Schwarzwälder Kirschwasser. Derweil wurden draussen Almuths Bonsai verpackt und die beiden alten Steinlaternen aus Kyushu. Nur beim schweren Steintrog erhob sich Widerstand. Er sei zu schwer und werde die Möbel zerdrücken. Bis zuletzt blieb er auf dem Hof stehen. Als der Container ohne ihn zugemacht werden sollte, liess ich das Tor der Ausfahrt schliessen. Die sieben stämmigen kleinen Packer unternahmen einen letzten Versuch, den unförmigen Steinklotz zentimeterweise an Stricken nach oben in den Container zu hieven. Wir hielten den Atem an. Es gelang. Und sieben halbnackte Japaner rissen die Arme empor und schrieen wie mit einer Stimme »Banzai!« (»Es lebe 10.000 Jahre!«)

Am 21. Juli 1990 fuhren wir zum letzten Mal hinaus nach Narita, erschöpft von unzähligen Abschiedsessen, die wohlmeinende Freunde und Kollegen uns bis zur letzten Stunde aufgenötigt hatten. Unsere Gedanken kreisten um den Lebensabschnitt, den wir jetzt hinter uns liessen.

Letzte Station: Heiliger Stuhl (1990–95)

Wohin geht die Reise?

Bei den Trauerfeierlichkeiten für den Showa-Tenno im Februar 1989 zog mich Genscher in einem etwas ruhigeren Augenblick beiseite, um nach meinen Wünschen für die nächste Verwendung nach Japan zu fragen. Meine Präferenz für den beruflichen Schlussabschnitt, sagte ich ihm, sei Asien. Hier fühlten wir uns zu Hause, hier hätten wir schon fünfzehn Jahre unseres Lebens verbracht und hier glaubte ich einige Erfahrung einbringen zu können. Delhi sei gerade neu besetzt worden. Deshalb würden wir gern warten, bis Peking demnächst frei werde. Genscher nickte. Eine vernünftige Idee. Wir werden das machen.

Ein knappes Jahr später trafen wir uns wieder, diesmal in Bonn in der Villa Hammerschmidt. Ministerpräsident Kaifu besuchte Deutschland und war zum Abendessen beim Bundespräsidenten geladen. Beide Gastgeber erkundigten sich freundlich bei uns nach dem Ergehen der Afghanenhündin Shiva, denn ihr jüngster Sohn hatte eine Woche bei uns in Tokyo gewohnt und Freundschaft mit ihr geschlossen. Wieder zog mich Genscher in eine Ecke und wieder stellte er dieselbe Frage. Hatte er vergessen, was wir in Tokyo ausgemacht hatten? Durchaus nicht. Aber es dauere ihm etwas zu lange, bis Peking frei werde. Er müsse, um ein altes Versprechen einzulösen, Wilhelm Haas von Tel Aviv nach Tokyo bringen. Er habe sich gedacht, dass der Vatikan etwas für uns wäre. Ich wollte meinen Ohren nicht trauen. »Ich bin aber Protestant, Enkel eines lutherischen Pfarrers.« »Ein Grund mehr«, erwiderte Genscher.

Nachts auf dem Weg zurück nach Schloss Gymnich berichtete ich Almuth von den geänderten Reiseplänen. Statt Peking jetzt Rom. Zurück nach Europa. Ich war im Irrtum, wenn ich angenommen hatte, Almuth werde in einen Freudentaumel verfallen. Im Gegenteil, sie war enttäuscht, dass wir Japan und unseren grossen Freundeskreis ein Jahr früher als vorgesehen verlassen mussten. Und gab es am Vatikan für Ehefrauen überhaupt eine Rolle unter den vielen Talarträgern, mit denen wir es dort künftig zu tun haben würden ?

Anders als Almuth war ich von der Kursänderung eigentlich sehr angetan. Nach sechzehn Jahren Fernost wäre es schön, wieder nach Europa zurückzukehren. Zumal mit der bevorstehenden deutschen Wiedervereinigung und der Auflösung des Sowjetimperiums das Schwergewicht weltpolitischer Veränderung sich mit einem Mal wieder eindeutig nach Europa verlagert hatte. Und dann zurück zur Wiege abendländischer Kultur, zur Roma urbs aeterna. Beide römische Posten, Quirinal ebenso wie Vatikan, werden seit jeher als Traumposten angesehen. Im Gegensatz zur ersteren war die Botschaft beim Heiligen Stuhl zahlenmässig klein besetzt. Sie war jedoch die ältere und genoss ein hohes Prestige. Manche unserer Staatssekretäre hatten sich nach hier zurückgezogen. Berühmte Namen waren unter den Vertretern Preussens beim Hl. Stuhl zu finden – Wilhelm v. Humboldt (1802–08), der spätere preussische Reformer, nach ihm Barthold Niebuhr (1816–23) und Christian v. Bunsen (1823–38), unter dessen Ägide das spätere Deutsche Archäologische Institut gegründet wurde. Nach dem Kulturkampf machte sich Kurd v. Schlözer (1882–92), der Verfasser der bekannten Briefe aus Petersburg, Washington und Rom hier einen Namen. Der Heilige Stuhl galt nicht nur in unserem Dienst als ehrenvolle Berufung für einen »senior ambassador«. War ich nach dreissig Jahren Dienst jetzt auch einer geworden?

Rüstzeug für Rom

Unsere Berührung mit der Katholischen Kirche hatte bisher draussen stattgefunden, in der Dritten Welt, in Missionsländern wie Indonesien und auch Japan. Zu katholischen Missionsstationen hatten wir, vor allem von Jakarta aus, immer freundschaftliche Kontakte gepflegt. Denn Missionare wussten, was im Lande vorging und wie es in den Köpfen der Menschen draussen aussah. Sie hatten ausserdem immer tatkräftige Hilfestellung bei unseren, besonders auch bei Almuths Reisen ins Landesinnere geleistet. Allerdings war bemerkenswert, dass sie fast durchweg eine kritische Haltung gegenüber Rom zur Schau trugen. »Der Papst weiss überhaupt nicht, was sich hier draussen abspielt und was er von den Menschen hier verlangt.« Jetzt waren wir sozusagen von der Missionsfront direkt in die Zentrale der Katholischen Kirche versetzt worden. Wir waren sehr gespannt.

Wir beherrschten weder die italienische Sprache noch kannten wir Italien, geschweige denn Rom anders als aus der Optik des flüchtigen Touristen. Uns wurde immer mehr bewusst, dass an der Vatikan-Botschaft manches anders war als an einer »normalen« Auslandsvertretung – von der Aufgabenstellung her, was unsere Partner an der römischen Kurie und nicht zuletzt was die Perspektive anging, unter der die Kirche das Geschehen in unserer Welt auf dem Hintergrund einer zweitausendjährigen Erfahrung betrachtete. Ein italienischer Sprachkurs auf

Tonbändern, eine Konzilsgeschichte und was der Büchermarkt an kritischer Literatur über den Vatikan hergab, beschäftigte uns in den Wochen vor der Ausreise nach Rom. Kirchenrecht hatte an der Universität nie zu meinen Lieblingsfächern gehört. Aber zum Glück sollte es an der Botschaft einen Geistlichen Botschaftsrat geben, der als Prälat der Kirche über all dies Bescheid wissen musste.

Agrément

Das Agrément aus Rom war schnell eingetroffen. Es war noch keine Woche vergangen, als der Substitut des Staatssekretariats, Erzbischof Re, eine positive Antwort erteilte. Vielleicht war man froh gewesen, nicht wieder, wie unglücklicherweise vor Jahren geschehen, einen aus der Kirche ausgetretenen Diplomaten präsentiert zu bekommen. Eine schlimme Panne, die sich nur schwer wieder ausbügeln liess. In Rom akzeptierte man durchaus Angehörige nicht-katholischer Konfessionen, setzte jedoch voraus, dass sie ein positives Verhältnis zur eigenen Kirche unterhielten. In jenem Unglücksfall hatte das Staatssekretariat zwei Monate nicht auf das Agrément-Ersuchen reagiert. Personalchef Hoppe war, wie er mir später erzählte, verzweifelt. An sich stellte das Verhalten des Hl.Stuhls nach internationalem Brauch die stillschweigende Aufforderung dar, den Kandidaten zurückzuziehen und einen anderen vorzuschlagen. Aber Genscher war entschlossen, nicht nachzugeben. Wie er in seinen Memoiren beschreibt, sprach er mit Kardinalstaatssekretär Casaroli bei dessen Bonn-Besuch einige deutliche Worte, unter Hinweis auf das über dem Gast hängende Lenbach-Portrait Bismarcks und dessen Beharrlichkeit gegenüber dem Hl. Stuhl. Casaroli verstand. Das Agrément wurde schliesslich erteilt. Bei uns waren derartige Komplikationen nicht zu befürchten gewesen. Bekanntermassen stellt der Vatikan strengere Anforderungen an die persönliche Qualifikation eines Vertreters beim Papst als sonst in der Diplomatie üblich. Geschiedene fallen völlig ausser Betracht. Auch zerrüttete Ehen und getrennte Partnerschaften werden nicht geduldet. Almuth und ich konnten zufrieden sein. Das Agrément galt sozusagen als amtliches Zertifikat einwandfreier Familienverhältnisse.

Die Antrittsbesuche in Deutschland, im Sommer 1990, beschränkten sich nicht auf katholische Würdenträger – Kardinal Meisner in Köln, der sich noch gern an unser Zusammensein in Tokyo erinnerte, als ich ihn dem Tenno vorgestellt hatte; Bischof Sterzinsky in Berlin und den Leiter des Katholischen Büros in Bonn, Prälat Bocklet. Ich meldete mich vielmehr auch beim Vorsitzenden der EKD, dem Berliner Landesbischof Kruse, zu einem Gespräch, um zu dokumentieren, dass ich mich in Rom auch als Vertreter der nichtkatholischen Christen fühlte. Bischof Kruse lobte das ökumenische Miteinander beider Konfessionen in Deutschland, fand jedoch kritische Worte gegenüber der Katholischen Kirche dort, wo sie sich einseitig in der Position des Stärkeren befinde, z. B. in Polen. In der Diskussion um die Neuordnung des Religionsunterrichts an polnischen Schulen hatte der Episkopat wenig Rücksicht auf protestantische Interessen genommen. Am herzlichsten verlief das Gespräch, zu dem der Vorsitzende der katholischen Bischofskonferenz, Bischof Karl Lehmann, Almuth und mich in Mainz empfing.

Römisches Habitat

In Rom erwartete uns als Residenz im vornehmen Stadtteil Parioli ein schöner, fast neuer grosszügiger Bau. Wir verdankten ihn der weisen Voraussicht eines meiner Vorgänger, des ehemaligen Staatssekretärs van Scherpenberg, der gegen mancherlei behördlichen Widerstand das Grundstück vor dreissig Jahren zu damals noch erschwinglichen Konditionen angekauft hatte. Es mochte vor vierhundert Jahren Teil des nahegelegenen Landguts Paterna gewesen sein, das der Papst der Gegenreformation, Gregor XIII., dem Collegium Germanicum et Hungaricum geschenkt hatte und das nun dem amerikanischen Botschafter als weitläufige Residenz diente. Die schöne, 1908 von Preussen für seine Vertreter beim Hl. Stuhl erworbene klassizistische Villa Bonaparte war bei Kriegsende konfisziert worden. In ihr residiert heute unser französischer Kollege. Der renommierte Münchner Architekt Freiherr von Branca hatte das neue Haus sechs Jahre zuvor fertiggestellt und damit zunächst eine stürmische Diskussion entfacht. Die damals noch nackten, steilen roten Backsteinmauern glichen in der Tat den Resten der Caracalla-Thermen, die zu jener Zeit noch sommers als Kulisse einer grossartigen Opern-Freilichtbühne dienten. Bundespräsident v. Weizsäcker erinnerte beim Abschiedsbesuch an die damalige ihm unverständliche öffentliche Kontroverse. Inzwischen hatte die Natur einen grünen Schleier über die Gebäude gelegt, Efeu rankte sich an den Steilwänden empor, bis dicht unter die an den Florentiner Bargello erinnernden gotischen Zinnen. Mimosen, Rhododendren und Goldregen umsäumten das Haus. Vom »Kardinalszimmer« schweifte der Blick über den weiten, von römischen Pinien eingefassten Rasen, unter dem sich, für den Betrachter unsichtbar, die Diensträume der Kanzlei verbargen. Nichts deutete darauf hin, dass im Erdreich unter uns die Reste alter vorchristlicher Katakomben verliefen. Im Haus erinnerte lediglich eine hohe, hellrot gebrannte Amphore daran, was sich möglicherweise hier noch an antiken Resten im Untergrund verbergen mochte. Wenige Schritte durch den Zitronenhain, der anstelle des von den deutschen Finanzbehörden abgelehnten Botschaftsschwimmbads angelegt worden war, führten zur Hinterpforte der tiefergelegenen Kanzleiräume. Nächst dem Residenzeingang erhob sich eine romantische, aus braunen Bruchquadern gefügte und ebenfalls hinter dichtem Efeu zurücktretende Villa, das Schwedenschlösschen. Die schwedische Königin Victoria, gebürtige Prinzessin von Baden, hatte sie zu Beginn des Jahrhunderts gebaut. Häufiger Gast war der brummige Arzt Axel Munthe, Verfasser der Geschichten von San Michele. Die Mauer gegenüber teilten wir mit den Nonnen der Unbeschuhten Karmeliterinnen, deren Klosterglöckchen sechsmal täglich die hora einbimmelte und unsere Hunde zu heulender Begleitmusik anspornte. Nie sah man eine Nonne des Schweige-Ordens die Klosterpforte verlassen. Nur am Wahltag hielt dort ein verhängter Kleinbus, um die trippelnde Nonnenschar an die Urne zu transportieren. Bei unserem Antrittsbesuch empfing uns die Oberin hinter einem hölzernen Gitter, das kaum einen Blick in das Innere des bescheidenen, nur von einem Kruzifix geschmückten Zimmers zuliess. Freundlich lud sie uns zu den Gottesdiensten in der kleinen Klosterkapelle ein.

Schwedenvilla, Karmeliterkloster und Botschaftsresidenz bildeten mit wenigen alten ockerfarbenen Wohnpalästen im Hintergrund das Ende eines Sackgässchens, das als Via dei Tre Orologi in Rom eine gewisse Berühmtheit erlangt hatte. Kein Taxifahrer, dem die Drei-Uhren-Strasse nicht ein Begriff gewesen wäre. Viele unserer römischen Freunde nannten sie die schönste Kleinstrasse Roms. Eine schwere Eisenkette am Eingang neben einer Bougainvilla-Kaskade verkündete symbolisch, dass Roms lärmende Hektik vor den Klostermauern der Drei Uhren zum Stillstand kam. Von hier waren es nur wenige Schritte bis zum Eingang der Villa Borghese, dem ehemaligen Landgut jener alten römischen Familie auf dem Rücken des Pincio, das weitsichtige Stadtväter der Immobilienspekulation entrissen und zu Roms beliebtestem Park umgewidmet hatten. Am Tiergarten vorbei und über die Piazza di Siena erreichten wir in einer knappen Viertelstunde vor dem Hotel Hassler die Brüstung der Spanischen Treppe, zu unseren Füssen die Altstadt mit ihren Palästen und Kirchen bis hin zum Tiber. Oder wir wandten uns am Brunnen der Meerespferde und dem Goethe-Denkmal nach links zum alten aurelianischen Stadttor der Porta Pinciana, wo oberhalb der Villa Malta die Via Veneto mit Cafés und eleganten Geschäften lockte. Wir hätten uns in Rom keinen idealeren Standort wünschen können.

Es wird ernst: Die römische Kurie

Seit zwei Jahrhunderten war Rom die Stadt der Päpste gewesen. Es fiel schwer sich vorzustellen, dass Rom bis zum Zusammenbruch der temporalen Herrschaft der Päpste über den Kirchenstaat vor 120 Jahren noch sein mittelalterliches Gesicht bewahrt hatte, als verschlafenes Städtchen von 80.000 Einwohnern. Weinberge und Viehweiden durchzogen das Stadtgebiet innerhalb der Aurelianischen Stadtmauern, auf dem sich zu Zeiten der römischen Kaiser mehr als eine Million Menschen gedrängt hatten. Neapel, Mailand und Turin übertrafen damals Rom an Einwohnerzahl um das Vierfache. Ferdinand Gregorovius liefert eine lebhafte Beschreibung des raschen Zerstörungswerks, dem das mittelalterliche Stadtbild in den siebziger Jahren des letzten Jahrhunderts nach der Ausrufung Roms zur Hauptstadt des neugeeinten Italien ausgesetzt war.

Als ich zum ersten Mal am Petersplatz vorbei in den Vatikan einfuhr, fühlte ich mich in jene alten Zeiten zurückversetzt. Die Schweizer Garde salutierte an der Pforte der Hl. Anna. Der Wagen überquerte den Belvedere-Hof, dann tauchten wir ein in das Dunkel der Gewölbe, die unter der langgezogenen Landkarten-Galerie der Vatikanischen Museen den für die Kurie bestimmten Verkehr aufnahmen. In den Loggien des Staatssekretariats erste Begegnung mit Raffael und seinen Schülern, Wände und Decken in seinem unverwechselbaren Stil freskiert. Die gemalten Landkarten im dritten Stockwerk hatten es mir besonders angetan.

Das erste Gespräch mit dem »Sekretär für die Beziehungen des Hl. Stuhls zu den Staaten«, dem Aussenminister und späteren Kardinalstaatssekretär Sodano dauert lange. Er plaudert, erst deutsch, dann französisch, verliert sich in Gedankengängen, die mich aufhorchen lassen. Die komplizierten Konkordatsstrukturen Deutschlands, das Neben- und Übereinander von Reichs- und Länderkonkordaten (Preussen, Baden, Bayern) – wäre es nicht an der Zeit, die konkordatäre Gemengelage zu beseitigen, eine klare Rechtslage im Sinne des Zweiten Vatikanischen Konzils herzustellen? Auch sollten die wenigen, viel zu grossen deutschen Diözesen eigentlich aufgeteilt werden – im Gegensatz zu Italien, wo es darum gehe, eine Unzahl von Kleindiözesen zu zweihundert Bischofssitzen handlichen Formats zusammenzulegen. Monsignore Sodano seufzte tief auf, eingedenk der Widerstände, die sich den gutgemeinten Absichten der Kurie in den Weg stellten. Ob Verringerung oder Vermehrung der Bischofssitze – das Beharrungsvermögen der kirchlichen Amtsinhaber war, menschlich verständlich, offenbar beträchtlich. Mir dämmerte, dass dieses Einführungsgespräch einige Linien meiner künftigen Betätigung vorzeichnete: die Kurie davon zu überzeugen, dass es für alle Beteiligten besser wäre, nicht am konkordatären Status quo zu rütteln, Bonn hinwiederum vor Erschütterungen durch kirchenpolitische Vorstösse des Vatikan zu bewahren. Das anschliessende Vorstellungsgespräch beim alten Kardinalstaatssekretär Casaroli verlief gänzlich unpolitisch, trotz meiner Versuche, den bekannten Architekten der vatikanischen Ostpolitik zu einigen Bemerkungen über diese interessante Phase neuester Kirchengeschichte zu verleiten. Statt dessen erzählte mir Casaroli, wie er sich sein fabelhaftes Deutsch durch die Lektüre von Hegels Werken angeeignet habe.

Papstaudienz

Anfang November gab der Präfekt des Päpstlichen Hauses, der strenge Bischof Monduzzi, endlich den Termin für die Papstaudienz zur Entgegennahme des Beglaubigungsschreibens bekannt: 8. November 1990 um 11.00 Uhr vormittags. Zwei Monate Wartens gingen damit zu Ende. Selbst die in Protokollfragen immer formalistische

Kurie hatte ein Einsehen gehabt und keine Einwände erhoben, als ich am 3. Oktober 1990, dem Tag der deutschen Wiedervereinigung als noch nicht akkreditierter Botschafter zu einem grossen Empfang in die Residenz einlud. Seit langem erstmals wieder Anlegen des Fracks, mit schwarzer Weste und einer Auswahl aus den vorhandenen Orden, die grosse japanische Ordensschleife in der Aufregung verkehrt herum über die Brust gelegt. Im Damasus-Hof ist die Schweizer Garde angetreten und präsentiert die Hellebarden. Bischof Monduzzi empfängt unsere kleine Equipe. Er führt uns, zusammen mit dem Hauptmann der Schweizer Garde, langsamen Schritts in feierlichem Geleit durch die endlosen Galerien und Thronsäle, durch die Wohngemächer früherer Päpste bis in den Saal der Evangelisten mit dem Papstthron aus dem 5. Jahrhundert, der in die Vorzimmer der päpstlichen Bibliothek mündet. Jeden von uns haben zwei päpstliche Ehrenkämmerer in die Mitte genommen. Dem Papst bei der Begrüssung der Audienzgäste und bei Messen im Petersdom dienen zu dürfen, gilt als besondere Auszeichnung. Das Ehrenamt des *»Gentiluomo«* wird in manchen römischen Familien, vor allem der papsttreuen »schwarzen Aristokratie«, seit Generationen wahrgenommen. Unsolider Lebenswandel zieht unweigerlich die Streichung von der Liste der Ehrenkämmerer nach sich, wie dies erst in letzter Zeit den Abkömmlingen von Roms wahrscheinlich ältestem Geschlecht, den letzten Orsinis, widerfahren war. Im Vorzimmer der Bibliothek kommt unser Zug zum Stehen. Es ist der Saal des Erlösers *(Sala del Redemptore)*, benannt nach dem El Greco-Gemälde der Innenwand, das uns später noch oft bei der Begleitung deutscher Audienzgäste an diese Stunde erinnern wird. Ausser El Greco wenige Meter weiter an der

Wand noch ein Christusbild Albrecht Dürers. Ein herrlicher Blick nach draussen über die Kolonnaden des Bernini und die beiden Maderna-Brunnen bis hinüber zum Quirinalspalast auf der anderen Tiberseite bietet sich dar.

Pünktlich um 11.00 Uhr öffnet sich die Tür zum inneren Gemach und Bischof Monduzzi stellt dem Papst den neuen Botschafter vor. Blitzgewitter der versammelten Journalisten, während wir unsere Rede-Manuskripte austauschen. Ich bin gespannt, was Papst Johannes Paul II. darin den Deutschen einen Monat nach vollzogener Wiedervereinigung zu sagen hat. Aber zur Lektüre ist jetzt noch keine Zeit. Dann sind wir allein. Der Papst nimmt hinter seinem Schreibtisch Platz, gegenüber dem berühmten Auferstehungsbild Peruginos, das linke Ohr nach vorn geneigt, denn rechts macht ihm eine gewisse Schwerhörigkeit zu schaffen. Das runde volle Gesicht

Auf dem Weg zum Papst zur Akkreditierung

über dem akkuraten weissen Scheitel strahlt Wärme aus, freundliche Augen lassen anfängliche Befangenheit rasch schwinden. Er spricht ruhig und langsam, akzentuiert mit melodischer Betonung, in klarem nuancenreichem Deutsch. Ich eröffne das Gespräch mit der Erinnerung an den folgenden Tag, den ersten Jahrestag des Falls der Berliner Mauer. Johannes Paul II. greift das Thema sofort auf. Es führt ihn zur Neuordnung Europas und der Wiederherstellung einer europäischen Völkerfamilie, die sich auf pluralistische, am christlichen Freiheitsideal orientierte Gesellschaftsformen gründen muss. Dann spricht er lange, was ihn offenbar sehr beschäftigt, über die Vorgänge in der Sowjetunion, wo ebenfalls ein Prozess staatlicher Neuordnung stattfinde. Er sagt Auseinandersetzungen im Verhältnis des russischen Kernlands zur Ukraine und zum bielorussischen Gebiet voraus – Prophezeiungen, die 1990 noch ungewohnt in den Ohren klangen und den tatsächlichen Entwicklungen weit vorauseilten. Ich erinnere an Solschenizyn, der die Eigenständigkeit der baltischen und asiatischen Teilrepubliken in Kauf nimmt, aber an der Einheit des russischen Kernlands mit der Ukraine und Weissrussland festhalten will. Rasch, beinahe heftig kommt die Antwort. »Hier manifestiert sich der alte zaristische Geist. Aber uralte Gegensätze zwischen den Völkerschaften der Sowjetunion werden wiederaufbrechen. Ukrainer, Ruthenen und Weissrussen werden sich gegen eine jahrhundertelange russische Majorisierung zur Wehr setzen. Seit jeher haben Russen Verwaltung und Militär dominiert. Das Zentrum bielorussischer Autonomiebestrebungen liegt heute im ehemals polnischen Galizien. Überhaupt ist der Selbständigkeitsdrang dort besonders stark, wo auch die lateinische Kirche stark ist, in Litauen und der Ukraine.

Wir müssen hoffen, dass sich der Neuordnungsprozess in der Sowjetunion ohne Bürgerkrieg vollzieht, ohne Eingreifen des Militärs, das die Russen dominieren.«

Eine Viertelstunde ist vergangen, der normale Zeitraum für eine Audienz aus diesem Anlass. Ich sehe, wie die Hand des Papstes hinter dem Schreibtisch nach der Klingelschnur tastet, die dem Präfekten draussen das Ende des Vier-Augen-Gesprächs anzeigen soll. Schnell nenne ich ein neues Stichwort: Polen und Deutsche. Die Hand kommt wieder hinter dem Schreibtisch hervor. Offenbar ist ein Thema getroffen, das ihm am Herzen liegt. Johannes Paul II. spricht von der deutsch-polnischen Aussöhnung und gedenkt des Treffens der beiden Regierungschefs, das heute in Frankfurt a. d. Oder stattfindet. Die Deutschen hätten bereits grosse Anstrengungen unternommen. Er erinnert an den Austausch von Versöhnungsbotschaften des deutschen und des polnischen Episkopats vor 25 Jahren, erwähnt die Bemühungen der EKD und des Bensberger Kreises. »Von beiden Seiten ist Unrecht geschehen. Dies gilt auch für die Vertreibung von Deutschen durch die polnischen Kommunisten. Aber nicht nur der Westen hat Polen Unrecht zugefügt, sondern auch der Osten.« Der Papst nickt, als ich der Überzeugung Ausdruck gebe, dass die Kirchen in beiden Ländern Wegbereiter der Aussöhnung sein sollten. Er nickt weiter, als ich frage, ob nicht deutsche Katholiken in Polen ein Recht auf Gottesdienst in deutscher Sprache haben sollten, so wie Polen im westlichen Russland ihre Gottesdienste in polnischer Sprache feiern wollten. »Aber«, so meint er schliesslich, »der Unterschied besteht doch darin, dass Polen noch häufig von Furcht vor den Deutschen und den Vertriebenen beherrscht sind.« Der Papst ist in seinen Äusserungen auf einmal vorsichtig geworden. Ich werde den Eindruck nicht los, dass seine Aussöhnungsbereitschaft weiter geht als er dies zugeben will. Denn, wie sich unschwer erraten lässt, legen Primas Glemp und der polnische Klerus hier grössere Zurückhaltung an den Tag als dem polnischen Oberhaupt der Katholischen Kirche lieb ist.

Mittlerweile sitzen wir bereits eine halbe Stunde beisammen. Almuth und ihre Mutter betreten jetzt die Bibliothek, beide in schwarz und mit Kopfschleier, zusammen mit Christoph und Cornelius. Freundlich begrüsst Johannes Paul II. die Familie. Ihn interessieren besonders die beiden Söhne. In den nächsten Jahren wird keine Begegnung vergehen, ohne dass er sich bei Almuth nach derer beider Ergehen erkundigt.

Der polnische Papst

Als wir den Vatikan verlassen, beschäftigt mich das Gespräch mit einem der Grossen unseres Jahrhunderts, das Perspektiven künftiger europäischer Entwicklung ahnen lässt. Ein kluger, temperamentvoller, weitsichtiger und engagierter Johannes Paul II. lässt noch nichts ahnen von den gesundheitlichen Schlägen, die binnen weniger Jahre seine physische Verfassung reduzieren sollen. Zutage getreten ist ein polnischer Papst, der die historischen Abläufe Osteuropas kennt und diesem Raum akribische Aufmerksamkeit widmet. Die Frage, wie polnisch dieser Papst Wojtyla auf dem Thron Petri wirklich ist, hat mich später noch öfters beschäftigt. Die Glückwunschbotschaft zur deutschen Wiedervereinigung am 3. Oktober 1990 zeigte weniger den Polen als den Kirchenvater, der sich mit seiner Herde freut. Es hatte, wie wir erfuhren, im päpstlichen Staatssekretariat auch einen sehr viel zurückhaltenderen, einem Polen eher angemessenen Entwurf für diese Botschaft gegeben, den er verworfen hatte. Als er im Juni 1991 seine vierte Polenreise antritt, wage ich, ohne von Bonn hierzu angehalten worden zu sein, einen Versuch. Die Reise berührt mit Köslin und Allenburg auch ehemals deutsches Gebiet. Es war nicht schwer, den Substituten des Staatssekretariats, den mächtigen Erzbischof Re, dafür zu gewinnen, in die Rede-Entwürfe eine Bezugnahme auf 700 Jahre deutscher Vorgeschichte beider Städte und einen Appell zur Aussöhnung mit den deutschen Nachbarn aufzunehmen. Es war, wie ich zugeben muss, eine persönliche Enttäuschung, dass die tatsächlich gehaltenen Reden mit keinem Wort auf diese Anregungen eingingen. Die begleitenden deutschen Bischöfe vermerkten betrübt, dass nicht einmal der grosszügige deutsche Finanzbeitrag für zwei neue Priesterseminare, die der Papst bei dieser Gelegenheit einweihte, Erwähnung fand. Hier wurde der Einfluss einer polnischen Kamarilla spürbar, die Johannes Paul II. umgab und ihn von vielem abschirmte, was nicht den Segen des polnischen Erzprimas fand.

Seine Ostpolitik

Wenn der Pole auf dem Stuhl Petri sich den Deutschen gegenüber, wie ich dies oft bestätigt fand, freundlicher verhielt als der Grossteil des polnischen Episkopats, so trat der Pole in ihm umso stärker hervor, als es um die Neuregelung der kirchlichen Verhältnisse in Osteuropa ging. Schon 1972 hatte es Papst Paul VI. unter dem Druck des polnischen Primas, des energischen Kardinals

Wyszinski, eilig gehabt, unmittelbar nach der Ratifizierung des Polenvertrags durch den Bundestag die Apostolischen Administratoren in den ehemals deutschen Gebieten östlich der Oder-Neisse-Linie zu polnischen Residenzbischöfen zu ernennen und zwei neue Bistümer – Köslin und Stettin – zu schaffen. Umgekehrt hatte der Primas zu verhindern gewusst, dass der Vatikan den gleichen Schritt – Anpassung der Kirchenstrukturen und Diözesangrenzen an die neuen Grenzen – auch in Ostpolen gegenüber der Sowjetunion vollzog. Dreizehn Jahre lang hatte Johannes Paul II. den ungeregelten kirchlichen Zustand an Polens Ostgrenze aufrechterhalten, sehr zum Unmut Moskaus, das es hinnehmen musste, dass weite Gebiete Weissrusslands und der Ukraine formal noch polnischen Diözesen zugehörten. Erst im Januar 1991 schritt Johannes Paul II. zur Neuordnung der ostpolnischen, weissrussischen und ukrainischen Diözesen. Er ernannte einen neuen lateinischen Erzbischof für den seit 1918 verwaisten Lemberger Sitz – ein Schritt, den das Oberhaupt der griechisch-katholischen »unierten« Kirche der Ukraine, Grosserzbischof Kardinal Lubachivsky – er erinnerte mich in seinem langen geknöpften Rock und dem weissen Spitzbart an meinen Grossvater, den Pastor – in seinem damaligen römischen Exil mir gegenüber in heftigen Worten beklagte. Denn Lemberg war für ihn in erster Linie der Metropolitansitz seiner, der Unierten Kirche, den er wenige Wochen später wiedereinzunehmen gedachte. Dass der neue katholische Erzbischof von Lemberg Pole war, wurde von Ukrainern und Russen in gleicher Weise als Schlag ins Gesicht empfunden. Selbst im Vatikan war man sich zunächst nicht sicher, ob Erzbischof Jaworski seinen neuen Sitz in Lemberg werde einnehmen können.

So wie Papst Johannes Paul II. hier in erster Linie als Pole dachte und handelte – wobei er die antipolnischen Ressentiments der Ukraine (Pilsudski!) krass unterschätzte – verhielt er sich auch gegenüber dem Moskauer Patriarchat. In der gesamten orthodoxen Kirche herrschte Entrüstung, als der Heilige Stuhl am 13. April 1991 ohne vorherige Konsultationen eine neue Kirchenorganisation für das Gebiet der Sowjetunion bekanntgab: drei neue Bistümer in Weissrussland sowie die Ernennung dreier Bischöfe für Moskau, Nowosibirsk und Kasachstan. Die Orthodoxie wehrte sich dagegen, dass in ihren Stammlanden ungefragt eine konkurrierende lateinische Kirchenstruktur errichtet wurde. Man fürchtete bei den Orthodoxen den Einfluss missionierender polnischer Priester. Auch dieser, aus der Furcht vor einem Heraufziehen anarchischer Zustände Russlands geborene Schritt, der sich später als überstürzt herausstellen sollte, ist untrennbar mit der Vorstellungswelt eines polnischen Papstes verknüpft. Er sollte auf Jahre hinaus das Verhältnis zwischen orthodoxer und katholischer Kirche belasten.

Die politische Entwicklung der eigenen Heimat verfolgte Johannes Paul II. mit grossem Unbehagen. Während seiner vierten Polenreise 1991 liess er sich zu heftigen Ausbrüchen hinreissen. Er erinnerte mit lauter Stimme an die Zehn Gebote und warf seinen Landsleuten vor, um weltlich-westlicher Errungenschaften willen die christlichen Ideale, aus denen heraus die katholische Kirche Solidarnosz und den Freiheitskampf unterstützt hatte, verraten zu haben. Es traf ihn tief, dass es seiner Heimatkirche nicht gelang, die aus kommunistischer Zeit herrührende freizügige Abtreibungspraxis abzuschaffen. Seine Hoffnung, die im Kampf gegen kommunistische Unterdrückung gewonnene spirituelle Kraft zur christlichen Erneuerung der postmarxistischen Gesellschaft einsetzen zu können, erwies sich als trügerisch. Präsident Walesa war ein häufiger und vertrauter Gast im Vatikan. Aber Papst Wojtyla musste mitansehen, dass weder sein Freund Walesa noch der polnische Klerus den privilegierten Platz der Kirche in der neuen pluralistischen Gesellschaft Polens halten konnten.

Casarolis Abgang

Unser erstes Jahr am Vatikan war sicherlich das interessanteste. Der im allgemeinen zurückhaltende, auf neue Entwicklungen eher vorsichtig reagierende Hl.Stuhl entfaltete eine ungeahnte Aktivität. Es lag nicht nur an den Machtumschichtungen, die der grosse Umbruch im sowjetischen Imperium mit sich brachte. Ohne Zweifel hatte auch der Wechsel an der Spitze des Päpstlichen Staatssekretariats damit zu tun. Am 1. Dezember 1990 ernannte Johannes Paul II. anstelle des alternden, mehr und mehr zu Resignation neigenden Kardinals Casaroli zur allgemeinen Überraschung den »Aussenminister« des Vatikan, den 63-jährigen Erzbischof Angelo Sodano zum Regierungschef an der Spitze des Staatssekretariats. Casaroli hatte sich mehr und mehr zurückgezogen, als er das Scheitern der seinerzeit von ihm eingeleiteten Ostpolitik mitansehen musste. Nach Jahrzehnten antikommunistischer Frontstellung bewegte sich die Kirche mit dem Neuerer-Papst Johannes XXIII. erstmals wieder in vorsichtigen Schritten auf die östlichen Machthaber zu. Ein Ende der kommunistischen Herrschaft liess sich nicht absehen. Aber die Kirche musste Wege finden, um wieder Priester weihen und Bischöfe ernennen zu können, wenn sie ihren physischen Fortbestand in Osteuropa sichern wollte. Ohne Einvernehmen mit den herrschenden Kräften war dies nicht zu bewerkstelligen. Unter den obwaltenden Umständen gab es keine Alternative zu einer Politik der Annäherung. Niemand hätte den Fall der Berliner Mauer wenige Jahrzehnte später voraussagen können. Casaroli hatte mitgewirkt an der Entfernung des uneinsichtigen, der Politik des Vatikan sich widersetzenden ungarischen Primas aus der amerikanischen Botschaft in Budapest. Jetzt musste Casaroli die Rehabilitierung Kardinal Mindzentys ohnmächtig als eigene Niederlage empfinden. So fühlte sich der einst vielgerühmte Architekt der vatikanischen Ostpolitik mehr und mehr ins Abseits gerückt. Ein Wechsel war fällig geworden.

Mit dem Einzug Sodanos in die prachtvollen Gemächer im 1. Stock des Staatssekretariats und dem Aufrücken des Franzosen Tauran in das Amt des Leiters der 2. Abteilung als »Aussenminister« war ein frischer Wind zu spüren. Auf der internationalen Bühne folgte eine dramatische Entwicklung der anderen. Neben der von Johannes Paul II. vorausgesagten, jetzt einsetzenden Auflösung des sowjetischen Imperiums verlangten der Golfkrieg und die blutigen Auseinandersetzungen im ehemaligen Jugoslawien nach Antworten des Hl. Stuhls. Ein energischeres Eintreten für die Menschenrechte, insbesondere das Recht freier Religionsausübung lieferte Ansatzpunkte für eine aktivere päpstliche Diplomatie, die von den arabischen Ländern bis zu Kuba und China reichte. Mit Elan entfaltete das neue Gespann an der Spitze der vatikanischen Regierung Initiative über Initiative.

Kirchliche Neuregelung in Deutschland

Erzbischof Sodano ging nicht nur beherzt daran, der katholischen Kirche in den Nachfolgestaaten der Sowjetunion eine organisatorische Basis zu verschaffen. Auch in der deutschen Kirchenlandschaft bestand, wie bereits mein Einführungsgespräch mit dem künftigen Kardinalstaatssekretär gezeigt hatte, als Folge der Wiedervereinigung Regelungsbedarf, der seine Gedanken und Vorstellungen beschäftigte. Schwierige Zeiten der Bundesregierung mit dem Hl. Stuhl lagen hinter uns. Zwar konnte ich bei meiner Akkreditierung dem Papst den Dank der deutschen Regierung dafür aussprechen, dass im Bereich der Katholischen Kirche die Teilung Deutschlands in zwei Staaten organisatorisch niemals konsequent nachvollzogen worden war. Der Hl. Stuhl hatte bis zur Wiedervereinigung an der Diözesanstruktur festgehalten, wie sie schon vor der Teilung Deutschlands bestanden hatte. Aber diesem Ergebnis waren, der Öffentlichkeit verborgen, komplizierte und hartnäckige Verhandlungen vorausgegangen.

Casaroli hatte die DDR aus seinen Bemühungen um modus-vivendi-Regelungen mit den osteuropäischen Regierungen nicht aussparen wollen. Anfang der siebziger Jahre bestand zeitweise sogar Aussicht, mit der Herstellung diplomatischer Beziehungen zu Ostberlin die Abwehrfront des sowjetischen Satellitenblocks gegen die Präsenz eines Nuntius zu unterlaufen. Aber Ostberlin stellte Bedingungen. Zunächst sollte die Diözesanstruktur in der DDR an die innerdeutsche »Staatsgrenze« angepasst werden. Die in der DDR gelegenen, von Kommissaren verwalteten Teile fünf westdeutscher Diözesen (Fulda, Hildesheim, Osnabrück, Paderborn und Würzburg) sollten als selbständige Bistümer einer neuen DDR-Bischofskonferenz verselbständigt werden. Hiergegen setzten sich nicht nur die Bundesregierung, sondern auch der deutsche Episkopat zur Wehr. Mit einer Politik der kleinen Schritte ernannte der Vatikan 1973 zunächst die als Kommissare westdeutscher Diözesanteile in der DDR residierenden Weihbischöfe zu Apostolischen Administratoren. Sie sollten künftig nicht mehr dem Bischof in der Bundesrepublik Deutschland, sondern dem Hl. Stuhl direkt unterstellt sein. Aber die DDR-Regierung war hiermit nicht zufrieden. Sie drängte weiter auf eine Neu-Zircumskription, die die Zugehörigkeit zu den West-Diözesen endgültig ablösen sollte. 1976 verfügte Rom die Konstituierung einer Ostberliner Bischofskonferenz. Im Sommer 1978 beschloss das Staatssekretariat die Einrichtung Apostolischer Administraturen anstelle der bisherigen Bischöflichen Ämter in der DDR. Damit wäre der territoriale Bezug zu den Heimatdiözesen in der Bundesrepublik entfallen und die Teilung Deutschlands auf kirchlichem Gebiet nachvollzogen worden. Ein entsprechendes Dekret lag unterschriftsreif auf dem Tisch, als Papst Paul VI., ohne noch unterzeichnet zu haben, am 6. August 1978 starb. Johannes Paul II. war dann nicht mehr bereit, den kommunistischen Regierungen mit irgendwelchen Konzessionen entgegenzukommen. Er war davon überzeugt, dass die Tage des kommunistischen Herrschaftssystems in Osteuropa gezählt seien. So unterblieb in letzter Minute der Schritt, der die Schaffung zweier getrennte Kirchenorganisationen in den beiden deutschen Staaten bedeutet hätte.

Mit der deutschen Einigung waren die Gründe für eine Neuregelung der kirchlichen Territorialverhältnisse weggefallen. Auf dem Gebiet der ehemaligen DDR hatten sich fünf neue Bundesländer konstituiert. Der Vatikan war, wie mir Sodano erläutert hatte, bestrebt, die Zahl der seiner Meinung nach für eine effektive pastorale Betreuung zu grossen deutschen Diözesen zu vermehren. Möglicherweise standen unausgesprochen auch andere Erwägungen hinter dieser Absicht – die Ordinarien waren durch Rom besser unter Kontrolle zu halten als die zahlreichen, oft als »progressiv« geltenden Weihbischöfe. Jedenfalls liess sich nicht bestreiten, dass das kirchliche Leben sich in den jahrzehntelang abgeschnittenen Teildiözesen des Ostens bereits weitgehend verselbständigt und von den Mutterdiözesen gelöst hatte. Die Deutsche Bischofskonferenz schlug deshalb dem Hl. Stuhl die Errichtung neuer Bistümer in Erfurt, Magdeburg und Görlitz vor. Um dem Hl. Stuhl entgegenzukommen, wurde ferner mit Hamburg eine neue Diözese im Norden der alten Bundesrepublik in Vorschlag gebracht. Die Verhandlung der Errichtungsverträge überliess die Bundesregierung der Bonner Nuntiatur mit den betroffenen Länderregierungen. Sie traten am 8.7.1994 bzw., für Hamburg, am 5.11.1994 in Kraft.

Schwieriger gestaltete sich der Versuch, die unübersichtliche Konkordatslage zu bereinigen. Sodano, der als Mitarbeiter Casarolis in den siebziger Jahren an den Verhandlungen mit der Bundesregierung beteiligt gewesen war und die deutschen Rechtsverhältnisse genau kannte, hatte in unseren ersten Gesprächen mit dem Gedanken gespielt, ein neues Konkordat mit der Bundesrepublik abzuschliessen. Der Gedanke alarmierte Bonn, denn Sodano hatte durchblicken lassen, dass unzeitgemässe, mit den Beschlüssen des Zweiten Vatikanischen Konzils nicht mehr im Einklang stehende Privilegien, etwa die Mitwirkung deutscher Domkapitel bei der Ernennung von Bischöfen, in eine Neuregelung nicht aufgenommen werden könnten. Es lag auf der Hand, dass der Bundeskanzler sich innenpolitischen Ärger mit Verhandlungen, die das historisch gewachsene Staat-Kirche-Verhältnis in Frage stellten, vom Hals halten wollte. Aber auch die deutschen Bischöfe wollten am Status quo festhalten. Nicht zuletzt wünschten sie kein Wasser auf die Mühlen derer zu leiten, die nach Abschaffung der vom Staat erhobenen Kirchensteuer riefen. Sodano sah dies ein, als ich ihm auseinandersetzte, dass die Kirche bei Verhandlungen nur verlieren könne; das Staat-Kirche-Gebäude werde einstürzen, wenn man versuche, einen Stein herauszuziehen. Der Streit um die Besetzung des Kölner Stuhls mit Erzbischof Meisner hatte gezeigt, wie schnell sozialdemokratische Länderchefs bei der Hand waren, wenn es um die Verteidigung vermeintlicher Rechte ihrer Untertanen gegenüber der römischen Kurie ging. Es beruhigte die Gemüter, als Papst Johannes Paul II. bei der Entgegennahme meines Beglaubigungsschreibens am 8. November 1990 die Fortgeltung der Konkordate bestätigte.

Als ich Sodano zwei Jahre später auf die Konkordatsverhandlungen mit der polnischen Regierung ansprach, meinte er, für die Katholische Kirche sei die Epoche der Konkordate abgeschlossen. Konkordate hätten mehr als ein Jahrhundert lang zur Festschreibung kirchlicher Rechte gegenüber der säkularen Gewalt gedient, die diese in Frage stelle. Heute habe die Kirche als anerkannte Institution dies nicht mehr nötig. Sie begebe sich nur dann in Konkordatsverhandlungen, wenn der staatliche Partner dies ausdrücklich wünsche, in der Hoffnung, dass – wie in Polen – die Regierung die ausgehandelte Regelung auch durch das Parlament bringe.

Später gab es in einigen der neuen Bundesländer, sicherlich auch aus Gründen ihres staatlichen Selbstverständnisses, Bestrebungen, in Ergänzung zum Reichskonkordat neue Länderkonkordate abzuschliessen, vor allem dort, wo das Preussische Konkordat von 1929 nicht galt oder nur einen kleinen Teil des Staatsgebiets erfasste (z. B. in Thüringen nur 14 %). Im Gegensatz zu dem erfolgreichen Abschluss mehrerer Staat-Kirche-Verträge mit den evangelischen Landeskirchen liefen sich diese Versuche zunächst fest. Während die Katholische Kirche hier eine Gelegenheit sah, ihre Kontrolle über Lehre und Unterricht auszubauen, waren die Länderinstanzen im Gegenteil darauf bedacht, die Garantien für Glaubensfreiheit (Art. 4 GG) und die Freiheit der Meinungsäusserung, insbesondere bei Wissenschaft, Forschung und Lehre (Art. 5 GG) zu verstärken. Als die Verhandlungen des Nuntius mit der thüringischen Landesregierung an einem kritischen Punkt angelangt waren, drohte Ministerpräsident Bernhard Vogel im Mai 1994 mit seinem Erscheinen in Rom, um den Kardinalstaatssekretär zum Einlenken zu bewegen. In einer längeren Démarche versuchte ich »Aussenminister« Erzbischof Tauran davon zu überzeugen, dass der deutschen Universität die akademischen Freiheiten heilig sind und dies auch die katholisch-theologischen Fakultäten einschliesst. Wenn der Hl. Stuhl für die Lehrtätigkeit der Lehrstuhlinhaber die Übereinstimmung mit der Lehre und den Grundsätzen der Katholischen Kirche festschreiben wolle, so müsse ich dem entgegenhalten, dass die Landesregierung weder eine Garantie für die Lehrmeinungen der Dozenten übernehmen noch einem Aufsichtsrecht der Kirche zustimmen könne, das über die Befugnis zur Entziehung des *Nihil obstat* hinausgehe.

Sie könne auch nicht das Zustimmungsrecht des Bischofs auf die Prüfungs- und Studienordnungen ausdehnen. Die Forderungen der Kirche gingen weit über den gegenwärtigen Besitzstand hinaus. Ihr Bekanntwerden werde einen Sturm der Entrüstung in der deutschen Öffentlichkeit hervorrufen. Aber Erzbischof Tauran blieb hart. Er liess durchblicken, dass die neuen Forderungen der Kirche von höchster Stelle abgesegnet waren. Die Verhandlungen zum Abschluss neuer Länderkonkordate unter Einschluss der Hochschulen waren damit zunächst auf Eis gelegt.

Balkankonflikt

Am Nachmittag des 29. November 1991 stand ich im Schein der untergehenden Wintersonne auf dem Flugfeld des römischen Flughafens Fiumicino. Es war ein Platz weitab von der Rollbahn und ich kam mir in der rasch hereinbrechenden Dunkelheit reichlich verloren vor. Ich erwartete unseren obersten Chef Genscher. Er hatte sich kurzfristig zu einer Papst-Audienz angesagt. Obwohl der Präfekt des Päpstlichen Hauses, Bischof Monduzzi, wegen der gerade stattfindenden Europäischen Bischofskonferenz eine allgemeine Audienzsperre verhängt hatte, war unserem Ersuchen – wie wir erfuhren, von Johannes Paul II. persönlich verfügt – ohne Zögern stattgegeben worden. Im Balkankonflikt hatte die blutige Dramatik mit dem Massaker von Vukovar soeben einen neuen Höhepunkt erreicht. Der Vatikan war in seiner Sorge um die slowenischen und kroatischen Katholiken aufs höchste alarmiert. Drei Tage zuvor hatte Kardinalstaatssekretär Sodano alle in Rom residierenden Botschafter der KSZE-Mitgliedstaaten zu sich gerufen und deren Regierungen in einem Memorandum dringend eine möglichst umgehende diplomatische Anerkennung Sloweniens und Kroatiens nahegelegt. Diese Initiative war ungewöhnlich. Die einzige Stärke des Vatikan lag seit jeher in seiner moralischen Autorität und der strikten Beachtung internationalen Rechts. Es entsprach deshalb langgeübter Praxis päpstlicher Diplomatie, sich niemals an die Spitze internationaler Bewegungen zu setzen oder eine bestimmte Entwicklung zu forcieren, sondern nachzuziehen, wenn die Majorität der Staatengemeinschaft einen relevanten Akt vollzogen hatte. Dass der Hl. Stuhl sich über seine traditionelle Zurückhaltung hinwegsetzte und eine Initiative zur Anerkennung neuer Staaten ergriff, entsprach dem neuen Stil forscher Aktivität an der Spitze des Staatsssekretariats. Entscheidende Interessen der Katholischen Kirche standen auf dem Spiel, denn es ging um das Leben katholischer Christen, die dem Ansturm der serbischen, von der orthodoxen Kirche gestützten Streitkräfte nicht mehr gewachsen waren. Mit Genscher hatte sich ein wichtiger Bundesgenosse angesagt. Niemand konnte der römischen Kurie im Augenblick willkommener sein.

Mit zwanzig Minuten Verspätung landete der kleine Jet der Flugbereitschaft und kam nur wenige Meter vor uns zum Stehen. Mit heulenden Sirenen rasten wir durch die Dunkelheit über die Via Aurelia zur Vatikanstadt. Schweizergardisten geleiteten uns mit geschulterter Hellebarde zum wartenden Kardinalstaatssekretär. Genscher dankte Sodano für die vatikanische Initiative vom 26. November. Beide waren sich einig, dass der Anerkennungsschritt gegenüber Slowenien und Kroatien fällig war und möglichst umgehend vollzogen werden musste.

Die Sondierungsmission Lord Carringtons zog sich qualvoll in die Länge. London und Paris hatten offenbar die Hoffnung noch nicht aufgegeben, unter irgendeiner Formel die Teilstaaten Jugoslawiens wieder in einer Union zusammenzubringen. Es fiel Franzosen und Engländern schwer zuzugeben, dass die Pariser Vorortverträge 1919 auf dem Balkan mit Jugoslawien eine Fehlkonstruktion zustandegebracht hatten. Die Balkanreste der Donaumonarchie mit anderen, durch Geschichte und Religion – katholische und orthodoxe Christen, Muslims – getrennten Teilvölkern zu einem neuen Staatsgebilde unter serbischer Dominanz zusammenzufügen, konnte auf Dauer nicht gutgehen. Im 2. Weltkrieg entlud sich der Hass der kroatischen Ustascha gegen die serbischen Unterdrücker in blutigen Ausschreitungen. Die serbischen Tschetniks zahlten es den Kroaten 1945/46 in doppelter Münze heim. Im kommunistischen Jugoslawien hatte Titos autoritärer Stil die inhärenten Spannungen und Brüche des Staatswesens überdeckt. Nach seinem Tode waren sie, was Pessimisten schon lange befürchtet hatten, wieder voll aufgebrochen. Ich hatte in einem – in Rom unter Kollegen vieldiskutierten – Interview für die katholische Monatsschrift *Trenta Giorni* die Ansicht vertreten, dass nur eine sofortige Anerkennung Kroatiens dem Blutvergiessen ein Ende setzen könne. Denn gegenüber einem als unabhängig anerkannten Kroatien würde der Feldzug der jugoslawischen Bundesarmee eine völkerrechtlich unzulässige Intervention darstellen. Vorwürfen von Kollegen, dass wir Deutschen damit die Einheit des jugoslawischen Bundesstaats zerstörten, hielt ich entgegen, dass diese Einheit schon lange zerbrochen und nach dem Vergiessen von soviel Blut auch nicht mehr wiederherstellbar war.

Genscher legte dar, dass die letzte Frist für Carringtons Verhandlungsauftrag spätestens Mitte Dezember auslaufe. Am 16. Dezember werde sich deshalb der EG-Ministerrat wieder mit Jugoslawien befassen und eine möglichst einheitliche Haltung herbeizuführen versuchen. Die Bundesregierung treffe ihre Entscheidung hierzu am 17. oder 18. Dezember. Sodano verstand, dass für die Bundesregierung dann die Würfel gefallen seien. Es ging jetzt um vereinte Bemühungen, möglichst viele Staaten zu einem Anerkennungsschritt zu bewegen. Die Bundesregierung würde sich auf ihre Partner im europäischen Ministerrat konzentrieren. Sodano sagte zu, diese Bemühungen durch Werben im katholischen Lager – Spanien, Portugal und Irland – zu unterstützen. Ausserdem würde der Vatikan ausserhalb Europas, vor allem in Lateinamerika, die Anerkennungsbereitschaft fördern. Es war eine Arbeitsteilung, die Genscher zufriedenstellte. Von Sodano liess sich das gleiche sagen. In der Tat gelang es Genscher in der Sitzung des EG-Ministerrats am 16. Dezember 1991, die Gemeinschaft unter Abkehr von einer weiteren Vertagung zu der Ankündigung zu veranlassen, am 15. Januar 1992 alle die Unabhängigkeit wünschenden und die Verpflichtungen zum Minderheitenschutz erfüllenden Teilrepubliken anzuerkennen. Bereits am 19. Dezember 1991 fasste das Bundeskabinett einen entsprechenden Beschluss, der am 15. Januar 1992 völkerrechtlich umgesetzt wurde. Der Hl. Stuhl folgte mit seiner Anerkennungserklärung einen Tag später.

Im Anschluss an Sodano empfing Papst Johannes Paul II. den deutschen Aussenminister für eine Dreiviertelstunde zu einem Vieraugengespräch, das ihn, wie ich später von seinem Vertrauten, dem Vatikan-Sprecher Navarro-Vals erfuhr, noch lange Zeit als bemerkenswert beschäftigte. Dann quälten wir uns durch den abendlichen Stossverkehr Roms zur Botschaft, wo eine Pressekonferenz mit deutschen Journalisten und Fernsehanstalten stattfand. Bei einem Bremsmanöver des vorausfahrenden Carabinieri-Leitfahrzeugs prallte unsere gepanzerte Limousine auf den Polizei-Fiat. Es schien nur eine leichte Karambolage zu sein, aber wie wir später erfuhren, führte sie zur Ausmusterung des Polizeiwagens. Vor der Presse äusserte sich Genscher in vorsichtigen Worten zu seinem Gespräch mit dem Kardinalstaatssekretär. Er wollte jeden Verdacht eines »ganging-up« zwischen Bundesregierung und Vatikan in der umstrittenen Anerkennungsfrage vermeiden.

Wir hatten ausgerechnet an diesem Abend die deutschen Teilnehmer an der Europäischen Bischofskonferenz zum Abendessen eingeladen. Als sich die Pressekonferenz ihrem Ende näherte, wiederholte ich meine Einladung an Genscher, den Abend bei uns mit dem deutschen Episkopat zu teilen. Aber er war wie immer in Terminnot und lehnte ab. Schliesslich meinte er, es könnte unhöflich aussehen, wenn er die kirchlichen Würdenträger nicht wenigstens kurz begrüsse. Vielleicht wollte er auch testen, wen sein Botschafter in Rom alles an seiner Abendtafel versammelte. Wir stiegen also durch die Hintertür in den dunklen Zitronenhain unseres Gartens und klopften an die bereifte Terrassentür des Kardinalszimmers. Wie ein Deus ex machina stand Genschers massige Erscheinung zum allgemeinen Erstaunen plötzlich unter den Purpurträgern. Kardinal Ratzinger verstummte. Kardinal Meisner begann die allgemeine Begrüssung. Die Bischöfe Lehmann, Homeyer, Huhn, Worbs und andere schüttelten dem Liberalenführer die Hand, der kurz von seinen Gesprächen im Zentrum der

Kirche berichtete. Ich muss es Genscher hoch anrechnen, dass er meine Begleitung zurück zum Flugplatz nicht zuliess. »Sie gehören ins Haus zu ihren hohen Gästen – dies ist eine Weisung.«

Vatikan und Italien

Die Welt kennt den Papst als das Oberhaupt und den sichtbaren spirituellen Mittelpunkt der katholischen Kirche. Erst in Rom und bei Streifzügen durch Mittelitalien wird bewusst, wie sehr sich das Papsttum seit mehr als anderthalb Jahrtausenden in die italienische Geschichte eingefügt hat. Es fiel den Päpsten schwer, von der temporalen Herrschaft Abschied zu nehmen, die sie als oberste moralische Autorität im Laufe der Geschichte so oft in tiefen Zwiespalt gestürzt hatte. Sie mussten mit Gewalt dazu gezwungen werden. Der Kirchenstaat widerstand als letztes Bollwerk den Kräften, die im 19. Jahrhundert unter dem Piemonteser Banner die Einigung Italiens vorantrieben. Tiefe Rückschrittlichkeit kennzeichnete die letzte Phase weltlicher Herrschaft der Kirche. Curd v. Schlözers Briefe aus den sechziger Jahren des letzten Jahrhunderts zeichnen ein Bild jener reaktionär-verschlafenen Zustände. Die italienische Eisenbahn, Sinnbild des Fortschritts, machte Halt an den Grenzen des Kirchenstaats. Wer nach Norditalien reisen wollte, begab sich mit der Pferdekutsche an die Grenze hinter Civita Vecchia. Er bedurfte eines Ausreisevisums der päpstlichen Behörden und musste sich beim Verlassen ebenso wie bei der Wiedereinreise allerhand polizeistaatliche Prozeduren, Durchsuchungen und Befragungen gefallen lassen. Als sich im Gefolge der Ereignisse von

1848 in Rom erstmals wieder, wie im Mittelalter häufig geschehen, revolutionäre Umtriebe zeigten und der fortschrittliche Minister Galletti die Zügel der Regierung in die Hand nahm, ergriff Papst Pius IX. in der Kutsche des Bayerischen Gesandten, Karl Graf Spaur, die Flucht auf eine spanische Fregatte vor Gaeta. Französische Truppen sicherten für die kommenden Jahre den Fortbestand päpstlicher Herrschaft gegen die anbrandende Flut der Garibaldi – Freischärler. Es kam einem Stück Ironie der Weltgeschichte gleich, dass Bismarcks Konflikt mit Frankreich den Abzug der französischen Bündnistruppen beschleunigte. So wurde der künftige Urheber des Kulturkampfs ein Geburtshelfer italienischer Einigung. Am 20. September 1870 drangen Garibaldis Bersaglieri durch eine Bresche in der alten Aurelianischen Stadtmauer bei der Porta Pia und verschafften sich durch die Villa Bonaparte, die spätere preussische Gesandtschaft, Einlass in die von französischen Truppen verlassene Stadt. Papst Pius IX. zog sich grollend vom Qurinal in ein freiwilliges Exil im Vatikanpalast zurück. Den allgemeinen Segen *»urbi et orbi«* spendete er künftig nicht mehr den auf dem Petersplatz versammelten Pilgern, sondern nur noch nach innen in den Petersdom – Geste der von ihm schmerzhaft empfundenen Gefangenschaft. Es sollte Generationen dauern, bis sich die Einsicht durchsetzte, dass der Verlust der temporalen Herrschaft in Wahrheit die Befreiung des Papsttums bedeutete. In der Vergangenheit hatten viele Päpste weltlicher Herrschaft Vorrang eingeräumt vor ihren geistlichen Pflichten. Wer kannte nicht die Päpste des Mittelalters und mehr noch der Renaissance, der Borgia, della Rovere und Farnese, die als italienische Territorialfürsten Kriege geführt, Dynastien zu gründen versucht und ihre geistliche Macht vor allem zur Vermehrung der weltlichen eingesetzt hatten. So stand das italienische Oberhaupt der katholischen Kirche dem jungen geeinten Nationalstaat Italien und seiner Monarchie in tiefer Verbitterung gegenüber. Schon 1868, zwei Jahre vor dem Untergang des Kirchenstaats, hatte Papst Pius IX. durch das Dekret *»Non expedit«* italienischen Katholiken die Ausübung des aktiven und passiven Wahlrechts für das neue Einheitsparlament untersagt. Erst im Jahre 1916 wurde das Verbot von Pius X. aufgehoben. Mussolinis Lateranverträge legten 1929 mit der Wiederrichtung eines kleinen Vatikanstaats zwar die Grundlagen für ein versöhntes Miteinander. Doch Misstrauen gegenüber Mussolini und Faschismus liessen den alten Gegensatz zwischen Vatikan und Italien fortbestehen. Erst in den Jahren nach 1945 fanden Kirche und Staat wieder zueinander. Democrazia Cristiana unter de Gasperi und der Klerus schlossen ein historisches Bündnis wider die Springflut der Kommunistischen Partei Italiens, die der Marke einer parlamentarischen Mehrheit bedrohlich näherrückte. Dies änderte im Vatikan allerdings nichts an dem Grundgefühl latenter existentieller Bedrohung durch den umgebenden italienischen Staat. Der Hl. Stuhl fühlte sich gezwungen, seine Identität gegen Italien, wo immer möglich, abzugrenzen: Er akkreditierte keinen Botschafter, der sein Land auch in Rom beim Quirinal vertrat; Amtssprache blieb französisch, obgleich sich als Umgangssprache italienisch längst durchgesetzt hatte.

Die Nachwirkungen der Konfrontation mit dem jungen italienischen Einheitsstaat vor 120 Jahren waren immer noch zu spüren. Die alten Familien Roms, die Colonna, Orsini und Buoncompagni, die Massimo, Borghese, Barberini und Pallavicini, aus deren Reihen so mancher

Papst hervorgegangen war, hielten dem Heiligen Stuhl die Treue. Sie stellten ihm ihre Dienste als Ehrenkämmerer zur Verfügung und gründeten in den Jahren nach 1870 Clubs, zu denen Piemonteser und Anhänger der neuen Regierung keinen Zutritt hatten. Es waren die Bollwerke der »schwarzen Aristokratie«, der *Aristocrazia Nera,* in denen die Papsttreuen unter sich waren. Mehr als eine Generation verging, bis sie sich den einstigen Gegnern öffneten. Noch heute werden die beiden aus jener Epoche stammenden exklusiven Clubs – Circolo della Caccia (Jagdclub) und Circolo degli Scacchi (Schachclub) vor allem von den Adelsfamilien Roms und des ehemaligen Kirchenstaats beherrscht. Es ist Ausfluss jenes alten Loyalitätsdenkens, dass vor allem die beim Vatikan akkreditierten Botschafter freundliche Aufnahme in der römischen Aristokratie finden. Mein Vorvorgänger Alexander Böker lebte im Palazzo Colonna und wurde von ihnen als Teil der Ihren betrachtet. Als wir ihm am 4. Dezember 1990 ein Abschiedsessen ausrichteten, versammelten sich bei uns in illustrer Gesellschaft die Fürsten, Prinzen, Herzöge und Markgrafen des »ancien régime papal«, in deren Kreisen zu verkehren wir künftig die Ehre und das Vergnügen hatten, nicht selten zu unserem Amusement. Es versteht sich, dass Adelsprivilegien und -prädikate unter der republikanischen Verfassung abgeschafft waren. Hier feierten sie noch fröhliche Urstände und wurden im gesellschaftlichen Miteinander sorgsam gepflegt. Es erwuchsen uns aber auch eine Reihe dauerhafter freundschaftlicher Bindungen, die unseren Weggang von Rom überdauerten – zur Fürstin Windisch-Graetz, dem Prinzen Heinrich von Hessen, Enkel König Victor Emmanuels II., dem Markgrafen Capranica und dem Grafen Pucci della Genga. Der Herzog von Torlonia als Präsident des Circolo degli Scacchi legte mir den Beitritt zu seinem Club in einer Weise nahe, dass ich nicht ausschlagen konnte. Der Club befand sich im 1764 vollendeten Palazzo Rondanini gegenüber der Casa di Goethe in der Via del Corso. In dessen schönen, im römischen Rokoko ausgestatteten Räumen feierten wir zur exzellenten Küche des Clubs so manches Gastmahl, zu dem auch der weite Kreis unserer bürgerlichen Freunde – Ärzte, Anwälte, Professoren und Banker – gern hinzustiess. Allerdings blieben die Essen im Scacchi die Ausnahme. Unser gesellschaftlicher Mittelpunkt war und blieb die »Villa Branca« in der Drei-Uhren-Gasse, die unter Italienern und Deutschen gleichermassen geschätzt war. Hier gaben wir Essen und Empfänge, veranstalteten Hauskonzerte, Modeschauen, Dichterlesungen, Buchvorstellungen und Schmuckpräsentationen. Auch deutsche Besuchergruppen beim Vatikan wurden hier nachmittags bei einem Glas Wein zu Informationsgesprächen empfangen. Dabei musste ich mich regelmässig der Frage stellen, ob Deutschlands Vertreter beim Vatikan katholischer oder evangelischer Konfession angehört. Es stiess immer auf Interesse, dass die junge Bundesrepublik mit der rein protestantischen Tradition der Preussenkönige und der Weimarer Republik gebrochen hatte. Der 1. Bundestag hat nach langen Diskussionen entschieden, den Vatikanposten alternierend mit evangelischen und katholischen Christen zu besetzen, eingedenk der konfessionellen Zusammensetzung unseres Volkes.

Ereignisse in jüngster Vergangenheit brachten eine erneute Wende im Verhältnis des Hl. Stuhls zu Italien. Als der Mailänder Staatsanwalt di Pietro 1992 seine berühmten Prozesse gegen die Führer der Sozialisten und Christdemokraten einleitete, begann die römische Kurie vorsichtig auf Distanz zum politischen Establishment Italiens zu gehen. Jahrzehntelang hatte die Partnerschaft zwischen Kirche und staatstragender Partei funktioniert, auch wenn man im Vatikan nur ungern sah, dass sich die Schwerpunkte der Democrazia Cristiana allmählich immer mehr von der rechten in die linke Mitte verlagerten. Man hatte es hingenommen, dass ein säkularer Grundstrom der italienischen Gesellschaft die DC in der Scheidungs- und Abtreibungsgesetzgebung zu kirchenfernen Positionen zwang. Wie Kardinalstaatssekretär Sodano im November 1994 Bundesminister a. D. Stoltenberg erläuterte, zeigte sich der zerstörerische Gegensatz zwischen Links- und Rechtskräften in der DC besonders krass nach dem Zusammenbruch der Partei, als der wieder nach vorn kommende Linksflügel die in Schwierigkeiten mit der Justiz geratenen Rechtsexponenten – Andreotti und andere – im Stich liess. Wenn aus den hohen Mauern des Staatssekretariats keine Verlautbarungen über das innenpolitische Geschehen drangen, so lag dies nicht daran, dass an die Stelle der traditionell stark an der Innenpolitik interessierten italienischen Päpste (vor allem Pius XII. und Paul VI.) ein polnischer Papst gerückt war. Die ungewohnte, im offiziösen *»Osservatore Romano«* ablesbare Abstinenz der Kurie liess sich vielmehr auf den – aus einer piemontesischen Politikerfamilie stammenden – Kardinalstaatssekretär Sodano zurückführen. Er wollte unter allen Umständen vermeiden, dass Vatikan und Kirche in den Strudel der untergehenden DC hineingezogen wurden. Es gab nicht wenige, die angesichts der jahrelangen engen Verflechtung von konservativer Politik und Klerus fürchteten, dass die Kirche in Skandale hineingezogen und blossgestellt werden könnte.

Bei aller Disziplinierheit der an Gehorsam gewohnten Priesterklasse war nicht zu verkennen, dass nicht alle Bischöfe dem vorsichtigen Kurs Sodanos ohne weiteres zu folgen bereit waren. Einige ältere Kardinäle, vor allem der streitbare Oddi, machten auch öffentlich aus ihren Sympathien für Andreotti keinen Hehl. Kardinal Ruini, der Vikar des Papstes für Rom und Vorsitzende der italienischen Bischofskonferenz liess sich nicht davon abhalten, vor der Parlamentswahl im April 1992 mit einem Hirtenwort zur politischen Einheit der Katholiken aufzurufen – eine nicht misszuverstehende Aufforderung zur Stimmabgabe für die Christdemokraten. Eine, wie sich schnell herausstellen sollte, vergebliche Geste.

Eine Zeitlang erschien Sodano noch der neue, zum Generalsekretär der Rest-DC aufgerückte Philosoph Buttiglione als Hoffnungsträger. Er sah es gern, dass Konrad-Adenauer-Stiftung und andere ausländische Partner Beziehungen zu ihm knüpften. Aber der ungeschickte, in politischen Auseinandersetzungen ungeübte Professor verstrickte sich in juristische Händel mit parteiinternen Gegnern und liess die Partei in politische Bedeutungslosigkeit hinabsinken, als sie schliesslich in drei sich heftig befehdende Splitterparteien auseinanderfiel. Der Mailänder Kardinal Martini, auf den sich die Hoffnungen vieler kirchlicher Reformanhänger richteten, sagte mir in einem längeren Gespräch, dass die italienische Kirche Abschied nehmen müsse von der Vorstellung, sich wie bisher auf eine einzige politische Kraft festlegen zu können. Politisch organisierter Katholizismus könne nicht länger das Zentrum des Parteienspektrums besetzen. Italien brauche eine dem Zentralkomitee der Deutschen Katholiken vergleichbare Institution, von der aus auf alle Katholiken in den verschiedenen Parteien eingewirkt werden könne.

Unsere Gegenüber – die Träger der Kurialgewalt

Sodano – Kardinalstaatssekretär

Der Kardinalstaatssekretär ist der höchste, für Kirche und Papst nach aussen handelnde Amtsträger. In der Kirchengeschichte stellte er häufig auch die kirchenintern bestimmende und prägende Kraft dar. Nicht von ungefähr war für die Kardinäle Pacelli (Pius XII., 1939–58) und Montini (Paul VI., 1963–78) ebenso wie für manche ihrer Vorgänger das Amt des Staatssekretärs das Sprungbrett zum Pontifikat. Für Sodano, mit dem mich schon vor seiner Ernennung ein freundliches persönliches Verhältnis verband, liess sich dies damals nicht ohne weiteres voraussagen. Seine Karriere hatte ihn in der Kuriendiplomatie nach oben getragen. Als Nuntius in Chile hatte er mit einem berühmten Schlichtungsspruch den Beagle-Streit Chiles mit Argentinien beigelegt. Für die diplomatischen Antworten des Hl. Stuhls auf die sich überstürzenden internationalen Ereignisse – Auflösung der Sowjetunion, Golfkrieg, Balkankonflikt – war er der richtige Mann. Sein Gewicht innerhalb der Kirche war damals noch gering. Ihm fehlte pastorale Erfahrung. Selten fiel damals bei der Aufzählung der »papabili« sein Name. Aber er genoss das volle Vertrauen Johannes Pauls II.

Wenn ihm gelegentlich ein eher distanzierte Verhältnis zu Deutschland nachgesagt wurde, so traf dies nach meinen Erfahrungen nicht zu. Er hatte während seines Studiums zwei Jahre im deutschen Priesterkolleg der Anima in Rom gewohnt. Er beherrscht die deutsche Sprache besser als er dies nach aussen zugab. Der ihm am nächsten stehende deutsche Oberhirte war der Fuldaer Erzbischof Dyba, der Rechtsaussen des deutschen Episkopats. Sie hatten gemeinsam die Diplomatenausbildung für die Kurie absolviert. Es mochte zutreffen, dass sein Deutschlandbild stark durch die Optik von Fulda geformt war. Im Staatssekretariat war er zeitweise mit deutschen Angelegenheiten befasst gewesen und hatte Casaroli in den Verhandlungen mit Bonn wegen der Aufwertung der ostdeutschen Administratoren als Mitarbeiter zur Seite gestanden. Von daher brachte er intime Kenntnisse der deutschen Konkordatsproblematik mit. Auch wenn sein mediterran geprägtes Weltbild ihm den Zugang zum Verständnis des deutschen Katholizismus erschwert haben mag, so habe ich Vorurteile gegenüber Deutschland bei ihm nicht feststellen können. Deutschland, obwohl kein klassisches katholisches Land, war für ihn ein wichtiger und angesehener Partner. Die Bedeutung des deutschen Katholizismus stützte sich für ihn nicht nur auf die Finanzkraft der – immer hilfsbereiten – Deutschen Bischofskonferenz, sondern auch auf den Rang der an unseren Universitäten gelehrten Theologie. Im politischen Raum suchte er die Partnerschaft mit einer christdemokratisch geführten Bundesregierung von europäischem und weltweitem Gewicht.

Ratzinger – Hüter des Glaubens

Schon äusserlich verkörperte er ganz das Gegenteil der hochaufragenden, massig wirkenden Figur des Kardinalstaatssekretärs – der schmale feingliedrige Präfekt der Kongregation für die Glaubenslehre, Joseph Kardinal Ratzinger. Ein schneeweisser straffer Scheitel hob die scharfgeschnittenen asketischen Gesichtszüge hervor, aus denen grosse dunkle Augen leuchteten. Eine leise

Stimme artikulierte Sätze, italienisch, französisch, lateinisch, stets mit gleicher druckreifer Präzision. Ratzinger war das theologische Schwergewicht der Kirche. Auch wenn er niemals nach vorn drängte, so war sein Einfluss auf das innerkuriale Geschehen kaum abzuschätzen.

Ratzinger trug schwer an der Bürde seines Amtes – des wichtigsten der Kirche, in das Johannes Paul II. ihn 1981 als gleichgesinnten Theologen vom Münchner Erzstuhl berufen hatte. Sie wurde vermehrt durch das historische Gewicht seines Amtes, das in früheren Jahrhunderten als Heiliges Offiz Bilder der Inquisition, der Hexenprozesse und vom Index verbotener Bücher heraufbeschwor. Bei unserem ersten Gespräch im kleinen rokokomöblierten Besuchszimmer seines weitläufigen Amtssitzes gegenüber den Kolonnaden des Bernini frug ich ihn, was er als schwierigste seiner zahlreichen Amtspflichten betrachte.

Joseph Kardinal Ratzinger zu Gast in der Botschaftsresidenz

Seine Antwort kam ebenso klar wie einfach: »Die Fragmentarisierung des Glaubens verhindern.«

Es war eine alles andere als dankbare Aufgabe, in Zeiten individueller Meinungsvielfalt, die auch vor der Kirche nicht haltmachte, die Spreu vom Weizen zu trennen, den Kanon des rechten katholischen Glaubens immer wieder abzugrenzen gegen Neuerisches, gegen Randmeinungen und Splittertendenzen, die Küng und Drewermänner abzuwägen gegen den Kernbestand der Lehre. Es war wenig populär, die franziskanische Befreiungstheologie, die die verarmten Massen Lateinamerikas wieder an die Kirche heranführen sollte, zu verwerfen. Mit Eifer nahmen sich die Medien der modernen Häretiker an, verteidigten Meinungs- und Gewissensfreiheit gegen die Autorität der Amtskirche. Sie wollten nicht wahrhaben, dass sich die Haltung der Kirche gegenüber der Welt seit den Zeiten des Zweiten Vatikanischen Konzils geändert hatte. Johannes XXIII. hatte damals den Versuch gewagt, die Kirche wieder an die säkularisierte Welt heranzuführen, mit dem *»aggiornamento«* Kirche und Welt zu versöhnen. Das Konzil setzte sich mit erwartungsvoller Aufbruchsstimmung in Bewegung. Auch Ratzinger stand als Konzilstheologe auf der Seite der fortschrittlichen Kräfte. Spätestens 1968 zeigte sich, dass die Prämisse nicht stimmte: die Welt hatte nicht auf die Modernisierung der Kirche gewartet, der aufgeklärte Mensch des 20. Jahrhunderts bedurfte ihrer offenbar überhaupt nicht mehr. Deshalb setzte ein Prozess kirchlicher Rückbesinnung ein. Das Pontifikat Johannes Pauls II. steht unter dem Zeichen der Bewahrung katholischer Identität. Konzessionen an die Moderne werden verweigert, wenn sie dieser Identität Abbruch tun – keine künstliche Geburtenregelung, kein Frauenordinat, kein Abweichen vom priesterlichen Zölibat. Ratzinger stand vor der Öffentlichkeit als Vollstrecker einer strengen, vielen unbegreiflichen Kirchendisziplin. Der Graben zwischen Kirche und Gesellschaft schien sich wieder zu weiten. Ein hoher Prälat, später Nuntius in Bonn, zitierte das Alte Testament und die Rolle des einsamen Propheten in der Wüste, als ich ihn fragte, welche Überlebenschancen die Kirche angesichts der wachsenden Kluft zwischen Anspruch und Wirklichkeit noch hatte.

Ratzinger wurde nicht müde, davor zu warnen, das eigene Gewissen als letzte Instanz und Richtschnur des Handelns zu nehmen, ohne Einbindung in die Gebote vorgegebener christlicher Wahrheit. Bei einem Gespräch in unserem Hause wollte ich vom Kardinal wissen, ob damit auch Martin Luther der Verurteilung anheimfalle. Schliesslich habe sich Luther auf sein Gewissen berufen, als er sich gegen die Kirche empörte. Beinahe heftig verneinte Ratzinger; Luther habe sein Gewissen immer auf die Heilige Schrift und das Wort Gottes gestützt. Auch sonst habe ich Joseph Ratzinger immer wieder als einen Kirchenmann kennengelernt, der sich dem Klischee des reaktionären Panzerkardinals entzog. Als der evangelische Altbischof und vormalige EKD-Vorsitzende, Prof. Lohse, auf Einladung der Päpstlichen Jesuitenuniversität Gregoriana einen Monat lang Vorlesungen über den Römerbrief hielt, sass der unauffällig in dunkles Grau ohne Purpurbeigabe gekleidete Präfekt der Glaubenskongregation auf einer mittleren Bank des Auditorium Maximum und machte sich seine Notizen. Ich empfand es als historischen Moment im Dialog der Kirchen, als mit Ratzinger zum ersten Mal das Haupt des Hl. Offiz die römische Waldenser-Universität betrat und öffentlich mit dem Waldenser-Dekan über Fragen der Ökumene diskutierte

– ein Ereignis, das in der protestantischen Welt nördlich der Alpen nicht zur Kenntnis genommen wurde. Es liess sich nicht bestreiten, dass Ratzingers Kurienbehörde im Bemühen um theologische Genauigkeit das ökumenische Gespräch mit den Lutheranern mehr bremsend als fördernd beeinflusste, möglicherweise stärker, als dies den Intentionen des ökumenefreundlichen Johannes Pauls II. entsprach. Doch war Ratzinger kein Gegner der Ökumene, der, wie dies bei uns im elterlichen und grosselterlichen Haus immer befürchtet worden war, hierunter nur die Rückkehr der aufsässigen Protestanten in den Schoss der Alleinseligmachenden Kirche verstand. Wenn er in seinen Schriften an das Miteinander von Ost- und Westkirche vor einem Jahrtausend erinnerte, so wurde daraus deutlich, dass er ein neues ökumenisches Miteinander ohne Aufgabe der Identität der nichtkatholischen Kirchen durchaus für möglich hielt. Selbst seine vorsichtigen Ausführungen zum Primat des Stuhles Petri liessen offen, in welcher Form und mit welchen Einschränkungen dieser Primat von anderen dereinst akzeptiert werden könnte.

Es war für Almuth und mich eine Freude, dass der Kardinal nach anfänglicher Zurückhaltung gern unser Haus aufsuchte und sich in der Gesellschaft unserer wechselnden Abendtafel offensichtlich wohlfühlte. Seinen 65. Geburtstag begingen wir 1992 mit einem von Wolfgang Sawallisch ausgerichteten Hauskonzert, zu dem der Maestro eigens nach Rom anreiste. Es war das einzige Mal, dass der italienische Staatspräsident Cossiga – auf eigenen Wunsch, denn er war ein grosser Verehrer Ratzingers – unser Haus mit seinem Besuch beehrte. Meine Sorge, dass der als notorischer Zuspätkommer bekannte Cossiga den Konzertablauf stören könnte, erwies sich als unbegründet. Er erschien pünktlich, begrüsste kavaliersmässig die Hausfrau in korrektem Deutsch und fiel zum Erstaunen aller Gäste im Garten Kardinal Ruini, dem mächtigen Vorsitzenden der italienischen Bischofskonferenz, um den Hals. Denn in ihren letzten Interviews hatten sich beide soeben noch als Streithähne in den Haaren gelegen. Der kühle Intellektuelle Ratzinger ging unter in den Emotionen der Musik. Beim »Prometheus« des Baritons Bernd Weikl, von Wolfgang Sawallisch am Klavier begleitet, geriet sein Gesicht in innere Bewegung. Das gleiche konnte ich einige Monate später beobachten, als er in Santa Cecilia den Bach-Motetten der Leipziger Thomas-Kantorei lauschte – wenige Jahre zuvor noch undenkbar für hohe Vertreter der Kirche. Als besonders vergnügt haben wir einen Abend in Erinnerung, bei dem beide Brüder Ratzinger, Kardinal und Prälat – letzterer als Domkapellmeister und Dirigent der Regensburger Domspatzen – sich Kraut und Bayerischen Leberknödeln unseres italienischen Kochs Vincenzo widmeten.

Cassidy – Hoffnung der Ökumene

Edward Idris Kardinal Cassidy war Präsident des Päpstlichen Rats zur Förderung der Einheit der Christen. Papst Johannes XXIII. hatte den Einheitsrat geschaffen, um dem Dialog mit den christlichen Konfessionen Nachdruck zu verleihen. Zum ersten Leiter berief er den deutschen Jesuitenpater Bea, Beichtvater seines Vorgängers Pius XII., um ihn anschliessend in den Kardinalsstand zu erheben. Cassidy war der einzige hohe Kurienprälat aus Australien. Als Teil seiner angelsächsischen Herkunft brachte er unkompliziertes Wesen und eine erfrischende natürliche Offenheit in seine Amtsgeschäfte ein. Wie Sodano und andere Ressortchefs der Kurie, etwa Kardinal Pio Laghi als Präfekt der Erziehungskongregation, entstammte er der vatikanischen Diplomatie. Als Nuntius in Bangladesh hatte er ein eifriges Tennisdoppel mit dem deutschen Botschafter Willi Ritter gebildet. Der Papst hatte ihn zunächst als Substituten des Staatssekretariats eingesetzt, wo er als eine Art Innenminister der Kirche fungieren sollte. Doch es zeigte sich bald, dass die Fuchsgänge italienischer Innenpolitik von einem Nichtitaliener nur schwer zu meistern waren. So hatte ihn Johannes Paul II. kurz vor unserer Ankunft als Nachfolger des niederländischen Kardinals Willebrands zum Leiter des Einheitsrats ernannt. Cassidy setzte sich mit Eifer und grosser innerer Überzeugung für seine neue Aufgabe ein. Dies ging nicht ohne Reibungen mit Ratzingers Glaubensbehörde, die immer wieder bremsend in die ökumenischen Gespräche eingriff.

Für unsere Botschaft war der Päpstliche Einheitsrat wichtig als ständiger Gesprächspartner, aber auch als Anlaufstelle für zahlreiche deutsche Vatikanbesucher und Delegationen. Das interkonfessionelle Gespräch besass für die Christen nördlich der Alpen einen hohen Stellenwert, sicherlich einen höheren, als dies aus der Perspektive der römischen Weltkirche im Vergleich zu anderen kirchenpolitischen Problemen angezeigt schien. Es galt in Rom als offenes Geheimnis, dass das ökumenische Miteinander katholischer und evangelischer Christen in Deutschland bereits sehr viel weiter fortgeschritten als nach dogmatischer Lehre erwünscht war. Jedenfalls war der ökumenische Alltag hier den römischen Vorstellungen ein ganzes Stück vorausgeeilt. Die deutschen Bischöfe befanden sich in einer schwierigen Situation. In den vielen konfessionell gemischten Ehen brachte man kein Verständnis mehr für den katholischen Ausschliesslichkeitsanspruch auf. Für den deutschen Klerus bedeutete diese Situation ein permanentes latentes Spannungsfeld gegenüber Rom.

Der Einheitsrat war dazu berufen, die theologischen Voraussetzungen für ökumenische Gemeinsamkeit mit den übrigen christlichen Kirchen zu schaffen. Dabei stand der Dialog mit den Protestanten jedoch keineswegs im Vordergrund. Priorität genoss für Rom das Gespräch mit der Orthodoxie und den Anglikanern. Beide standen der römisch-katholischen Kirche theologisch näher als die vielfältige protestantische Welt, beide verfügten über hierarchische Geschlossenheit und konnten sich auf die apostolische Sukzession berufen. Hier konnte Kardinal Cassidy seine diplomatischen Fähigkeiten entfalten, denn der theologische Dialog mit beiden Partnern hatte sich festgefahren. Bei den Anglikanern hatte die Einführung der Frauenordination die bisherige theologische Annäherung in Frage gestellt. Der Moskauer Patriarch Alexis II. andererseits nahm Rom übel, dass es ohne Absprache im orthodoxen Raum neue lateinische Kirchenstrukturen errichtet hatte. Es verlangte Garantien gegen eine katholische Missionstätigkeit und wünschte eine Klärung der »Unierten-Frage«. Dabei ging es um jene in der Ukraine beheimatete griechisch-katholische Kirche des orthodoxen Ritus, die seit dem Unionsvertrag von Brest 1596 den Papst als Oberhaupt anerkannte. Seit ihrem Wiederauftauchen aus dem stalinistischen Untergrund stritt sie mit den Orthodoxen um die Rückgabe ihrer Kirchen und ihres Vermögens, was oft nicht ohne Gewalt abging. Alle Beteuerungen des Hl. Stuhls, dass Versuche der Bekehrung orthodoxer Christen zum lateinischen Glauben weder gewünscht noch gefördert würden, stiessen in Moskau auf taube Ohren. Aber offenbar tat sich einiges im Verborgenen, ohne Zutun und Wissen der Spitzen der Kirche. Eines Tages flatterte mir ein Brief ins Haus, in dem zu Spenden aufgerufen wurde, um im armen Russland Menschen zum Wohlgefallen der Hl. Jungfrau auf den rechten Weg zurückzuführen ...

Papst Johannes Paul II. führte den Wunsch nach ökumenischer Gemeinsamkeit nicht nur im Munde. Bei jeder seiner zahlreichen Auslandsreisen suchte er die Begegnung mit den Vertretern anderer Kirchen und Religionen. Es war ein eindrucksvolles Erlebnis, als er bei den Feiern zum 600-jährigen Gedächtnis der Heiligsprechung der Birgitta von Schweden 1991 den Petersdom erstmals für einen ökumenischen Gottesdienst zusammen mit Lutheranern, Anglikanern und Methodisten öffnete. Es war bei dieser Gelegenheit, dass er verkündete, in der Rechtfertigungslehre gebe es keine trennenden Hindernisse mehr mit den Lutheranern. Luthers *»sola fide«* fand damit endlich katholische Anerkennung. Vor allem die skandinavischen lutherischen Bischöfe erschienen immer wieder in Rom und suchten das direkte Gespräch. Die deutschen Protestanten überliessen den interkonfessionellen Dialog eher dem Genfer Weltkirchenrat.

Im Januar 1994 meldete ich mich in Loccum beim neuen EKD-Vorsitzenden Landesbischof Engelhardt und legte ihm nahe, durch einen Besuch beim Vatikan zu zeigen, dass Interesse am Gespräch mit der Katholischen Kirche bestand. In den vier Jahren zuvor hatte als einziger deutscher Protestant von Rang der hessische Kirchenpräsident Rom und Kardinal Cassidy aufgesucht – vier Wochen vor seinem Eintritt in den Ruhestand. Ich konnte Engelhardt erzählen, dass sich in römischer Sicht das Lutherbild vom grossen Ketzer allmählich verschob zum verhinderten Kirchenreformator hin. Anders als mit den Reformierten hatte sich der Dialog mit den Lutheranern durchaus aussichtsreich angelassen. Hatte Luther nicht mit der Faust auf den Tisch geschlagen, als er ausrief: »Dies IST der Leib des Herrn!« Engelhardt reagierte nachdenklich. Im Dezember des gleichen Jahres erschien er tatsächlich in Rom. Er überbrachte dem Papst das Dokument, mit dem die evangelischen Synoden kurz zuvor im Oktober die Lehrverurteilung der Katholischen Kirche aus der Reformationszeit aufgehoben hatten. Seit 1981 arbeitete in Deutschland ein ökumenischer Arbeitskreis an der Beseitigung der wechselseitigen Bannflüche Martin Luthers und des Medici-Papstes Clemens VII. Bei einem Abendessen in unserem Hause zu Ehren Engelhardts und Kardinal Cassidys mit zahlreichen Theologen aus beiden konfessionellen Lagern zog ich eine Bilanz der bisherigen ökumenischen Fortschritte. Es summierte sich zu einer Vielzahl kleiner Schritte und Gesten – mehr, als man bisher bei den deutschen Protestanten, gerade auch den Lutheranern, hatte wahrhaben wollen. Aber es war immer noch zu wenig und geschah zu langsam, um von echter ökumenischer Gemeinsamkeit sprechen zu können. Almuth und ich empfanden es immer noch schmerzhaft, bei den Papstmessen im Petersdom, wo unsere Anwesenheit in Frack und Ordensschmuck als dienstliche Pflicht registriert wurde, vom Abendmahl ausgeschlossen zu sein. Zweimal hatten wir uns darüber hinweggesetzt, als wir im April 1993 mit einer Reihe katholischer Kollegen eine Israelreise unternahmen und in der Geburtskirche von Bethlehem den Wunsch nach Kommunion verspürten. Ich liess in Rom jedenfalls keine Gelegenheit aus, das Zustandekommen der Abendmahlsgemeinschaft – apostolische Sukzession hin und her – anzumahnen, wenn die christliche Einheit in der konfessionellen Vielfalt Wirklichkeit werden sollte.

Kardinalskollegium und Staatssekretariat

Das Kardinalskollegium bildet den Senat der römisch-katholischen Kirche. In der Kirchenhierarchie gibt es keinen höheren Platz, ausgenommen den des Bischofs von Rom, des Papstes. Es adelt jede italienische Familie, die in ihrer Genealogie einen Purpurträger vorweisen kann. Nach den letztgültigen, von Paul VI. verfügten Statuten darf das Wahlgremium für den Pontifex 120 Mitglieder im Alter bis zu achtzig Jahren nicht übersteigen. In der Regel beruft der Papst im Dreijahresabstand ein Konsistorium ein, um die durch Tod oder Altersgrenze gerissenen Lücken auszufüllen und die Kreierung neuer Kardinäle bekanntzugeben. Neben der Diskussion der Chancen dieser oder jener »papabili« im nächsten Konklave gehört es zu Roms beliebtesten Rätselspielen, darüber zu spekulieren, welcher Bischof im kommenden Konsistorium des Purpurs teilhaftig werden könnte. Bei einigen steht dies von vornherein fest. Die Leitung einer Kongregation, d.h.eines päpstlichen Ministeriums zieht stets die Erhebung ins Kollegium nach sich. Auch gewisse bedeutende Erzbistumssitze in aller Welt sind traditionsgemäss mit der Kardinalswürde verknüpft. Aber die Erfahrung zeigt, dass kein Konsistorium ohne Überraschungen ausgeht. Kuriales Proporzdenken in den Kategorien italienisch und nichtitalienisch, europäisch und aussereuropäisch, traditionell und fortschrittlich zeitigte immer wieder ungeahnte Ergebnisse. Gerangel hinter den Kulissen lässt sich beinahe mit den Händen greifen.

Auch von geheimem politischem Druck, vor allem von italienischer Seite, wird immer wieder gemunkelt, ohne dass sich irgendwelche handfesten Beweise ins Feld führen lassen. Gewöhnlich reagiert der Vatikan empfindlich auf Einwirkungsversuche von aussen. Es bleibt der Phantasie jedes Beobachters der Vatikanszene überlassen, ob die vertraulichen Gespräche des deutschen Bundeskanzlers mit dem Kardinalstaatssekretär kurz vor einem Konsistorium im Mai 1994 ursächlich dafür waren, dass nicht der Vorsitzende der Deutschen Bischofskonferenz, der fähige, seiner liberalen und unabhängigen Haltung wegen in Rom leider nicht sonderlich beliebte Mainzer Bischof Karl Lehmann, sondern ein heute nahezu vergessener, an den Rollstuhl gefesselter 82-jähriger Professor aus München und ehemaliger Konzilstheologe, Pater Grillmeier S.J. zum Kardinal ernannt wurde.

Unser erstes Konsistorium 1991 wurde für uns ein aufregendes Ereignis. Ein Raunen hatte uns zugetragen, dass die Deutschen diesmal »dabei« seien. Das Los fiel auf den Berliner Bischof Sterzinsky. Seine Erhebung war sicherlich als Gunstbezeugung für das soeben wiedervereinigte deutsche Volk und vor allem für die Katholiken der ehemaligen DDR gedacht. Nach traditionellem Brauch erhielt er im Gottesdienst nach dem Konsistorium am Morgen des den Aposteln Petrus und Paulus gewidmeten Junisonntags die Kardinalsinsignien mit dem Birett, um anschliessend im grossen öffentlichen Gottesdienst auf dem Petersplatz den Kardinalsring verliehen zu bekommen. Minister Seiters vertrat bei den Feierlichkeiten die Bundesregierung. Am bewegendsten gestaltete sich die Erhebung des alten chinesischen Bischofs Ignatius Gong Pinmei. Er hatte der Untergrundkirche Chinas angehört und über dreissig Jahre in Gefängnissen zugebracht. Der Papst hatte ihn schon vor Jahren »in pectore« kreiert, konnte aber erst jetzt nach Gongs Ausreise die Ernennung bekanntgeben und vollziehen. Der winzige alte Mann vermochte kaum noch auf den Beinen zu stehen. Als er am Thron zusammenbrach und von Johannes Paul II. mit sanfter Gebärde nach oben gezogen wurde, herrschte auf dem riesigen Petersplatz Totenstille. Nachmittags folgte die Gratulationscour in den Hallen und Höfen des Vatikan, unter den Fresken Pinturicchios und Raffaels. Drei Jahre später wurden wir ein zweites Mal Zeuge der farbigen geschichtsträchtigen Zeremonie.

Das Kardinalskollegium erschöpfte seine Funktion keineswegs ausschliesslich als Wahlgremium im Konklave. Der Papst liess es sich vielmehr angelegen sein, die Kardinäle hin und wieder als Ratgeber zusammenzurufen. Hier hatten auch die von ihrer Ämterlast befreiten, an Weisheit und Erfahrung reichen Herren über achtzig Jahre Sitz und Stimme im Kollegium. Es verstand sich, dass auch die alten Kardinäle an den Papstmessen teilnahmen und in der Prozession als letzte vor dem Pontifex Einzug in St. Peter hielten.

Die rd. zwei Dutzend Kurienkardinäle boten ein buntes Bild. Zu ihrem Dekan hatten sie den Westafrikaner Gantin gewählt, Präfekt der für die Ernennung von Bischöfen zuständigen Kongregation. Gantin war ein freundlicher, geradlinig gesonnener und betont bescheidener Geistlicher. Sein Gegenstück bildete der intellektuell brillierende, ehrgeizige Franzose Poupard, ehemaliger Direktor des Institut Catholique und Präsident des vatikanischen Kulturrats. Als ich ihn mit dem Grossen Bundesverdienstkreuz mit Stern und Schulterband auszeichnete, versammelten sich nicht weniger als fünf Eminenzen an unserem Tisch, was uns protokollarisch nicht geringes Kopfzerbrechen bereitete. Grosses Kaliber hatte Poupards Landsmann, der frühere Erzbischof von Marseille, Kardinal Etchegaray, der vom Papst für die schwierigsten Sondermissionen herangezogen wurde. Er stand in Kuba ebenso seinen Mann wie in China, Bosnien und Uganda. »Camerlengo« (Kämmerer) des Kardinalskollegiums war der Lateinamerikaner Martinez Somalo. Er würde während des Interregnums bis zur nächsten Papstwahl das Konklave leiten. Zu den engsten persönlichen Vertrauten des Papstes gehörte der slowakische Kardinal Tomko, Präfekt von *»Propaganda Fide«,* der für das Missionswerk zuständigen Kongregation. Von seinem grossartigen Palast in der Altstadt schaute er über die Piazza di Spagna und die benachbarte spanische Vatikanbotschaft, einen der schönsten und ältesten Barockpaläste Roms, dem, wie uns unser charmanter spanischer Kollege erzählte, ausser einer funktionierenden Heizung eigentlich nichts fehlte, nicht einmal das Hausgespenst. Es war die arme Seele des »fratellino«, eines im 18. Jahrhundert von einem – offenbar nicht ohne Grund – eifersüchtigen Ehegatten erstochenen Klosterbruders, die dort gelegentlich nachts über die Stiegen und Galerien geisterte. Von den schmalen Balkonen der spanischen Botschaft, die noch bis ins letzte Jahrhundert die niedere Gerichtsbarkeit über das Stadtviertel der Spanischen Treppe ausgeübt hatte, schauten wir alljährlich im Dezember dem Schauspiel zu, wenn der Papst im offenen Wagen aus dem Vatikan herüberkam, um an der Mariensäule vor dem Palazzo zu beten.

Das Staatssekretariat ist die eigentliche, für den Verkehr mit der Aussenwelt – fremde Staaten und katholische Gliedkirchen – zuständige Regierungsbehörde des

Vatikan. Als Vertreter des Kardinalstaatssekretärs amtierte dort der »Substitut« des Vatikan, der einflussreiche, von früh bis in die Nacht tätige italienische Erzbischof Re. Er genoss den Ruf, früher die rechte Hand des dynamischen, leider früh verstorbenen Kardinals Benelli, Erzbischofs von Florenz, eines der grossen »papabili« seiner Epoche gewesen zu sein. Er kümmerte sich um alles, Grosses wie Kleines, Bedeutendes und Unbedeutendes. Mit ihm konnte ich über Papstreisen und -reden in Polen sprechen. Es kam aber auch vor, dass wir tagelang miteinander telefonierten, weil eine Bundeswehr-Transall den gepanzerten Wagen des Papstes, das berühmte Papamobil nach Sarajewo transportieren sollte, wo Johannes Paul II. auf dem Höhepunkt der Bosnienkrise erwartet wurde. Oder Re bat mich um Intervention bei der Lufthansa, damit der Sarg eines verstorbenen litauischen Kurienbischofs rechtzeitig in Wilna eintreffen würde. Es traf ihn tief, als ihn sein deutscher Sekretär, ein noch junger Prälat, ohne Warnung plötzlich verliess, um sich daheim in den Stand der Ehe zu begeben.

Das Amt des vatikanischen Aussenministers hatte nach Sodano der junge französische Erzbischof Tauran übernommen, ehemaliger Nuntius im Libanon – intelligent, scharfzüngig, sarkastisch, mit dem kaustischen Witz des Franzosen begabt und nicht ohne Eitelkeit. Mit seinem Vertreter Celli traf ich häufig zusammen. Cellis Arbeitsfeld war ursprünglich der Ferne Osten gewesen. Er führte die Kontakte mit Vietnam und China, ein stets kluger und aufgeschlossener Gesprächspartner. Celli erschrak, als ich ihn einmal auf einige ärmlich gekleidete, anscheinend chinesische Geistliche ansprach, in deren Gesellschaft ich ihn in St. Peter gesehen hatte. »You certainly have sharp eyes, Ambassador!« Es waren Priester der chinesischen Untergrundkirche, die er heimlich und ohne Wissen der chinesischen Behörden über Hongkong zu einem Besuch nach Rom geschmuggelt hatte.

Vom Campo Santo zum Germanicum

Schon die alten Römer hatten verboten, Tote innerhalb der Stadtmauern zu beerdigen. Dazu dienten die Katakomben entlang den Konsularstrassen, vor allem Via Appia und Via Salaria, aber auch die ausgedehnte antike Nekropole auf den Vatikanischen Hügeln, wo der Apostel Petrus seine letzte Ruhestätte fand. Im Mittelalter gesellte sich als innerstädtische Ausnahme der Campo Santo Teutonico hinzu. In unmittelbarer Nachbarschaft zu St. Peter wurde dort auf Veranlassung Karls d. Gr. über dem ehemaligen Zirkus des Nero, wo Petrus sein Martyrium erlitten haben sollte, ein Heim für deutsche und flämische Pilger errichtet. Ausser einem Krankenhaus gehörten zu dem Komplex eine Kirche und ein kleiner Friedhof. Es ist ein beschaulicher, im Schatten von St. Peter zum nachdenklichen Verweilen einladender Flecken innerhalb der von der Schweizer Garde bewachten Vatikanmauern. Das Privileg der Bestattung am Fuss des Petersdoms geniessen nur in Rom beheimatete deutschsprachige Mitglieder der um 1450 gegründeten Erzbruderschaft von der Schmerzhaften Muttergottes und Angehörige deutscher geistlicher Orden in der Ewigen Stadt. Viele bekannte adlige Geschlechter hatten hier ihre Glieder zur ewigen Ruhe gebettet. Aber auch der umstrittene österreichische Bischof Houdal – man sagte ihm nach, bei Kriegsende Nazifiguren zur Flucht ins Ausland verholfen zu haben – und der deutsche Dichter Stefan Andres haben dort ihre letzte Ruhestätte gefunden. Die dichtgedrängten Gräber und Mausoleen lassen nichts davon ahnen, dass sich unter ihnen die in mehreren Lagen übereinander geschichteten Särge türmen. Ich sass, zusammen mit meinem österreichischen Kollegen und anderen alteingesessenen Deutschen wie Oriol Schaedel, dem Inhaber der einzigen deutschen Buchhandlung Roms, im Verwaltungsrat der Bruderschaft, wo wir zweimal jährlich Beschlüsse zu der Handvoll Häuser des Stiftungsvermögens und der Belegungsdauer der Grabstätten fassten. Die Sitzungen standen unter dem Vorsitz des Rektors des Priesterseminars im Campo Santo, des Kirchenhistorikers Prälat Gatz. Gelegentlich begaben wir uns an Sommerabenden auf die Dachterrasse des von wenigen hochbetagten Ordensschwestern gepflegten Priesterseminars und liessen die Blicke über die Dächer im geschichtsgetränkten Herzen der Ewigen Stadt schweifen.

Ausser der alten Anima, der Kirche der deutschen katholischen Gemeinde mit dem Grab des letzten deutschen Papstes Hadrian VI. (1522–23) und einem schönen Raffael-Fresko nebenan war das Jesuiten-Kolleg Germanicum et Hungaricum ein Fixpunkt deutscher Katholiken in Rom. Papst Gregor XIII. (1572–85) hatte das Kolleg als jesuitische Kaderschmiede der Gegenreformation gegründet und mit reichem Grundbesitz als Stiftungsvermögen ausgestattet. Im Laufe der Jahrhunderte hatte das Kolleg mehrmals seinen Sitz in Rom gewechselt, bis es einen Steinwurf vom Palazzo Barberini seine heutige Bleibe fand. Dem Germanicum gehörte eine der schönsten alten Kirchen Roms, die Rundkirche Santo Stefano Rotondo, die im 5. Jahrhundert auf den Ruinen einer römischen Legionskaserne errichtet worden war und ausser einem uralten steinernen Bischofsthron einen Zyklus mittelalterlicher Fresken zum Martyrium der Heiligen besass, bei dessen Anblick sich römische Familien regelmässig einen frommen Schauer den Rücken herabrieseln lassen. Im Germanicum wird die Elite deutscher Priester, handverlesen von den Bischöfen der Heimatdiözesen, auf die geistliche Laufbahn vorbereitet. Ein grosser Teil der deutschen Bischöfe darf sich stolz als Germaniker bezeichnen. Von dem ehemals reichen Grundbesitz ist noch der grosse alte Gutshof San Pastore vor den Toren Roms übriggeblieben, in den sich zu festgelegten Zeiten Zöglinge und Dozenten zu Exerzitien zurückziehen. Die Priesterweihe der Germaniker in der grossartigen Jesuitenkirche San Ignazio war ein jährlich wiederkehrendes grosses Ereignis, bei dem der Botschafter nicht fehlen durfte. Jedes Jahr kam ein anderer deutscher Bischof nach Rom, um den Weiheakt vorzunehmen. Anschliessend versammelten sich Germaniker und Jungpriester mit ihren angereisten Familien im Refektorium des Kollegs, wo an der Haupttafel die in Rom anwesenden Kardinäle, Bischöfe und Prälaten dem Festessen präsidierten. Wir waren dort oft zu Gast, besonders zur Adventszeit, wenn die Kollegiaten mit grosser Hingabe ihre Jahresaufführung präsentierten – in jährlichem Wechsel eine Theateraufführung oder ein Konzert. Almuth und ich ernteten grossen Beifall, als wir an einem Sonntag der Fastenzeit – als erstes Botschafterehepaar überhaupt – an der traditionellen Sieben-Kirchen-Wallfahrt des Germanicum teilnahmen, natürlich mit der Afghanenhündin Shiva. Um sechs Uhr morgens ging es, noch im Morgengrauen, nach einer Andacht vom Kolleg los. Nacheinander wurden in raschen Schritten die sieben klassischen Pilgerkirchen Roms aufgesucht und nach kurzem Gebet wieder verlassen – Santa Maria Maggiore, San Lorenzo

– hier gab es im Stehen ein Frühstück –, Santa Croce in Gerusalemme, San Giovanni in Laterano, dann ein langes Wegstück zu den Katakomben der Via Appia mit San Sebastiano, von dort nach St. Paul vor den Mauern, schliesslich den langen Weg zurück über den Tiber zum Petersdom, wo um zwölf Uhr der Papst von seinem Studierfenster aus das Angelus-Gebet zu den auf dem Petersplatz versammelten Pilgern sprach. Da wir nicht wie einige andere das letzte lange Wegstück nach St.Peter mogelnderweise mit dem Bus zurücklegen wollten, schafften wir es nicht mehr rechtzeitig bis zum Angelus. Aber wir durften mit Recht stolz sein, die 24 Kilometer zu Fuss von Kirche zu Kirche in sechs Stunden zurückgelegt zu haben.

Mit dem Pater Rektor standen wir auf bestem Fuss. Prof. Johannes Gerhartz S.J. war ein temperamentvoller, mit kritischer Intelligenz – auch gegenüber der eigenen Kirche – begabter und an allem politisch-geistigen Geschehen interessierter weltoffener Hamburger, der vor seiner Berufung nach Rom der norddeutschen Jesuitenprovinz vorgestanden hatte. In Rom hatten wir ihn als Generalsekretär des Jesuiten-Ordens kennengelernt. Er machte uns bekannt mit dem Jesuiten-General, dem holländischen Pater Kolvenbach. Dem General war zu Ohren gekommen, dass wir auf unserer Silberhochzeitsreise im August 1991 von Jakarta aus auch Osttimor aufgesucht hatten. Wir konnten ihm, bei einem einfachen Mittagessen in der Ordenskurie der Jesuiten bei St. Peter, berichten, was wir, geleitet von einem philippinischen Salesianerpater, vom Leidensweg der Osttimoresen unter indonesischer Militärherrschaft gesehen hatten. Neben Einzelschicksalen und den Erzählungen des letzten verbliebenen portugiesischen Dorfpfarrers waren es vor allem die Friedhöfe gewesen, die stumme Anklage führten. Immer wieder stiessen wir dort ausserhalb der Dörfer auf grosse Kreuze, die an das Ableben ganzer Familien erinnerten. Auffallend war nur, dass alle – Grossvater, Vater, Mutter und Kinder – am selben Tag gestorben waren. Es hatte sich während der beiden ersten Jahre nach der indonesischen Invasion zugetragen und es bedurfte keiner grossen Phantasie sich vorzustellen, was hier vor sich gegangen war. Für uns war es im Nachhinein eine bedrückende Erkenntnis, dass wir zu ebenjener Zeit, zehn Jahre zuvor, in Jakarta gelebt und nicht mitbekommen hatten, wie indonesische Soldateska auf Osttimor gehaust hatte. Uns wurde in jenen beiden Wochen klar, dass Ost- und Westtimoresen zwar auf gleiche ethnische Ursprünge zurückschauen, dass die Bewohner Osttimors aber seit mehr als dreihundert Jahren unter den Portugiesen ein Eigenleben geführt und historisch ebenso wie kulturell nichts mehr mit dem Rest der niederländischen Insulinde zu tun gehabt hatten. Ihr Wunsch nach einer zumindest kulturellen Autonomie zur Wahrung eigener Identität war von daher verständlich. Keine zwei Monate nach unserem Osttimor-Besuch wurde der Jesuitenpater Albrecht, einer unserer Führer, Zeuge eines Blutbads am Friedhof von Dili, als indonesisches Militär wild in eine friedliche Demonstration hineinschoss. Danach war es ausländischen Besuchern nicht mehr erlaubt, ohne besonderen Passierschein osttimoresischen Boden zu betreten.

Auch mit der von Jesuiten geführten päpstlichen Universität Gregoriana, einer Gründung des vielseitigen Papstes der Gegenreformation wie auch der Kalenderreform, Gregor XIII. (1572–85), verbanden uns freundliche Beziehungen. Hier wirkten vor allem deutsche Gelehrte des Jesuitenordens und hier hatte sich die Mehrzahl der Germaniker eingeschrieben. Ebenso wie an den anderen päpstlichen Universitäten – Urbaniana und Salesiana – bevölkerten junge Leute aus allen Erdteilen, darunter sogar einige junge Damen, die Hallen und Hörsäle. Vergangen waren jedoch die Zeiten, in denen Germaniker im roten Talar Vorlesungen in lateinischer Sprache folgten. Latein hatte sich nur noch bei den Kirchenrechtlern erhalten, wenn sie ihre Thesen und Gegenthesen in öffentlicher Rede verteidigen mussten.

Episkopat

Eines der wichtigsten päpstlichen Vorrechte ist die Ernennung neuer Bischöfe. Eine eigene, von dem angesehenen Dekan des Kardinalskollegiums, dem Afrikaner Gantin geführte Kongregation zeichnet für die Auswahl der Bischofskandidaten verantwortlich. Aber es waren letztlich vielfältige Einflüsse, die vor dem Ernennungsakt auf den Papst einwirkten. Nicht selten liessen sich Empfehlungen spüren, die über die polnische Umgebung an das Oberhaupt der Kirche herangetragen wurden und zu einer immer konservativeren Ausrichtung des Episkopats in aller Welt beitrug.

Seit dem Zweiten Vatikanischen Konzil ist der Papst grundsätzlich frei in der Auswahl und Ernennung seiner Bischöfe. Eine Ausnahme gilt für die deutschsprachigen Länder nördlich der Alpen, soweit Konkordate mit der Kirche dort Mitwirkungsrechte der Domkapitel vorsehen. Dort holt der Vatikan von den verschiedensten Stellen – Bischofskonferenz, Domkapitel, Nuntius – Dreiervorschläge für die Besetzung eines Bischofsstuhls ein.

Auf der Grundlage dieser Personalvorschläge übersendet der Vatikan dem Domkapitel alsdann eine eigene Dreierliste, wobei nach dem Baden-Konkordat von 1932 wenigstens einer der Kandidaten aus der Diözese stammen muss, während nach dem Preussen-Konkordat von 1929 der römische Dreiervorschlag »unter Würdigung« der lokalen Vorschläge erstellt wird. Nach dem Bayern-Konkordat von 1924 ist das Mitwirkungsrecht des Domkapitels auf die Übersendung von Vorschlagslisten geschrumpft. Ein Bonmot des alten Kölner Kardinals Frings besagt, dass der Vatikan gewöhnlich einen Chinesen neben einem Japaner auf seine Liste setzt. Erst der Dritte sei dann der von Rom gewünschte Kandidat. Das Domkapitel (Preussen, Baden) soll sich auf einen der drei Vorschläge einigen und dem Papst zur Ernennung vorschlagen. Vor der Bekanntgabe werden die Bundesregierung und, mit angemessener Frist, die Länderkanzlei unterrichtet. Damit soll eine Möglichkeit offengelassen werden, Bedenken gegen die Ernennung vorzubringen. Es ist nur ein schwacher Restbestand des einst heftig umstrittenen politischen Einspruchsrechts der Regierung gegen ihr unbequeme oder missliebige Bischofskandidaten. Aber die Zeiten seit dem 19. Jahrhundert haben sich geändert. Der demokratische Staat zeigt sich an kirchlicher Personalpolitik desinteressiert. Ausserdem unterläuft der Hl. Stuhl, jedenfalls auf der Bundesebene, selbst diesen schwachen staatlichen Einspruchsvorbehalt, indem er, getreu dem Buchstaben konkordatärer Vereinbarung, der Bundesregierung die bevorstehende Ernennung zwar mitteilt, diese Frist jedoch so kurz bemisst, dass rein faktisch eine abweichende staatliche Willensbildung ausgeschlossen wird. In der Regel war es weniger als eine Stunde vor der mittäglichen 12-Uhr-Bekanntgabe, dass mich der entsprechende Anruf aus dem Staatssekretariat erreichte. Selbst modernste elektronische Übermittlungsmethoden hätten nicht ausgereicht, rechtzeitig eine Weisung zu Gegenvorstellungen zu erteilen. Auch dieses Verhalten war ein Aspekt päpstlicher Diplomatie, die am Buchstaben der Rechtsvereinbarung festhält, ihn aber extrem zu ihren Gunsten auslegt und anwendet.

Die historischen und konkordatären Einschränkungen des päpstlichen Rechts freier Wahl und Ernennung der Bischöfe waren dem Hl. Stuhl eigentlich ein Dorn im Auge. Eine grosszügige Hinnahme der vatikanischen Unterrichtungspraxis durch die Bundesregierung liess es nicht zu Misshelligkeiten im Verhältnis Staat – Kirche kommen. Interessanterweise war den deutschen Bischöfen sehr daran gelegen, an den Wahlprivilegien der Domkapitel festzuhalten. Sie waren der Ansatz, von dem aus sich die moderne liberale Grundhaltung des deutschen Episkopats fortführen und eine Gleichschaltung mit römischem Konservatismus verhindern liess. Wo über die Domkapitel nicht für eine Wiederwahl »aufgeklärter« Diözesanbischöfe gesorgt werden konnte, kam es immer wieder zu Ernennungen, die sich letztlich als Fehlbesetzungen herausstellten. Die Einsetzung extrem konservativer Bischöfe im österreichischen St. Pölten (Krenn) und im schweizerischen Chur (Haas) führte in jenen Jahren zu schweren Spannungen mit dem katholischen Kirchenvolk.

Als Fehlschlag erwies sich der Versuch, deutsche Kurienbischöfe auf die Sitze heimischer Diözesen zurückzulotsen. Als Kurienbischof war ihnen ein fiktives, im Altertum errichtetes und mit dem Aufkommen des Islam untergegangenes Bistum nominal übertragen worden. Aber in der Regel wehrten sich deutsche Domkapitel dagegen, aus dem konservativen Rom stammende deutsche Prälaten als Führer einer einheimischen Diözese zu übernehmen.

Rompilger

An Besuchern, offiziellen wie inoffiziellen, litten wir in Rom keinen Mangel. Natürlich war es jedermanns Wunsch, den Papst zu sehen. Das war möglich, wenn man sich mittwochvormittags zur Generalaudienz begab – in die Aula Pauls VI. oder bei grossem Andrang anschliessend in den Petersdom, sofern sich bei gutem Wetter nicht die ganze Generalaudienz auf dem Petersplatz abspielte. Wenn die Botschaft Glück hatte, konnte sie einen Platz in *»prima fila«* wörtlich: der ersten Reihe, tatsächlich jedoch nur innerhalb des vorderen Blocks ergattern. Aber ein Politiker oder wer auf sich hielt war damit nicht zufrieden. Er wollte vom Papst in Privataudienz empfangen werden. Bei Regierungschefs und Aussenministern gab es damit kein Problem. Für andere Politiker – Minister, Länderchefs, Abgeordnete erwies es sich in vielen Fällen als unmöglich. Unser kleines Häuflein an der Vatikanbotschaft verwendete einen grossen Teil seiner Arbeitszeit auf die Organisation solcher Besuche. Egal ob die Türen des Vatikanpalastes sich öffneten – die Botschaft gab sich redlich Mühe, allen Romfahrern wenigstens die besonderen Kunstschätze der Stadt nahezubringen. Unübertroffen als Fremdenführer unser Geistlicher Botschaftsrat, Prälat Kemper – seine Führungen durch St. Peter und Santa Maria Maggiore oder sein Mosaiken-Zyklus waren – mit Recht – berühmt und stellten die kritischsten VIP's zufrieden.

Das entscheidende Wort bei der Gewährung von Papstaudienzen sprach der Präfekt des Päpstlichen Hauses, Bischof Monduzzi. Er war ein stolzer Römer und seiner Strenge wegen der gefürchteteste Prälat der Kurie, übrigens bei allen Botschaftern. Es gelang mir zwar, im Laufe der Zeit ein freundliches persönliches Verhältnis zu ihm herzustellen, aber oft liess er sich nicht erweichen, uns wichtige Besucher an höchster Stelle vorzulassen. Er pflegte einen unorthodoxen Arbeitsstil, wovon sein stets überladener Schreibtisch zeugte. Unangenehme Entscheidungen schob er bis zum letzten Moment vor sich her. Wenn dann unsere Würdenträger von Deutschland aus zu drängen begannen und Klarheit verlangten, musste der Geistliche Botschaftsrat, Prälat Kemper, ein sit-in vor Monduzzis Amtsstube veranstalten. Es konnte sich über Stunden hinziehen. Die deutschen Kardinäle liessen sich ungern zur Befürwortung von Audienzen heranziehen. Manchmal glückte es uns, über den Nuntius in Bonn eine günstige Entscheidung zu erwirken. Oder es gelang, einen gut katholischen Besucher in der kleinen Frühmesse des Papstes morgens um sieben Uhr in der Privatkapelle unterzubringen.

Zum Scheitern verurteilt war jeder Versuch, einen geschiedenen oder wiederverheirateten Ehepartner an der Privataudienz teilnehmen zu lassen. Der Papst erteilte den Partnern aus einer vormals geschiedenen Ehe nicht seinen Segen. Die Botschaft musste manchen Groll über sich ergehen lassen, wenn sie pflichtgemäss auf die Aussichtslosigkeit derartiger Versuche hinwies. Meist war der Präfekt durch die Bonner Nuntiatur bestens über die Familienverhältnisse der Audienzpetenten unterrichtet. Es war für die Botschaft eine grosse Genugtuung, als es ihr einmal gelang, einem geschiedenen Bundesminister mit seiner Frau die Vorstellung beim Papst zu ermöglichen. Denn unter meinem Vorgänger war dieser Wunsch abgeschlagen worden.

So mancher bunte Vogel mischte sich unter die Schar der zum Stuhl Petri Drängenden. Der für die Umsiedlung Deutschstämmiger aus Osteuropa zuständige Parlamentarische Staatssekretär lag dem Heiligen Vater mit der christlichen Missionierung in der ehemaligen Sowjetunion solange in den Ohren, bis dieser das Gespräch freundlich mit den Worten beendete: »Werter Herr, das weiss ich alles; ich bin doch der Papst!« Dem freundlichen protestantischen Politiker aus dem Bergischen Land war auch im Ristorante mit römischen Spezialitäten wie Ossobuco, in Öl gebackenen Artischocken oder Fenchelgemüse nicht beizukommen. »Lieber ein paar Bööööhnche, Ärbsje und Kartöffelche.«

Zwischen der Frequenz unserer Besucher und wichtigen Wahlterminen in Deutschland bestand ein gewisser Kausalzusammenhang. Als 1994 eine Bundestagswahl mit verschiedenen Landtagswahlen zusammentraf, hatten wir viel zu tun. Im Frühjahr 1994 meldeten sich nacheinander drei Ministerpräsidenten – im Februar Johannes Rau, im April der Bayer Edmund Stoiber und zwischendrin Erwin Teufel aus Stuttgart. Für Bruder Johannes, Sohn eines reformierten Predigers, war die Ökumene ein Anliegen, das er vor dem evangelischen Gemeinderat und beim Abendessen in der Residenz mit Kardinal Cassidy vom Einheitsrat vertrat. Am wohlsten fühlte er sich in der Gesellschaft der deutschen Journalisten, wo er sich nicht lange zum Erzählen neuer Kohl-Witze bitten liess. – Stoiber hatte das siebzigjährige Jubiläum des Bayern-Konkordats als Anlass für eine eintägige Romreise gewählt. Er widmete sich eingehend auch der Sixtinischen Kapelle, wo Michelangelos »Jüngstes Gericht« gerade in strahlenden Farben wiedererstanden war.

Anfang Mai 1994 erschien plötzlich der Bundeskanzler. Wir hatten nur vierzehn Tage Zeit, den Besuch einschliesslich eines grossen Gartenfests in der Residenz vorzubereiten. Die Papstaudienz war diesmal kein Problem. Wenige Besucher waren im Vatikan so willkommen wie der deutsche Bundeskanzler. Helmut Kohl war nicht nur ein treuer Sohn der Kirche, sondern mehr oder weniger Europas letzter christdemokratischer Regierungschef von Gewicht. Die Bedeutung der Bundesrepublik für das politische und wirtschaftliche Geschehen in der Welt wurde vom Heiligen Stuhl hoch eingeschätzt. Zwei Tage vor dem Eintreffen des Bundeskanzlers brach sich Johannes Paul II. unglücklicherweise die Schulter. Er lag im Krankenhaus und durfte keine Besucher empfangen. Kohl konnte nur ein langes Gespräch mit dem Kardinalstaatssekretär führen. Seiner Gewohnheit entsprechend liess er sich nur von seinem persönlichen Berater Bitterlich begleiten.

Wir waren gespannt auf den Besuch Helmut Kohls, dem wir bisher persönlich noch nicht begegnet waren. Zugestandenermassen bewegten Almuth und mich auch einige gemischte Gefühle – standen Pannen ins Haus oder würde alles gutgehen und seinen Gefallen finden? Kohl war für eine gewisse kritische Distanz zum Auswärtigen Dienst bekannt. Mancher Kollege hatte dies zu spüren bekommen.

Auf ausdrücklichen Wunsch des Bundeskanzlers fuhr die ganze Delegation gemeinsam in einem grossen Omnibus vom Militärflughafen Ciampino in die Stadt. Während der Bus ohne Rücksicht auf den Gegenverkehr durch die beängstigend enge antike Via Appia stadteinwärts brauste, liess er den Botschafter zu sich kommen. Ihn interessierte die Landsmannschaft. Wir plauderten über dies und jenes, auch unsere studentische Vergangenheit. Es kam heraus, dass wir in den Nachkriegsjahren zur gleichen Zeit an der Frankfurter Universität studiert hatten. Die Namen Horkheimer und Adorno stellten rasch eine Verbindung her. Kohl erzählte, wie er sich in jenen Hungerjahren bei der Zuckerrübenernte einige zusätzliche Kalorien verschafft hatte. Er gab sich locker und mit einer menschlichen Wärme, die ihn positiv von vielen anderen deutschen Politikern abhob.

Wir hatten den Kanzlerbesuch in der Residenz generalstabsmässig vorbereitet. Da der Bus nicht in der engen Drei-Uhren-Gasse vorfahren konnte, sollte er Kohl mit dem gesamten Tross unten vor der Kanzlei absetzen. Während ich mit Almuth in der Haustür zwischen den Zwei-Meter-Figuren der beiden behelmten, auf riesige Degen gestützten Gardekürassiere angestrengt nach unten auf die Ankunft des hohen Gasts lauschte, drängten sich plötzlich im Rückwärtslauf zahlreiche Kameraleute oben durch die vordere Residenzeinfahrt. Da tönte auch schon Helmuth Kohls lauter Bass: »Kann ich bei Ihnen Pförtner werden, aber wohnen möchte ich in der Schwedenvilla nebenan!« Ein gutgelaunter Kanzler begrüsste die zahlreiche deutsche Geistlichkeit Roms, von den Kardinälen Ratzinger und Mayer bis zu den alten Ordensschwestern und einer Auswahl junger »Germaniker«. Seine Ansprache entwickelte sich, wie jedermann rasch bewusst wurde, zur ersten Wahlrede des Jahres. Die Sonne meinte es gut an jenem frühen Mainachmittag. Für das reichhaltige Buffet im Garten unter einem ausladenden Sonnenschirm hatte Vincenzo seine ganze

Kunst aufgeboten. Es fand ebenso wie die herangeschafften Pfälzer Spätlesen das Wohlgefallen des Ehrengastes. Aber in welche Trattoria er sich am Abend mit seiner engeren Umgebung zurückzog, verrieten weder er selbst noch sein omnipräsenter Adlatus Neuer. Es dürfte kaum ein grosser Erfolg gewesen sein, denn am nächsten Vormittag, nach dem Besuch beim Kardinalstaatssekretär, verkündete er mit lauter Stimme: »Heute mittag wird der Botschafter das Restaurant für uns aussuchen!« Wir spazierten gerade durch die inneren Höfe des Vatikans und verweilten ein Viertelstündchen im friedlichen Schatten des Campo Santo Teutonico, wo der Historiker Kohl am Grab Houdals die Verdienste des österreichischen Bischofs pries. Ich behielt meine Vorbehalte gegen den Mann, der nach Kriegsende durch freizügige Persilscheine so manchem Schergen des NS-Regimes die Flucht nach Übersee ermöglicht haben soll, für mich.

Auf dem Weg zum Kolosseum instruierte ich Capitano Flotta,. den Chef des italienischen Begleitkommandos, dass wir in einer der beiden alten Osterien in der Via Appia Antica zu Mittag speisen wollten. Am belebten Kolosseum erregte unsere Ankunft grosses Aufsehen. Italienische Schulklassen erkannten sogleich den grossgewachsenen deutschen Bundeskanzler. Mit freundlicher Geduld liess Helmuth Kohl ein Klassenfoto nach dem anderen über sich ergehen, umringt von Schülerinnen und Schülern aller Altersgruppen. Aber am Kolosseum versammeln sich bekanntlich nicht nur Touristenscharen und Schulklassen. Noch während unser Prälat Kemper vor den zahlreichen Taschendieben warnte, war schon ein Zigeunerkind durch den Cordon der italienischen Sicherheitsbeamten geschlüpft und hatte seine Hand in Eduard Ackermanns Rocktasche.

Als wir in der Trattoria Archaeologica gegenüber der alten Pilgerkirche von San Sebastiano anlangten, hatte die italienische Sicherheit sich dort schon umgesehen und unauffällig Posto bezogen Ein grosser Tisch im Garten erwartete unsere bunte Gesellschaft, der Kohls gesamtes Bonner Küchenkabinett einschliesslich des Botschafters und zweier Mitarbeiter angehörte. Der Kanzler hängte seine Jacke über die Stuhllehne und es begann ein fröhliches Schmausen. Scherze flogen hin und her, Kohl frozzelte kameradschaftlich mit seinen Begleitern, zum Schluss trug sein alter Schulfreund Karl Wittmann, der als Leiter der Kulturabteilung das AA vertrat, zur allgemeinen Erheiterung Rilke-Gedichte vor. Der hochgeehrte Wirt führte den Kanzler durch seinen Weinkeller und überreichte zwei uralte Botillen, die dann bei mir landeten und an meine beiden Mitarbeiter weitergingen. Pünktlich bestieg ein zufriedener Helmuth Kohl im nahegelegenen Ciampino seinen Jet, der ihn zurück in den beginnenden deutschen Wahlkampf brachte. Es kam uns später vor, als habe er in Rom ungeahnte Kräfte geschöpft. Denn nach einem Winterhalbjahr mit höchst pessimistischen Prognosen begann sich das Politbarometer von nun an zu seinen Gunsten zu wenden. Wir waren jedenfalls erleichtert, mit unserer kleinen Equipe einen schwierigen Besuch reibungslos über die römische Bühne gebracht zu haben.

Zwei Bundespräsidenten bei Papst Johannes Paul II.

In den Jahren 1990 bis 1995 wurden dreimal deutsche Bundespräsidenten von Johannes Paul II. in Privataudienz empfangen: Im Juli 1991 suchte Richard v. Weizsäcker den Papst im Anschluss an seinen Staatsbesuch in Italien auf. Im März 1994 stattete er dem Heiligen Stuhl den letzten Staatsbesuch seiner Amtszeit ab. Ein Jahr später fügte Roman Herzog seinem Vorstellungsbesuch in Rom eine päpstliche Privataudienz an.

Die Vorbereitung des Weizsäcker'schen Staatsbesuchs nahm uns ein gutes halbes Jahr in Anspruch. Wir verfassten für den theologisch interessierten Bundespräsidenten eine Reihe ausführlicher Positionspapiere, u. a. zum Stand des ökumenischen Dialogs und das Verhältnis Roms zu anderen Glaubensgemeinschaften. Aber der Teufel steckte vor allem im protokollarischen Detail. Der Bundespräsident wachte persönlich über den Fortgang der Vorbereitungen. In einem längeren Telefongespräch entwickelte er mir bereits in einem frühen Stadium seine Vorstellungen, die leider nicht in vollem Umfang mit den festgefügten, seit Jahrhunderten etablierten vatikanischen Protokollgepflogenheiten in Einklang zu bringen waren. Seufzend musste er mir beipflichten, dass um die kellnermässige Frackausstattung der schwarzen Weste leider nicht herumzukommen war. Aber er prophezeite mir, dass seine Frau um keinen Preis den vorgeschriebenen schwarzen Kopfschleier anlegen werde. Tatsächlich erschien sie auch nur in einem dunklen Hütchen, verschämt drapiert mit einem Schleierfragment.

Das Gerangel um einen Platz in der offiziellen Delegationsliste war uns nichts Neues. Denn wer in der inoffiziellen Delegationsliste landete, war vom Händedruck des Papstes in der Privatbibliothek im Anschluss an die Audienz ausgeschlossen. Es gelang uns in zähen Verhandlungen mit dem Präfekten des Päpstlichen Haushalts, den Umfang unserer offiziellen Delegation um zwei Köpfe über das bisher zugelassene Maximum hinaufzuschrauben. Der strenge Monduzzi sagte mir später, noch nie sei er so weit über sich hinausgewachsen. Aber er würde, wie ich später feststellen sollte, an anderer Stelle seine kleine Rache nehmen.

Am schwierigsten gestaltete sich die Ordensfrage. Der Ordensaustausch sollte wie üblich im Verhältnis eins zu drei vorgenommen werden, d. h. für jede Auszeichnung eines Mitglieds unserer Delegation entfielen drei Orden auf vatikanischer Seite. Vor allem die Ehrenkämmerer freuen sich erfahrungsgemäss über die Aussicht, ihre einschlägigen Sammlungen erweitern zu können. Der Päpstliche Substitut, Erzbischof Re, kündigte an, dass er persönlich mit dem Protokollchef am Morgen vor der Audienz im Hotel Hassler erscheinen werde, um dem deutschen Staatsoberhaupt das Gran Collare, die höchste Stufe des Pius-Ordens zu überreichen. Er zeigte sich taub für alle vorsichtigen Gegenvorstellungen, dass der Bundespräsident nur ungern in seinen Gemächern unmittelbar vor einem wichtigen Ereignis fremde Würdenträger empfange. Auf Unverständnis stiess auch die deutsche Weigerung, den deutschen Gegenorden, das Grosskreuz für den Kardinalstaatssekretär, nicht während des vorgesehenen Mittagessens oder in einer offiziellen Zeremonie vor dem mittäglichen Staatsbankett in der Residenz zu überreichen. Die Ordensverleihung an Kardinal Sodano sollte sich vielmehr unauffällig und in kleinstem Kreis im Nebenzimmer vollziehen. Damit schienen alle mit dem Ordensaustausch zusammenhängenden Fragen, wenn auch nicht immer zur beiderseitigen Zufriedenheit, gelöst. Doch war dem leider nicht so.

Zwei Tage vor dem Eintreffen der deutschen Staatsgäste meldete sich der Substitut, Erzbischof Re, in spürbarer Erregung am Telefon. Man habe leider feststellen müssen – offenbar das Ergebnis von Recherchen des Bonner Nuntius – dass zwei hochrangige Mitglieder unserer offiziellen Delegation in – kirchenrechtlich – »ungeregelten« Eheverhältnissen lebten; es handelte sich um ein Ehepaar bereits geschiedener Partner sowie einen in Trennung lebenden Beamten. Bedauerlicherweise liessen die vatikanischen Verleihungsrichtlinien eine Ordensauszeichnung in diesen Fällen nicht zu. Wir müssten also entweder die Betreffenden von unserer Ordensvorschlagsliste zurückziehen oder auf einen Ordensaustausch überhaupt verzichten. Letzteres sei ohne Statusminderung unseres Staatsbesuchs möglich, denn ein Ordensaustausch sei nicht zwingend Bestandteil eines offiziellen Besuchs.

Ich sass in der Zwickmühle. Die erste Alternative war vom Rang der Betroffenen her undenkbar. Ein gänzlicher Verzicht in letzter Minute andererseits hätte mit Sicherheit grosse Misstimmung auf deutscher Seite, vom Bundespräsidenten herab bis zum letzten Delegationsmitglied hervorgerufen und den psychologischen Erfolg des Staatsbesuchsunternehmens, die Schaffung neuen good wills, in Frage gestellt. Ich sah auch keine Möglichkeit, diese neue Situation mit dem Auswärtigen Amt oder dem Bundespräsidialamt zu erörtern. Es war nicht auszudenken, welche Kommentare zum Besuchsauftakt erscheinen würden, wenn unsere Presse von dem neuen vatikanischen Hindernis Wind bekäme. Leider hielten die Bonner Amtsstuben bei delikaten Problemen dieser und ähnlicher Art erfahrungsgemäss keineswegs dicht. Ich verlegte mich also mit dem Erzbischof aufs Verhandeln. Wir einigten uns schliesslich darauf, dass es bei der Auszeichnung der Spitzenpersönlichkeiten – Kardinalstaatssekretär und Bundespräsident, auch Frau von Weizsäcker sollte ein bisher noch nie an Ehefrauen verliehenes Grosskreuz bekommen – bleiben solle, über alles andere würden wir später reden. Ich telegraphierte nach Bonn, dass der Hl. Stuhl »über die Zusammensetzung der Vorschlagslisten beider Seiten für weitere Auszeichnungen das Gespräch mit uns – auch unter Berücksichtigung der beiderseitigen Vergaberichtlinien – nach Abschluss des Staatsbesuchs fortzusetzen« wünsche. Dabei blieb es. Keine Seite kam jemals wieder auf den ausgebliebenen Ordenssegen zurück.

Zum Aufatmen war es jedoch immer noch zu früh. Noch war der Text der Begrüssungsansprachen von Papst und Bundespräsident nicht miteinander abgestimmt. Das Büro des Bundespräsidenten beharrte darauf, dass er seine Rede mit einem Dank für die päpstliche Einladung nach Rom einleite. Das vatikanische Staatssekretariat zeigte sich perhorresziert. Der Heilige Vater lade niemanden nach Rom ein. Dem Stuhl Petri nähere man sich aus freien Stücken und werde gnädig aufgenommen. Das Präsidialamt blieb ungerührt. Der Bundespräsident statte niemandem einen offiziellen Besuch ab, ohne hierzu eingeladen worden zu sein. Es war zum Verzweifeln. Schliesslich rang ich mir, unterstützt von meinem Vertreter Dietrich Lincke, einen Text ab, dessen etwas gewundenen Ausführungen beide Seiten mit gutem Willen ihre Interpretation abgewinnen konnten.

Die Klippen protokollarischer Vorbereitung waren endlich umschifft, die düsteren Wolken am Besuchshorizont hatten sich verzogen, als die grosse Bundeswehrmaschine mit der Präsidentenstandarte am 2. März 1994 auf dem Militärflughafen Ciampino ausrollte. Der *Osservatore Romano* hatte dem Staatsbesuch am Morgen eine ungewöhnlich freundliche »frontpage« gewidmet. Das Präsidentenpaar bezog gutgelaunt die Royal Suite auf der Dachterrasse des Hotels Hassler, die einen der schönsten Ausblicke auf die Ewige Stadt bot. Für das Abendessen hatten sie unsere Einladung in die Altstadt-Trattoria »Costanza« unter den Gewölben des antiken Pompejus-Theaters angenommen, unweit der Stelle, an der Cäsar in den Iden des Jahres 44 v. Ch. unter dem Dolch des Brutus gefallen war. Das historische Ambiente der Umgebung beflügelte die Gespräche, an denen sich nicht nur der Chef des Bundespräsidialamtes, der alte Kollege Meyer-Landrut und der jugendliche Gesundheitsminister Seehofer, sondern auch der junge Student Cornelius Hallier beteiligten.

Am nächsten Vormittag bog unsere lange Kolonne in die verschlungenen Höfe des Vatikan ein. Die Schweizer Garde war in Paradeuniform mit geschulterter Hellebarde angetreten, wieder einmal bewegte sich unser – diesmal besonders langer und prächtiger – Zug feierlichen Schritts durch die Säle des ehrwürdigen Palasts. Im vorletzten Gemach kam die Prozession zum Stehen, Papst Johannes Paul II. bat den Bundespräsidenten in die Bibliothek, im Erlösersaal vor dem El Greco wartete eine ungeduldige Frau von Weizsäcker darauf, zu ihrem Mann vorgelassen zu werden. Während wir uns anschliessend im Halbrund um das Bundespräsidentenpaar aufbauten, um kurz vorgestellt zu werden und eine Gedenkmünze oder – als Katholik – einen Rosenkranz aus der Hand des Vertreters Petri entgegenzunehmen, nahm unten im glanzvollen Königssaal, unter den berühmten Fresken der Bartholomäusnacht und der Seeschlacht bei Lepanto, das Diplomatische Corps Aufstellung. Mit einer Handvoll Begleiter – ich konnte gerade noch den bereits abgewiesenen Staatssekretär Meyer-Landrut dazuholen – nahm der Bundespräsident die Begrüssungsadresse des Kardinalstaatssekretärs entgegen. Das Gros der Delegation mit sämtlichen Damen musste in der benachbarten Sala Ducale zurückbleiben. Fast wäre es zu einem kleineren Eklat gekommen, als eine empörte Freifrau v. Weizsäcker Anstalten machte, zu ihrem Mann vorzustossen. Aber Protokollchef Heinrich Seemann zeigte sich der Situation gewachsen. Er bat um einen Augenblick Geduld, verschwand im Königssaal und kehrte mit betrübtem Gesicht zurück. »Gnädige Frau, selbstverständlich können Sie jederzeit zu Ihrem Mann hinübergehen. Aber Sie sollten bedenken, dass es dort nur einen Stuhl gibt, und auf dem sitzt bereits Ihr Mann.« Die kleine Rache des Bischofs Monduzzi, mit dem die Teilnahme Frau v. Weizsäckers an der Vorstellungscour des Diplomatischen Corps längst abgesprochen worden war.

Papst Johannes Paul II. begrüsst Bundespräsident Richard von Weizsäcker und Freifrau von Weizsäcker im Vatikanpalast

Als wir um 13.00 Uhr den Damasus-Hof wieder verliessen, blieb nur wenig Zeit, uns für das Mittagessen zu Ehren des Kardinalstaatssekretärs in der Residenz umzukleiden. Auch hier hatten wir generalstabsmässige Vorarbeit geleistet und nach einem genauen Plan sämtliche Räumlichkeiten der Residenz und der Kanzlei einschliesslich der Frisiertoiletten unter die umkleidebedürftigen Delegationsmitglieder aufgeteilt. Pünktlich um 14.00 Uhr erschien Kardinal Sodano mit den Bischöfen und Prälaten des Staatssekretariats – er hatte es einfacher als wir Frackträger, da er seine Soutane nicht zu wechseln brauchte. Ich hatte Mühe, den Bundespräsidenten aus seiner Diskussion mit einer deutschen Journalistenschar zu lösen und bald sassen wir – 34 an der Zahl – an der glanzvollsten Tafel, die unsere Residenz in fünf Jahren gesehen hatte. Ich war dem Bundespräsidenten dankbar, dass er ohne Zögern unsere Anregung aufgenommen

Der Bundespräsident im Gespräch mit Kardinalstaatssekretär Angelo Sodano und Augustin Kardinal Mayer auf der Terrasse der »Villa Branca« (3. 3. 94)

hatte, den Kardinalstaatssekretär als Vertreter des Papstes, der sich nie gesellschaftlich ausserhalb des Vatikans sehen liess, zu einer Gegenveranstaltung in unserer Residenz einzuladen. Eine Pressekonferenz am nächsten Tag schloss einen rundum harmonischen Staatsbesuch ab, dessen europäische und ökumenische Dimension auch am Heiligen Stuhl dankbar gewürdigt wurde.

Kurialer Alltag

Es gab immer wieder bunte Tupfer, die das alltägliche Miteinander mit der päpstlichen Kurie belebten. Dazu gehörte der Neujahrsempfang des Papstes. Er fand jedes Jahr um den 10. Januar herum statt. Im Vatikan wimmelte es in jenen Tagen von Diplomaten, darunter vielen fremden, noch nicht gesehenen Gesichtern. Aus ganz Eu-

Papst Johannes Paul II. begrüsst das Botschafterpaar

ropa strömten die »Doppelakkreditierten« nach Rom – Vatikanbotschafter, die in einer anderen Hauptstadt residierten und die Gelegenheit zu einem persönlichen Begrüssungswort des Papstes nicht vorübergehen lassen wollten. Es waren vor allem afrikanische, aber auch asiatische und einige europäische Missionschefs wie etwa die Skandinavier, von denen erst Schweden jüngstens einen Vatikanbotschafter in Rom hatte residieren lassen. Die Zeremonie fand im prachtvollen Saal der Könige *(Sala Regia)* statt, den der Farnese-Papst Paul III. (1534–49) bei Antonio da Sagallo d. J. in Auftrag gegeben hatte und der von Giorgio Vasari und den Brüdern Zuccari mit den berühmten Fresken ausgemalt worden war, in denen die Kirche über ihre Feinde – Barbarossa, die Türken, und nicht zuletzt die Hugenotten triumphierte. Auf der einen Seite führte eine Tür direkt in die Sixtinische Kapelle, auf der anderen in die schwer zugängliche Paolinische Kapelle. Nur selten gelang es Prälat Kemper, dass sie uns für besondere Besucher aufgeschlossen wurde; sie enthält die beiden letzten, von Michelangelo vor seinem Tod in ergreifender Weise gemalten Fresken – die Bekehrung des Saulus mit den Gesichtszügen Michelangelos und die Kreuzigung des Petrus, dessen zweifelnde und fragende, von unten auf den Betrachter gerichtete Augen den Andachtsuchenden nicht mehr losliessen.

Johannes Paul II. verlas in nicht leicht verständlichem Französisch seine Neujahrsansprache, die gewissermassen das Regierungsprogramm des Hl. Stuhls und seine Stellungnahme zu den Entwicklungen in der Welt enthielt. Wir waren in U-Form aufgestellt, anciennitätsmässig von Wand zu Wand versetzt. Die Basis des U bildeten unsere Ehefrauen. Hier liess sich der Fortschritt im Verhältnis des Vatikan zur Weiblichkeit ablesen. Es war noch nicht lange her, dass die Ehefrauen überhaupt von diesem Ereignis ausgeschlossen waren. Als sie erstmals zugelassen wurden, liess man sie stehen. In den folgenden Jahren durften sie sich dann auf Stühlen niederlassen. Wie manche Diplomaten kritisch, vielleicht sogar eifersüchtig konstatierten, schien der Papst länger bei den einzelnen Damen zu verweilen als bei den Missionschefs. Im Anschluss an den Neujahrsempfang lud das Diplomatische Corps den Kardinalstaatssekretär und einige seiner Mitarbeiter zu einem Mittagessen ein. Es bildete Gesprächsstoff für ein ganzes Jahr, wie man den Doyen, der die meiste Zeit in der heimischen Côte d'Ivoire oder an der Riviera verbrachte, zur Wahl eines besseren Hotels für dieses Statusessen bewegen könnte. Denn das von ihm bevorzugte Grand Hotel bot in der Tat für horrendes Geld ein minderwertiges Menu.

Ansonsten gab es zwar häufig Gelegenheit, den Papst zu sehen, kaum aber je zum persönlichen Gespräch. Die Teilnahme an päpstlichen Messen galt als dienstliche Pflicht. Deshalb waren die Oster- und Weihnachtsfeiertage stets überwiegend von dienstlichem Kirchenbesuch ausgefüllt. Das vatikanische Protokoll achtete sehr auf die Präsenz der Botschafter. Den Diplomaten war ein Segment im linken Querschiff von St. Peter, unmittelbar vor der Vierung und in Sichtweite des Altars eingeräumt. Wir fuhren auf dem Platz der Hl. Martha gegenüber dem Campo Santo vor, dem Papst zu Ehren mit Stander, in Frack, schwarzer Weste und vollem Ordensschmuck, viele Kollegen in prächtiger Uniform mit Dreimaster und Galadegen, die Damen im langen Schwarzen mit Kopfschleier. Am Seiteneingang des Chors nahmen uns Ehrenkämmerer in Empfang und gaben uns feierlich Geleit durch die staunende Menge der Gläubigen bis zu unseren namentlich bezeichneten Sitzen. Ausser den hohen Feiertagen boten vor allem die häufigen Heilig- und Seligsprechungen Anlass zu mehrstündigen Papstmessen. Die Feierlichkeit der vielseitigen Liturgie beeindruckte uns stets von neuem. Dagegen schmerzte es, als Nichtkatholiken vom Abendmahl ausgeschlossen zu sein. Wir waren auf das Niveau blosser Statisten reduziert. Es verging kaum ein Monat ohne eine Heilig- oder Seligsprechung. Als wir in Rom ankamen, hatte Johannes Paul II. bereits mehr Beatifikationen als in der gesamten Kirchengeschichte zuvor ausgesprochen. Offenbar sah er darin ein Mittel, die Kirche in der Welt weitab vom römischen Zentrum zusammenzuhalten und auch in der Dritten Welt Symbolfiguren als Vorbilder des Glaubens zu schaffen. Ein bedeutender kirchlicher Apparat von Kanonikern und Fachleuten arbeitete an den Seligsprechungsprozessen und dem Nachweis physikalisch nicht erklärbarer Wunder, einer Voraussetzung für einen günstigen Prozess, soweit es sich nicht um einen Glaubensmärtyrer handelte.

Es war für eine Vatikanvertretung ein wichtiges und mit viel Arbeitsaufwand verbundenes Ereignis, wenn die Selig- oder Heiligsprechung eines Landsmannes bzw. einer Landsmännin anstand. Wir gewannen davon eine lebhafte Anschauung, als der deutsche Gesellenvater Adolf Kolping der Seligsprechung teilhaftig wurde. Ein Organisationskomitee aus der Kölner Erzdiözese bemühte sich schon Monate vorher, die Logistik für den erwarteten Ansturm deutscher Pilger zu schaffen. Allein Kardinal Meisner wollte an der Spitze eines Zuges von 40.000 Gläubigen in Rom einziehen. Quartiere mussten bis in die weite Umgebung der Stadt bereitgestellt werden. Als schwieriger erwies sich das Problem, in der verkehrsbedrängten Stadt Parkplätze für 800 Omnibusse aus Deutschland aufzutreiben. Unserer kleinen Botschaft oblag die Betreuung der politischen VIP's, die sich in steigender Zahl anmeldeten, von der Bundestagspräsidentin und dem Bundesarbeitsminister mit zahlreichen Abgeordneten bis hin zu den Ministern aus mehreren Bundesländern. Für die Begrüssung und Abholung von den beiden Flugplätzen mussten wir uns aufteilen. Minister Blüm landete mit einer grossen Schar Journalisten und anderem Gefolge in einer Tupolev, die die Flugbereitschaft der Bundeswehr gerade aus DDR-Beständen übernommen hatte. Aber leider hatte der Militärattaché der Quirinalboschaft übersehen oder die Italiener hatten schon wieder vergessen, dass die Kabine dieses russischen Flugzeugtyps sich sehr hoch über dem Erdboden befindet. Jedenfalls war keine Rolltreppe zur Stelle, als sich oben die Kabinentür öffnete. Ich hiess den Minister hoch über mir in Rom willkommen. Dann frotzelten wir ein wenig hin und her, ich empfahl einen Sprung mit dem Fallschirm, bis es allmählich ungemütlich wurde und die Minuten sich hindehnten. Zum Glück verlor Nobbie Blüm nicht seinen Humor. Er rief mir herunter, ich könne von Glück sagen, dass er und nicht mein Chef Genscher hier oben stünde. Er hatte völlig recht. Es dauerte etwa zehn Minuten, bis eilig eine Treppe herangerollt und Blüm nebst Gefolge aus misslicher Lage befreit werden konnten. Auch mit der Bundestagspräsidentin gab es Schwierigkeiten. Nach einem Aufmarsch der Pilger am Vorabend mit Lichtdom und Chorgesängen genoss sie das Bad in der Menge. Sie schüttelte soviele Hände, dass wir die Abfahrt verpassten. Unser Wagen war schliesslich hoffnungslos eingekeilt von begeisterten

Pilgern, die immer wieder in den Ruf »Rita Rita« ausbrachen. Als unser Fahrer, der Ex-Carabinieri Sanasi, sich anschickte, durch die Menge zu pflügen, erhob sie Einspruch. Schliesslich kauerte sie sich hinter vorgezogenen Gardinen in den Rücksitz, um nicht mitansehen zu müssen, wie unser schwerer gepanzerter Wagen die dichtgedrängten Menschen langsam beiseiteschob. Zu allem Überfluss war der reservierte Tisch im Restaurant nicht mehr frei, weil wir wegen des Händeschüttelns natürlich zu spät kamen.

Am nächsten Tag waren die kleinen Misslichkeiten vergessen, als die deutschen Pilgermassen mit Bannern und Spruchbändern über den ganzen Petersplatz bis tief hinab in die Via della Conciliazione aufmarschierten. Das eindruckvolle Menschenaufgebot wurde nur einmal übertroffen, als ein Jahr später der spanische Begründer des *Opus Dei,* Escrivá de Balaguer, in den Stand der Seligen erhoben wurde.

Das Diplomatische Corps beim Hl.Stuhl war klein, zeichnete sich aber durch hohe Professionalität und aussergewöhnliche Figuren aus. Bei den Lateinamerikanern überwogen Politiker und ehemalige Inhaber hoher öffentlicher Ämter. Aber auch die Europäer stellten manchen »elder statesman«. Mein französischer Kollege war der vormalige Aussenminister Raymond, Wien hatte einen Habsburger entsandt. Die Zusammenarbeit untereinander gestaltete sich eng und herzlich. Die Vertreter der Europäischen Union trafen sich einmal im Monat im Haus der »Ratsmacht« zu einem Meinungsaustausch. Daran schloss sich ein gemeinsames Mittagessen an, zu dem wir jeweils einen hohen Kirchenmann als Ehrengast einluden. Die Kardinäle Ratzinger, Poupard und Etchegaray gehörten ebenso dazu wie der Kardinalstaatssekretär, den in unser Haus zu lotsen mir einmal gelang. Unsere Diskussionen drehten sich weniger um die inneren Verhältnisse der Katholischen Kirche als um ihr Verhalten, soweit sie damit Einfluss auf den Gang der Weltpolitik auszuüben versuchte. Golfkrieg, Balkankrise und Nahostdiplomatie zählten ebenso zu unseren Themen wie die Haltung, die der Hl. Stuhl gegenüber Osteuropa, China, Kuba und dem Islam einnahm. Es gab einige Sticheleien, als sich die Bonner Initiative zur Anerkennung Kroatiens und Sloweniens entfaltete. Wir waren ein konfessionell bunt gewürfeltes Häuflein ausser den Katholiken zwei Lutheraner, ein Reformierter, ein Anglikaner und der orthodoxe Grieche. Vor allem letzterer wurde nicht müde, die orthodoxen Gegenpositionen zum fait accompli neuer lateinischer Kirchenstrukturen im russischen Kernland in manchmal langatmiger Betulichkeit darzulegen. Einmal im Jahr an einem Maimorgen trafen wir uns alle in der Kirche des Malteser-Ordens auf dem Aventin wieder, hinter der Pforte, durch deren berühmtes Schlüsselloch sich die Drei-Länder-Perspektive darbot – der »Souveräne Malteser Ritterorden«, der Vatikanstaat und die Republik Italien. Hier wohnten wir dem feierlichen Einzug des schottischen Grossmeisters bei. Als blosse Wahrer »offizieller Beziehungen« sassen der deutsche, der belgische und der französische Botschafter in der Kirche allerdings weit hinter den Vertretern jener Länder, die zur Genugtuung der Malteser den Orden diplomatisch anerkannt hatten – ein Schritt, zu dem sich das Auswärtige Amt trotz mannigfachen Drucks und erfindungsreicher Manöver der Malteser zur Statusaufwertung nicht hatte entschliessen können. Ich musste die gebotene diplomatische Zurückhaltung wahren, obwohl uns freundschaftliche Beziehungen mit Luciano Koch, dem »Aussenminister« des SMO und Urenkel eines Malers der deutschen Künstlerkolonie, nicht zuletzt auch mit dem Grossmeister selbst verbanden.

Bilanz eines aussergewöhnlichen Pontifikats

Im Oktober 1993 feierte Papst Johannes Paul II. den 15. Jahrestag seiner Thronbesteigung. Im Mittelpunkt der Feiern stand ein Konzert des Mitteldeutschen Rundfunks Leipzig in der Aula Pauls VI. für den Papst, das wir gemeinsam mit dem Staatssekretariat vorbereiteten und zu dem wir alle unsere römischen Freunde einladen konnten. Das Jubiläum bot zugleich Anlass, Betrachtungen über 15 Jahre eines Pontifikats anzustellen, dessen Zenit offenbar überschritten war und sich angesichts des Gesundheitszustands des Papstes seinem Ende zuzuneigen begann.

Schon seit Jahren zeichete sich ab, dass Johannes Paul II. bei abnehmenden physischen Kräften sein Haus zu bestellen trachtete. Den innerkirchlichen Reformprozess – eine Kurienreform (1989) und zehn Enzykliken, darunter bedeutende wie *Centesimus Annus* (Kapitalismuskritik), *Veritatis Splendor* und *Evangelium Vitae,* einen neuen Weltkatechismus – hatte er mit Eifer vorangetrieben. Auch mit der Vergangenheit der Kirche wurde aufgeräumt – das Eingeständnis, gegenüber Galileo Galilei geirrt zu haben, die Abbitte für das kirchlich geduldete Sklavereiunwesen, die Rehabilitierung des ungarischen Primas Kardinal Mindszenty, nicht zuletzt die Aussöhung mit Israel und dem Judentum.

Zugleich wurde aber auch deutlich, dass die Bemühungen des polnischen Papstes Wojtyla vor allem nach aussen gerichtet gewesen waren. Er war nicht angetreten als Erneuerer der Kirche. Sein theologischer Grundansatz unterschied sich klar von dem seiner beiden Vorgänger. Hatten Johannes XXIII. und Paul VI. versucht, die Kirche von innen heraus zu modernisieren und damit Kirche und Welt zu versöhnen, so stand das Pontifikat Johannes Paul II. im Zeichen entgegengesetzter Bemühungen. Es ging ihm darum, den alten Glauben in seinem Kernbestand zu bewahren, anstatt ihn anzupassen und zu verändern. Mochte der Zeitgeist über die Forderungen der Kirche an die Christen hinweggegangen sein, mochte sich der Graben zwischen Kirche und Gesellschaft immer weiter vergrössern: Die Zeit der Konzessionen an die Moderne war vorbei. Unbeirrt wie die Propheten des Alten Testaments in der Wüste trug Johannes Paul II. seine Botschaft hinaus in die Welt. Er reiste gern in die Länder der Dritten Welt, vor allem nach Afrika, wo er am ehesten ein kindliches Echo auf seine Appelle spürte. Mehr als sechzig Auslandsreisen und Hunderte von Seligsprechungen dienten dem gleichen Zweck: Einer Gesellschaft, die sich mehr und mehr von den christlichen Idealen entfernte, aufs neue die christliche Botschaft sichtbar zu machen. Er wollte die Kirche mit dieser Sendung ins dritte Millenium führen. Mochte seine Botschaft auch immer weniger verstanden werden. Er empfand sie als das Samenkorn für das 3. und 4. Jahrtausend.

Als Johannes Paul II. 1978 den Stuhl Petri bestieg, war ein Ende der Ost-West-Auseinandersetzung noch nicht abzusehen. Auch hier steuerte der polnische Papst einen anderen Kurs als sein Vorgänger Paul VI. Hatte jener im Zuge von Casarolis Ostpolitik noch versucht, durch Arrangement mit dem kommunistischen Regime das Überleben der Kirche im östlichen Herrschaftsbereich zu sichern, so verweigerte der neue Papst auch hier in prophetischer Vorausschau jegliche Konzession. Er sollte recht behalten. Seine Standfestigkeit, sein unermüdliches Eintreten für Freiheit und Menschenrechte, seine Rückenstärkung für die Solidarnosz-Bewegung sind aus dem Umschwung in Polen nicht hinwegzudenken. Polen aber wurde der Auslöser für die Kettenbewegung der Freiheit in Osteuropa. Selten ist in neuerer Zeit der Heilige Stuhl als wesentlicher Faktor internationaler Politik deutlicher in Erscheinung getreten als in diesem Zusammenhang.

Es gehört zu den Paradoxien dieses Pontifikats, dass mit dem Zusammenbruch des kommunistischen Gesellschaftssystems in Osteuropa die eigentliche Stunde des Triumphs zugleich den Niedergang seines öffentlichen Ansehens einleitete. Aus dem Vorkämpfer der westlichen Freiheitsfront wurde der Kritiker des kapitalistischen Westens und der USA. Er bestritt den Anspruch der westlichen Führungsmacht, den Feldzug zur Rettung Kuweits gegen den irakischen Diktator als gerechten Krieg rechtfertigen zu dürfen. Mehr und mehr geriet der Papst in die Rolle des unangenehmen Mahners, der den Missbrauch der Freiheit in einer konsumistisch orientierten Gesellschaft anprangerte. Ohnmächtig musste Johannes Paul II. mitansehen, wie in der postmarxistischen Gesellschaft die Kirche ihre Leitbildfunktion einbüsste. Anstatt ihre spirituellen Kräfte aus dem Widerstand gegen eine kommunistische Zwangsdoktrin zur erhofften Re-Christianisierung der westlichen Gesellschaft einsetzen zu können, überschwemmte umgekehrt eine ungehemmte Konsumgesellschaft mit allen ihren Auswüchsen das Vakuum, das der Kommunismus in den östlichen Landschaften hinterlassen hatte. Er wurde nicht müde, die Doppeldeutigkeit des Freiheitsbegriffs aufzuzeigen: Der Mensch ist nicht frei zu tun, was ihm beliebt, sondern frei nur in christlicher Verantwortung gegenüber Gott und vor allem den sozial Schwächeren. Aber seine Botschaft stiess immer weniger auf Verständnis. Vielen gilt der polnische Papst heute vornehmlich als Verkünder einer unverständlichen Sexualmoral, die sich um das Verbot von Verhütungsmitteln und Familienplanung dreht. Die Medien nehmen nicht zur Kenntnis, dass auch die Katholische Kirche ihre moraltheologischen Positionen unauffällig verschiebt. Anstelle des »Gehet hinaus in alle Welt und vermehret Euch« spricht sie seit der Bevölkerungskonferenz von Kairo (1994) verklausuliert von Familienplanung im Sinne von »verantworteter Elternschaft«.

Es war und ist Papst Johannes Pauls II. Bestreben, eine Menschheitsfamilie, die in einen wohlhabenden Norden und einen armen Süden gespalten ist, wieder zusammenzuführen. Der säkularisierte Westen hat sich dieser Botschaft bisher verschlossen. Johannes Paul II. wird sie als seine Utopie mit ins Grab nehmen.

Ausklang

Rom, 29. April 1995. In zwei Stunden steht der Dienstwagen vor der Tür – zum letzten Mal. Alsdann letzter Abschied am Flugplatz, einige Mitarbeiter und Freunde. Mit dem Abschied von Rom gehen nicht nur fünf Jahre eines faszinierenden Dienstpostens zu Ende. Es ist auch der Abschluss von 35 Jahren im Auswärtigen Amt. Die Stationen ziehen noch einmal im Geist vorüber – Paris, Jakarta, Tokyo, Ministerbüro bei Walter Scheel, dann wieder Ferner Osten – Malaysia, Indonesien, Japan und schliesslich Hl. Stuhl, dazwischen die Leitung der Zentralabteilung im Auswärtigen Amt. Am Anfang war es, als halte man das Fernglas umgekehrt vor die Augen – das Ziel, das Ende war unendlich weit entfernt am Horizont. Heute ist es die richtige Perspektive. Im Blick zurück scheint alles nah und gross.

Beim Verlassen Roms kommt in den Sinn, was Goethe abends in der Herberge von Civita Castellano in sein Tagebuch schrieb, als ihn nur noch eine Tagesreise von der Heiligen Stadt trennte: »Und morgen – Rom! Was bleibt uns danach noch auf der Welt zu wünschen übrig.« Welche Gefühle bewegen Dich, wenn der grosse Wunsch wirklich in Erfüllung gegangen ist? Es wäre gegen die Menschennatur, wenn nicht neue Traumvorstellungen von uns Besitz ergriffen.

Gestern ausgedehnte Abschiedsvisite beim Kardinalstaatssekretär. In den prunkvollen Räumen habe ich manches Mal mit deutschen Politikern gesessen – Gespräche unterschiedlicher Natur. Der letzte Besucher war Bundespräsident Roman Herzog, vor kaum zwei Monaten. Der ehemalige Staatsrechtsprofessor versuchte vergeblich, dem mediterranen Kirchenfürsten das Wesen des deutschen Föderalismus klarzumachen, das diesem bei den jüngsten Konkordatsverhandlungen mit den Neuen Bundesländern merkwürdige Blüten zu treiben schien. Kardinal Sodano dankt mir für den Sonderdruck meines in einer italienischen Rivista erschienen Vortrags über den »Vatikan und die deutsche Frage«. Es ging nicht darum, dem höchsten Purpurträger imponieren zu wollen. Ich wusste, dass das Thema ihn interessieren würde. Als junger Kurienbeamter hatte er auf der Seite Casarolis an den – damals schwierigen – Verhandlungen mit unseren Völkerrechtsexperten teilgenommen. Er stürzt sich auch sogleich in die Thematik. Eine Apologie der heute oft geschmähten Ostpolitik des Hl.Stuhls. Aus seinen Worten wird deutlich, dass ausgerechnet einer meiner Vorgänger, Alexander Böker, späterer Konvertit, mit seiner als hart empfundenen Haltung damals Wunden hinterlassen hat. Walter Gehlhoff, der ihm nachfolgte, wird mit freundlichen Worten bedacht. Ich musste Sodano recht geben. Wer konnte schon vor zwanzig Jahren den bevorstehenden Zusammenbruch des sowjetischen Imperiums voraussehen. Wir waren dann rasch bei Pius XII. und dem Holocaust. Gerade hatte – zum offensichtlich grossen Missvergnügen der Kurie – der askenasische Oberrabbiner Meier Lau dem jüdischen Kardinal von Paris, Lustiger, den offiziellen Besuch Yad Vashems verwehrt. Religiöser Fanatismus, eine Geissel unserer Zeit. Noch vor einer Woche hat der römische Oberrabbiner Toaff Sodano vorwurfsvoll gefragt. »Warum hat Pius XII. Hitler nicht öffentlich exkommuniziert?« Haben Kirche und Papst, so Sodano, nicht immer wieder öffentlich gegen Hitlers Gewaltregime Stellung bezogen? Müsste nicht auch einem Toaff – der sein Leben dem monatelangen Unterschlupf beim Bischof von Ancona verdankt – klar sein, dass es Grenzen für den Widerstand des Vatikans gab, wenn er nicht riskieren wollte, geschluckt zu werden, wie so mancher andere. Und wer wusste damals schon von den Scheusslichkeiten und Barbareien der Konzentrationslager. Lager gab es schliesslich, leider, überall. »Hatten Sie vor dem Ende des Krieges von Auschwitz und Dachau gehört?« – Frage des Kardinals an mich. Auschwitz nein, Dachau ja. Ich erzählte dem Kardinalstaatssekretär, dass mein Vater 1943 einen aus Dachau entlassenen Häftling gefragt hatte, wie das Leben in einem KZ aussehe, das allgemein als hart gelte.

Der Ex-Dachauer gab nur preis, dass man viel arbeiten müsse. Nach dem Krieg stellte mein Vater ihn zur Rede, warum er ihm seinerzeit keinen reinen Wein eingeschenkt habe. Es sei ihm gedroht worden, so die Antwort, dass ein einziges falsches Wort ihn sofort nach Dachau zurückbrächte, ohne Chance einer Wiederkehr.

Sodano hielt sich über die unglückliche Rolle des damaligen Berliner Nuntius Orsenigo auf. Die Kurie und Pius XII. persönlich erteilten ihm Weisungen, wie er in der Reichskanzlei vorstellig zu werden habe – Instruktionen, die sich bekanntermassen in der Form nicht ausführen liessen. Die russische Besetzung habe seine Leiden nicht beendet, sondern nur vergrössert. Wir waren uns einig, dass historische Selbstgerechtigkeit, im nachhinein geübt, die Optik verfälscht. Insgesamt ein erstaunlich freimütiges Gespräch. Es zeigte den Kirchenmann Angelo Sodano wieder einmal als vollblütigen homo politicus.

Wie anders war am Vortag die Abschiedsaudienz bei Johannes Paul II. verlaufen. Beim Antrittsgespräch fünf Jahre zuvor hatte der Wojtyla-Papst ein visionäres Gemälde von der bevorstehenden Fragmentarisierung der Sowjetunion entworfen. Diesmal wirkte er müde und apathisch. Jede Gesprächsinitiative ging ihm ab. Was ihn zum Kommentar veranlassen sollte, quittierte er mit einem abwesenden »ja ja«. Ich erinnerte ihn an meinen Antrittsbesuch – genau ein Jahr nach dem Fall der Berliner Mauer – und seine damalige Prognose. Er meinte nur: »Habe ich das wirklich gesagt?« Erst als ich auf theologische Fragen überging und von den Fortschritten im ökumenischen Dialog sprach, schien sein Interesse zu erwachen. Ich sprach von der Bitterkeit des Nichtkatholiken, in St. Peter immer noch vom Abendmahl ausgeschlossen zu sein, aber mit der Hoffnung nach der einstigen Vereinigung aller Christen in der gemeinsamen Abendmahlsfeier. Er reagierte mit der knappen Feststellung, dass Priestertum und Eucharistie zusammengehörten. Das gemeinsame Foto mit der Familie wurde nicht unter dem wunderbaren Perugino an der Bibliothekswand gegenüber aufgenommen, sondern zwei Schritte neben dem Schreibtisch. Auch dahin bewegte er sich langsam und mühselig mit dem Stock. Wie lange würde der rastlose Wille in diesem oft schon totgesagten müden Körper durchhalten?

Es ist Zeit. Der Wagen fährt vor. Letztes Händeschütteln am Flugplatz. Unter uns ziehen im ersten Grün des Frühlings die sanft gewellten Konturen der Toskana und Emilia Romagna vorbei. Noch eine Stunde. Wir sind wieder daheim.

ENDE